7. W. Ross Ashby: Introducción a la cibernética

Colección Interciencia
Dirigida por Jorge J. Goldemberg y Manuel Sadosky

W. Ross Ashby

Introducción a la cibernética

Ediciones Nueva Visión Buenos Aires

Título del original en inglés: "An Introduction to Cybernetics"
Publicado por Chapman & Hall Ltd., Londres, 1956
Primera edición en castellano: 1960
Traducción del Ing. Jorge Santos

Prólogo

Muchos investigadores de las ciencias biológicas —fisiólogos, psicólogos, sociólogos— se interesan en la cibernética y desearían aplicar los métodos y técnicas de esta ciencia a su propia especialidad. Muchos de ellos, sin embargo, no han abordado el asunto creyendo que debe precederlo un profundo estudio de electrónica y de matemáticas puras muy avanzadas, pues se han formado la opinión de que la cibernética es inseparable de esos conocimientos.

El autor está convencido, no obstante, de que esta impresión es falsa. Las ideas básicas de la cibernética pueden encararse sin ninguna referencia a la electrónica y son fundamentalmente simples; así, aunque para las aplicaciones avanzadas pueden ser necesarias técnicas avanzadas, mucho puede hacerse, especialmente en ciencias biológicas, mediante el uso de técnicas de gran sencillez, siempre que se las utilice con una comprensión clara y penetrante de los principios implicados.

Cree el autor que si el tema es desarrollado a base de ejemplos cotidianos y cabalmente interpretados y si luego se lo estructura con cuidado, paso a paso, no hay razón alguna para que el investigador que sólo posea conocimientos matemáticos elementales no pueda alcanzar una completa comprensión de sus principios fundamentales. Con esta comprensión, será capaz de advertir exactamente qué otras técnicas debe aprender para seguir adelante; y, lo que es particularmente útil, será capaz de advertir cuáles técnicas puede ignorar, en razón de que resultan ajenas a su propósito.

Este libro intenta proporcionar tal introducción; comienza con conceptos cotidianos y cabalmente comprendidos, y procede a mostrar, en forma progresiva, de qué modo estos conceptos pueden llegar a ser exactos, y de qué modo pueden desarrollarse hasta desembocar en materias tales como realimentación, estabilidad, regulación, ultraestabilidad, información, codificación, ruido y otros temas de la cibernética. En el curso del libro no se requieren conocimientos de matemáticas que sobrepasen el álgebra elemental; en particular, los razonamientos en ninguna ocasión dependen de cálculos (las pocas referencias a los mismos pueden ignorarse sin perjuicio, pues sólo intentan mostrar de qué manera el cálculo se vincula a los temas examinados en el caso en que deba utilizarse). Los ejemplos e ilustraciones en su mayoría han sido tomados de las ciencias biológicas, más bien que de la física. Existe poca superposición con *Design for a Brain* [1], de manera que los dos libros son casi independientes. Sin embargo, están íntimamente relacionados, y lo mejor será considerar que se complementan mutuamente; cada uno ayudará así a entender el otro.

El presente libro se divide en tres partes.

En la Parte I se tratan los principios de los Mecanismos, considerando temas tales como su representación mediante una transformación, qué significa "estabilidad", qué significa "realimentación", las varias formas de independencia que pueden existir dentro de un mecanismo, y cómo éstos pueden acoplarse. Se introducen los principios que deben seguirse cuando el sistema es tan grande y complejo (*v. g.* el cerebro o la sociedad) que sólo puede ser encarado estadísticamente. También se estudiará el caso en que el sistema es tal que no todo es accesible a la observación directa: la llamada teoría de la Caja negra.

En la Parte II se aplica el método desarrollado en la Parte I para estudiar qué significa "información" y cómo es codificada

[1] Otro libro del autor, donde se fundamentan los principios biológicos de la cibernética (N. del E.).

al atravesar un mecanismo. Estos métodos se aplican a varios problemas de biología y se trata de mostrar en cierta medida el caudal de sus posibles aplicaciones. Ello conduce a la teoría de Shannon, de modo que luego de leer esta parte el lector estará capacitado para encarar sin dificultades el estudio del trabajo realizado por el mismo Shannon.

En la Parte III se estudia el mecanismo y la información tal como se los usa en la regulación y el control de los sistemas biológicos, tanto en los sistemas ingénitos que estudia la fisiología, como en los sistemas adquiridos que estudia la psicología. Se expone de qué manera pueden construirse jerarquías de tales reguladores y controles, y cómo se posibilita de esta manera una amplificación de regulación. Proporciona un enfoque nuevo y enteramente simple del principio de ultraestabilidad. Establece el fundamento de una teoría general de los sistemas de regulación compleja, llevando aún más lejos las ideas de *Design for a Brain*. Por lo tanto, proporciona, por un lado, una explicación acerca de la asombrosa capacidad de regulación que posee el cerebro, y por otro lado ofrece los principios con los cuales un proyectista podría construir máquinas de poderío semejante.

Aunque el libro pretende dar una introducción fácil, no intenta ser simplemente una charla sobre cibernética; ha sido escrito para quienes quieren iniciarse en ella, para aquellos que quieren lograr un dominio verdaderamente práctico del tema. Contiene, por lo tanto, abundantes ejercicios fáciles, cuidadosamente graduados, con sugestiones y respuestas explicativas, de manera que a medida que progresa el lector puede ensayar su comprensión de lo ya leído y ejercitar sus nuevos "músculos intelectuales". Ciertos ejercicios que requieren una técnica especial han sido marcados así: *Ej. Su omisión no afectará el progreso del lector a través del texto.

Para facilitar el manejo de las referencias, el asunto ha sido dividido en secciones; todas las referencias se hacen con respecto a la sección; y como los números de las mismas se hallan en la parte superior de cada página, encontrar una sección es tan simple y directo como encontrar una página. Las secciones se indican así: S. 9/14; esto significa la sección 14 del capítulo 9. Las figuras, tablas y ejercicios han sido numerados de acuerdo con la nomenclatura de las secciones; así, Fig. 9/14/2 es la segunda figura en la S. 9/14. Una referencia simple, *v. g.* Ej. 4, indica una relación dentro de la misma sección. Cada vez que se defina formalmente una palabra, se la imprimirá en **negra.**

Deseo expresar mi gratitud a Michael B. Sporn, que verificó todas las Respuestas. Aprovecho también la oportunidad para expresar mi profundo reconocimiento a los administradores de Barnwood House y al doctor G. W. T. H. Fleming por la generosa ayuda que posibilitó estas investigaciones. Aunque el libro abarque muchos temas, éstos sólo cumplen una función instrumental, pues la finalidad ha sido esclarecer los principios que deben seguirse cuando se intenta restaurar el normal funcionamiento de un organismo enfermo que es, como un paciente humano, de tremenda complejidad. Confío en que la nueva comprensión conduzca a terapéuticas nuevas y efectivas, pues se las necesita imperiosamente.

Barnwood House
Gloucester

W. Ross Ashby

1. Lo nuevo

1/1. Según la definición de Wiener, la cibernética es "la ciencia del control y de la comunicación en el animal y en la máquina"; en una palabra, es el arte de *guiar*, y a dicho aspecto se referirá este libro. Serán sus temas: la coordinación, la regulación y el control, por cuanto invisten un mayor interés para la biología y para la práctica. Debemos, por lo tanto, estudiar mecanismos; pero es conveniente aclarar algunos conceptos de antemano, pues la cibernética encara el tema desde un ángulo nuevo y desacostumbrado. Y así el Capítulo 2, sin introducción podría parecer insuficientemente fundamentado. El nuevo punto de vista debiera ser comprendido claramente, pues cualquier vacilación inconsciente entre lo antiguo y lo nuevo puede acarrear confusiones.

1/2. *Peculiaridades de la cibernética.* Han aparecido muchos libros titulados "Teoría de las Máquinas", pero generalmente aluden a objetos *mecánicos*, levas y palancas, por ejemplo. También la cibernética es una "teoría de las máquinas", pero no estudia objetos, sino *modos de comportamiento*. No pregunta *¿qué es esto?*, sino *¿qué hace?* Por lo tanto, está muy interesada en enunciados como: "esta variable está sometida a una oscilación armónica simple", y le interesa mucho menos que la variable sea la posición de un punto en una rueda o el potencial de un circuito eléctrico. Es, por lo tanto, esencialmente funcional y conductista.

En sus comienzos la cibernética, en muchos aspectos, estuvo

estrechamente asociada a la física, pero no depende en modo esencial de las leyes de la física o de las propiedades de la materia. Trata todas las formas de conducta en la medida en que son determinadas, regulares o reproducibles. La materialidad o el cumplimiento de las leyes físicas son cuestiones que le atañen marginalmente. (El ejemplo dado en la S. 4/15 aclarará esta afirmación.) *Las verdades de la cibernética no están condicionadas al hecho de provenir de alguna otra rama de la ciencia.* La cibernética tiene sus propios fundamentos. En parte, el propósito de este libro es exponerlos con claridad.

1/3. La cibernética es a la máquina real —electrónica, mecánica, neural o económica— lo que la geometría es a los objetos materiales de nuestro espacio terrestre. Hubo un tiempo en que el término "geometría" aludía a relaciones que pudieran ser demostradas en objetos tridimensionales o en diagramas bidimensionales. Las formas proporcionadas por el mundo animal, vegetal o mineral eran mayores en número y más ricas en propiedades que las que podía ofrecer la geometría elemental. En aquellos días una forma que la geometría sugiriese, pero no lograse ubicar en el espacio ordinario, era considerada sospechosa o inaceptable. El concepto de espacio ordinario *dominaba* la geometría.

Hoy día, el planteo es muy diferente. La geometría existe por derecho propio y con fuerza propia. Ahora puede tratar con exactitud y coherencia toda una gama de formas y espacios que excede en mucho lo que la noción de espacio común puede proporcionar. Hoy es la geometría la que abarca las formas terrestres, y no éstas a aquélla, pues estas formas terrestres son, simplemente, casos especiales de una geometría más general. Es casi innecesario señalar el progreso logrado por el desarrollo de la geometría. Ésta actúa ahora como una estructura en la cual todas las formas terrestres pueden encontrar su lugar natural y donde resultan fácilmente apreciables las relaciones entre las diversas formas. Este conocimiento más amplio va acompañado por un creciente poder de control. Una relación similar existe entre la cibernética y la máquina concreta. El tema que aquélla abarca es el ámbito de "todas las máquinas posibles" y tiene importancia secundaria el hecho de que algunas de ellas aún no hayan sido construidas por el hombre o que no se den en la Naturaleza. Lo que la cibernética ofrece es una estructura en la cual se puedan comprender, ordenar y describir todas las máquinas singulares.

1/4. La cibernética es entonces indiferente al reproche de que algunas de las máquinas que estudia no están incluidas en las que encontramos entre nosotros. En esto sigue un camino ya transitado con éxito evidente por la fisicomatemática. Desde hace mucho tiempo esta ciencia ha conferido preminencia al estudio de sistemas cuya no existencia es bien conocida: resortes sin masa; partículas con masa, pero sin volumen; gases perfectos, etc. Es cierto que estos entes no existen, pero ello no significa que la fisicomatemática sea mera fantasía, o que el físico desdeñe la "teoría del resorte sin masa", pues ésta en la práctica tiene un valor incalculable. Y si bien en la realidad sensible no existe el resorte sin masa, sus propiedades son de suma importancia para entender un sistema tan simple como un reloj.

El biólogo admite y emplea el mismo principio cuando dedica al *Amphioxus* —o a cualquier otra forma extinguida— una atención exagerada con respecto a su importancia ecológica o económica actual.

De la misma manera, la cibernética señala que ciertos mecanismos (S. 3/3) son particularmente importantes en la teoría general, sin detenerse a considerar si son formas corrientes entre las máquinas del mundo habitual. Sólo después de haber examinado adecuadamente las relaciones *posibles* entre máquina y máquina, se dedica a las formas que realmente se dan en alguna rama particular de la ciencia.

1/5. En consonancia con este método que trabaja en primer lugar con lo amplio y general, es típico de la cibernética tratar una máquina cualquiera dada en particular, inquiriendo no "¿qué acto singular realiza aquí y ahora?", sino "¿cuáles son *todos* sus modos de comportamiento posibles?".

Asimismo, la teoría de la información desempeña un papel esencial en el tema, pues dicha teoría se caracteriza fundamentalmente por tratar siempre *conjuntos* de posibilidades; tanto los datos primarios como los enunciados finales se refieren siempre al conjunto como tal y no a elemento particular alguno del mismo.

Este nuevo punto de vista conduce al planteo de nuevos tipos de problemas. En el antiguo enfoque se observaba, por ejemplo, que un óvulo se transformaba en un conejo y las preguntas del caso eran: "¿por qué hace esto?", "¿por qué no se mantiene siempre en forma de óvulo?" Los intentos de responderlas condujeron al estudio de la energética y al descubrimiento de las múltiples razones por las cuales un óvulo puede transformarse: puede oxidar su grasa y ésta provee energía libre; posee enzimas fosforiladas y puede hacer evolucionar sus metabolitos en un ciclo de Krebs, y así sucesivamente. El concepto de energía era fundamental en esos estudios.

Muy diferente, aunque igualmente válido, es el punto de vista de la cibernética. Da por supuesto que el óvulo tiene abundante energía libre y que metabólicamente está equilibrado en forma tan delicada que, en cierto sentido, resulta explosivo. Con seguridad habrá crecimiento en alguna forma, pero la cibernética pregunta "¿por qué evoluciona hacia la forma-conejo y no hacia la forma-perro, o hacia la forma-pez, o aun hacia la forma-teratoma?" La cibernética encara un conjunto de posibilidades mucho más amplio que el real, y entonces se pregunta porqué el caso particular se adecua a la restricción particular ordinaria. En este examen las cuestiones acerca de la energía no desempeñan casi ningún papel; simplemente se da por supuesta su existencia. Aún más, a menudo carece de importancia el hecho de que el sistema sea cerrado o abierto a la energía; lo que interesa *es* hasta qué punto el sistema está sujeto a factores determinantes y de control. De modo tal que ningún factor determinante, o señal, o información, puede pasar de una parte a otra del sistema sin ser registrado como un hecho significativo. De hecho, la cibernética podría definirse como *el estudio de sistemas abiertos en cuanto a la energía y cerrados en cuanto a la información y al control*, es decir, sistemas de "información herméticamente cerrada" (S. 9/19).

1/6. *El empleo de la cibernética.* Después de este examen panorámico de la cibernética, podemos dedicarnos a considerar algunas de las maneras probables en que puede ayudarnos. Limitaré mi consideración a las aplicaciones más promisorias en las ciencias biológicas. El examen sólo puede ser breve y muy general. Muchas aplicaciones han sido ya realizadas y son tan conocidas que no es necesario aludir a ellas; otras serán, sin duda, desarrolladas en el futuro. Hay, sin embargo, dos virtudes científicas peculiares de la cibernética que merecen mención especial.

La primera es la de ofrecer un vocabulario único y un único conjunto de conceptos adecuados para representar los más diversos tipos de sistemas. Hasta hace muy poco tiempo, cualquier intento de relacionar los diversos datos conocidos, por ejemplo, de los servomecanismos con los del cerebelo, se dificultaba innecesariamente por el hecho de que las propiedades de los servomecanismos se expresaban con una terminología propia de la descripción de pilotos automáticos, o de receptores de radio, o de frenos hidráulicos, mientras que las propiedades del cerebelo se describían con un vocabulario que es peculiar de los médicos; aspectos estos ajenos a las *similitudes* entre un servomecanismo y un reflejo cerebelar. La cibernética ofrece un conjunto de conceptos que tiene correspondencias exactas en cada rama de la ciencia y por lo tanto puede ponerlas en relación exacta.

En repetidas oportunidades en el terreno de la ciencia, se ha comprobado que el descubrimiento de que dos disciplinas están relacionadas conduce a que ambas se ayuden en su desarrollo mutuo. (Compárese con S. 6/8.) A menudo, el resultado es un crecimiento acelerado de ambas. Se me ocurren como ejemplos el cálculo infinitesimal y la astronomía, el virus y la molécula proteica, los cromosomas y la herencia. Ninguna, por supuesto, puede *probar* las leyes de la otra, pero cada una puede sugerir ideas de gran ayuda y de resultado fecundo. Volveremos a este tema en la S. 6/8. Aquí sólo mencionaré el hecho de que la cibernética puede revelar un gran número de paralelismos interesantes y sugestivos entre las máquinas, el cerebro y las sociedades. Y puede proporcionar un lenguaje común por cuyo intermedio los descubrimientos de una especialidad pueden ser usados en las otras con rapidez y facilidad.

1/7. *El sistema complejo.* La segunda virtud peculiar de la cibernética es la de ofrecer un método para el enfoque científico de sistemas en los cuales la complejidad es notable y demasiado importante para ser pasada por alto. ¡Sistemas tales son, como sabemos, muy comunes en el ámbito de la biología!

A veces, en los sistemas más simples, no se advierte en los métodos de la cibernética ventaja evidente con respecto a los que conocemos desde mucho tiempo atrás. Pero cuando los sistemas se tornan complejos, los nuevos métodos revelan su verdadera potencia

En la actualidad, la ciencia se encuentra en una encrucijada. Durante dos siglos ha explorado sistemas que son intrínsecamente simples o susceptibles de ser analizados en componentes simples. El hecho de que un dogma tal como: "varíense los factores de a uno por vez", haya podido aceptarse durante un siglo, demuestra que los científicos estaban absolutamente dedicados a investigar sistemas que *permitieran* el uso de ese método, pues con frecuencia resulta prácticamente imposible aplicarlo a sistemas complejos. Sólo luego de los experimentos realizados por Ronald Fisher en suelos agrícolas, en la década del 20, se advirtió claramente que hay sistemas complejos en los que no puede aplicarse el método de variar los factores uno por uno, pues estos sistemas son tan dinámicos e interconectados que la alteración de una variable actúa inmediatamente como causa de variación de otras, de muchas otras, quizá. Hasta hace muy poco la ciencia trató de eludir el estudio de tales sistemas, y centró su atención en aquellos que eran simples y, sobre todo, reductibles (S. 4/14). Sin embargo, la complejidad no podía soslayarse por completo en el estudio de ciertos sistemas. Por ejemplo, la corteza cerebral del organismo de vida libre, el hormiguero encarado como una sociedad en funcionamiento, o el sistema económico humano, son notables por su importancia práctica y por la imposibilidad de ser estudiados acudiendo a los métodos antiguos. Así vemos hoy casos de psicosis que escapan al tratamiento, sociedades que declinan y sistemas económicos que vacilan, pues el hombre de ciencia poco puede hacer además de admitir la gran complejidad del problema que estudia. Pero la ciencia actual está dando los primeros pasos en el estudio de la "complejidad" encarada como tema autónomo.

La cibernética se destaca entre los métodos aptos para tratar lo complejo. Rechaza las ideas vagamente intuitivas que adquirimos al manejar máquinas tan simples como el reloj despertador o la bicicleta y se esfuerza por estructurar una disciplina rigurosa de lo complejo. Durante un tiempo (como se verá en los primeros capítulos de este libro), parece tratar más bien verdades trilladas y trivialidades, pero ello se debe simplemente a que los cimientos tienen que ser amplios y sólidos. Su fundamentación se hace de manera tal que la cibernética pueda desarrollarse vigorosamente, sin la vaguedad elemental que infectó casi todos los intentos anteriores de captar, en particular, las complejidades del cerebro en funcionamiento.

La cibernética ofrece la esperanza de proporcionar métodos efectivos para el estudio y el control de sistemas que intrínsecamente son complejos en extremo. Se logrará esto puntualizando primero lo que se puede obtener (pues probablemente en la mayoría de las investigaciones del pasado se intentó lo imposible), y proporcionando luego estrategias generalizadas, de valor demostrable, que puedan ser usadas uniformemente en una variedad de casos especiales. De esta manera ofrece la esperanza de proporcionar los métodos esenciales para atacar los males —psicológicos, sociales, económicos— que hasta el presente nos han estado derrotando por su complejidad intrínseca. En la Parte III de este libro no se pretende ofrecer, ya perfeccionados, tales métodos, pero sí los fundamentos a base de los cuales pueden organizarse esos métodos y, asimismo, un punto de partida para trabajar en la dirección adecuada.

Primera Parte: Mecanismo

Las propiedades que se atribuyen comúnmente a un objeto cualquiera son, en última instancia, nombres para su comportamiento.

Herrick

2. El cambio

2/1. El concepto fundamental en cibernética es el de "diferencia", sea entre cosas evidentemente diferentes, sea entre dos estados de una misma cosa que ha cambiado en el transcurso del tiempo. No será necesario detenernos ahora en el alcance de la aplicación de este concepto, pues los capítulos siguientes lo ilustrarán abundantemente. Por cierto están incluidos todos los cambios que pueden ocurrir en el transcurso del tiempo, dado que cuando una planta crece, o un planeta envejece, o una máquina se mueve, está implícito algún cambio de un estado a otro. De manera que nuestra primera tarea será desarrollar el concepto de "cambio", no sólo precisándolo, sino enriqueciéndolo y convirtiéndolo en una forma que según ha demostrado la experiencia es imprescindible si se quieren obtener desenvolvimientos significativos.

A menudo, un cambio ocurre en forma continua, esto es, mediante pasos infinitesimales, por ejemplo cuando la tierra se mueve a través del espacio o la piel de un bañista se oscurece a causa de la exposición al sol. La consideración de pasos infinitesimales, sin embargo, suscita un número de dificultades puramente matemáticas, de manera que eludiremos ese aspecto. En lugar de ello supondremos en todos los casos que los cambios ocurren mediante pasos finitos en el tiempo y que cualquier diferencia es también finita. Supondremos que el cambio se produce mediante saltos mensurables; de la misma manera el dinero de una cuenta bancaria que cambia, lo hace por lo menos en un centavo. Aunque esta supo ición pueda parecer artificial en un mundo en donde lo común es la continuidad, tiene muchas ventajas para una Introducción y no es tan artificial como parece. Cuando las diferencias son finitas, todas las cuestiones importantes, como veremos más adelante, pueden decidirse por la simple acción de contar, de manera que es fácil saber si estamos en lo cierto o no. En cambio, si tomáramos en cuenta cambios continuos, a menudo tendríamos que comparar infinitésimos entre sí, o considerar lo que obtendríamos al sumar un infinito número de infinitésimos, cuestiones nada fáciles de dilucidar.

Mediante un artificio simple, lo discreto puede llevarse a lo continuo, de manera que convenga a los fines prácticos, haciendo el gráfico de lo discreto e indicando los valores como puntos separados. Entonces es fácil comprender la forma que tomarían los cambios si los puntos fueran infinitamente numerosos y si estuvieran infinitamente próximos.

Sin embargo, si nos limitamos a las diferencias finitas, de hecho no perdemos nada, pues después de establecer con certeza lo que sucede cuando las diferencias tienen un tamaño particular, podemos considerar el caso en que sean algo más pequeñas. Cuando conocemos con certeza este caso, podemos considerar lo que sucede cuando son más pequeñas aún. Podemos avanzar de esta manera, estableciendo bien cada paso, hasta percibir la tendencia y decir entonces cuál es el límite en donde la diferencia tiende a cero. En realidad, éste es el método que los matemáticos usan cuando quieren asegurarse de lo que sucede cuando los cambios son continuos. Por lo tanto, nada se pierde al considerar casos en que todas las diferencias son finitas; se obtiene un fundamento claro y simple que además puede convertirse a la forma continua si así se desea.

Volveremos a tratar este tema en la S. 3/3.

2/2. Veremos ahora, con detalle, una terminología que usaremos reiteradamente. Consideremos el simple caso en que, por influencia del sol, la piel pálida se vuelve oscura. En algo (la piel pálida) actúa un factor (el sol) y lo cambia en otra cosa (piel oscura). Aquello sobre lo que se actúa, la piel pálida, se llamará **operando,** el factor se llamará **operador,** y aquello en lo que se transforma el operando se llamará **transformada.** El cambio ocurrido, que puede representarse sin ambigüedades mediante

piel pálida $\rightarrow$ piel oscura

es la **transición.**

La transición queda especificada por los dos estados y por la indicación de qué cambia a qué.

Transformación

2/3. La transición única es, sin embargo, demasiado simple. La experiencia ha demostrado que para que el concepto de "cambio" sea útil, debe extenderse al caso en que el operador pueda actuar en más de un operando, provocando una transición característica en cada uno de ellos. Así, el operador "exposición al sol" provocará un número de transiciones entre las cuales se cuentan:

suelo frío $\rightarrow$ suelo caliente
placa fotográfica virgen $\rightarrow$ placa fotográfica expuesta
pigmento claro $\rightarrow$ pigmento oscuro

Tal conjunto de transiciones en un conjunto de operandos es una **transformación.**

Otro ejemplo de transformación está dado por una simple codificación que convierta a cada letra de un mensaje en la letra que le sigue en el alfabeto (la Z se convierte en A) de manera que $GATO$ podría transformarse en $HBUP$. La transformación se define mediante la tabla

$$A \rightarrow B$$
$$B \rightarrow C$$
$$\ldots$$
$$Y \rightarrow Z$$
$$Z \rightarrow A$$

Téngase en cuenta que la transformación se define, no por ninguna referencia a lo que "realmente" es, ni por referencia a ninguna causa física del cambio, sino dando un conjunto de operandos y especificando en qué se transforma cada uno. Lo que interesa a la transformación es *qué* sucede y no *por qué* sucede. En forma similar, aunque a veces debemos tener algún conocimiento de lo que es el operador en sí mismo (así como conocemos algo acerca de la luz del sol), este conocimiento a menudo no es esencial; lo que *debemos* saber es cómo actúa en los operandos, esto es, debemos conocer la transformación que provoca.

Por conveniencias tipográficas tal transformación puede también expresarse así:

$$\downarrow \begin{array}{cccc} A & B & \ldots & Y & Z \\ B & C & \ldots & Z & A \end{array}$$

En adelante utilizaremos esta forma.

2/4. *Cierre.* Cuando un operador actúa en un conjunto de operandos puede suceder que el conjunto de transformadas obtenido no contenga ningún elemento que no esté presente en el conjunto de operandos, es decir, que la transformación no cree nuevos elementos. Así, en

$$\downarrow \begin{array}{cccc} A & B & \ldots & Y & Z \\ B & C & \ldots & Z & A \end{array}$$

cada elemento del renglón inferior se encuentra también en el superior. Cuando esto ocurre, el conjunto de operandos se denomina **cerrado** a través de la transformación. La propiedad de "cierre" es una relación entre una transformación y un conjunto particular de operandos; la alteración de uno cualquiera puede alterar el cierre.

Obsérvese que la prueba de cierre no se hace de acuerdo con la causa de la transformación —cualquiera sea ésta—, sino con los detalles de la transformación misma. Por lo tanto, puede aplicarse aunque no sepamos nada acerca de la causa responsable de los cambios.

Ej. 1: Si los operandos son los números enteros positivos 1, 2, 3, y 4, y el operador es "sumarle 3", la transformación:

$$\downarrow \begin{matrix} 1 & 2 & 3 & 4 \\ 4 & 5 & 6 & 7 \end{matrix}$$

¿es cerrada?

Ej. 2: Los operandos son aquellas letras en bastardilla que tienen equivalentes griegas (es decir, quedan excluidas *j*, *q*, etc.) y el operador es "convertir cada letra bastardilla en su equivalente griega". ¿Esta transformación es cerrada?

Ej. 3: ¿Son cerradas o no las transformaciones siguientes?

$$A\colon \downarrow \begin{matrix} a & b & c & d \\ a & a & a & a \end{matrix} \quad B\colon \downarrow \begin{matrix} f & g & p & q \\ g & f & q & p \end{matrix} \quad C\colon \downarrow \begin{matrix} f & g & p \\ g & f & q \end{matrix} \quad D\colon \downarrow \begin{matrix} f & g \\ g & f \end{matrix}$$

Ej. 4: Anotar, en la forma dada en el Ej. 3, una transformación que tenga sólo un operando y sea cerrada.

Ej. 5: El Sr. *C*, del Club de Ajedrez de los Excéntricos, tiene un sistema de juego que prescribe rígidamente, tanto para las negras como para las blancas, cuál es la mejor jugada siguiente para toda posición posible (salvo aquellas posiciones en las cuales al jugador ya le han dado mate). La teoría define así una transformación de posición a posición. Habiéndosele asegurado que la transformación es cerrada y que *C* juega siempre según este sistema, el Sr. *D* en seguida propuso a *C* jugar por una suma elevada. ¿Procedió *D* atinadamente?

2/5. Una transformación puede tener un número infinito de operandos discretos; veamos por ejemplo la transformación

$$\downarrow \begin{matrix} 1 & 2 & 3 & 4 & \ldots \\ 4 & 5 & 6 & 7 & \ldots \end{matrix}$$

en la cual los puntos suspensivos indican que la lista sigue, en forma similar, sin fin. Los conjuntos infinitos pueden provocar dificultades, pero en este libro consideraremos sólo lo simple y claro. El que una transformación tal no sea cerrada o sí lo sea, está determinado por el hecho de que pueda o no (respectivamente) encontrar alguna transformada particular que no se halla entre los operandos. En el ejemplo anterior cada transformada particular, 142857, por ejemplo, se encuentra, evidentemente, entre los operandos; de manera que esa transformación infinita, en particular, es cerrada.

Ej. 1: Si los operandos de A son los números pares de 2 en adelante, y las transformadas son sus cuadrados:

$$A\colon \downarrow \begin{matrix} 2 & 4 & 6\ldots \\ 4 & 16 & 36\ldots \end{matrix}$$

¿Es A cerrada?

Ej. 2: En la transformación B los operandos son todos los números enteros positivos 1, 2, 3,... y la transformada de cada uno es el dígito de la derecha, de tal manera, por ejemplo, 127 → 7, y 6493 → 3. ¿Es B cerrada?

2/6. *Notación.* Muchas transformaciones resultan incómodamente largas si se escriben *in extenso.* Ya en la S. 2/3 nos hemos visto obligados a usar puntos suspensivos [...] para representar operandos no dados individualmente. Por razones meramente prácticas tendremos que desarrollar un método más conciso para transcribir las transformaciones, aunque debe entenderse que, sea cual fuere la abreviatura que se utilice, la transformación queda especificada básicamente como en la S. 2/3. A continuación describiremos algunas abreviaturas. Debe entenderse que son meras formas abreviadas y que sólo implican lo ya establecido explícitamente en las últimas secciones.

La especificación de una transformación a menudo se simplifica mediante alguna relación simple que vincula todos los operandos a sus respectivas transformadas. Así, la transformación del Ej. 2/4/1 puede expresarse en un solo renglón:

Operando → Operando más tres.

Es posible especificar la transformación íntegra mediante la regla general escrita en forma más concisa:

$$Op. \rightarrow Op. + 3,$$

junto con la aclaración de que los operandos son los números 1, 2, 3 y 4. A menudo la representación puede hacerse en forma más abreviada aún, reduciendo las dos letras a una:

$$n \rightarrow n + 3 \quad (n = 1, 2, 3, 4)$$

La palabra "operando", o la letra n que significa *exactamente* lo mismo, pueden parecer un tanto ambiguas. Si, por ejemplo, pensamos cómo se transforma el 2, entonces "n" significa nada más que el número 2, y la expresión nos dice que cambiará a 5. La misma expresión puede usarse, sin embargo, sin dar a n ningún valor particular y en ese caso representa toda la transformación. Se verá que esta ambigüedad no produce ninguna confusión en la práctica, pues el significado siempre ha de ser claro en el contexto.

Ej. 1: Reducir a un renglón la transformación

$$\downarrow \begin{matrix} 1 & 2 & 3 \\ 11 & 12 & 13 \end{matrix}$$

Ej. 2: Proceder en forma similar con las transformaciones

$$\text{a:}\begin{cases} 1 \rightarrow 7 \\ 2 \rightarrow 14 \\ 3 \rightarrow 21 \end{cases} \quad \text{b:}\begin{cases} 1 \rightarrow 1 \\ 2 \rightarrow 4 \\ 3 \rightarrow 9 \end{cases} \quad \text{c:}\begin{cases} 1 \rightarrow 1 \\ 2 \rightarrow 1/2 \\ 3 \rightarrow 1/3 \end{cases}$$

$$\text{d:}\begin{cases} 1 \rightarrow 10 \\ 2 \rightarrow 9 \\ 3 \rightarrow 8 \end{cases} \quad \text{e:}\begin{cases} 1 \rightarrow 1 \\ 2 \rightarrow 1 \\ 3 \rightarrow 1 \end{cases} \quad \text{f:}\begin{cases} 1 \rightarrow 1 \\ 2 \rightarrow 2 \\ 3 \rightarrow 3 \end{cases}$$

Con mucha frecuencia necesitaremos un símbolo que represente la transformada de un símbolo tal como n; éste puede obtenerse fácilmente agregando un tilde al operando, de manera que cualquiera sea n, $n \rightarrow n'$. Por lo tanto, si los operandos del Ej. 1 son n, la transformación puede transcribirse: $n' = n + 10$ ($n = 1, 2, 3$).

Ej. 3: Transcribir *in extenso* la transformación en la cual los operandos son los tres números 5, 6, y 7, y en la cual $n' = n - 3$. ¿Esta transformación es cerrada?

Ej. 4: Transcribir *in extenso* las transformaciones en las cuales:

$$\text{(I) } n' = 5n \quad (n = 5, 6, 7);$$
$$\text{(II) } n' = 2n^2 \quad (n = -1, 0, 1).$$

Ej. 5: Si los operandos son todos los números (incluidos los fraccionarios) entre 0 y 1, y $n' = \frac{1}{2}n$ ¿es cerrada la transformación? (Sugestión: conferir algunos valores representativos a n: $\frac{1}{2}$, $\frac{3}{4}$, $\frac{1}{4}$, 0.01, 0.99; no ceje hasta estar seguro del resultado).

Ej. 6: (Continuación) Con los mismos operandos, ¿la transformación es cerrada si $n' = 1/(n + 1)$?

2/7. Las transformaciones mencionadas hasta ahora se han caracterizado por ser "uniformes". Una transformación es **uniforme** si convierte cada operando solamente en una transformada. (Hay otros tipos posibles e importantes de transformación, como se verá en las S. 9/2 y 12/8.) Así, la transformación

$$\downarrow \begin{matrix} A & B & C & D \\ B & A & A & D \end{matrix}$$

es uniforme; pero la transformación

$$\downarrow \begin{matrix} A & B & C & D \\ B \text{ o } D & A & B \text{ o } C & D \end{matrix}$$

no es uniforme.

2/8. Entre las transformaciones uniformes, un tipo que suele tener importancia en algunos casos especiales es la **biunívoca.** En este caso todas las transformadas son diferentes entre sí. Por lo tanto, no sólo cada operando produce una única transformada (por ser uniforme), sino que cada transformada indica (inversamente) un único operando. Una transformación de este tipo es:

$$\downarrow \begin{matrix} A & B & C & D & E & F & G & H \\ F & H & K & L & G & J & E & M \end{matrix}$$

En este ejemplo la transformación es biunívoca, pero no cerrada. Por otra parte, la transformación del Ej. 2/6/2 (e) no es biunívoca pues la transformada "1" no indica un único operando. Una transformación que es uniforme pero no biunívoca se denomina **multiunívoca.**

Ej. 1: Los operandos son los diez dígitos 0, 1,... 9; la transformada es el tercer dígito decimal de $\log_{10}(n + 4)$. (Por ejemplo, si el operando es 3, encontramos en sucesión 7, $\log_{10}7$, 0.8451, y 5; por lo tanto, $3 \rightarrow 5$). ¿La transformación es biunívoca o multiunívoca? (Sugestión: encontrar las transformadas de 0, 1, etc., sucesivamente; utilizar tablas de cuatro cifras.)

2/9. *La identidad.* Una transformación importante, que acaso el principiante deje a un lado por considerarla trivial, es la transformación **idéntica** en la cual no hay cambio y cada transformada es igual a su operando. Si los operandos son todos diferentes, esta transformación es necesariamente biunívoca. Como ejemplo véase el Ej. 2/6/2 (f). Con la notación abreviada, $n' = n$.

Ej. 1: Al proceder a la apertura de una caja registradora, en algunos mecanismos la transformación que ha de hacerse en el dinero contenido es señalada por un indicador. ¿Qué indicador señala la transformación idéntica?

Ej. 2: En *cricket*, los *runs* hechos durante un *over* transforman el puntaje de un equipo, de un valor a otro. Cada número distinto de *runs* define una transformación distinta; así, si se anotan ocho *runs* en un *over*, la transformación queda especificada mediante $n' = n + 8$. ¿Cuál es el nombre que se da en *cricket* a la transformación idéntica?

2/10. *Representación mediante matrices.* Todas estas transformaciones pueden representarse en un solo esquema que muestra claramente las relaciones recíprocas. (El método será particularmente útil en el Capítulo 9 y siguientes.)

Escriba los operandos en una fila horizontal y las posibles transformadas en una columna a la izquierda y hacia abajo, de modo que formen dos lados concurrentes de un rectángulo. Dada una transformación particular, coloque el signo "+" en la intersección de una fila y una columna si el operando que encabeza la columna se transforma en el elemento de la izquierda; de lo contrario, coloque "0". Así, la transformación

$$\downarrow \begin{matrix} A & B & C \\ A & C & C \end{matrix}$$

estaría indicada

↓	A	B	C
A	+	0	0
B	0	0	0
C	0	+	+

2/10

La flecha en el vértice izquierdo superior sirve para indicar la dirección de las transiciones. Por lo tanto, *cada transformación puede así indicarse mediante una matriz.*

Si la transformación resulta demasiado extensa, siempre que su sentido no sea ambiguo, en la matriz pueden usarse puntos suspensivos. Así, la matriz de la transformación $n' = n + 2$ en la cual los operandos son los números enteros positivos de 1 en adelante, puede indicarse

↓	1	2	3	4	5 …
1	**0**	0	0	0	0 …
2	0	**0**	0	0	0 …
3	+	0	**0**	0	0 …
4	0	+	0	**0**	0 …
5	0	0	+	0	**0** …
…	…	…	…	… …	… …

(Los símbolos de la **diagonal principal** de izquierda a derecha se han reproducido en negrita para aclarar las relaciones posicionales.)

Ej. 1: ¿Cómo están distribuidos los + en la matriz de una transformación idéntica?

Ej. 2: De las tres transformaciones siguientes, ¿cuál es biunívoca, cuál es uniforme, pero no biunívoca, y cuál es no-uniforme?

(I)

↓	*A*	*B*	*C*	*D*
A	+	0	0	+
B	0	0	+	0
C	+	0	0	0
D	0	+	0	+

(II)

↓	*A*	*B*	*C*	*D*
A	0	+	0	0
B	0	0	0	+
C	+	0	0	0
D	0	0	+	0

(III)

↓	*A*	*B*	*C*	*D*
A	0	0	0	0
B	+	0	0	+
C	0	+	0	0
D	0	0	+	0

Ej. 3: Una transformación cerrada, ¿puede tener una matriz con (a) una hilera íntegra de ceros?; (b) ¿con una columna de ceros?

Ej. 4: Formar la matriz de la transformación que tiene $n' = 2n$ y los números enteros como operandos, aclarando bien la distribución de los +. ¿Están en línea recta? Trazar el gráfico de $y = 2x$. ¿Tienen las líneas algún parecido?

Ej. 5: Tomar un mazo de naipes franceses, barajarlo, extraer 16 naipes y colocarlos hacia arriba formando un cuadrado de cuatro por cuatro. En una matriz de cuatro por cuatro, anotar + si el naipe en el lugar correspondiente es negro y 0 si es rojo. Hacer la prueba con otros ejemplos e identificar el tipo de cada uno como en el Ej. 2.

Ej. 6: Cuando hay dos operandos y la transformación es cerrada, ¿cuántas matrices diferentes hay?

Ej. 7: (Continuación). ¿Cuántas son uniformes?

Cambio repetido

2/11. *Potencia.* Hasta ahora las propiedades básicas de la transformación uniforme cerrada se han examinado en aplicaciones únicas; pero tal transformación puede ser aplicada más de una vez, generando una serie de cambios análogos a los que sufre un sistema dinámico en actividad. Vamos a considerar ahora la generación y las propiedades de tales series.

Supongamos que la segunda transformación de la S. 2/3 (llamémosla *Alfa*) ha sido utilizada para codificar un mensaje en inglés. Supongamos que el mensaje ya codificado, de nuevo sea codificado así por medio de *Alfa*. ¿Cuál será el efecto? Puede seguírselo letra por letra. En la primera codificación A se convierte en B, la cual, en una segunda codificación se convierte en C; en el doble proceso, por lo tanto, A se convierte en C, o con la notación usual $A \rightarrow C$. En forma similar, $B \rightarrow D$ y así sucesivamente hasta $Y \rightarrow A$ y $Z \rightarrow B$. Por consiguiente, la *doble* aplicación de *Alfa* origina cambios que son exactamente los mismos que fueron provocados por una *única* aplicación de la transformación

$$\downarrow \begin{matrix} A & B & \ldots & Y & Z \\ C & D & \ldots & A & B \end{matrix}$$

Así, de cada transformación cerrada, podemos obtener otra transformación cerrada cuyo efecto, al ser aplicada una vez, es idéntico al efecto de la primera cuando es aplicada dos veces. Se dice que la segunda es el "cuadrado" de la primera y una de sus "potencias" (S. 2/14). Si la primera es representada por T, la segunda se representa por T^2, lo que por el momento debe considerarse simplemente una denominación clara y conveniente de la nueva transformación.

Ej. 1: Si A: $\downarrow \begin{matrix} a & b & c \\ c & c & a \end{matrix}$, ¿cuál es A^2?

Ej. 2: Transcribir una transformación idéntica; ¿cuál es su cuadrado?

Ej. 3: (Ver Ej. 2/4/3). ¿Cuál es A^2?

Ej. 4: ¿Qué transformación se obtiene al aplicar dos veces la transformación $n' = n + 1$ a los números naturales? Transcribir las respuestas en forma abreviada, como $n' = \ldots$. (Sugestión: tratar de transcribir la transformación *in extenso* como en la S. 2/4.)

Ej. 5: ¿Qué transformación se obtiene al aplicar dos veces la transformación $n' = 7n$ a los números naturales?

Ej. 6: Si K es la transformación

↓	A	B	C
A	0	+	+
B	0	0	0
C	+	0	0

¿cuál es K^2? Expresar el resultado en forma matricial. (Sugestión: tratar de escribir de nuevo K en alguna otra forma y convertirla luego a la forma matricial.)

Ej. 7: Hacer la prueba de aplicar la transformación W dos veces:

$$W\colon \downarrow \begin{matrix} f & g & h \\ g & h & k \end{matrix}$$

2/12. La prueba del ejercicio anterior pone de manifiesto la importancia del cierre. Una transformación no cerrada, tal como W, no puede aplicarse dos veces, pues aunque cambia h en k, su efecto en k es indefinido, de manera que no puede avanzar más. La transformación no-cerrada se parece por lo tanto a una máquina que avanza un paso y se traba.

2/13. *Eliminación.* Para hallar el resultado de la doble aplicación de una transformación dada en forma abreviada, $n' = n + 1$, por ejemplo, utilizando sólo los métodos descritos hasta ahora, se debe volver a escribir la transformación para mostrar cada operando, realizar la doble aplicación y abreviar nuevamente. Existe, con todo, un método más rápido. Para demostrarlo y explicarlo escribamos sin abreviar la transformación $T: n' = n + 1$, aplicada a los números enteros positivos, indicando los resultados de su doble aplicación, y a continuación el símbolo general

$$\begin{array}{lccccc} T: \downarrow & 1 & 2 & 3 \ldots & n & \ldots \\ T: \downarrow & 2 & 3 & 4 \ldots & n' & \ldots \\ & 3 & 4 & 5 \ldots & n'' & \ldots \end{array}$$

n'' se usa como el símbolo natural para la transformada de n', así como n' es la transformada de n.

Si nos dicen ahora que n' es igual a $n + 1$ y aplicamos la misma transformación otra vez, deducimos que n'' debe ser uno más que n'. Entonces, $n'' = n' + 1$.

Para especificar la transformación única T^2, necesitamos una ecuación que muestre directamente qué es la transformada n'' en términos del operando n. Encontrar la ecuación es simplemente una cuestión de eliminación algebraica: de las dos ecuaciones $n'' = n' + 1$ y $n' = n + 1$, eliminamos n'. Si se reemplaza en la primera ecuación n' despejada de la segunda, se obtiene $n'' = (n + 1) + 1$, esto es $n'' = n + 2$ (el paréntesis muestra la sustitución).

Esta ecuación proporciona correctamente la relación entre el operando (n) y su transformada (n'') cuando se aplica T^2; de esta manera queda especificada T^2. Para uniformar la notación deberíamos volver a escribir la ecuación como $m' = m + 2$. En la notación corriente ésta es la transformación cuya aplicación única (y de ahí el ápice simple sobre m) causa el mismo cambio que la doble aplicación de T. (El cambio de n en m es sólo un mero cambio de nombre para evitar confusiones.)

La regla es enteramente general. Así, si la transformación es $n' = 2n - 3$, la segunda aplicación da una segunda transformada n'' relacionada con la primera mediante $n'' = 2n' - 3$. Sustituyendo n':

$$\begin{aligned} n'' &= 2(2n - 3) - 3 \\ &= 4n - 9. \end{aligned}$$

De modo que la doble aplicación causa el mismo cambio que la aplicación única de la transformación $m' = 4m - 9$.

2/14. *Potencias superiores.* Las potencias superiores se hallan, simplemente, añadiendo símbolos para las transformadas superiores, n''', etc., y eliminando los símbolos para las transformadas intermedias. Por lo tanto, para hallar de este modo la transformación originada por tres aplicaciones de $n' = 2n - 3$, establezcamos las ecuaciones que las relacionan paso a paso:

$$\begin{aligned} n' &= 2n - 3 \\ n'' &= 2n' - 3 \\ n''' &= 2n'' - 3. \end{aligned}$$

Sustituyendo, se obtiene

$$\begin{aligned} n''' &= 2(2n' - 3) - 3 \\ &= 4n' - 9, \end{aligned}$$

y mediante una nueva sustitución:

$$\begin{aligned} n''' &= 4(2n - 3) - 9 \\ &= 8n - 21, \end{aligned}$$

de manera que la triple aplicación provoca los mismos cambios que hubiese causado una aplicación única de $m' = 8m - 21$. Si la originaria era T, ésta es T^3.

Ej. 1: Eliminar n' de $n'' = 3n'$, y $n' = 3n$. Transcribir la transformación que corresponde al resultado y verificar que dos aplicaciones de $n' = 3n$ dan el mismo resultado.

Ej. 2: Eliminar a' de $a'' = a' + 8$, y $a' = a + 8$.

Ej. 3: Eliminar a'' y a' entre $a''' = 7a''$, $a'' = 7a'$, y $a' = 7a$.

Ej. 4: Eliminar k' de $k'' = -3k' + 2$, $k' = -3k + 2$. Verificar como en el Ej. 1.

Ej. 5: Eliminar m' de $m'' = \log m'$, $m' = \log m$.

Ej. 6: Eliminar p' de $p'' = (p')^2$, $p' = p^2$.

Ej. 7: Encontrar las transformaciones equivalentes a una doble aplicación en todos los números positivos mayores que 1:

(I) $n' = 2n + 3$;
(II) $n' = n^2 + n$;
(III) $n' = 1 + 2 \log n$.

Ej. 8: Encontrar la transformación que equivale a la triple aplicación de $n' = -3n - 1$ a los números enteros, positivos y negativos y a cero. Verificar como en el Ej. 1.

Ej. 9: Hallar las transformaciones equivalentes a la segunda, tercera y subsiguientes aplicaciones de la transformación $n' = 1/(1 + n)$. (Nota: la serie descubierta por Fibonacci en el siglo XII, 1, 1, 2, 3, 5, 8, 13,..., se desarrolla tomando como término subsiguiente la suma de los dos anteriores; así, $3 + 5 = 8$, $5 + 8 = 13$, $8 + 13 = \ldots$, etc.)

Ej. 10: ¿Cuál es el resultado de aplicar dos veces la transformación $n' = 1/n$ cuando los operandos son todos los números positivos y racionales (*v. g.* todas las fracciones)?

Ej. 11: He aquí una transformación geométrica: Trazar una recta en el papel y marcar sus extremos A y B. Esta línea, en longitud y posición es el operando. Obtener su transformada, de extremos A' y B', mediante la siguiente regla de transformación R: A' es punto medio entre A y B; B' se obtiene al girar la recta $A'B$ sobre el centro A' un ángulo recto en sentido contrario a las agujas del reloj. Trazar esa línea, aplicar R repetidamente, y observar cómo se comporta el sistema.

**Ej.* 12: (Continuación). Si se está familiarizado con la geometría analítica, que comience A en $(0, 0)$ y B en $(0, 1)$ y hallar la posición límite. (Sugestión: Construir la abcisa final de A como una serie y sumar; proceder en forma similar para la ordenada de A).

2/15. *Notación.* La notación que indica la transformada mediante un ápice (′) es conveniente si se considera sólo una transformación; pero en el caso en que varias transformaciones actúen en n, el símbolo n' no indica cuál de ellas ha actuado. Por esta razón se utiliza a veces otro símbolo: si n es el operando y T la transformación que se le aplica, la transformación se representa $T(n)$. Los cuatro tipos de imprenta, dos letras y dos paréntesis, representan *una sola* cantidad, lo que puede resultar confuso hasta que uno se habitúe a ello. $T(n)$, que es en verdad n' disimulada, puede ser transformada de nuevo, y si la notación fuese consecuente debiera escribirse $T(T(n))$; en la práctica, generalmente, los paréntesis exteriores se eliminan y las T se combinan de manera que n'' se escribe $T^2(n)$. Los ejercicios siguientes tienen por objeto familiarizar al lector con esta notación, pues ésta es lo único que cambia.

Ej. 1: Si f: $\downarrow \begin{matrix} 1 & 2 & 3 \\ 3 & 1 & 2 \end{matrix}$

¿cuáles son $f(3)$, $f(1)$ y $f^2(3)$?

Ej. 2: Transcribir sin abreviaturas la transformación g en los operandos 6, 7, 8, si $g(6) = 8$, $g(7) = 7$, $g(8) = 8$.

Ej. 3: Transcribir sin abreviaturas la transformación h en los operandos
Ej. α, β, γ, δ, si $h(\alpha) = \gamma$, $h^2(\alpha) = \beta$, $h^3(\alpha) = \delta$, $h^4(\alpha) = \alpha$.

Ej. 4: Si $A(n)$ es $n + 2$ ¿cuál es $A(15)$?

Ej. 5: Si $f(n)$ es $-n^2 + 4$ ¿cuál es $f(2)$?

Ej. 6: Si $T(n)$ es $3n$ ¿cuál es $T^2(n)$? (Sugestión: En caso de duda, transcribir T *in extenso*.)

Ej. 7: Si I es una transformación idéntica y t uno de sus operandos, ¿cuál es $I(t)$?

2/16. *Producto.* Acabamos de ver que luego de aplicar una transformación T a un operando n, la transformada $T(n)$ puede tratarse como un operando al cual se aplica T de nuevo, obteniéndose $T(T(n))$ que se escribe $T^2(n)$. Exactamente en la misma forma $T(n)$ quizás pueda llegar a ser operando de una transformación U, que da una transformada $U(T(n))$. Por lo tanto, si las transformaciones son

$$T: \downarrow \begin{array}{cccc} a & b & c & d \\ b & d & a & b \end{array} \quad \text{y} \quad U: \downarrow \begin{array}{cccc} a & b & c & d \\ d & c & d & b \end{array}$$

entonces $T(b)$ es d, y $U(T(b))$ es $U(d)$, que es b. T y U aplicadas en ese orden definen una nueva transformación V, y se comprueba fácilmente que es

$$V: \downarrow \begin{array}{cccc} a & b & c & d \\ c & b & d & c \end{array}$$

Se dice que V es el **producto** o **composición** de T y U. V da simplemente el resultado de aplicar sucesivamente T y U en ese orden, paso a paso.

Si se aplica U primero, entonces $U(b)$ en el ejemplo anterior es c, y $T(c)$ es a; de manera que $T(U(b))$ es a y, por lo tanto, no es igual a $U(T(b))$. El producto, al aplicar U y T en otro orden, es

$$W: \downarrow \begin{array}{cccc} a & b & c & d \\ b & a & b & d \end{array}$$

Por razones de conveniencia podemos escribir V como UT y W como TU. Siempre debe tenerse en cuenta que un cambio en el orden del producto puede cambiar la transformación.

(Nótese que si algunas de las transformadas de T no son operandos de U, V puede ser imposible, es decir: no existir.)

Ej. 1: Transcribir *in extenso* la transformación U^2T.

Ej. 2: Transcribir *in extenso* la transformación UTU.

**Ej.* 3: Representar T y U mediante matrices; multiplicarlas en la forma habitual (filas por columnas), de manera que el producto y la suma de + sea + ; denominar M_1 la matriz resultante. Representar V mediante una matriz; denominarla M_2. Comparar M_1 y M_2.

2/17. *Gráfico cinemático.* Hasta ahora hemos estudiado cada transformación observando principalmente su efecto, en una acción única, en todos sus operandos posibles (*v. g.* S. 2/3). Otro método (aplicable sólo cuando la transformación es cerrada) es estudiar su efecto en un solo operando a través de varias aplicaciones repetidas.

El método corresponde, en el estudio de un sistema dinámico, a fijarlo en un estado inicial y luego, a partir de éste, permitirle que se desenvuelva sin ulterior interferencia a través de aquella serie de cambios que su naturaleza interna determine. Así, en un sistema telefónico automático podríamos observar todos los cambios que se suceden al discar un número, o en un hormiguero podríamos observar todos los cambios que provoca el hecho de colocar una sustancia alimenticia en sus cercanías.

Para definir, supongamos que tenemos la transformación

$$U: \downarrow \begin{matrix} A & B & C & D & E \\ D & A & E & D & D \end{matrix}$$

Al aplicar U repetidamente a C, a $U(C)$, a $U^2(C)$, a $U^3(C)$, y así sucesivamente, resulta la serie $C, E, D, D, D,$... y así sucesivamente, en la que D continúa indefinidamente. En forma similar, al aplicar U a A, resulta la serie $A, D, D, D,$... en donde D continúa nuevamente.

Estos resultados pueden indicarse gráficamente poniendo en evidencia a simple vista resultados que, de otra manera, sólo pueden comprenderse luego de un estudio detallado. Para formar el **gráfico cinemático** de una transformación, se reproduce el conjunto de operandos, cada uno en el lugar correspondiente, uniéndolos con flechas de acuerdo con la regla de que una flecha va de A a B siempre y cuando A se transforme en B en un paso. Así, U proporciona el gráfico cinemático

$$C \rightarrow E \rightarrow D \leftarrow A \leftarrow B$$

(El que D tenga dos flechas convergentes es optativo siempre que ello no se preste a confusión.)

Si el gráfico consistiese en botones (operandos) unidos mediante hilos (transiciones) podría, como circuito, reproducirse en distintas formas

$$\begin{array}{ccc} C \rightarrow E & & \\ & \searrow & \\ & & D \\ & \nearrow & \\ B \rightarrow A & & \end{array} \qquad \text{o} \qquad \begin{array}{ccc} B \rightarrow A & & \\ & \Big\downarrow & \\ & D \leftarrow E \leftarrow C & \end{array}$$

y así sucesivamente. Siempre que las conexiones internas sean idénticas, estas formas diferentes se consideran gráficos diferentes.

Los elementos que se presentan al transformar C acumulativamente mediante U (la serie C, E, D, D,...) y los estados que encuentra un punto en el gráfico cinemático que comienza en C y que se desplaza siempre en la dirección de los vectores, avanzando un vector en cada paso, evidentemente siempre están en correspondencia. Puesto que suele ser más fácil seguir el movimiento de un punto a lo largo de una línea que computar $U(C)$, $U^2(C)$, etc., especialmente si la transformación es complicada, el gráfico resulta, a menudo, una representación más conveniente de la transformación. El punto móvil se denomina punto **representativo.**

Cuando la transformación se torna más compleja, se pone en evidencia un rasgo importante. Supongamos que la transformación es

$$T: \downarrow \begin{array}{cccccccccccccc} A & B & C & D & E & F & G & H & I & J & K & L & M & N & P & Q \\ D & H & D & I & Q & G & Q & H & A & E & E & N & B & A & N & E \end{array}$$

su gráfico cinemático es

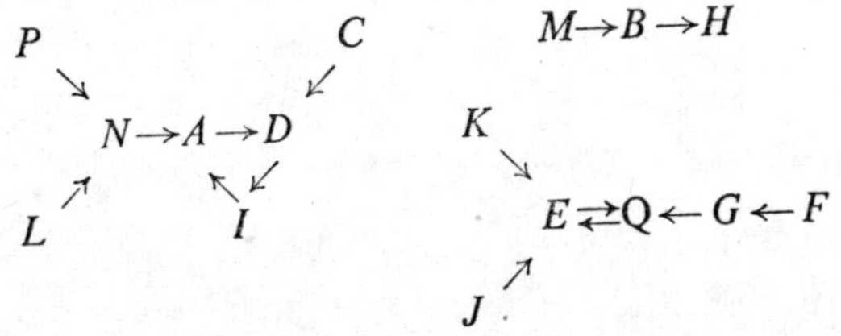

Partiendo de cualquier estado y siguiendo la cadena de vectores podemos verificar que en repetidas transformaciones el punto representativo siempre se mueve, sea hacia un estado en el cual se detiene, sea hacia un ciclo en el cual circula indefinidamente. Un gráfico de este tipo se asemeja al mapa de una cuenca fluvial de una región, en el que se indica a qué zona llegará eventualmente una gota de agua o punto representativo que parte de cualquier lugar. Estas zonas separadas son las **cuencas** del gráfico. Es evidente que estos temas están relacionados en alguna forma con lo que llamamos "estabilidad", a la que nos referiremos en el Capítulo 5.

Ej. 1: Trazar los gráficos cinemáticos de las transformaciones A y B del Ej. 2/4/3.

Ej. 2: ¿Cómo puede reconocerse a primera vista el gráfico de una transformación idéntica?

Ej. 3: Trazar los gráficos de algunas transformaciones simples biunívocas cerradas. ¿Cuál es su rasgo característico?

Ej. 4: Trazar el gráfico de la transformación V en la cual n' es el tercer dígito decimal de $\log_{10}(n + 20)$ y los operandos son los diez dígitos 0, 1,. . ., 9.

Ej. 5: (Continuación). En el gráfico de V deducir cuál es $V(8)$, $V^2(4)$, $V^4(6)$, $V^{84}(5)$.

Ej. 6: Si la transformación es biunívoca, ¿dos flechas pueden converger en un único punto?

Ej. 7: Si la transformación es multiunívoca, ¿dos flechas pueden converger en un único punto?

Ej. 8: Formar algunas transformaciones uniformes cerradas, como T; dibujar sus gráficos cinemáticos y observar sus rasgos característicos.

Ej. 9: Si la transformación es uniforme, una cuenca ¿puede contener dos ciclos?

3. La máquina determinada

3/1. Después de haber determinado con precisión algunos conceptos acerca de las transformaciones, ahora podemos examinar su primera aplicación: establecer un paralelismo exacto entre las propiedades de las transformaciones —tal como han sido expuestas aquí— y las propiedades de las máquinas y de los sistemas dinámicos, tal como éstos se encuentran en el mundo real.

Naturalmente, mucho se podría discutir acerca de la definición más acertada de "máquina". Se define la **máquina determinada** como aquella que se comporta de la misma manera que una transformación uniforme cerrada. Esta definición se justifica por el mero hecho de que es útil y de que nos proporciona lo que necesitamos; además, también se justifica porque en líneas generales no contradice aquello que intuitivamente admitimos como razonable. La verdadera justificación no es lo dicho en esta sección, sino lo que señalaremos en lo que resta del libro, y quizá en ulteriores estudios.

Debe tenerse en cuenta que la definición no se refiere a un objeto material, sino a un modo de comportamiento. En este libro sólo nos ocupamos de aquellos aspectos del sistema que están determinados, que siguen trayectorias regulares y reproducibles. Esta determinación es lo que estudiaremos; no nos ocuparemos de la sustancia material. (A este punto ya nos hemos referido en el Cap. 1.)

En la parte I analizaremos máquinas determinadas y las transformaciones relacionadas con ellas serán siempre uniformes.

Hasta la S. 9/2 no nos referiremos al tipo más general que está determinado solamente en sentido estadístico.

Una segunda restricción: en este Capítulo se tratará sólo la máquina aislada, la máquina en la que no se ejerce incidencia activa.

Tomemos como ejemplo simple y típico de una máquina determinada una armazón de hierro que contenga cierto número de bolitas pesadas, unidas entre sí y a la estructura por medio de resortes. Cuando las circunstancias son constantes, si se lleva repetidamente las bolitas a una posición definida y luego se las deja en libertad, el movimiento de éstas es el mismo en cada ocasión, es decir, las bolitas siempre siguen la misma trayectoria. A partir de un "estado" dado, el sistema íntegro atraviesa repetidamente la misma sucesión de estados.

Se define como **estado** de un sistema cualquier condición o propiedad bien determinada que pueda reconocerse si se vuelve a producir. En cada sistema, naturalmente, hay muchos estados posibles.

Cuando soltamos las bolitas, sus posiciones (P) son sometidas a una serie de cambios, P_0, P_1, P_2,...; de acuerdo con este punto de vista, el sistema se relaciona inmediatamente con una transformación

$$\downarrow \begin{matrix} P_0 & P_1 & P_2 & P_3 & \ldots \\ P_1 & P_2 & P_3 & P_4 & \ldots \end{matrix}$$

Evidentemente, los *operandos* de la transformación corresponden a los *estados* del sistema.

Las series de posiciones que el sistema adopta *en el transcurso del tiempo* corresponden claramente a las series de elementos generadas por las sucesivas *potencias* de la transformación (S. 2/14). Tal sucesión de estados define una **trayectoria** o **línea de comportamiento.**

Además, el hecho de que una máquina determinada no pueda pasar simultáneamente de un estado dado a otros dos estados diferentes corresponde, en la transformación, a la restricción de que cada transformada sea uniforme.

Ahora, sólo para empezar, tomemos algunos ejemplos más, observando las complicaciones a medida que se vayan presentando.

En un cultivo bacteriológico recién inoculado, el "número de organismos presentes" se incrementa de hora en hora. Si al principio el número se duplica en una hora, del mismo modo, el número de organismos del cultivo cambia, hora a hora, en la misma forma en que n cambia según las sucesivas potencias de la transformación $n' = 2n$.

Si el crecimiento del organismo es un tanto caprichoso, el comportamiento del sistema, es decir, qué estado sigue a un estado dado, en cierto modo se torna un tanto indeterminado. De manera que la "determinabilidad" en el sistema real corresponde evidentemente, en la transformación, a que la transformada de un operando dado sea uniforme.

A continuación tomemos como ejemplo un reloj en perfecto funcionamiento y con cuerda; las manecillas que señalan un determinado lugar de la esfera, apuntan hacia otro lugar determinado después de haber transcurrido un lapso también determinado. Las posiciones de las manecillas corresponden a los elementos de la transformación. Cada transformación corresponde al progreso efectuado en el intervalo de una unidad de tiempo; es, evidentemente, de la forma $n' = n + k$.

En este caso, el "operador" que actúa es esencialmente indefinible, puesto que no tiene límites precisos o naturales. Incluye todo el mecanismo que pone en marcha el reloj: el muelle (o gravedad), la rigidez de los engranajes, el aceite de los pivotes, las propiedades del acero, las interacciones entre los átomos del hierro, y así sucesivamente, sin límite definido. Como dijimos en la S. 2/3, a menudo el "operador" está definido precariamente y en forma bastante arbitraria; y esto constituye un concepto de escasa utilidad científica. La *transformación*, sin embargo, está perfectamente bien definida, puesto que se refiere sólo a los *hechos* de los cambios y no a las razones más o menos hipotéticas que los provocan.

Si bien en el mundo biológico no es fácil encontrar series de cambios tan regulares como los del reloj, las alternativas corrientes de algunas enfermedades, empero, muestran ciertas características similares. Cuando aún no se aplicaba sulfonamidas, en la neumonía lobular el pulmón atravesaba una serie típica de estados: Infección → consolidación → hepatización roja → hepatización gris → resolución → salud. Tal serie de estados corresponde a una transformación que, aunque no es numérica, puede definirse perfectamente.

Tomemos como ejemplo, a continuación, una fundición de hierro que ha sido caldeada de manera tal que en sus diversas partes haya temperaturas diferentes, pero determinadas. Si las circunstancias son inmutables, a medida que pasa el tiempo estas temperaturas cambian en cierta forma determinada. El estado de la fundición, en un momento dado, es un conjunto de temperaturas (un vector, S. 3/5), y el paso de un estado a otro, $S_0 \rightarrow S_1 \rightarrow S_2 \rightarrow \ldots$, corresponde a la operación de una transformación que sucesivamente convierte el operando S_0 en $T(S_0)$, $T^2(S_0)$, $T^3(S_0)$,..., etc.

Un ejemplo más complejo que pone de manifiesto más enfáticamente aún el hecho de que no es necesario que las transformaciones sean numéricas para estar bien definidas, nos lo proporcionan ciertas formas del comportamiento animal reflejo. Así, el macho y la hembra de la especie *gasteros teus**, forman, con ciertas partes de su medio ambiente, un sistema dinámico determinado. Tinbergen (en su *Study of Instinct*) describe así los sucesivos estados del sistema: "Cada reacción, ya sea del macho o de la hembra, es provocada por la reacción precedente de su compañero. Cada flecha (véase el diagrama) representa una relación causal cuya existencia se ha demostrado por medio de experimentos con animales simulados. La primera reacción

* Especie de pez (N. del T.).

del macho, la danza en zigzag, depende del estímulo visual producido por la hembra; en dicho estímulo visual desempeñan papel preponderante los estímulos señales del "abdomen turgente" y los movimientos característicos. Ante el color rojo y la danza en zigzag del macho, la hembra reacciona nadando hacia él. Ese movimiento induce al macho a girar y a nadar rápidamente hacia el nido. Esto, a su vez, induce a la hembra a seguirlo, lo cual estimula al macho y le hace dirigir la cabeza hacia la entrada. Este comportamiento provoca, a su vez, la subsiguiente reacción de la hembra: entra al nido... Esto suscita una reacción de estremecimiento en el macho, que induce al desove. La presencia de huevos frescos en el nido hace que el macho los fertilice". Tinbergen resume la sucesión de estados como sigue:

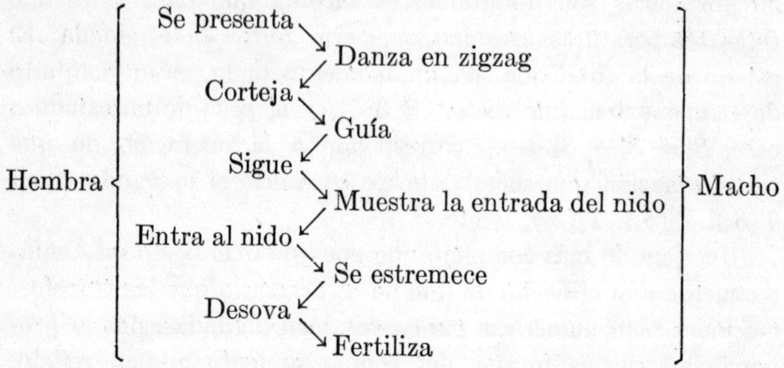

Tinbergen describe, por lo tanto, una trayectoria típica.

No es necesario proporcionar otros ejemplos adicionales pues las diversas ramas de la ciencia a las que se aplica la cibernética los proveerán en abundancia; cada lector podrá encontrar ejemplos que convengan a su propia especialidad.

Al relacionar máquina y transformación nos introducimos en la disciplina que vincula los comportamientos de los sistemas físicos reales a las propiedades de las expresiones simbólicas registradas con un trazo sobre el papel. La temática íntegra de la "fisicomatemática" es parte de esta disciplina. Los métodos usados en este libro, sin embargo, cubren un ámbito más amplio, pues la fisicomatemática tiende a tratar sobre todo sistemas que son continuos y lineales (S. 3/7). A causa de esta restricción, es difícil que tales métodos puedan aplicarse a lo biológico, pues en biología los sistemas no suelen ser lineales, a menudo no son continuos y en muchos casos ni siquiera son métricos, es decir, expresables numéricamente. Los ejercicios siguientes (S. 3/4) están dispuestos en un orden destinado a mostrar la gradación desde los métodos más generales utilizados en este libro, hasta aquellos que se usan comúnmente en fisicomatemática. Estos ejercicios, asimismo, son importantes como ilustración de las correspondencias entre transformaciones y sistemas reales.

En resumen: en cada máquina o sistema dinámico se pueden discernir muchos estados. Cuando se trata de una máquina determinada en la que se pueden establecer a voluntad las circunstancias y el estado, en ese caso también se puede determinar —es decir, hacer único— el estado subsiguiente hacia el cual se encamina la máquina. Estas transiciones de estado corresponden a las de una transformación de operandos, en la cual cada estado corresponde a un operando particular. Cada estado hacia el que la máquina se encamina corresponde a la transformada de ese operando. Las potencias sucesivas de la transformación corresponden, en la máquina, a permitir que transcurra una unidad de tiempo-intervalo doble, triple, etc., antes de registrar el estado próximo. Y, puesto que una máquina determinada no puede evolucionar simultáneamente hacia dos estados, la transformación correspondiente debe ser uniforme.

Ej.: Nombrar dos estados en los que exista relación entre operando y transformada; utilizar para ello como operador el tiempo; elegir el sistema dinámico entre los siguientes:

(*a*) cocinar; (*b*) encender fuego; (*c*) motor de nafta; (*d*) desarrollo embriológico; (*e*) meteorología; (*f*) endocrinología; (*g*) economía; (*h*) comportamiento animal; (*i*) astronomía. (No se exige exactitud minuciosa.)

3/2. *Cierre.* Podrá advertirse ahora otra razón que subraya la importancia del cierre. Siempre es posible lograr que la máquina típica funcione durante un lapso mayor, mediante el simple arbitrio de que el experimentador se abstenga de actuar. Esto significa que la potencia hasta la que puede elevarse la transformación carece de límite fijo. En general, sólo en las transformaciones cerradas se puede llegar a esta elevación a *cualquier* potencia. Por lo tanto, la transformación T

$$T: \downarrow \begin{matrix} a & b & c & d & e & f & g \\ e & b & m & f & g & c & f \end{matrix}$$

no es cerrada. $T^4(a)$ es c y $T^5(a)$ es m; pero $T(m)$ no está definida y por lo tanto $T^6(a)$ tampoco está definida. Tomando a como estado inicial, esta transformación no especifica lo que sucede luego de cinco etapas. Por lo tanto, *la transformación que representa una máquina debe ser cerrada.* El significado total de este hecho se verá en la S. 10/4.

3/3. *La máquina discreta.* En este punto puede objetarse que la mayoría de las máquinas, ya sean producto del hombre o de la naturaleza, operan mediante cambios suaves, en tanto que las transformaciones examinadas hasta ahora cambian por medio de saltos discretos. Las transformaciones discretas constituyen, sin embargo, la mejor introducción al tema. Su principal ventaja es que ellas carecen en absoluto de vaguedades y sutilezas, puesto que cada una de sus propiedades está presente o ausente sin ambigüedad. Esta simplicidad posibilita una seguridad de deducción que es esencial para que las etapas ulteriores resulten confiables. Este tema fue tratado en la S. 2/1.

De cualquier manera, la diferencia no importa demasiado. Basta con que el salto del cambio discreto sea suficientemente pequeño como para que se aproxime en la proporción deseada al cambio continuo. Debe recordarse, además, que las observaciones de los fenómenos naturales se realizan, casi invariablemente, en intervalos discretos; a menudo, la "continuidad" adjudicada a hechos naturales ha sido introducida por la imaginación del observador y no por la percepción real de cada uno de un infinito número de puntos. En consecuencia, la verdad real es que *el sistema natural se observa en puntos discretos*, y nuestra transformación lo representa en puntos discretos. Puede ser, por lo tanto, que no haya verdadera incompatibilidad.

3/4. *Máquina y transformación.* El paralelismo entre máquina y transformación se hace más evidente cuando comparamos el comportamiento de la máquina, a medida que un estado sucede a otro, con el gráfico cinemático (S. 2/17) en el cual las flechas conducen de un elemento a otro. Si entre una máquina particular y un gráfico particular existe plena correspondencia, se comprueba que:

(1) Cada estado posible de la máquina corresponde únicamente a un elemento particular del gráfico y viceversa. La correspondencia es biunívoca.

(2) Cada sucesión de estados a través de los cuales pasa la máquina debido a su naturaleza dinámica interna, corresponde a una cadena de flechas sin solución de continuidad a través de los elementos correspondientes.

(3) Si la máquina marcha hacia un estado y permanece en él (estado de equilibrio, S. 5/3), el elemento que corresponde a ese estado no tendrá flechas salientes (o bien tiene un par convergente, S. 2/17).

(4) Si la máquina pasa a un ciclo de estados regularmente recurrente, el gráfico indica un circuito de flechas a través de los correspondientes elementos.

(5) El acto de detener la máquina y de ponerla nuevamente en marcha desde un estado elegido arbitrariamente por el experimentador, cuando dicho movimiento se debe a la acción arbitraria del matemático, y no a una flecha, en el gráfico corresponde a un movimiento del punto representativo desde un elemento a otro.

Cuando una máquina real y una transformación están relacionadas de esta manera, se dice que la transformación es la **representación canónica** de la máquina y que ésta (la máquina) **materializa** la transformación.

Ej. 1: Se inocula caldo de cultivo en un millar de bacterias; ese número se duplica cada media hora. Anotar la transformación correspondiente.

Ej. 2: (Continuación). Encontrar n después de los pasos 1º, 2º, 3º,..., 6º.

Ej. 3: (Continuación). (I) Trazar el gráfico ordinario, con dos ejes, indicando que el número de bacterias del cultivo varía con el transcurso del tiempo. (II) Trazar el gráfico cinemático de los cambios de estado del sistema.

Ej. 4: Un caldo de cultivo contiene 10^9 de bacterias; un desinfectante mata por minuto el 20 % de las sobrevivientes. Expresar el cambio en el número de sobrevivientes encarándolo como una transformación.

Ej. 5: (Continuación). (I) Determinar el número de sobrevivientes luego de 1, 2, 3, 4, 5 minutos. (II) ¿A qué límite tiende el número a medida que el tiempo pasa indefinidamente?

Ej. 6: Trazar el gráfico cinemático de la transformación en la cual n' es el dígito redondeado de la derecha de $\log_{10}(n + 70)$, en una tabla de logaritmos de 4 cifras. ¿Cuál sería el comportamiento de una máquina correspondiente?

Ej. 7: (Continuación). El mismo ejercicio usando 90 en lugar de 70.

Ej. 8: (Continuación). El mismo ejercicio usando 10 en lugar de 70. ¿Cuántas cuencas tiene este gráfico?

Ej. 9: Cada diez años la población de un país disminuye en un 10 %, pero en el mismo intervalo ingresa un millón de inmigrantes. Expresar el cambio de década a década encarándolo como una transformación, suponiendo que los cambios se suceden a pasos finitos.

Ej. 10: (Continuación). Si en un momento dado el país tiene 20 millones de habitantes, determinar cuál será la población al término de cada una de las tres décadas siguientes.

Ej. 11: (Continuación). Determinar, utilizando el método que prefiera, el número en el cual la población permanecerá estacionaria. (Sugestión: cuando la población es "estacionaria", ¿qué relación existe entre los números al comienzo y al final de cada década?, ¿cuál es la relación entre operando y transformada?)

Ej. 12: La longitud de un renacuajo en crecimiento aumenta 1,2 mm por día. Expresar este proceso encarándolo como una transformación.

Ej. 13: Las bacterias de un cultivo se desarrollan a causa de una supuesta conversión simple de alimentos en bacterias; por lo tanto, si inicialmente había alimento para 10^8 bacterias y el número de éstas alcanza ahora a n, entonces el alimento restante es proporcional a $10^8 - n$. Si se cumple la ley de acción de las masas, las bacterias aumentan en cada intervalo en número proporcional al producto: (número de bacterias) × (cantidad de alimento restante). En este cultivo las bacterias aumentan $10^{-8}n\ (10^{8} - n)$ por hora. Expresar los cambios de hora en hora mediante una transformación.

Ej. 14: (Continuación). Si el cultivo ha llegado a tener 10 millones de bacterias, determinar el número de éstas luego de 1, 2,. . . , 5 horas.

Ej. 15: (Continuación). Trazar un gráfico ordinario de dos ejes, para señalar cómo el número de bacterias cambia con el transcurso del tiempo.

Vectores

3/5. En las secciones previas se encaró el "estado" de una máquina entendiéndola como una totalidad que no requería una especificación más detallada. Los estados de este tipo son comunes, en especial, en ciertos sistemas biológicos en los que, por ejemplo, pueden reconocerse con seguridad posturas características o expresiones o pautas, aunque no se haya hecho un análisis de sus componentes. Los estados descriptos por Tinbergen en la S. 3/1 son de este tipo. También lo son los tipos de nubes que un meteorólogo clasifica. En las primeras secciones de este capítulo se ha demostrado que una *teoría de tales estados no analizados puede ser rigurosa.*

Sin embargo, a menudo los sistemas presentan estados cuya especificación exige (sea cual fuere el motivo) un análisis más amplio. Supongamos, por ejemplo, que un informativo radial nos da el "estado" de una maratón a una hora determinada, fijando la posición de cada corredor en el camino en ese momento. Estas posiciones, en conjunto, especifican el "estado" de la carrera. De manera que dicho "estado", como un todo, es dado por los diversos estados (posiciones) de los distintos corredores tomados simultáneamente. Tales estados "compuestos" son muy comunes, y en el resto del libro nos ocuparemos con frecuencia de ellos. Se debe tener en cuenta que ahora empezaremos a considerar la relación, muy importante en lo que concierne a las máquinas, que existe entre el todo y las partes. Suele suceder a menudo que el estado del conjunto está dado por una nómina de los estados de cada una de las partes en ese momento.

Una cantidad de ese tipo es un **vector,** definible como una entidad compuesta que tiene un número preciso de **componentes.** Puede transcribirse convenientemente así: $(a_1, a_2, \ldots, a_n)$, lo que significa que la primera componente tiene el valor particular a_1, la segunda, el valor a_2, y así sucesivamente.

Un vector es en esencia una especie de variable, pero más compleja que la variable numérica ordinaria que encontramos en la matemática elemental. Es una generalización natural de "variable", y reviste suma importancia, especialmente en los temas examinados en este libro. Se aconseja al lector familiarizarse tanto como le sea posible con este concepto, aplicándolo incesantemente en su vida diaria hasta que se torne tan común y cabalmente comprendido como la noción de "variable". No es exagerado afirmar que su familiaridad con los vectores determinará en buena medida el provecho que obtenga del resto del libro.

Daremos ahora algunos ejemplos muy conocidos:

(1) La "posición" de un barco en determinado momento no puede describirse con un único número; son necesarios dos: su latitud y su longitud. La "posición" es entonces un vector con dos componentes. La de un barco podría estar dada, por ejemplo, por el vector (58°N, 17°O). En un lapso de veinticuatro horas, esa posición podría haber experimentado la transición (58°N. 17°O) $\rightarrow$ (59°N, 20°O).

(2) "El estado del tiempo en Kew" no puede especificarse con una sola cifra, pero si se toman suficientes componentes puede determinarse tan acabadamente como se desee. Una aproximación podría ser el vector (altura barométrica, temperatura, nubosidad, humedad) y un estado particular podría ser (998 mbars, 56.2°F, 8, 72 %). Un pronosticador del tiempo es exacto si puede predecir correctamente hacia qué estado evolucionará el presente estado.

(3) La mayor parte de los formularios administrativos que

deben llenarse, de hecho intentan definir un vector determinado. Por ejemplo, el formulario que debe llenar un automovilista:

Modelo del auto: .....
Potencia: ....
Color: ....

es simplemente un vector escrito verticalmente.

Se considera que dos vectores son **iguales** sólo si cada componente de uno es igual a la componente correspondiente del otro. Supongamos un vector (w, x, y, z) en el cual cada componente es un número; si dos vectores particulares son (4, 3, 8, 2) y (4, 3, 8, 1), dichos vectores, por ende, no son iguales puesto que las cuartas componentes, 2 y 1, no lo son. Si los vectores tuvieran componentes diferentes, por ejemplo (4, 3, 8, 2) y (Ca, Cr), en ese caso no serían comparables.

Cuando un vector de este tipo es transformado, la operación no difiere en modo alguno de cualquier otra transformación, siempre que recordemos que *el* operando es el vector en conjunto y no sus componentes individuales (aunque el modo en que ellas cambian es, desde luego, una parte esencial de la definición de la transformación). Supongamos, por ejemplo, que el "sistema" consiste en dos monedas, cada una de las cuales puede mostrar cara o cruz. El sistema tiene, pues, cuatro estados posibles que son

$$(Ca, Ca) \quad (Ca, Cr) \quad (Cr, Ca) \quad (Cr, Cr) \quad .$$

Supongamos ahora que a mi sobrinita no le agrada ver dos caras, de modo que siempre que eso sucede las cambia en (Cr, Ca); además, tiene otras preferencias y puede observarse que actúa siempre según la transformación

$$N: \downarrow \begin{matrix} (Ca, Ca) & (Ca, Cr) & (Cr, Ca) & (Cr, Cr) \\ (Cr, Ca) & (Cr, Cr) & (Cr, Ca) & (Ca, Ca) \end{matrix}$$

Como transformación de cuatro elementos, N no difiere en absoluto de las transformaciones examinadas en las secciones previas.

No hay ninguna razón para que la transformación de un conjunto de vectores no sea completamente arbitraria, pero en las ciencias naturales la transformación suele ofrecer cierta simplicidad. A menudo las componentes cambian de manera tal que la transformación puede describirse mediante una regla más o menos simple. Por ejemplo, si M fuera

$$M: \downarrow \begin{matrix} (Ca, Ca) & (Ca, Cr) & (Cr, Ca) & (Cr, Cr) \\ (Cr, Ca) & (Cr, Cr) & (Ca, Ca) & (Ca, Cr) \end{matrix}$$

podría describirse diciendo que la primera componente siempre cambia en tanto que la segunda siempre permanece invariable.

Por último, nada de lo dicho excluye la posibilidad de que cada una de las componentes sea a su vez un vector (S. 6/3). Pero, en lo posible, evitaremos tales complicaciones.

Ej. 1: Usando *ABC* como primer operando, determinar la transformación generada por la aplicación repetida del operador "mudar la letra de la izquierda a la derecha" (*v. g.* $ABC \rightarrow BCA$).

Ej. 2: (Continuación). Trazar el gráfico cinemático de la transformación.

Ej. 3: Usando (1, —1) como primer operando, determinar los otros elementos generados por la aplicación repetida del operador "intercambiar los dos números y multiplicar el nuevo número de la izquierda por —1".

Ej. 4: (Continuación). Trazar el gráfico cinemático de esa transformación.

Ej. 5: El primer operando x es el vector (0, 1, 1); el operador F se describe así:

(I) El número de la izquierda en la transformada es igual al número del centro del operando.

(II) El número del centro en la transformada es igual al número de la derecha del operando.

(III) El número de la derecha en la transformada es igual a la suma de los números de la izquierda y del centro del operando.

Por lo tanto, $F(x)$ es (1, 1, 2), y $F^2(x)$ es (1, 2, 3). Determinar $F^3(x)$, $F^4(x)$, $F^5(x)$. (Sugestión: Comparar con el Ej. 2/14/9).

3/6. *Notación.* En el último ejercicio se habrá puesto en evidencia la torpeza de insistir en descripciones verbales. En verdad, la transformación F está constituida poı tres sub-transformaciones aplicadas simultáneamente, es decir, siempre al mismo tiempo. En consecuencia, una sub-transformación actúa en el número de la izquierda, cambiándolo sucesivamente en: $0 \rightarrow 1 \rightarrow 1 \rightarrow 2 \rightarrow 3 \rightarrow 5$, etc. Si llamamos a, b y c a las tres componentes del vector, la transformación F que actúa en el vector (a, b, c), equivale por lo tanto a la acción simultánea de las tres sub-transformaciones, cada una de las cuales actúa sólo en una componente.

$$F: \begin{cases} a' = b \\ b' = c \\ c' = b + c \end{cases}$$

Por lo tanto, $a' = b$ nos dice que el nuevo valor de a, el número de la izquierda en la transformada, es igual al número del medio en el operando, y así sucesivamente. Tratemos de ejemplificar el nuevo método; ninguna idea nueva está en juego, sólo un nuevo manipuleo de símbolos. (Se aconseja al lector resolver todos los ejercicios pues aparecen varios aspectos importantes que no volveremos a tratar.)

Ej. 1: Si los operandos son de la forma (a, b), y uno de ellos es $(\frac{1}{2}, 2)$, determinar los vectores producidos por la aplicación reiterada de la transformación T:

$$T: \begin{cases} a' = b \\ b' = -a \end{cases}$$

(Sugestión: Determinar $T(\frac{1}{2}, 2)$, $T^2(\frac{1}{2}, 2)$, etc.).

Ej. 2: Si los operandos son vectores de la forma (v, w, x, y, z), y U es

$$U: \begin{cases} v' - w \\ w' = v \\ x' = x \\ y' = z \\ z' = y \end{cases}$$

determinar $U(a)$, en la que $a = (2, 1, 0, 2, 2)$.

Ej. 3: (Continuación). Trazar el gráfico cinemático de U si sus únicos operandos son a, $U(a)$, $U^2(a)$, etc.

Ej. 4: (Continuación). ¿Cómo se alteraría el gráfico si se agregaran más operandos?

Ej. 5: Determinar la transformada de $(3, -2, 1)$ al aplicarle A, si la forma general es (g, h, j) y la transformación es

$$A: \begin{cases} g' = 2g - h \\ h' = h - j \\ j' = g + h \end{cases}$$

Ej. 6: Arturo y Guillermo se ponen de acuerdo para organizar un juego. Cada uno dividirá su dinero en dos partes iguales y, a una señal del árbitro, pasará una parte al otro. Entonces cada jugador volverá a dividir lo que posee en dos partes iguales y a una señal del árbitro pasará una mitad al otro; y así sucesivamente. Arturo inicia el juego con \$ 8 y Guillermo con \$ 4. Representar el operando inicial mediante el vector (8, 4), y determinar, con el método que se prefiera, todas las transformadas subsiguientes.

Ej. 7: (Continuación). Expresar la transformación mediante ecuaciones, como en el Ej. 5.

Ej. 8: (Continuación). Carlos y David deciden realizar un juego similar, pero con la salvedad de que cada uno entregará al otro la mitad de lo que *éste* posee. Si inician el juego con \$ 30 y \$ 34, respectivamente, ¿qué le sucederá a esas cantidades?

Ej. 9: (Continuación). Expresar la transformación mediante ecuaciones como en el Ej. 5.

Ej. 10: Si en el Ej. 8 se hubiera comenzado con otras sumas de dinero, en general, ¿quién sería el ganador?

Ej. 11: En un acuario hay dos especies de animales: predatores y presas. Cada predator destruye una presa por día y se divide además en dos predatores. Si en el acuario hay m presas y n predatores, expresar los cambios encarándolos como una transformación.

Ej. 12: (Continuación). ¿Cuál es el operando de esta transformación?

Ej. 13: (Continuación). Si el estado inicial es (150, 10), determinar cómo cambia en los primeros cuatro días.

Ej. 14: Un péndulo oscila aproximadamente de acuerdo con la transformación $x' = \frac{1}{2}(x - y)$, $y' = \frac{1}{2}(x + y)$, en la que x es la desviación angular con respecto de la vertical e y la velocidad angular; x' e y' son sus valores un segundo más tarde. Se parte del estado (10, 10); determinar cómo cambia la desviación angular segundo a segundo durante los primeros ocho segundos. (Sugestión: Determinar x', x'', x''', etc. ¿Puede hacerse sin calcular y', y'', etc.?)

Ej. 15: (Continuación). Trazar un gráfico ordinario (con ejes x y t) para indicar cómo cambia el valor de x con el tiempo. ¿Se trata de un péndulo sin fricción?

Ej. 16: En un sistema económico, una nueva ley establece que cada año los salarios serán reajustados aumentando tantos pesos como puntos excede en 100 el costo de la vida. El efecto económico de los salarios en el costo de vida es tal que al finalizar cada año el costo de vida se hace igual al régimen de salarios de principios de año. Expresar los cambios anuales del nivel de salarios y del costo de vida al cabo de un año encarándolos como una transformación.

Ej. 17: (Continuación). Si este año se inicia con los salarios en 110 y el costo de la vida también en 110, determinar cuáles serán sus valores en los próximos diez años.

Ej. 18: (Continuación). Trazar un gráfico común para indicar cómo cambian los precios y los salarios. Esa ley ¿es satisfactoria?

Ej. 19: (Continuación). Luego el sistema se cambia de manera que su transformación se torna $x' = \frac{1}{2}(x + y)$, e $y' = \frac{1}{2}(x - y) + 100$. El valor inicial, tanto de salarios como de precios, es 110. Calcular qué sucederá al cabo de los diez años subsiguientes.

Ej. 20: (Continuación). Trazar un gráfico ordinario para indicar cómo cambian los precios y los salarios.

Ej. 21: Comparar los gráficos de los Ejs. 18 y 20. ¿Cómo se describiría la diferencia utilizando el léxico económico?

Ej. 22: Si el sistema del Ej. 19 fuera perturbado súbitamente de manera que el nivel de los salarios disminuyera a 80 y el de los precios subiera a 120, y luego cesara de actuar la perturbación, ¿qué pasaría al cabo de los diez años subsiguientes? (Sugestión: Utilizar (80, 120) como operando).

Ej. 23: (Continuación). Trazar un gráfico ordinario para indicar cómo cambian precios y salarios después de la perturbación.

Ej. 24: La transformación T, entre los vectores (x_1, x_2) y (x_1', x_2'), ¿es biunívoca?

$$T: \begin{cases} x'_1 = 2x_1 + x_2 \\ x'_2 = x_1 + x_2 \end{cases}$$

(Sugestión: Dado (x_1, x_2), ¿queda determinado (x_1', x_2') en forma única? ¿Y viceversa?).

**Ej*. 25: Trazar el gráfico cinemático del sistema de 9 estados cuyas componentes son residuos:

$$\left.\begin{aligned} x' &= x + y \\ y' &= y + 2 \end{aligned}\right\} \text{(Mod 3)}$$

¿Cuántas cuencas tiene?

3/7. (Esta sección puede omitirse). La sección previa reviste fundamental importancia puesto que es una introducción a los métodos de la fisicomatemática tal como se aplican a los sistemas dinámicos. Por lo tanto, se aconseja insistentemente al lector resolver *todos* los ejercicios pues sólo de esa manera podrá captar realmente los principios. Si así lo hace, estará en óptimas condiciones para apreciar el significado de esta sección en la que se resume el método.

El físico comienza por denominar sus variables: x_1, x_2,...x_n. Las ecuaciones básicas de la transformación siempre pueden obtenerse mediante el siguiente método fundamental:

(1) Tomar la primera variable, x_1, y establecer cuál es el próximo estado hacia el que evoluciona. Si cambia a intervalos finitos, el próximo estado es x_1'; si lo hace en forma continua, el próximo estado es $x_1 + dx_1$. (En el último caso se puede establecer en forma equivalente el valor dx_1/dt.)

(2) Utilizar cuanto se sabe acerca del sistema y acerca de las leyes físicas para expresar el valor x_1' o dx_1/dt (esto es, lo que *será* x_1) en función de los valores que $x_1, ..., x_n$ (y otros factores necesarios cualesquiera) tienen *ahora*. De este modo se obtienen ecuaciones tales como

$$x_1' = 2\alpha x_1 - x_3 \quad \text{ó} \quad dx_1/dt = 4k \text{ sen } x_3$$

(3) Repetir el proceso para cada variable hasta haber anotado toda la transformación.

El conjunto de ecuaciones así obtenido es la **representación canónica** del sistema y proporciona el valor futuro de cada variable en función de sus valores presentes y de otros factores necesarios cualesquiera. *Es una forma tipo a la que pueden reducirse todas las descripciones de un sistema dinámico determinado*.

Cuando todas las funciones de la representación canónica son lineales, se dice que el sistema es **lineal.**

De acuerdo con un estado inicial dado puede computarse la trayectoria o línea de comportamiento determinando las potencias de la transformación como en la S. 3/9.

**Ej.* 1: Convertir la transformación (ahora en forma canónica)

$$\begin{aligned} dx/dt &= y \\ dy/dt &= z \\ dz/dt &= z + 2xy - x^2 \end{aligned}$$

en una ecuación diferencial de tercer orden según la variable x. (Sugestión: Eliminar y, z, y sus derivadas.)

**Ej.* 2: La ecuación de un oscilador armónico simple suele transcribirse:

$$\frac{d^2x}{dt^2} + ax = 0$$

Convertir en una forma canónica con dos variables independientes esta ecuación. (Sugestión: Invertir el proceso usado en el Ej. 1.)

**Ej.* 3: Convertir la ecuación

$$x\frac{d^2x}{dt^2} - (1 - x^2)\frac{dx}{dt} + \frac{2}{1 + x^2} = 0$$

en una forma canónica con dos variables.

3/8. Después de este examen de ecuaciones diferenciales, el lector acostumbrado a ellas quizá suponga que ya dispone de una manera "apropiada" de representar los efectos del tiempo y, a primera vista, acaso le parezca inapropiada la forma tabular arbitraria y discreta de la S. 2/3. Debe tener en cuenta, sin embargo, que el modo algebraico es restringido y que sólo puede aplicarse cuando el fenómeno posee la propiedad especial de continuidad (S. 7/20). La forma tabular, por otra parte, puede ser usada *siempre*, puesto que *incluye la algebraica*. Esto asume especial importancia para el biólogo, quien con frecuencia está obligado a tratar fenómenos que no se adaptan naturalmente a la forma algebraica. Cuando esto suceda debe recordar que la forma tabular siempre puede proporcionar la generalidad y el rigor que él necesita. En el resto de este libro se ejemplificará de muchas maneras con cuánta naturalidad y facilidad puede usarse la forma tabular para representar sistemas biológicos.

3/9. *Ecuaciones "insolubles"*. Los ejercicios de la S. 3/6 demuestran sin lugar a dudas que, dada una transformación cerrada uniforme y su estado inicial, a partir de este estado la trayectoria es determinada (es decir, uniforme) y puede establecerse por medio de cómputos. Si el estado inicial es x y la transformación es T, los sucesivos valores (trayectoria) de x están dados por la serie

$$x,\ T(x),\ T^2(x),\ T^3(x),\ T^4(x),\ \text{y así sucesivamente.}$$

Este proceso de deducir una trayectoria a base de una transformación y de un estado inicial, en matemática se denomina "integrar" la transformación. (La palabra se usa sobre todo cuando la transformación es un conjunto de ecuaciones diferenciales, como en la S. 3/7; este proceso se llama también "resolver" las ecuaciones.)

Ahora bien, si el lector ya ha resuelto todos los ejercicios de la S. 3/6, admitirá que, dada una transformación y su estado inicial, *siempre* puede obtener la trayectoria. Por lo tanto, no debe desalentarse si se entera que a ciertas ecuaciones diferenciales se las califica de "no-integrables" o "insolubles". Estos términos tienen un alcance puramente técnico y significan sólo que la trayectoria no puede obtenerse si uno se restringe a ciertas operaciones matemáticas definidas. Tustin, en su *Mechanism of Economic Systems*, demuestra claramente que al especialista en economía suele interesarle estudiar sistemas de ecuaciones del tipo "insoluble"; demuestra, además, de qué manera, en la práctica, el economista logra lo que le interesa.

3/10. *Espacio-fase.* Cuando las componentes de un vector son variables numéricas, la transformación puede demostrarse en forma geométrica; a veces, en esta forma se advierten ciertas propiedades de manera más clara y evidente que en las formas algebraicas consideradas hasta ahora.

Como ejemplo del método tomemos la transformación del Ej. 3/6/7:

$$x' = \tfrac{1}{2}x + \tfrac{1}{2}y$$
$$y' = \tfrac{1}{2}x + \tfrac{1}{2}y$$

Si tomamos los ejes x e y podemos representar cada vector particular, tal como el (8,4), por el punto cuya abcisa es 8 y cuya ordenada es 4. Por lo tanto, el estado del sistema está representado inicialmente por el punto P en la Fig. 3/10/1 (I).

La transformación cambia el vector en (6,6), y hace pasar el sistema al estado P'. Por supuesto, el movimiento no es otro que el trazado en el gráfico cinemático de la S. 2/17, sólo que ahora está representado en un plano con ejes ortogonales que contienen escalas numéricas. Se llama **espacio-fase** del sistema al espacio bidimensional en el que los operandos y las transformadas pueden ser representados por puntos. (Aquí ya no es posible acudir al método de "botones y cuerdas" de la S. 2/17).

En la parte II de la misma figura aparecen flechas en número suficiente como para determinar en forma general lo que sucede al transformar *cualquier* punto. En este caso, las flechas indican los otros cambios que habrían ocurrido si se hubieran tomado otros estados como operandos. Es fácil ver, y demostrar geométricamente, que todas las flechas, en este caso, están dadas por una regla: dado un punto cualquiera como operando, haga girar la flecha 45° hacia arriba y hacia la izquierda (o hacia abajo y a la derecha) hasta encontrar la diagonal representada por la recta $y = x$.

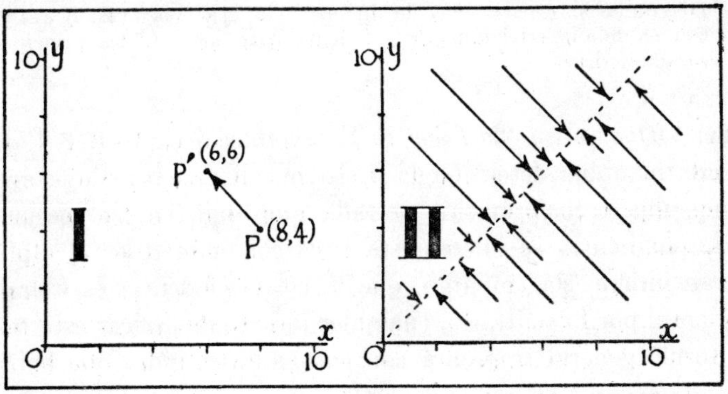

Fig. 3/10/1

Puede apreciarse ahora la utilidad del espacio-fase II pues a primera vista se capta toda la gama de trayectorias del sistema como si estuvieran inmovilizadas en una única imagen. Sucede a menudo que de esta manera puede mostrarse alguna propiedad o probarse alguna tesis con gran facilidad, en casos en que la forma algebraica hubiera resultado oscura.

Sólo es posible representar esto en el plano cuando el vector tiene dos componentes; cuando tiene tres, suele ser útil acudir a una representación tridimensional o a un dibujo en perspectiva. Cuando el número de componentes es superior a tres, ya no es posible lograr una representación real, pero el principio se mantiene, y un esquema que represente una estructura de más dimensiones aún puede ser útil, especialmente cuando las propiedades topológicas generales son más significativas que las propiedades detalladas.

(A veces el término "espacio-fase" se aplica al espacio vacío, antes de colocar las flechas, es decir, el espacio en el cual puede colocarse un conjunto *cualquiera* de flechas; otras veces, como en el caso anterior, el término alude al conjunto de flechas apropiado para una transformación particular. Generalmente en el contexto el sentido se advierte de modo inequívoco).

Ej.: Diagramar los espacios-fase de algunos de los sistemas de las S. 3/4 y 6, con el detalle estrictamente suficiente para mostrar las principales características.

3/11. *¿Qué es un "sistema"?* Se estableció en la S. 3/1 que a cada máquina determinada o sistema dinámico reales corresponde una transformación cerrada uniforme; en las secciones correspondientes se ilustró esta tesis con numerosos ejemplos. No se infiere, sin embargo, que la correspondencia es siempre evidente; por lo contrario, cualquier intento de aplicar esta tesis en forma general tropezará con ciertas dificultades que habremos de encarar ahora.

Supongamos que ante nosotros tenemos un particular sistema dinámico real (un péndulo que oscila; un cultivo de bacterias en crecimiento; un piloto automático; una aldea indígena o un preparado corazón-pulmón) y en él queremos descubrir la transformación correspondiente a partir del comienzo y trabajando desde los principios mismos. Supongamos que se trata de un péndulo simple de 40 cm de longitud. Provistos de un equipo de registro apropiado, apartamos el péndulo 30° de su posición de equilibrio y lo dejamos luego en libertad, registrando su posición cada 1/4 de segundo. Advertimos que las sucesivas desviaciones son: 30° (inicialmente), 10°, y —24° (del otro lado). De esta manera, nuestro primer cálculo de la transformación en las condiciones dadas es:

$$\downarrow \begin{matrix} 30^\circ & 10^\circ \\ 10^\circ & -24^\circ \end{matrix}$$

Luego, aplicando un estricto criterio científico, verificamos esa transición desde 10°: apartamos el péndulo 10°, lo dejamos en libertad y establecemos que al cabo de 1/4 de segundo ¡se encuentra en +3°! Evidentemente, el cambio desde 10° no es uniforme, y el sistema se contradice a sí mismo. ¿Qué haremos ahora?

Esta dificultad es típica de la investigación científica y es fundamental: queremos que la transformación sea uniforme, pero no llega a serlo. No podemos renunciar a la exigencia de uniformidad, pues hacerlo significaría abandonar la esperanza de hacer predicciones uniformes. Afortunadamente, ya hace mucho que la experiencia nos ha enseñado qué debe hacerse: definir el nuevo sistema.

A esta altura debemos saber con claridad cómo habrá de definirse un "sistema". Nuestro primer impulso es señalar el péndulo y decir: "el sistema es eso que está ahí". Este método, sin embargo, tiene una desventaja fundamental: *cada sistema material contiene no menos de una infinidad de variables y, por lo tanto, de sistemas posibles.* El péndulo real, por ejemplo, tiene no sólo longitud y posición, sino también masa, temperatura, conductividad eléctrica, estructura cristalina, impurezas químicas, radioactividad, velocidad, poder de reflexión, resistencia a la tracción, capas superficiales de humedad, contaminaciones bacteriológicas, absorción óptica, elasticidad, forma, peso específico, y así sucesivamente. Cualquier recomendación de que estudiemos "todos" los hechos no responde a la realidad y, en la práctica, nunca se intenta tal cosa. En cambio, es imprescindible escoger y estudiar los hechos que tengan relación con aquello ya dado que nos interesa.

La verdad es que en el mundo que nos rodea, sólo ciertos grupos de hechos pueden experimentar transformaciones cerradas y uniformes. Algunas veces es fácil, otras, difícil, descubrir dichos grupos. No sólo la historia de la ciencia, sino inclusive la historia de investigaciones aisladas abundan en ejemplos de lo que acabamos de afirmar. Generalmente, el descubrimiento implica el otro método para definir un sistema: *enumerar las variables que deben tenerse en cuenta.* Por lo tanto, **sistema** significa no una cosa, sino una nómina de variables. Esa nómina puede modificarse y es una de las tareas más comunes del experimentador; consiste en modificar la lista ("tener en cuenta otras variables") hasta encontrar un conjunto de variables que ofrezca la uniformidad requerida. Por consiguiente, al principio consideramos el péndulo como si consistiera solamente en la variable "desviación angular de la vertical", y comprobamos que el sistema así definido no es uniforme. Si quisiéramos proseguir, podríamos intentar otras definiciones, por ejemplo, el vector:

(desviación angular, masa),

pero también llegaríamos a la conclusión de que no es adecuado. Llegado el caso probaríamos el vector

(desviación angular, velocidad angular)

y comprobaríamos entonces que los estados del péndulo, definidos de esta manera, nos proporcionan la uniformidad deseada. (Ver el Ej. 3/6/14).

Algunos de estos hallazgos de variables inadvertidas han tenido extraordinaria importancia científica; por ejemplo, el descubrimiento de la importancia de la cantidad de movimiento, efectuado por Newton, o el de las vitaminas, debido a Gowland Hopkins (el comportamiento de las ratas sometidas a una dieta no fue uniforme hasta que no fueron identificadas las vitaminas). Algunas veces, el descubrimiento es científicamente trivial, por ejemplo, cuando se obtienen resultados uniformes sólo después de eliminar alguna impureza del agua, o de ajustar un tornillo flojo; pero la uniformidad siempre es esencial.

(Algunas veces lo que se desea es que ciertas *probabilidades* sean uniformes. A este objetivo más sutil nos referimos en las S. 7/4 y 9/2. No es incompatible con lo que acaba de decirse; significa, sencillamente, que la variable importante es la *proba-*

bilidad y no la variable que nos da la probabilidad. Así, al estudiar científicamente una ruleta, puedo estar más interesado en la variable "*probabilidad* de que en la próxima ocasión salga el rojo" (variable cuyos valores numéricos están comprendidos entre cero y uno), que en la variable "*color* de la próxima jugada", que tiene sólo dos valores: rojo y negro. Un sistema que incluya esta última variable casi con seguridad no es predecible, mientras que uno que incluya la variable anterior (la probabilidad), bien puede ser predecible puesto que la probabilidad tiene un valor *constante*, de aproximadamente 1/2).

El sistema "absoluto" descripto y usado en *Design for a Brain*[1] es precisamente un conjunto de variables de ese tipo.

Se ve ahora claramente por qué puede decirse que *cada* sistema dinámico determinado corresponde a una transformación uniforme (pese a que no nos atrevemos a dogmatizar acerca de lo que el mundo real contiene, pues está colmado de sorpresas). Podemos aseverarlo, simplemente, porque la ciencia se niega a estudiar los otros tipos, por ejemplo el péndulo de una variable, que vimos anteriormente, desechándolos por cuanto son "caóticos" o "carentes de sentido". Somos *nosotros* quienes en última instancia decidimos qué hemos de aceptar o de rechazar como propio de la máquina. (Tal asunto es resumido en la S. 6/3.)

[1] Según esa definición, un sistema es "absoluto" si al aplicarle reiteradamente operaciones primarias se comprueba que todas las líneas de comportamiento que siguen a cualquier estado S son iguales, con independencia de la forma en que el sistema llegó al estado S (N. del T.).

4. La máquina con entrada

4/1. En el capítulo precedente estudiamos la relación entre transformación y máquina, considerando esta última una simple unidad. Tratemos de localizar ahora, en el ámbito de las transformaciones, qué corresponde al hecho de que varias condiciones puedan influir en la máquina y, por lo tanto, modificar su comportamiento de la misma manera en que una grúa puede estar controlada por su conductor o un músculo por un nervio. Para encarar este estudio es imprescindible una cabal comprensión del significado del término "parámetro".

Hasta aquí cada transformación ha sido encarada en sí misma; debemos ampliar ahora nuestra perspectiva para abarcar la relación entre una transformación y otra. La experiencia ha demostrado que basta aplicar los métodos anteriores (igual que en la S. 2/3) pues el cambio de la transformación A a la transformación B no es sino la transición $A \rightarrow B$. (En la S. 2/3 estaba implícito que los elementos de una transformación pueden ser cualesquiera con tal de que estén claramente definidos; no hay razón, por lo tanto, para que esos elementos no sean transformaciones). Así, si T_1, T_2, y T_3 son tres transformaciones, no hay razón para que no podamos definir la transformación U:

$$U: \downarrow \begin{matrix} T_1 & T_2 & T_3 \\ T_2 & T_2 & T_1 \end{matrix}$$

Para evitar confusiones, todo lo que se requiere es que los cambios inducidos por la transformación T_1 no lleguen a confundirse con los producidos por U; cualquiera sea el método apropiado para un caso particular, ambos conjuntos de cambios deben mantenerse conceptualmente distintos.

Un ejemplo práctico de una transformación del tipo U ocurre cuando un niño tiene una máquina de juguete T_1, construida con partes intercambiables, que desarma para formar una nueva máquina T_2. En este caso, los cambios que ocurren cuando T_1 pasa de uno de sus estados al siguiente (esto es, cuando T_1 "trabaja") son claramente distinguibles del cambio que ocurre cuando T_1 se transforma en T_2.

Los cambios de transformación a transformación pueden, en general, ser completamente arbitrarios. Sin embargo, nos interesa mucho más el caso especial en que diversas transformaciones actúan en el mismo conjunto de operandos. Así, si los cuatro operandos comunes son a, b, c, d, podrían resultar tres transformaciones R_1, R_2, R_3:

$$R_1: \downarrow \begin{matrix} a & b & c & d \\ c & d & d & b \end{matrix} \qquad R_2: \downarrow \begin{matrix} a & b & c & d \\ b & a & d & c \end{matrix} \qquad R_3: \downarrow \begin{matrix} a & b & c & d \\ d & c & d & b \end{matrix}$$

Esto puede reproducirse concisamente así:

↓	a	b	c	d
R_1	c	d	d	b
R_2	b	a	d	c
R_3	d	c	d	b

lo cual usaremos como forma corriente. (En este capítulo sólo examinaremos transformaciones cerradas y uniformes.)

Una transformación corresponde a una máquina cuyo modo de comportamiento es característico (S. 3/1); por consiguiente, el conjunto de las tres transformaciones —R_1, R_2, R_3— debe corresponder a una máquina con tres modos de comportamiento, en el caso de estar incorporada físicamente en el mismo cuerpo. Una máquina ¿puede tener tres modos de comportamiento?

Sí, puesto que es posible alterar las condiciones en las cuales trabaja. Muchas máquinas tienen una llave o una palanca que puede colocarse en una de tres posiciones; y esa posición de la llave o palanca determina cuál de los tres modos de comportamiento se produce. Así, si a, etc. especifican los estados de la máquina, y R_1 y R_2 corresponden respectivamente a las posiciones 1 y 2 de la llave, el cambio del subíndice de R, de 1 a 2, corresponde precisamente al cambio de llave de la posición 1 a la posición 2; esto corresponde, además, al cambio de un modo de comportamiento de la máquina a otro.

Podrá advertirse que el término "cambio" aplicado a la máquina puede referirse a dos cosas muy diferentes. Hay un cambio de estado a estado, por ejemplo, de a a b, que es el comportamiento de la máquina y que se produce por su propia conducción interna; existe además el cambio de transformación a transformación, de R_1 a R_2, por ejemplo, que es un *cambio en su modo de comportarse* y que se produce a capricho del experimentador o de algún otro factor exterior. La diferencia es fundamental y de ninguna manera puede pasarse por alto.

Se denominará **parámetro** al subíndice de R o a cualquier otro símbolo similar cuyo valor determine la transformación que se aplique a los estados básicos. Si es numérico, debe distinguirse cuidadosamente de otros números cualesquiera que puedan usarse para especificar los operandos como vectores.

Se denomina **transductor** o **máquina con entrada** (según convenga en el contexto) a toda máquina real cuyo comportamiento pueda representarse por medio de un conjunto de transformaciones cerradas uniformes. El conjunto de transformaciones es su representación canónica. El parámetro, encarado como algo que puede variar, es su **entrada.**

Ej. 1: Si S es $\downarrow \begin{array}{cc} a & b \\ b & a \end{array}$

¿cuántas transformaciones uniformes cerradas más pueden formarse con esos mismos dos operandos?

Ej. 2: Trazar el gráfico cinemático de las transformaciones R_1, R_2, R_3, anteriores. ¿Se producen cambios en el gráfico si se cambia el valor del parámetro?

Ej. 3: Con R (precedente) en R_1, el punto representativo parte de c y se mueve dos pasos (a $R_1^2(c)$); luego, con el punto representativo en ese nuevo estado se cambia la transformación a R_2, desplazando a continuación el punto dos pasos más. ¿Donde está el punto ahora?

Ej. 4: Encontrar una sucesión de R en que el punto representativo se mueva: (I) de d a a; (II) de c a a.

Ej. 5: ¿Qué cambio corresponde, en la transformación, a una máquina que tiene una de sus variables fija? ¿Qué transformación se obtendría si el sistema

$$\begin{aligned} x' &= -x + 2y \\ y' &= \quad x - y \end{aligned}$$

tuviera su variable x fija en el valor 4?

Ej. 6: Integrar una tabla de transformaciones afectadas por un parámetro, para demostrar que, aunque esté presente, un parámetro puede no ejercer ninguna influencia real.

4/2. Ahora podemos analizar la forma algebraica de representar un transductor.

Las tres transformaciones:

$$R_1\colon n' = n + 1 \qquad R_2\colon n' = n + 2 \qquad R_3\colon n' = n + 3$$

pueden, evidentemente, escribirse en forma más concisa como

$$R_a\colon n' = n + a.$$

Y esto nos indica cómo proceder. En esta expresión debe tenerse en cuenta que las relaciones de n y a con el transductor son muy diferentes, y la distinción no puede desecharse en modo alguno. n es un operando que cambia por medio de la transformación; el hecho de que sea un operando está demostrado por la existencia de n'. a es un parámetro y determina qué transformación se aplicará a n; por lo tanto, hay que especificar su valor antes de que pueda hallarse el cambio de n.

Cuando las expresiones de la representación canónica se tornan más complejas, puede establecerse la distinción entre variable y parámetro tomando en cuenta que los símbolos que representan los operandos aparecerán, de alguna forma, en el miembro de la izquierda, como por ejemplo x' o dx/dt, pues la transformación debe indicar cómo cambia. De tal manera, todas las cantidades que aparezcan en el miembro de la derecha, pero no en el de la izquierda, deben ser parámetros. Los siguientes ejemplos servirán como aclaración.

Ej. 1: ¿Cuáles son las tres transformaciones que se obtienen al dar al parámetro a los valores -1, 0, ó $+1$, en T_a?:

$$T_a: \begin{cases} g' = (1-a)g + (a-1)h \\ h' = \quad 2g + \quad 2ah. \end{cases}$$

Ej. 2: ¿Cuáles son las dos transformaciones que se obtienen cuando el parámetro α toma los valores 0 ó 1 en S?:

$$S: \begin{cases} h' = (1-\alpha)j + \log(1 + \alpha + \operatorname{sen} \alpha h) \\ j' = (1 + \operatorname{sen} \alpha j)e^{(\alpha-1)h}. \end{cases}$$

Ej. 3: El transductor $n' = n + a^2$, en el cual n y a pueden tomar sólo valores positivos y enteros, se inicia con $n = 10$. (I) ¿En qué valor debe conservarse a para que, pese a reiteradas transformaciones, el valor n se mantenga en 10? (II) ¿En qué valor debe conservarse a para que n avance en pasos de 4 por vez (es decir, 10, 14, 18,...)? (III) ¿Qué valores de a, elegidos de nuevo en cada paso, lograrán que n siga la serie 10, 11, 15, 16, 20, 21, 25, 26,.... en la cual las diferencias son, alternativamente, 1 y 4? (IV) ¿Qué valores de a lograrán que n avance una unidad por vez hasta 100, y de ahí pase directamente a 200?

Ej. 4: Si un transductor tiene n operandos y también un parámetro que puede tomar n valores, el conjunto expone una correspondencia **triunívoca** entre los valores de operando, transformada y parámetro, en caso de que: (1) en cada valor dado del parámetro, la transformación sea biunívoca; (2) en cada operando dado, la correspondencia entre el valor del parámetro y la transformada sea biunívoca. Un conjunto tal es, por ejemplo,

↓	*a*	*b*	*c*	*d*
R_1	*c*	*d*	*a*	*b*
R_2	*b*	*a*	*c*	*d*
R_3	*d*	*c*	*b*	*a*
R_4	*a*	*b*	*d*	*c*

Demostrar que las transformadas deben formar un cuadrado latino, es decir, un cuadrado en el que cada columna (y cada fila) contenga la transformada una vez y sólo una.

Ej. 5: Un sistema de una variable V se comporta como

$$V' = \frac{1}{10}\left(V + \frac{90}{P}\right),$$

en donde P es un parámetro. Fijar P en un valor P_1, *v. g.* 10, y hallar el límite al cual tiende V cuando la transformación se repite indefinidamente; denominar este límite V_1. Fijar luego P en otro valor P_2, *v. g.* 3, y hallar el correspondiente límite V_2. Después de hallar varios pares de valores (P y límite V), comprobar si en ellos se cumple alguna ley. ¿Se comporta V como el volumen de un gas sometido a la presión P?

Ej. 6: ¿Qué transformación de parámetro a dará las tres series de valores de n?

$$\begin{aligned} a = 1: &\quad 0, \rightarrow 1, \rightarrow 2, \rightarrow 3, \rightarrow 4, \ldots \\ a = 2: &\quad 0, \rightarrow 4, \rightarrow 8, \rightarrow 12, \rightarrow 16, \ldots \\ a = 3: &\quad 0, \rightarrow 9, \rightarrow 18, \rightarrow 27, \rightarrow 36, \ldots \end{aligned}$$

(Sugestión: Encontrar algunas expresiones plausibles, tales como $n' = n + a$, $n' = a^2n$, etc.)

Ej. 7: Si $n' = n + 3a$, el valor dado a a ¿determina cuál es el salto de n en cada paso?

4/3. Cuando la expresión para un transductor contiene más de un parámetro, el número de transformaciones distintas puede ser tan grande como el número posible de combinaciones de valores entre parámetros (pues cada combinación puede definir una transformación distinta), pero no puede nunca exceder ese valor.

Ej. 1: Hallar todas las transformaciones del transductor U_{ab} en el que a puede tener los valores 0, 1, ó 2, y b los valores 0 ó 1.

$$U_{ab}: \begin{cases} s' = (1 - a)s + abt \\ t' = (1 + b)t + (b - 1)a. \end{cases}$$

¿Cuántas transformaciones contiene el conjunto?

Ej. 2: (Continuación). Si el vector (a,b) pudiera tomar sólo los valores (0,1), (1,1), y (2,0), ¿cuántas transformaciones contendría el transductor?

Ej. 3: El transductor T_{ab}, de variables p y q:

$$T_{ab}: \begin{cases} p' = ap + bq \\ q' = bp + aq \end{cases}$$

parte de (3,5); ¿qué valores debe darse a los parámetros a y b, para que (p,q) se mude en un paso a (4,6)? (Sugestión: la expresión de T_{ab} puede ser considerada un sistema de ecuaciones simultáneas).

Ej. 4: (Continuación.) Hallar luego un valor para (a,b) de modo que el sistema retroceda de (4,6) a (3,5) en un paso.

Ej. 5: El transductor $n' = abn$ tiene parámetros a y b, cada uno de los cuales puede tomar cualquiera de los valores 0, 1, y 2; ¿cuántas transformaciones distintas contiene? (Se dice que los casos no-distinguibles son "degenerados"; la regla expuesta al principio de esta sección se refiere al número máximo de transformaciones posibles; ese número máximo no siempre debe alcanzarse necesariamente.)

4/4. *Entrada y salida.* Los físicos y en especial los ingenieros electricistas utilizan el vocablo "transductor" para describir cualquier sistema físico determinado con ciertos lugares definidos de entrada, en los que el experimentador puede provocar cambios que afectan el comportamiento de aquél, y ciertos lugares definidos de salida, donde puede observar los cambios de ciertas variables, ya sea directamente o con ayuda de instrumentos apropiados. Así se advierte claramente que el sistema matemático descripto en la S. 4/1 es la representación de un material de ese tipo. También se ha aclarado que la "entrada" de la máquina corresponde al conjunto de estados dados por sus parámetros, puesto que al alterar éstos o aquélla es afectado el comportamiento de la máquina o del transductor.

En un sistema eléctrico, la entrada por lo común es obvia y está restringida a unos cuantos terminales. En los sistemas biológicos, empero, el número de parámetros es generalmente muy grande y de ninguna manera es evidente el conjunto íntegro. En realidad, esto es coextensivo al conjunto de "todas las variables cuyo cambio afecta directamente el organismo". Por lo tanto, los parámetros incluyen las condiciones en que vive el organismo. Entonces, el lector debe estar dispuesto a entender la palabra "entrada" en los próximos capítulos, como unos cuantos parámetros aplicados a un simple mecanismo, o como numerosos parámetros aplicados a un organismo de vida libre en un medio ambiente complejo. (El incremento en el número de parámetros no implica necesariamente una disminución en el rigor del razonamiento, pues todas las cantidades en juego pueden medirse con una precisión que está limitada sólo por los recursos de tiempo y de dinero de que disponga el experimentador.)

Ej. 1: Una máquina eléctrica que recibe tensión en sus dos terminales de entrada se altera si éstas se conectan permanentemente por medio de un conductor. Si la máquina estuviera representada como en el Ej. 4/3/3, ¿a qué alteración de T_{ab} correspondería esa circunstancia?

Ej. 2: "Cuando un organismo interactúa con su medio ambiente, sus músculos constituyen la entrada del medio ambiente y sus órganos sensoriales la salida del mismo." ¿Está usted de acuerdo?

4/5. *Transitorio.* El ingeniero electricista y el biólogo tienden a verificar sus sistemas mediante métodos bastante diferentes. El ingeniero a menudo investiga la naturaleza de un sistema desconocido sometiéndolo a un cambio incesante y regular en la entrada, mientras observa la salida. Por ejemplo, en el análisis de Fourier, el ingeniero somete el sistema al prolongado estímulo de un potencial senoidal regular de frecuencia seleccionada, y al mismo tiempo observa determinadas características en la salida; repite luego el experimento con otra frecuencia y así sucesivamente; después, deduce algunas de las propiedades del sistema a partir de las relaciones entre las frecuencias de entrada y las correspondientes características de salida. Durante la prueba la máquina es alterada incesantemente.

El biólogo a menudo utiliza métodos en los que, una vez establecidas las condiciones iniciales, no se altera en absoluto el sistema. Puede, por ejemplo, colocar un trozo de alimento en las cercanías de un hormiguero sin introducir otro cambio ulterior, manteniendo condiciones y parámetros constantes, mientras observa la evolución completa de las complejas pautas de comportamiento, individuales y sociales, que se desarrollan posteriormente.

Contrariamente a lo que se observa en los sistemas vivos, el comportamiento de los sistemas mecánicos y eléctricos a menudo se torna uniforme con bastante rapidez a partir del momento en que cesan los cambios en la entrada. Se denomina *transitorio* el régimen con que la máquina responde a alguna alteración en la entrada, régimen que una vez producido se mantiene en forma constante. Es importante señalar que para el ingeniero la sucesión compleja de acontecimientos en el hormiguero es un transitorio. En términos más generales, el transitorio puede definirse como la sucesión de estados producidos en un transductor en condiciones constantes antes de que la sucesión comience a repetirse.

Para establecer un distingo entre el transitorio y la parte repetitiva que le sigue, es conveniente que seamos capaces de señalar su final de manera inequívoca. Si la transformación es discreta, el siguiente método nos dará la longitud en forma rigurosa:

Dejemos que la sucesión de estados transcurra hasta que la repetición se torne evidente; así

A B C D C D C D C D C... o H E F G G G G G G G...

Comenzando por la derecha, marquemos con un "1" el punto en que la sucesión se aparta del ciclo:

A B[1] C D C D C D C D C... o H E F[1] G G G G G G G...

Agreguemos a continuación la marca "2" a la derecha de "1", incluyendo un ciclo completo;

A B[1] C D[2] C D C D C D C... o H E F[1] G[2] G G G G G G G...

El **transitorio** queda entonces definido como la sucesión de estados desde el estado inicial hasta la marca 2: A B C D, o H E F G.

Ahora podemos dar forma rigurosa a la impresión intuitiva de que los sistemas complejos pueden producir, en condiciones constantes, formas de comportamiento más complejas que las que producen los sistemas simples. Si se traza un gráfico cinemático arbitrario de N estados, es fácil convencerse de que si una transformación cerrada uniforme de N operandos es aplicada reiteradamente, *la longitud del transitorio no puede exceder N estados.*

Ej. 1: ¿Qué propiedad debe tener el gráfico para que la aparición de una recurrencia se postergue tanto como sea posible?.

Ej. 2: ¿Cuál es el transitorio del sistema del Ej. 3/6/6, si parte del estado (8,5)?

Sistemas de acoplamiento

4/6. Una propiedad fundamental de las máquinas es la de poder acoplarse. Dos o más máquinas completas pueden acoplarse para formar una sola; se puede considerar que cualquier máquina está formada por el acoplamiento de sus partes, las que por sí mismas pueden estudiarse como pequeñas submáquinas. En las ciencias, el acoplamiento adquiere capital importancia, pues cuando el investigador efectúa un experimento, se está acoplando él mismo, provisoriamente, al sistema que estudia. ¿A qué corresponde en la forma simbólica de las transformaciones este procedimiento de unir dos máquinas o dos partes entre sí? O bien, ¿en qué consiste la *operación* de "acoplamiento"?

Antes de responder debemos advertir que las respuestas posibles son varias. Una de ellas consiste en la unión burda, de manera que se "acoplen" como dos automóviles después de un choque. Esta forma, sin embargo, para nosotros tiene escaso interés, pues los automóviles cambian mucho a causa del proceso. Lo que necesitamos es un modo de acoplamiento que no ejerza violencia en el funcionamiento interno de la máquina, de manera que después del acoplamiento cada máquina sea la misma de antes.

Para que esto suceda, debe disponerse el acoplamiento de manera tal que, en principio, cada máquina incida en la otra sólo en lo referente a sus *condiciones*, es decir, incida en su entrada. De manera que si las máquinas han de conservar su naturaleza individual luego de haber sido acopladas para formar un todo, el acoplamiento tiene que realizarse entre entradas y salidas (dadas), sin afectar otras partes por más accesibles que ellas puedan ser.

4/7. Veamos ahora la operación en detalle. Supongamos que una máquina (transductor) P se anexa a otra R. Simplificando, supongamos que P afecta a R sin que R afecte a P, como sucede cuando se conecta un micrófono a un amplificador o cuando un nervio motor crece para inervar un músculo embrionario. Debemos acoplar la salida de P a la entrada de R. Evidentemente, el comportamiento de R, o más bien la transformación que describe los cambios de estado de R, depende del estado de P y asimismo cambia según ese estado. Se deduce que R debe tener parámetros para la entrada, y que el valor de estos parámetros debe ser, en cada momento, alguna función del estado de P. Para precisar, supongamos que la máquina o el transductor R tiene las tres transformaciones señaladas en la S. 4/1, es decir:

$\downarrow$	a	b	c	d
R_1	c	d	d	b
R_2	b	a	d	c
R_3	d	c	d	b

y que la transformación P en los tres estados i, j, k es:

$$P: \downarrow \begin{matrix} i & j & k \\ k & i & i \end{matrix}$$

P y R ahora deben estar unidas por nuestra especificación del valor que toma el parámetro de R (llamémosle α) cuando P está en uno cualquiera de sus estados. Supongamos que nos decidimos por la relación Z (una transformación uniforme, pero no cerrada):

$$Z: \begin{cases} \text{estado de } P: & \multirow{2}{*}{$\downarrow$} \quad i \quad j \quad k \\ \text{valor de } \alpha: & \quad 2 \quad 3 \quad 2 \end{cases}$$

(La relación entre P y α se ha concebido de una manera un tanto irregular para destacar que los detalles son arbitrarios y están completamente bajo el control de quien dispone el acoplamiento.) Supongamos además —esto es esencial para la ordenación del acoplamiento— que las dos máquinas P y R trabajen en una escala de tiempo común de manera que sus cambios sean sincrónicos.

Ahora puede comprobarse que las dos máquinas forman *una nueva máquina de comportamiento totalmente determinado*. Supongamos, por lo tanto, que el conjunto parte con R en a, y P en i. Por estar P en i, la transformación R es R_2 (debido a Z). Esto convierte a en b; la i de P se convierte en k, de manera que los estados a e i cambian en forma determinada a b y k. Podemos repetir el razonamiento. Con P en k, la transformación R es nuevamente R_2 (debido a Z); de manera que b se convierte en a (bajo R_2) y k se convierte en i (bajo P). A causa de esto todo el sistema retorna a su estado inicial (a,i), de manera que, evidentemente, el conjunto recorre este ciclo en forma indefinida.

El comportamiento de toda la máquina se torna más evidente si usamos el método de la S. 3/5 y comprobamos que el estado de la misma es simplemente un vector de dos componentes (x,y), donde x es uno entre a, b, c, d, e y es uno entre i, j, k. Toda la máquina tiene así doce estados; ya se ha demostrado con anterioridad que el estado (a, i) experimenta las transiciones

$$(a,i) \rightarrow (b,k) \rightarrow (a,i) \rightarrow \text{etc.}$$

Ej. 1: Completar Q, si ésta es la transformación de toda la máquina de 12 estados (x,y).

Ej. 2: Diseñar el gráfico cinemático de Q. ¿Cuántas cuencas tiene?

Ej. 3: Acoplar P y R usando la transformación Y

$$Y: \begin{cases} \text{estado de } P: & \downarrow \; i \quad j \quad k \\ \text{valor de } \alpha: & \quad 1 \quad 2 \quad 3 \end{cases}$$

¿Qué sucede cuando esta máquina arranca de (a,i)?

Ej. 4: Si dos máquinas se anexan para formar un todo, ¿el comportamiento del todo depende de la forma de acoplamiento? (Sugestión: utilizar Ej. anterior)

Ej. 5: ¿Cuál es la longitud máxima de transitorio que puede producir el todo cuando se acoplan dos máquinas, respectivamente, de n_1 y n_2 estados?

Ej. 6: Si la máquina M tiene una longitud máxima de transitorio de n estados, ¿cuál es la longitud máxima del transitorio de una máquina formada mediante la unión de tres M?

Ej. 7: Tomar varias partes (A, B, C,...) cada una con transformación

↓	0	1	2
α	0	2	0
β	1	1	1
γ	2	2	2

y relacionarlas formando una única cadena larga

entrada → [A] → [B] → [C] → etc.

de manera que A afecte a B, B afecte a C, y así sucesivamente, mediante Z:

$$Z: \downarrow \begin{matrix} 0 & 1 & 2 \\ \alpha & \beta & \gamma \end{matrix}$$

Si la entrada de A se mantiene en α, ¿qué les sucede a los estados que le siguen en la cadena?

Ej. 8: (Continuación.) ¿Qué sucede si la entrada cambia durante un paso a β y luego vuelve a α, donde permanece?

4/8. *Acoplamiento con realimentación.* En la sección previa, P estaba acoplado a R de manera que los cambios de P afectaban o determinaban de algún modo los cambios de R, sin que los cambios de P dependiesen del estado en que se encontraba R. Sin embargo, dos máquinas pueden acoplarse de manera tal que cada una afecte a la otra.

Para que esto sea posible, cada una de ellas debe tener entrada, es decir, parámetros. P no tenía parámetros, de manera que este doble acoplamiento no podía realizarse directamente en las máquinas de la sección anterior. Supongamos entonces que vamos a acoplar R (como antes) a S, dada a continuación:

↓	a	b	c	d
R_1	c	d	d	b
R_2	b	a	d	c
R_3	d	c	d	b

↓	e	f
S_1	f	f
S_2	e	f
S_3	f	f
S_4	f	e

S puede acoplarse para afectar a R mediante Y (si el parámetro de R es α):

$$Y: \begin{cases} \text{estado de } S: & \downarrow & e & f \\ \text{valor de } \alpha: & & 3 & 1 \end{cases}$$

y R para afectar a S mediante X (si el parámetro de S es β):

$$X: \begin{cases} \text{estado de } R: & \downarrow & a & b & c & d \\ \text{valor de } \beta: & & 3 & 1 & 1 & 2 \end{cases}$$

Para determinar los cambios que esta nueva máquina (llamémosla T) experimenta, supongamos que parte del estado vector (a,e). Debido a Y y a X, en el primer paso se usan las transformaciones R_3 y S_3. Si actúan en a y e respectivamente, dan d y f; de modo que el nuevo estado de toda la máquina es (d,f).

Las dos transformaciones siguientes son R_1 y S_2, y por lo tanto el próximo estado es (b,f), y así sucesivamente.

Ej. 1: Hacer el gráfico cinemático de T.
Ej. 2: Acoplar S y R de alguna otra manera.
Ej. 3: Acoplar S y R de tal manera que S afecte a R, pero R no afecte a S. (Sugestión: determinar qué efecto tiene en X el acto de igualar todos los valores de β.)

4/9. *Acoplamiento algebraico.* El proceso que se expuso en las secciones anteriores cuando se analizaron los cambios experimentados individualmente por cada estado y por cada parámetro, muestra con claridad y generalidad perfectas las relaciones implicadas en el "acoplamiento". Con idéntica claridad pueden desarrollarse varias modificaciones.

Supongamos ahora que, como es habitual, las máquinas están especificadas en términos de vectores con componentes numéricas; en ese caso, la regla de acoplamiento no se altera; cada máquina debe tener uno o más parámetros, y el acoplamiento se realiza especificando *qué funciones de las variables de la otra máquina deben ser estos parámetros.* Así las máquinas M y N

$$M: \begin{cases} a' = a^2 + pb \\ b' = -qa \end{cases} \qquad N: \begin{cases} c' = rsc + ud^2 \\ d' = 2tue \\ e' = ucc \end{cases}$$

pueden anexarse mediante las transformaciones U y V:

$$U: \begin{cases} p = 2c \\ q = de^2 \end{cases} \qquad V: \begin{cases} r = a + b \\ s = a - b \\ t = -a \\ u = b^2 \end{cases}$$

U es un modo abreviado de transcribir un conjunto completo de transiciones desde un valor de (c,d,e) a un valor de (p,q), *v.g.*:

$$U: \downarrow \begin{matrix} (0,0,0) & (0,0,1) & (1,3,5) & (2,2,4) \\ (0,0) & (0,0) & (2,75) & (4,32) \end{matrix}$$

En forma similar, V denota una transformación desde (a,b)

hacia (r,s,t,u) que incluye, *v.g.*, $(5,7) \to (12, -2, -5,49.)$ (Comparar con P de la S. 6/9.)

El resultado del acoplamiento es un sistema de cinco variables con la representación:

$$\begin{aligned} a' &= a^2 + 2bc \\ b' &= -ade^2 \\ c' &= (a^2 - b^2)c + b^2d^2 \\ d' &= -2ab^2e \\ e' &= b^2ce \end{aligned}$$

(En *Design for a Brain*, S. 21/6, se ejemplifica el mismo proceso con ecuaciones diferenciales.)

Ej. 1: ¿Cuáles son los parámetros de M? ¿Y los de N?

Ej. 2: Acoplar M y N mediante W y X, y encontrar qué valor de (a, b, c, d, e) cambia al estado (1, 0, 0, 1, 0), siendo:

$$W: \begin{cases} p = d \\ q = c \end{cases} \qquad X: \begin{cases} r = a \\ s = ab \\ t = a \\ u = a \end{cases}$$

4/10. En el Ej. 4/7/4 se ha demostrado que en general las partes pueden acoplarse de distintas maneras para constituir un todo. *La definición de las partes componentes no determina el modo de acoplamiento.*

De esto se infiere un importante corolario: el hecho de que la máquina íntegra esté constituida por partes de comportamiento conocido no es suficiente para determinar su comportamiento como un todo; éste se vuelve determinado sólo al agregar los pormenores del acoplamiento.

Realimentación

4/11. En la S. 4/7, P y R se unieron de manera que P afectaba a R mientras que R no ejercía ningún efecto en P. Se dice que *P* **domina** a *R* y (anticipándonos a la S. 4/12) podemos representar la relación entre las partes mediante

$$\boxed{P} \rightarrow \boxed{R}$$

(La flecha no puede confundirse con la usada para representar una transición (S. 2/2), pues esta última relaciona siempre dos estados, mientras que la anterior relaciona dos partes. En adelante, en los diagramas las partes aparecerán siempre encuadradas.)

Sin embargo, la cibernética se interesa especialmente, en el caso de la S. 4/8, donde cada una afecta a la otra; esta relación puede representarse así:

$$\boxed{P} \rightleftarrows \boxed{R}$$

Se dice que hay **realimentación** cuando existe esta circularidad de acción entre las partes de un sistema dinámico.

Esta definición de realimentación es la que más se adecua al espíritu de este libro, que esencialmente se interesa en principios.

Sin embargo, también es posible proporcionar otras definiciones, y ha existido cierto desacuerdo acerca de cuál es la mejor, de manera que pueden ser útiles unas pocas palabras de explicación. En esencia, los puntos de vista que deben considerarse son dos.

Por un lado encontramos a los que siguen la senda trazada por este libro, aquellos cuyo propósito es llegar a una comprensión de los *principios* que se hallan por detrás de la multiplicidad de mecanismos especiales que los ponen de manifiesto. Para tales investigadores existe "realimentación" entre dos partes cuando cada una de ellas afecta a la otra, por ejemplo, en

$$x' = 2xy$$
$$y' = x - y^2,$$

pues los valores de y afectan los cambios de x, así como los valores de x afectan a y. Por contraste, se dice que no hay realimentación en

$$x' = 2x$$
$$y' = x - y^2,$$

puesto que en este caso los cambios de x no dependen de los valores de y; x domina a y, y la acción se desenvuelve en un solo sentido.

Por otro lado están los experimentadores y diseñadores prácticos que quieren usar el término para aludir a la conducción deliberada de algún efecto desde R de vuelta a P mediante alguna conexión que sea evidente física o materialmente, cuando se descuenta algún efecto hacia adelante, de P a R. Éstos objetan la definición de los matemáticos, pues dicha definición los obligaría a aceptar que en el péndulo ordinario (ver Ej. 3/6/14) existe realimentación entre su posición y su cantidad de movimiento, una "realimentación" que, desde un punto de vista práctico, es un tanto nebulosa. Pero el matemático responde que si se considera presente la realimentación sólo cuando haya realmente un cable o un nervio que la represente, la teoría se torna caótica e inconexa.

En rigor de verdad, la disputa es innecesaria pues la definición exacta de "realimentación" no es de ninguna manera importante. La verdad es que el concepto de "realimentación", tan simple y natural en ciertos casos elementales, se torna artificial y casi inútil cuando las interconexiones entre las partes se hacen más complejas. Cuando son sólo dos las partes unidas, de modo que cada una afecta a la otra, las propiedades de la realimentación aportan una información importante y útil acerca de las propiedades del todo. Pero cuando el número de partes alcanza a una cifra de cuatro, si cada una afecta a las otras tres, entonces pueden trazarse veinte circuitos entre ellas y el hecho de conocer las propiedades de los veinte circuitos *no* ofrece información completa sobre el sistema. Tales sistemas complejos no pueden encararse como un conjunto ligado de circuitos de realimentación más o menos independientes; deben examinarse como un todo.

El concepto de realimentación resulta, por tanto, inadecuado de por sí para la comprensión de los principios generales de los sistemas dinámicos. Lo importante es que los sistemas complejos, ricos en conexiones cruzadas internas, tienen comportamientos complejos y que éstos pueden comportarse teleológicamente en los modelos complejos.

Ej. 1: Trazar veinte circuitos en el diagrama de la Fig. 4/11/1

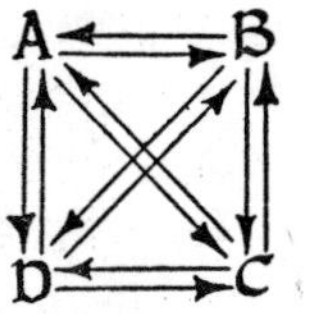

Fig. 4/11/1

Ej. 2: Una máquina con entrada α tiene la transformación

$$T: \begin{cases} x' = y - \alpha z \\ y' = 2z \\ z' = x + \alpha \end{cases}$$

¿Qué máquina (como transformación) resulta si su entrada α se acopla a su salida z, mediante $\alpha = -z$?

Ej. 3: (Continuación.) ¿Se comporta la segunda máquina de manera distinta de la primera, cuando ésta tiene α fijo permanentemente en -1?

Ej. 4: Una máquina tiene, entre sus entradas, una célula fotoeléctrica, y entre sus salidas una lámpara de intensidad variable. En la Condición 1 no hay conexión eléctrica u óptica entre la lámpara y la célula. En la Condición 2 se coloca un espejo de manera que las variaciones en la intensidad de la lámpara produzcan variaciones en la diferencia de potencial de la célula (es decir, la máquina puede "verse a sí misma"). ¿Es posible que produzcan comportamientos diferentes en las Condiciones 1 y 2? (Sugestión: comparar con el Ej. 3.)

Independencia dentro del todo

4/12. En las últimas secciones se ha aludido reiteradamente a una máquina o a una parte o a una variable "que tiene un efecto en" otra máquina o parte o variable. Ahora debemos precisar este concepto pues tiene suma importancia. ¿Qué significa en términos de operación real en una máquina dada? El proceso es el siguiente: Supongamos que queremos comprobar si una parte o variable *i* tiene un efecto inmediato en una parte o variable *j*. A grandes rasgos dejamos que el sistema muestre su comportamiento y observamos si el de *j* cambia al cambiar el valor de *i*. Si cualquiera sea el valor de *i* el comportamiento de la parte *j* es el mismo, decimos entonces, en general, que *i* no tiene efecto en *j*.

Para mayor exactitud tomamos primero un estado cualquiera, *S*, de todo el sistema. Con *i* en algún valor observamos la transición que ocurre en la parte *j* (y nos desentendemos de las de las otras variables). Comparamos esta transición con la que ocurre cuando se usan los estados S_1, S_2, etc., que difieren de *S sólo en el valor de la componente i*. Si S_1, S_2 dan la misma transición que *S* en la parte *j* decimos, entonces, que *i no tiene efecto inmediato en j* y viceversa. (Decimos efecto "inmediato" porque sólo consideramos los valores de *j* a lo largo de un período.)

Veamos ahora qué significa el concepto en una transformación. Supongamos que sus elementos son vectores con cuatro componentes (u,x,y,z) y que en la tercera línea de las ecuaciones canónicas se lee

$$y' = 2uy - z.$$

Esto nos indica que si y tiene ahora determinado valor, en el próximo período tendrá un valor particular que depende de los que tienen u y z, pero no del que tiene x. Se dice que las variables u y z tienen un **efecto inmediato** en y.

Para mantener la exactitud, debe tenerse en cuenta que la presencia o ausencia de un efecto inmediato de, por ejemplo, u en y, puede afirmarse en principio sólo para *dos estados dados*, que deben tener los mismos valores en sus componentes x, y, z, y deben diferir en sus componentes u, pues un efecto inmediato en un par de estados no restringe, en general, el efecto inmediato en otro par de estados. Por lo tanto, la transformación mencionada anteriormente produce las transiciones:

(0,0,0,0) → (, ,0,)
(1,0,0,0) → (, ,0,)
(0,0,1,0) → (, ,0,)
(1,0,1,0) → (, ,2,)

(en las que se han omitido los valores que no interesan en este caso). Las dos primeras muestran que en una región del espacio *u no* tiene un efecto inmediato en *y*, en tanto que las dos últimas muestran que *sí* lo tiene en otra región. La pregunta "¿cuál es el efecto inmediato de *u* en *y*?" puede, por lo tanto, responderse estrictamente sólo para un par de estados. A menudo, en los sistemas simples, se obtiene la misma respuesta en todo el espacio-fase; si esto ocurre, podemos describir incondicionalmente el efecto inmediato de *u* en *y*. Así, en el ejemplo anterior, *u tiene* un efecto inmediato en *y* en todos sus puntos, salvo en unos pocos.

Esta prueba del efecto inmediato de *u* en *y*, traduce en símbolos lo que el experimentador realiza cuando desea verificar si una variable tiene efecto inmediato en otra: deja fijas todas las variables excepto ese par y compara los comportamientos de una de ellas con relación a dos valores distintos de la otra.

El mismo método también suele utilizarse en la vida diaria. Por ejemplo, si entramos en una habitación desconocida con intención de encender la luz y nos encontramos con tres interruptores, nuestro problema es descubrir qué llaves tienen efecto y cuáles no lo tienen en el comportamiento de la luz. *Cambiamos* una de las llaves y observamos si a esto le sigue o no un *cambio* en el comportamiento de la luz. De esta manera descubrimos el interruptor del cual depende la luz.

Esta prueba no contradice nuestro sentido común y tiene la ventaja de poder aplicarse aun cuando no sepamos nada acerca de los factores operantes, sean físicos o de otra especie. Debe tenerse en cuenta que el experimento no exige un conocimiento de factores extraños: el resultado se deduce directamente del comportamiento que se observa en el sistema y depende sólo de cómo actúa el sistema y no de *por qué* actúa de esa manera.

Antes se hizo notar que un transductor puede mostrar cualquier grado de arbitrariedad en la distribución de los efectos inmediatos en el espacio-fase. A menudo, sin embargo, la distribución muestra continuidad de tal manera que, en una región apreciable, la variable u, por ejemplo, tiene efecto inmediato en y, mientras que, en la misma región, x no lo tiene. Cuando esto sucede, por lo general puede ser útil trazar un diagrama para señalar las relaciones que se cumplen en la región (que algunas veces puede ser la totalidad del espacio-fase). Se traza una flecha de u hacia y y siempre y cuando u tenga un efecto inmediato en y. Este diagrama se denomina **diagrama de efectos inmediatos.**

En la actualidad tales diagramas son muy frecuentes. Se usan en fisiología para mostrar de qué manera un conjunto relacionado de variables (tales como presión sanguínea, pulso, secreción de adrenalina y actividad en el seno carótido) actúan los unos sobre los otros. En el diseño de computadoras y servomecanismos se los denomina "cartas de flujo de control". También se utilizan en algunas grandes empresas para mostrar las relaciones de control e información entre los distintos departamentos.

El significado de las flechas que se utilizan en estos diagramas es, por supuesto, muy diferente del de las flechas que indican cambios en transiciones (S. 2/2). En este último caso indican simplemente un cambio de estado, mientras que en el diagrama de efectos inmediatos su significado es mucho más complejo. En este caso, una flecha trazada de A a B nos indica que B toma un conjunto distinto de valores si en el sistema se efectúa una serie de ensayos en los que todos los valores del estado inicial son los mismos excepto A, a la que se asignan valores distintos. Veremos más adelante (S. 8/11) que esto equivale simplemente a decir que de A a B corre un *canal de comunicación.*

Si disponemos de un transductor, algebraico o concreto real, podemos observar los efectos inmediatos en el sistema y deducir así algunos aspectos de su organización interna y de su estructura. En este estudio debemos distinguir cuidadosamente los efectos "inmediatos" de los efectos "mediatos". En la prueba anterior se consideró el efecto de x en y en un solo paso; ésta es una restricción necesaria en la teoría básica. Se comprobó que x no tiene efecto inmediato en y; puede suceder, sin embargo, que x tenga un efecto inmediato en u, y que a su vez u lo tenga en y; x tiene entonces efecto en y, que se presenta con la demora de un paso. A estos efectos y a aquellos que se producen a través de cadenas aún más largas de variables y con mayores retardos, los llamaremos **efectos mediatos**. Podemos construir un **diagrama de efectos mediatos** trazando una flecha de A hacia B, siempre y cuando A tenga un efecto mediato en B. Los dos diagramas están relacionados en forma simple pues el de los efectos mediatos puede obtenerse a partir del de efectos inmediatos, si se agrega en este último un vector donde haya un par de vectores unidos extremo con origen, y si se prosigue hasta que no sea posible efectuar más adiciones. Así se convierte

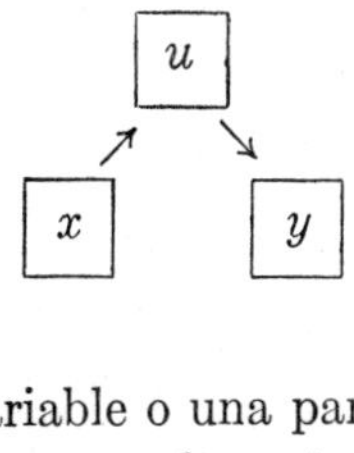

en

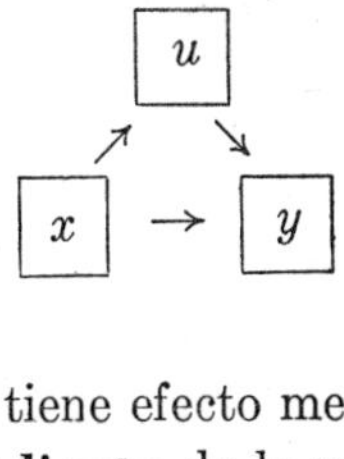

Si una variable o una parte no tiene efecto mediato en otra, se dice que la segunda es **independiente** de la primera.

Ambos diagramas, como se verá en los ejemplos siguientes, poseen características que corresponden a características importantes y muy conocidas del sistema que representan.

Ej. 1: Trazar los diagramas de efectos inmediatos de los siguientes sistemas absolutos; observar, además, la peculiaridad de cada uno:

(I) $x' = xy,\ y' = 2y$.
(II) $x' = y,\ y' = z + 3,\ z' = x^2$.
(III) $u' = 2 + ux,\ v' = v - y,\ x' = u + x,\ y' = y + v^2$.
(IV) $u' = 4u - 1,\ x' = ux,\ y' = xy + 1,\ z' = yz$.
(V) $u' = u + y,\ x' = 1 - y,\ y' = \log y,\ z' = z + yz$.
(VI) $u' = \text{sen } 2u,\ x' = x^2,\ y' = y + 1,\ z' = xy + u$.

Ej. 2: Si $y' = 2uy - z$, ¿en qué condiciones u no tiene un efecto inmediato en y?

Ej. 3: Proporcionar ejemplos de máquinas reales cuyas partes estén relacionadas como en el diagrama de efectos inmediatos del Ej. 1.

Ej. 4: (Continuación.) En forma similar, dar ejemplos en los sistemas económico y social.

Ej. 5: Hacer una tabla para indicar todas las diferencias posibles entre el gráfico cinemático y el diagrama de efectos inmediatos.

4/13. En el transcurso de la sección previa se definió el sistema mediante una representación algebraica; cuando se lo describe en esta forma es fácil deducir el diagrama de efectos inmediatos. Debe tenerse en cuenta, sin embargo, que el diagrama puede deducirse directamente de la transformación, aunque ella esté dada simplemente como un conjunto de transiciones.

Supongamos, por ejemplo, que el sistema tiene dos variables, x e y, cada una de las cuales puede tomar los valores 0, 1 ó 2, y que sus estados (x,y) se comportan como sigue (por razones de brevedad se omiten los paréntesis):

$\downarrow$	00	01	02	10	11	12	20	21	22
	01	00	11	11	00	21	11	20	11

¿Qué pasa con las transiciones de y? Podemos clasificarlas de nuevo con x como parámetro, representando *v. g.* "00 → 01" como "cuando $x = 0$, y va de 0 a 1". Esto da la tabla

	$\downarrow$	y: 0	1	2
x	0	1	0	1
	1	1	0	1
	2	1	0	1

que muestra que las transiciones de y no dependen del valor de x. Por lo tanto, x no tiene efecto inmediato en y.

En forma similar podemos clasificar las transiciones de x. Obtenemos

	↓	x = 0	1	2
	0	1	1	1
y	1	0	0	2
	2	1	2	1

Como las transiciones de x *sí* dependen del valor de y, ésta tiene un efecto inmediato en aquélla.

El diagrama de efectos inmediatos puede deducirse, en consecuencia, a partir del enunciado de las transiciones primarias. Es en realidad

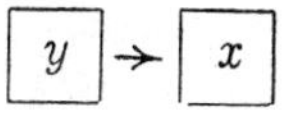

y se ha *demostrado* que y domina a x.

Ej.: Un sistema tiene tres variables —x, y, z— cada una de las cuales puede tomar sólo los valores 0 ó 1. Si la transformación es

↓								
	000	001	010	011	100	101	110	111
	110	111	100	101	110	011	100	001

¿Cuál es el diagrama de efectos inmediatos? (Sugestión: Hallar primero en qué forma las transiciones de z dependen de los valores de las otras.)

4/14. *Reductibilidad.* En la S. 4/11 observamos que un sistema íntegro puede consistir de dos partes, cada una de las cuales tiene un efecto inmediato en la otra:

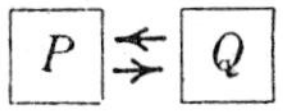

Vimos también que la acción puede ser unidireccional, en cuyo caso una parte domina a la otra:

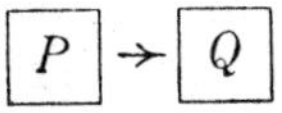

En este caso, el sistema es menos rico en conexiones internas puesto que falta una de las acciones o canales.

La disminución puede continuar. Podríamos comprobar que el diagrama de efectos inmediatos es, simplemente,

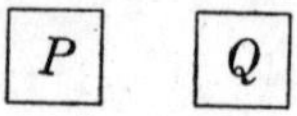

De manera que el todo consiste, en realidad, en dos partes que son funcionalmente independientes. En este caso se dice que el conjunto es **reductible.** Más tarde nos referiremos a la importancia de este concepto (S. 13/21).

Ej.: De los sistemas del Ej. 4/12/1, ¿cuáles son reductibles?

4/15. *Materialidad.* Al lector quizá le agrade utilizar los métodos de este capítulo como ayuda para resolver el problema planteado por la carta que se transcribirá de inmediato. Ello justifica lo que afirmamos en la S. 1/2: la cibernética no está limitada por las propiedades de la materia ni extrae sus leyes de ellas. Lo importante en cibernética es hasta qué punto el comportamiento observado es regular y reproducible.

Mansión Sepulcral
Encrucijada del Ingenio
Distrito de los Embrujados

Querido amigo:

Hace algún tiempo compré esta casa vieja, pero descubrí que en ella se escuchaban dos ruidos fantasmales: un canto lascivo y una risa sarcástica. En consecuencia, la casa resulta muy poco habitable. Sin embargo, aún queda una esperanza, pues gracias a algunas comprobaciones he observado que el comportamiento de dichos ruidos está sujeto a ciertas leyes, oscuras, pero infalibles, y que tanto el canto como la risa pueden ser afectados si toco el órgano o quemo incienso.

A cada minuto, cada ruido o bien se deja oir, o bien cesa: no hay gradación. Lo que hará cada uno el lapso de un minuto depende de lo que sucedía el minuto anterior, exactamente de esta manera: el canto permanecerá igual que en el minuto anterior (se lo escuchará o no) a menos que haya habido música de órgano y no haya habido risa, en cuyo caso el canto se transformará en lo opuesto: si sonaba callará y viceversa.

En lo que respecta a la risa, si se quema incienso, sonará o no de acuerdo con que el canto se escuchase o no (de manera que la risa remeda al canto un minuto más tarde). Si no se quemaba incienso, sin embargo, la risa hará lo opuesto *de lo que hacía el canto.*

En el minuto en que escribo oigo ambos, risa y canto. Dígame, por favor, cómo proceder con el incienso y el órgano para lograr silenciar la casa y que permanezca así.

(Sugestión: comparar con Ej. 4/1/4).

Ej. 2: (Continuación.) ¿El canto tiene efecto inmediato en la risa?
Ej. 3: (Continuación.) ¿El incienso tiene efecto inmediato en el canto?
Ej. 4: (Continuación.) Deducir el diagrama de efectos inmediatos de esta máquina con entrada (con dos parámetros y dos variables).

Los sistemas muy grandes

4/16. Hasta ahora los sistemas analizados han sido bastante simples, y siempre se ha supuesto que los hemos comprendido en detalle. La cibernética, con todo, aspira a manejar sistemas de complejidad mucho mayor: máquinas computadoras, sistemas nerviosos, sociedades. Vamos a considerar ahora cómo se usan o modifican los métodos desarrollados hasta este momento cuando el sistema es muy grande.

4/17. El significado de "tamaño" necesita una aclaración, pues aquí no nos interesan las meras masas. Para nosotros, el sol y la tierra no constituyen sino un "pequeño" sistema, pues astronómicamente el sol y la tierra tienen sólo doce grados de libertad. Al aludir a "tamaño" nos referimos a la complejidad del sistema. Pero, ¿qué significa esto? Si el sistema dinámico que nos interesara fuera una familia indígena de cinco personas ¿consideraríamos que está constituido por 5 partes, y que por lo tanto es simple, o que está formado por 10^{25} átomos y que por lo tanto es muy complejo?

En cibernética, el "tamaño" de un sistema debe referirse al número de *distinciones* que es posible hacer: sea el número de estados disponibles o bien —si los estados están definidos vectorialmente— el número de componentes en el vector (es decir, el número de sus variables o de sus grados de libertad, S. 7/13). Ambas medidas están relacionadas, puesto que si todo lo demás es igual, la adición de variables adicionales también produce posibles estados adicionales. Además, desde nuestro punto de vista funcional también podemos agrandar un sistema sin cambiar el número de variables, midiendo éstas en forma más precisa y distinguiendo así un mayor número de estados. Sin embargo, no nos preocupará excesivamente efectuar una medición exacta en el tamaño de acuerdo con ninguna definición particular; nos referiremos más bien a la relación entre el sistema y un observador definido que trata de estudiarlo o controlarlo. En este contexto, la expresión "muy grande" significa que, dados un sistema y un observador con recursos y técnicas definidos, aquél resulta, desde el punto de vista práctico, demasiado grande para el observador, de manera tal que éste no puede observarlo ni controlarlo ni calcular su comportamiento futuro en forma completa. En otras palabras, decir que el sistema es "muy grande" significa que de alguna manera sobrepasa al *observador* por su riqueza y complejidad.

Tales sistemas son bastante comunes. Un caso clásico lo constituye el del físico teórico del siglo XIX que trata de calcular el comportamiento de un gas con ayuda de la mecánica newtoniana. El número de partículas en un volumen ordinario de gas es tan grande que ninguna observación práctica puede registrar el estado del sistema, ni cálculo práctico alguno predecir su futuro. Un sistema tal es "muy grande" con relación al físico del siglo XIX.

El criador de ganado se enfrenta con un sistema "muy grande" cuando intenta combinar los genes en una nueva variedad. En la práctica, el número y la complejidad de sus interacciones imposibilitan un control *detallado* de ellos.

En relación con nuestros recursos actuales de observación y control, tales sistemas son muy frecuentes en el mundo biológico y en los aspectos sociales y económicos con él relacionados. Son, por cierto, muy comunes en el cerebro, aunque durante muchos años su esencial complejidad fue admitida sólo a regañadientes. Sin embargo, en la actualidad se está llegando a admitir que esta complejidad es algo que ya no puede permanecer ignorado. Dice Lashley: "Aun el acto más simple de comportamiento requiere la acción integrada de millones de neuronas... He llegado a creer que casi todas las células nerviosas de la corteza cerebral pueden ser excitadas en cada actividad... Las mismas neuronas que mantienen la memoria y participan en la acción de recordar también están implicadas en diferentes combinaciones, en miles de otros actos y recuerdos". Y von Neumann afirma: "El número de neuronas del sistema nervioso central es del orden de 10^{10}. No tenemos absolutamente ninguna experiencia definitiva en sistemas de este grado de complejidad. Todos los autómatas artificiales construidos por el hombre cuentan con un número de partes que en un recuento esquemático comparable son del orden de 10^3 a 10^6" (*Cerebral Mechanisms in Behavior*).

4/18. Debe tenerse en cuenta que el tamaño *per se* no invalida en forma alguna los principios, razonamientos y teoremas de los capítulos anteriores. Aunque los *ejemplos* se redujeron a sistemas con sólo unos cuantos estados o unas cuantas variables, la restricción se hizo únicamente por conveniencia del autor y del lector; los razonamientos continúan siendo válidos sin ninguna restricción en cuanto el número de estados o variables del sistema. Una ventaja peculiar del método de discurrir sobre estados más bien que sobre variables —como es más corriente— consiste en que no es necesario mencionar explícitamente el número de partes del sistema; una vez demostrados los teoremas, esa demostración es válida para sistemas de cualquier tamaño (con la condición, por supuesto, de que los sistemas se adapten a las suposiciones hechas en el razonamiento).

Lo que conserva validez es, desde luego, la verdad de las deducciones matemáticas acerca de las cosas *definidas matemáticamente.* Lo que puede cambiar, a medida que el sistema se hace mayor, es la aplicabilidad de estos teoremas a algún sistema concreto real. La aplicabilidad, sin embargo, puede examinarse sólo en relación con casos particulares. En consecuencia, por el momento, podemos señalar que el tamaño, por sí mismo, no invalida los razonamientos usados hasta ahora.

4/19. *Acoplamiento aleatorio.* Supongamos ahora que el observador encara un sistema muy grande para él. ¿Cómo debe proceder? Las preguntas que surgen son muchas, demasiadas para tratarlas en detalle, de manera que aquí seleccionaré sólo unos cuantos planteos que sirvan de modelo para el resto. (Ver la S. 6/19 y el Capítulo 13.) Primero: ¿cómo debe especificarse el sistema?

Por definición, el observador puede especificarlo sólo en forma incompleta. Esto equivale a decir que debe hacerlo "estadísticamente", pues la estadística es el arte de decir cosas que se refieren sólo a algún aspecto o porción del todo, cuando la verdad total es muy voluminosa para ser usada directamente. Si las partes son tantas que imposibilitan una especificación individual, debe recurrirse a un número manejable de reglas, cada una de las cuales se aplica a muchas partes. No es necesario que las partes especificadas por una regla sean idénticas; la generalidad puede conservarse suponiendo que cada regla especifica un conjunto estadísticamente. Esto significa que la regla especifica una distribución de partes y un modo de muestreo. Por lo tanto, los detalles particulares de cada manifestación no están determinados por el observador, sino por el proceso de muestreo (en la misma forma en que dos personas pueden decidir una alternativa arrojando una moneda).

El mismo método puede aplicarse para especificar el acoplamiento que, en caso de no ser completo, debe complementarse de alguna manera, pues, en última instancia, es necesario que haya un acoplamiento individual y único entre las partes. El acoplamiento debe contener así un elemento "aleatorio". ¿Qué significa esto?

Para aclarar el interrogante supongamos que el experimentador tiene ante sí un elevado número de cajas idénticas de naturaleza eléctrica; a su vez, cada una de ellas está provista de tres terminales de entrada y tres de salida. Desea formar un circuito extensivo, acoplado "aleatoriamente", para observar cuáles son sus propiedades. Toma algunos cables de conexión y comprende entonces que la expresión "acoplar aleatoriamente" es insuficiente para definir el modo de acoplamiento; son posibles muchas clases de "acoplamientos aleatorios". Por lo tanto si tuviera n cajas podría numerar $6n$ naipes desde 1 a $6n$, rotular los terminales en forma similar, mezclar los naipes y extraer entonces dos de ellos para determinar los dos terminales que se unirán con el primer conductor; un segundo par de naipes designa los terminales unidos por el segundo conductor, y así sucesivamente. Habría que decidir si los dos primeros naipes vuelven al mazo o no, antes de volver a barajarlos para una nueva extracción. La decisión es importante, pues el reintegro de los naipes permitiría que algunos terminales no tuviesen conductor y otros, en cambio, tuvieran varios; mientras que al no reintegrarlos se obliga a que cada terminal posea uno y sólo un conductor. Probablemente esta distinción tenga significado en las características del circuito y requiera, por lo tanto, especificación. Además, el método recién mencionado tiene la peculiaridad de permitir que se conecten entradas con entradas. Si esto no es lo que se desea, tendríamos que establecer un nuevo método, por ejemplo: "Numerar las entradas y las salidas de 1 a $3n$; numerar $3n$ naipes con números de 1 a $3n$; conectar un cable a la entrada 1 y extraer un naipe para saber a qué salida conectarlo; proseguir en forma similar con las entradas 2,..,$3n$". Reintegrar un naipe al mazo significa aquí, una vez más, que una salida puede conectarse a varias entradas o a ninguna; si no se lo reintegrara se conectaría cada salida con una entrada.

Probablemente ya se ha dicho lo suficiente para demostrar qué esencial puede ser una determinación exacta del modo de muestreo. Algunas veces, por ejemplo cuando el experimentador toma una muestra de oxígeno para estudiar en ella las leyes de los gases, no necesita especificar cómo la obtuvo, pues casi todas las muestras tienen propiedades similares (aunque en este caso puede ser importante la posibilidad de una definición exacta, como lo comprobaron Rayleigh y Ramsay al descubrir que algunas muestras de nitrógeno daban persistentemente pesos atómicos distintos).

Este método "estadístico" de especificar un sistema —por especificación de distribuciones con métodos de muestreo— no debe considerarse diferente, en esencia, de otros métodos. Incluye el caso en que el sistema está especificado *exactamente*, pues la especificación exacta es simplemente aquella en la que cada distribución se ha reducido hasta que su dispersión sea cero, y en la que, por lo tanto, el "muestreo" conduce a un resultado único e inevitable. Lo *nuevo* en el sistema estadístico consiste en que la especificación permite incluir un conjunto de máquinas no idénticas. La "máquina" estadística debe ser considerada, por lo tanto, un conjunto de máquinas más bien que una sola. Ese aspecto, sin embargo, no será considerado en este capítulo (se lo encara en detalle en el Capítulo 7).

En consecuencia, se llega a la conclusión de que, en cierto sentido, a un observador le es posible especificar un sistema que resulte demasiado grande para ser especificado por él. En principio, el procedimiento es simple: debe especificar con amplitud y debe especificar un método *general* mediante el cual otra fuente, que no es él mismo, especifique los detalles. En los ejemplos anteriores, la decisión final dependía del mazo de naipes. Podemos llegar así a un sistema único, final, siempre que la especificación sea *complementada*. (Este tema se desarrolla más detalladamente en la S. 13/18.)

Ej. 1: Definir un método (usando dados, naipes, números aleatorios, etc.) que lleve la transformación uniforme cerrada T:

$$T: \downarrow \begin{matrix} S_1 & S_2 & S_3 & S_4 & S_5 & S_6 \\ ? & ? & ? & ? & ? & ? \end{matrix}$$

a alguna forma particular, de manera que la forma final sea seleccionada por el método y no por el experimentador.

Ej. 2: (Continuación.) Definir un método para que la transformación sea biunívoca, sin otras restricciones.

Ej. 3: (Continuación.) Definir un método de manera que ningún estado de número par pueda transformarse en un estado impar.

Ej. 4: (Continuación.) Definir un método para que cualquier estado se transforme sólo en un estado de numeración adyacente.

Ej. 5: Definir un método que imite el circuito que se obtendría si se acoplasen las partes de acuerdo con la siguiente regla: En dos dimensiones, cuyas partes se colocan en un esquema regular como:

0	0	0
0	0	0
0	0	0

que se extiende indefinidamente en todas las direcciones del plano, cada parte tiene o no tiene, con igual probabilidad, un efecto inmediato en la parte que se encuentra directamente encima de ella, y asimismo en las tres partes vecinas, a la izquierda, a la derecha y abajo. Construir un circuito muestra.

4/20. *Riqueza de conexiones.* El sistema más simple de tamaño dado es aquel cuyas partes son todas idénticas, meras réplicas unas de otras, y entre las cuales los acoplamientos son de grado cero (*v. g.* Ej. 4/1/6). De hecho, tales partes son independientes entre sí, lo que hace que la totalidad constituya un "sistema" sólo en sentido nominal, pues es completamente reductible. Sin embargo, este tipo debe ser considerado con atención, pues proporciona una forma básica importante que se puede modificar de varias maneras. Ejemplos aproximados son: el gas, cuyos átomos chocan sólo raramente; las neuronas en una corteza acentuadamente narcotizada (si puede suponerse que todas sean aproximadamente similares), y una especie animal en la cual la densidad de población es tan reducida que sus ejemplares raras veces se encuentran o compiten. En la mayoría de los casos, es bastante fácil deducir las propiedades de este tipo básico de sistema.

Evidentemente, la primera modificación que se debe considerar es aquella mediante la cual se permite una pequeña cantidad de acoplamiento entre las partes, para introducir alguna coherencia en el todo. Supongamos, por lo tanto, que algunas acciones, es decir, algunas flechas, se agregan al diagrama de efectos inmediatos del sistema, aunque sólo las necesarias para dar coherencia al conjunto de partes. Si el número de éstas es n, el menor número posible de flechas es $n - 1$; esto da, sin embargo, sólo una simple cadena larga. Una pequeña cantidad de acoplamiento se produciría si el número de flechas fuera algo mayor, pero no tan elevado como $n^2 - n$ (lo que daría a cada parte un efecto inmediato en cada una de las demás).

Por lo tanto, la exigüidad en la cantidad de interacción puede ser resultado de la exigüidad en el número de efectos inmediatos. Otra forma, importante por ser muy común, ocurre cuando una parte o variable afecta a otra sólo en ciertas condiciones, de manera que el efecto inmediato está presente, en la mayor parte del tiempo, sólo en sentido nominal. Acoplamientos temporarios y condicionales como éste se producen cuando la variable, por alguna razón, permanece constante durante una porción apreciable de tiempo ("función parcial"). Una causa común de ello es la existencia de un umbral, de manera que la variable no muestra cambios excepto cuando la perturbación que incide en ella excede un valor definido. Tales son, por ejemplo, la tensión por debajo de la cual no se establece el arco en una distancia dada entre electrodos, y el perjuicio que un ciudadano puede soportar antes de decidir que vale la pena presentarse ante la ley. En el sistema nervioso, el fenómeno de umbral, por supuesto, está presente en todas partes.

La existencia del umbral produce un estado de cosas que

puede ser considerado una división del conjunto en subsistemas momentáneamente aislados, puesto que una variable no puede, mientras permanezca constante, afectar a otra variable, o ser afectada por ella, según se señaló en la S. 4/12; en el diagrama de efectos inmediatos pierde tanto las flechas entrantes como las salientes. La Fig. 4/20/1 representa la acción en forma de diagrama.

El cuadrado de la izquierda representa un circuito básico, un diagrama de efectos inmediatos como podría haberse producido por el método mencionado en el Ej. 4/19/5. El cuadrado del centro indica lo que queda si el treinta por ciento de las variables permanecen constantes (porque las perturbaciones que les llegan están por debajo del umbral). El cuadrado de la derecha indica lo que queda cuando la proporción de constantes se eleva al cincuenta por ciento. Cambios tales como el de izquierda a derecha podrían introducirse mediante un umbral que se eleva. Como se verá, los subsistemas que reaccionan tienden a tornarse gradualmente menores, y el efecto funcional de la elevación del umbral es dividir el sistema total en partes cada vez menores.

En consecuencia, existen factores tales como "altura del umbral" o "proporción de variables constantes" que pueden variar un sistema en forma continua a lo largo de una escala que tiene en un extremo la forma totalmente-unida, en la cual cada variable tiene un efecto inmediato en todas las demás, y en el otro extremo la forma totalmente-desunida, en la cual todas las variables son independientes entre sí. De esa manera, los sistemas pueden mostrar un mayor o menor grado de "totalidad". El grado puede especificarse estadísticamente, aunque el sistema sea demasiado grande para especificar los detalles en forma individual.

Ej.: Una perturbación en *A* (Fig. 4/20/1) ¿puede afectar a *B* en el sistema de la izquierda? ¿Y en los otros dos?

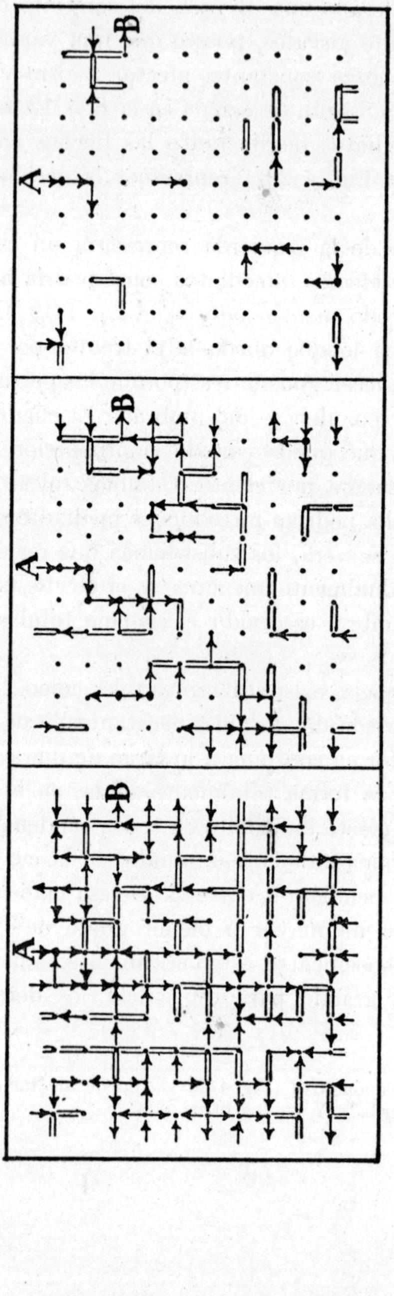

Fig. 4/20/1

4/21. *Propiedades locales.* Los sistemas grandes con muchas partes repetidas, pocos efectos inmediatos y acoplamientos ligeros comúnmente pueden presentar alguna propiedad en forma *localizada*, de manera que dicha propiedad aparece sólo en unas pocas variables, y el hecho de que esté presente o no en ellas no determina que pueda encontrarse o no en otros grupos de unas pocas variables. Tales propiedades localizables son generalmente de gran importancia en esos sistemas; en consecuencia, dedicaremos el resto de este capítulo a su examen. Veamos algunos ejemplos.

En química elemental, por ejemplo en la reacción de nitrato de plata en solución con cloruro de sodio, el número de partes componentes es aproximadamente de 10^{22}, lo cual constituye, por lo tanto, un sistema muy grande. Las partes (átomos, iones, etc.) están muy repetidas, pues consisten en una docena de tipos aproximadamente. Además, cada parte tiene un efecto inmediato sólo en una fracción muy pequeña de la totalidad de las partes, de manera que el acoplamiento (o no acoplamiento) de un ion plata y un ion cloro no tiene un efecto capital en la inmensa mayoría de los otros pares de iones. Como resultado, la propiedad "acoplados para formar AgCl" puede existir reiteradamente en forma reconocible en toda la extensión del sistema. En cambio, con esta posibilidad de repetición contrasta lo que sucede en un sistema bien acoplado, en un termostato, por ejemplo. En éste es muy difícil que exista la propiedad localizada, y por cierto no se puede repetir en forma independiente en cualquier otra parte del sistema, pues la existencia de cualquier propiedad en un punto es decisiva para la determinación de lo que sucederá en otros puntos. El cambio de la química de la solución en un tubo de ensayo a la química del protoplasma es probablemente del mismo tipo, por cuanto el protoplasma es un sistema químicamente dinámico, con una interconexión de partes demasiado rica como para permitir excesiva independencia local en la manifestación de una propiedad.

Otro ejemplo es el mundo biológico mismo, considerado como

un sistema de múltiples partes. Este sistema, compuesto en última instancia por los átomos de la superficie de la Tierra, está formado por partes que se repiten vastamente, tanto en un nivel inferior —en el que todos los átomos de carbono son químicamente parecidos— como en un nivel superior —en el que todos los miembros de las especies son también más o menos parecidos—. Si en este sistema pueden existir diversas propiedades en un lugar, también pueden existir en otros lugares. Se deduce entonces que las propiedades básicas del mundo biológico pertenecen a los tipos que se describirán en las secciones siguientes.

4/22. *Propiedades de autobloqueo.* Una propiedad general de estos sistemas es que su comportamiento en el tiempo está muy afectado por el hecho de que dentro de sí mismos puedan o no desarrollar propiedades tales que, una vez desarrolladas, se tornen inaccesibles a los factores que podrían "revertirlas". Tomemos como ejemplo una colonia de ostras. Cada ostra puede recibir en forma independiente señales de peligro, y cerrarse; empero, una vez que se ha cerrado, no puede recibir las señales de seguridad que la abrirían de nuevo. Si fueran éstos los únicos factores que actuaran podríamos pronosticar que en un tiempo suficientemente largo la colonia de ostras íntegra estaría cerrada: ¡hecho muy importante en la historia de la colonia!

En muchos otros sistemas puede rastrearse el principio con mayor precisión, y en casi todos es importante.

Tomemos como ejemplo una solución de moléculas que pueden reaccionar para formar varios compuestos; de ellos algunos pueden reaccionar nuevamente, pero uno es insoluble, de manera que las moléculas en esa forma ya no son reactivas. La propiedad de "compuesto insoluble" puede adquirirse ahora parte tras parte, pero una vez que la insolubilidad ha sacado las sustancias de la solución, el proceso no puede revertirse. La existencia de esta propiedad es decisiva en la historia del sistema; este hecho es bien conocido en química, donde tiene innumerables aplicaciones.

Muy poco se sabe acerca de la dinámica de la corteza cerebral, de modo que no podemos decir mucho sobre lo que allí sucede. Podemos deducir, sin embargo, que si las células nerviosas pertenecen sólo a unos pocos tipos, y si los efectos inmediatos entre ellas son poco frecuentes, en consecuencia, si en ellas existe alguna propiedad de "autobloqueo", casi se puede tener la certeza de que dicha propiedad es importante y desempeña un papel preponderante en la determinación del comportamiento de la corteza, especialmente cuando éste se desenvuelve a lo largo de mucho tiempo. Tal cosa ocurriría, por ejemplo, si las células tuvieran alguna posibilidad de constituirse en circuitos cerrados que repercutiesen demasiado fuertemente como para ser suprimidos por inhibición. Hay otras posibilidades que, sin duda, son dignas de tenerse en cuenta, pero aquí sólo podemos citarlas al pasar.

El mismo principio también podría aplicarse en un sistema económico si los obreros ocupados en tareas desagradables se quedaran sin trabajo de tiempo en tiempo y durante esos lapsos descubrieran que les es posible dedicarse a tareas más agradables. El hecho de que pasarían complacidos de la industria desagradable a la agradable, negándose luego a volver, sin duda sería muy importante para el futuro de la industria.

Por consiguiente, en general, los cambios que se autobloquean tienen gran importancia para determinar el estado eventual del sistema.

4/23. *Propiedades propagativas.* Debe tenerse en cuenta que en la sección precedente hemos considerado en cada ejemplo dos sistemas diferentes. Pues aunque cada ejemplo está basado sólo en una entidad material, se usó para proporcionar dos conjuntos de variables, y los mismos forman, de acuerdo con la S. 3/11, dos sistemas. El primero es el sistema evidente constituido por las partes en número muy grande; el segundo es el sistema con una variable: "*número* de partes que exhiben la propiedad". Los ejemplos ilustran casos en los que esta variable no podía disminuir con el tiempo. En otras palabras, si el número es n, se comporta de acuerdo con la transformación:

$$n' \geqq n.$$

Esta transformación es una de las muchas que pueden encontrarse cuando se observan los cambios del segundo sistema (número de partes que denotan la propiedad). Sucede a menudo que la existencia de la propiedad en algún lugar del sistema afecta la probabilidad de que vuelva a presentarse un intervalo más tarde en otro lugar. Así, si el sistema básico consiste en un reguero de pólvora a lo largo de una línea de 12 pulgadas de longitud, la existencia de la propiedad "que se quema" ahora, en la cuarta pulgada, hace muy probable que un intervalo más tarde la misma propiedad se cumpla en la tercera y en la quinta pulgada. Otros ejemplos: si un automóvil tiene aspecto atractivo, el hecho de ser vendido en una casa probablemente aumente la probabilidad de que se lo venda en casas vecinas. Si una especie biológica carece de alimento, la existencia de un miembro disminuye la probabilidad que tiene otro miembro de continuar viviendo.

Algunas veces estos efectos son de gran complejidad; otras veces, sin embargo, el cambio de la variable "número de partes que tienen la propiedad" puede expresarse suficientemente bien mediante la simple transformación $n' = kn$, donde k es positivo e independiente de n.

Cuando esto sucede, a menudo la historia del sistema depende acentuadamente del valor de k, en particular en su relación con $+1$. Si t mide el número de intervalos transcurridos desde $t=0$, y n_0 es el valor inicial, la solución de la ecuación es:

$$n = n_0 e^{(k-1)t}$$

Podemos distinguir tres casos:

(1) $k < 1$. En este caso el número de partes que poseen la propiedad disminuye continuamente, y merma, por lo tanto, su densidad. El número de átomos de radio en una porción de

pechblenda ofrece, por ejemplo, esta propiedad. También se la encuentra en el número de ejemplares de una especie que tienda a extinguirse.

(2) $k = 1$. En este caso n tiende a mantenerse constante. Encontramos un ejemplo en el número de moléculas disociadas cuando el porcentaje de éstas ha alcanzado el valor de equilibrio para las condiciones del sistema. (Dado que la más pequeña desviación de k del valor 1 llevaría el sistema a alguno de los otros dos casos, éste es de poco interés.)

(3) $k > 1$. Este caso es el que tiene mayor interés e importancia. La propiedad es tal que su presencia aumenta la posibilidad de que se presente en algún otro lugar. La propiedad se "propaga", y en este sentido el sistema es potencialmente explosivo, ya sea en forma violenta, como en una bomba atómica, o en forma gradual, como en el caso de una epidemia que cunde. Un ejemplo bien conocido es la autocatálisis; al mezclar acetato de etilo con agua, la probabilidad de que una molécula particular de acetato se convierta en el intervalo siguiente en agua y ácido acético depende del número de moléculas de acetato que exhiban ya la propiedad de haberse convertido en ácido. Otros ejemplos comunes son: la combustión, la difusión de una moda, el crecimiento de un alud y la proliferación de los conejos.

Al llegar a este punto, el majestuoso desenvolvimiento de la vida según la evolución darwiniana muestra su relación con la teoría de los sistemas dinámicos que hemos desarrollado hasta ahora. Tal como se hizo notar en la S. 4/21, el mundo biológico es un sistema que posee algunos de los caracteres de homogeneidad y de rareza de efectos inmediatos considerados en este capítulo. En los primeros días del mundo hubo diversas propiedades con distintas k. Unas tenían k menores que 1; éstas desaparecieron gradualmente. Otras tenían k igual a 1; éstas deben haber supervivido. Y hubo algunas con k mayores que 1 que se desarrollaron como un alud, entraron en conflicto entre sí; luego comenzó la interacción que llamamos "competencia", y se generó un proceso que dominó todos los otros acontecimientos del mundo y que aún prosigue.

Aún se ignora si tales propiedades, con k mayor que 1, existen o pueden existir en la corteza cerebral. Podemos estar seguros, sin embargo, de que si existen, deben ser muy importantes y deben imponer características peculiares al comportamiento de la corteza. Tiene importancia primordial destacar que podemos formular esta hipótesis sin referirnos a los detalles particulares de lo que sucede en el cerebro de los mamíferos, pues se cumple en todos los sistemas del tipo descripto.

4/24. Las consideraciones apuntadas en las últimas secciones sólo pueden ilustrar de manera muy sucinta las principales propiedades de los sistemas muy grandes. Sin embargo, se ha dicho lo suficiente para demostrar que los mismos no son enteramente diferentes de los sistemas considerados en los primeros capítulos, y, asimismo, para poner en evidencia que la elaboración de una teoría de sistemas realmente adecuada en general es más un problema de tiempo y esfuerzo que de dificultades peculiares o profundas.

Volveremos a este tema en la S. 6/14.

5. Estabilidad

5/1. El término "estabilidad" suele aparecer frecuentemente en los estudios sobre máquinas, aunque no siempre se lo usa con precisión. Bellman dice: "...estabilidad, esa palabra tan sobrecargada con una definición no estabilizada". Puesto que las ideas que connotan la palabra tienen suma importancia práctica, trataremos el tema con algún cuidado, distinguiendo los diversos tipos de estabilidad que se presentan.

La terminología actual es confusa y nada satisfactoria; no intentaré establecer una mejor. En cambio, concentraré mi atención en los hechos reales a los cuales se aplican los diversos términos, de manera que el lector tienda a pensar más bien en hechos que en palabras. Con respecto a los vocablos usados, trataré solamente de no violentar los usos establecidos y de ser consecuente en la manera de aplicarlos. Cada palabra que se utilice será cuidadosamente definida, y nos atendremos al sentido de esa definición.

5/2. *Invariantes.* En todos los significados está implícita la idea básica de "invariante", es decir, aunque el sistema experimente una serie de cambios, hay algún aspecto que no cambia; de manera que, a pesar del cambio incesante, puede formularse algún enunciado que en verdad no cambia. Así, si tomamos un cubo apoyado en una cara, lo inclinamos 5 grados y lo dejamos luego en libertad, a continuación se produce una serie íntegra de cambios de posición. Una afirmación tal como "su inclinación es de 1°" puede ser cierta en un momento y falsa en el siguiente.

Por otra parte, la afirmación "su inclinación no excede de 6°" siempre tiene vigencia para el sistema. Ésta es una invariante. Consideremos a continuación un cono apoyado sobre el vértice; luego lo soltamos, como al cubo, desde un ángulo de 5°. La afirmación "su inclinación no excede de 6°" se torna bien pronto falsa, y si excluimos la referencia a otros aspectos, también son falsos los enunciados que se refieren a límites más amplios. Esta incapacidad de poner un límite a los estados del sistema a lo largo de alguna trayectoria corresponde al concepto de "inestabilidad".

Éstos son los conceptos fundamentales. Para evitar cualquier ambigüedad, debemos volver a los primeros principios.

5/3. *Estado de equilibrio.* El caso más simple se da cuando un estado y una transformación están relacionados de manera tal que la transformación no origine cambios en el estado. Algebraicamente ello ocurre cuando $T(x) = x$. Así, si T es

$$T\colon \downarrow \begin{matrix} a & b & c & d & e & f & g & h \\ d & b & h & a & e & f & b & e \end{matrix}$$

entonces, como $T(b) = b$, el estado b es un **estado de equilibrio** en T. También lo son e y f.

Si los estados están definidos por vectores, para que éstos no cambien no debe hacerlo ninguna de sus componentes (según lo demostrado en la S. 3/5). Así, si el estado es un vector (x, y), y la transformación es

$$U\colon \begin{cases} x' = 2x - y + 2 \\ y' = x + y + 3 \end{cases}$$

en el estado de equilibrio, (x',y') debe ser igual a (x,y), y los valores de x e y deben satisfacer las ecuaciones

$$\begin{cases} x = 2x - y + 2 \\ y = x + y + 3 \end{cases}$$

es decir

$$\begin{cases} x - y = -2 \\ x = -3 \end{cases}$$

de manera que este sistema tiene sólo un estado de equilibrio en (— 3, — 1). Si las ecuaciones no hubiesen sido lineales, podría haber habido más estados de equilibrio.

Por supuesto, se obtiene exactamente el mismo estado aplicando el hecho de que en un estado de equilibrio el cambio de cada componente debe ser cero, dando $x' - x = 0$, $y' - y = 0$, lo que conduce a las mismas ecuaciones anteriores.

Si las ecuaciones están en forma diferencial, la afirmación de que x no debe cambiar en el transcurso del tiempo equivale a decir que dx/dt debe ser cero. Así, en el sistema

$$dx/dt = 2x - y^2$$
$$dy/dt = xy - \tfrac{1}{2}$$

el estado ($\tfrac{1}{2}$, 1) es de equilibrio, porque cuando x e y tienen estos valores, todas las derivadas se tornan cero, es decir, el sistema se detiene.

Ej. 1: Verificar que U transforma (— 3, — 1) en (— 3, — 1).

Ej. 2: ¿Tiene el sistema del último párrafo de la S. 5/3 otro estado de equilibrio además de ($\tfrac{1}{2}$, 1)?

Ej. 3: Encontrar todos los estados de equilibrio de la transformación:

$$x' = e^{-y} \operatorname{sen} x, \qquad y' = x^2$$

Ej. 4: Encontrar todos los estados de equilibrio de la transformación:

$$dx/dt = e^{-y} \operatorname{sen} x, \qquad dy/dt = x^2$$

Ej. 5: Si $x' = 2x - y + j$, $y' = x + y + k$, encontrar los valores de j y de k que dan un estado de equilibrio en (1,1). (Sugestión: Modificar primero las ecuaciones para representar el estado de equilibrio.)

Ej. 6: Si $T(b) = b$ ¿$T^2(b)$, $T^3(b)$, etc. deben ser todas iguales a b?

Ej. 7: ¿Un sistema absoluto puede tener más estados de equilibrio que cuencas?

Ej. 8: ¿Cuál es el rasgo característico del gráfico cinemático de una transformación en la cual todos los estados son de equilibrio?

Ej. 9: (Continuación.) ¿Qué nombre especial se dio a una transformación tal en un capítulo anterior?

Ej. 10: Si se cambia la transformación (conservando igual el conjunto de operandos), ¿cambian los estados de equilibrio?

Ej. 11: Si se cambia la entrada de una máquina, ¿cambian sus estados de equilibrio? (Sugestión: Ver el ejercicio 5.)

5/4. *Ciclo.* El **ciclo**, que está relacionado a los estados de equilibrio, es una sucesión de estados de tal naturaleza que la aplicación reiterada de la transformación mueve el punto representativo en forma repetida a lo largo de la sucesión. Así, si T es

$$T: \downarrow \begin{array}{cccccccc} a & b & c & d & e & f & g & h \\ c & h & b & h & a & c & c & g \end{array}$$

entonces, a partir de a, T genera la trayectoria

$$a \quad c \quad b \quad h \quad g \quad c \quad b \quad h \quad g \quad c \quad b \ldots$$

y el punto representativo repite el ciclo

$$\begin{array}{ccc} c & \rightarrow & b \\ \uparrow & & \downarrow \\ g & \leftarrow & h \end{array}$$

Ej. 1: Transcribir una transformación que contenga dos ciclos distintos y tres estados de equilibrio.

Ej. 2: (Continuación.) Dibujar su gráfico cinemático.

Ej. 3: ¿En un ciclo puede darse un estado de equilibrio?

Ej. 4: Un sistema absoluto ¿puede tener más ciclos que cuencas?

Ej. 5: Una cuenca ¿puede contener dos ciclos?

Ej. 6: El sistema $dx/dt = y$, $dy/dt = -x$ ¿tiene un ciclo?

Ej. 7: Si la transformación es uniforme, cerrada y tiene un número finito de estados, ¿una trayectoria puede terminar en algo que no sea un estado de equilibrio o un ciclo?

5/5. *Región estable.* Si a es un estado de equilibrio, $T(a)$ es, según vimos en la S. 5/3, simplemente a. Por lo tanto, la operación de T en a no ha generado ningún estado *nuevo*.

El mismo fenómeno puede ocurrir en un *conjunto* de estados. Supongamos, así, que T es la transformación (abierta):

$$T: \downarrow \begin{array}{cccccccc} a & b & c & d & e & f & g & h \\ p & g & b & f & a & a & b & m \end{array}$$

La misma no tiene estado de equilibrio, pero el conjunto compuesto por b y g tiene la peculiaridad de transformarse así:

$$T: \downarrow \begin{array}{cc} b & g \\ g & b \end{array}$$

es decir, la operación de T, en el conjunto, no ha generado ningún estado *nuevo*. Un conjunto tal es **estable** con respecto a T.

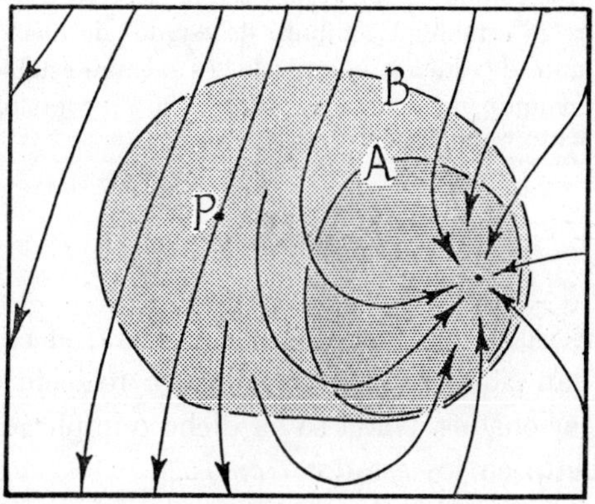

Fig. 5/5/1

Esta relación entre un conjunto de estados y una transformación es, por supuesto, idéntica a la descripta anteriormente (S. 2/4) como "cierre". (La expresión "conjunto estable" podría haberse usado desde ese momento, pero hubiera resultado confusa por cuanto aún no se había aclarado el concepto de estabilidad, y esto no podía hacerse sin explicar antes otros temas.)

Si la transformación es continua, el conjunto de estados puede encontrarse en una región conexa. En la Fig. 5/5/1, la región comprendida en el límite A es estable; la región en B no lo es, pues en ella existen puntos tales como P, que son conducidos fuera de la región.

El concepto de cierre de un conjunto estable de estados reviste fundamental importancia en nuestro estudio. Algunas razones se dieron en la S. 3/2, donde se señaló que sólo cuando el conjunto es estable la transformación puede llegar a sus potencias más elevadas sin restricción alguna.

Otra razón se expone con mayor amplitud en la S. 10/4,

donde se demuestra que ese tipo de estabilidad está estrechamente relacionado al concepto de que cierto ente "sobrevive" a cierta operación.

Ej. 1: ¿Qué otros conjuntos son estables con respecto a T?
Ej. 2: ¿Siempre es estable el conjunto de estados de una cuenca?
Ej. 3: El conjunto de estados de un ciclo ¿es siempre estable?
Ej. 4: Si un conjunto de estados es estable en T, y también en U, ¿es necesariamente estable en UT?

Perturbación

5/6. En los casos considerados hasta ahora, el equilibrio o la estabilidad han sido examinados sólo con relación a un estado o estados relacionados. Nada se ha dicho o implicado acerca del comportamiento en los estados *vecinos.*

Todos estos ejemplos elementales —un cubo apoyado en una cara, una bola de billar sobre la mesa, un cono exactamente equilibrado sobre su vértice— muestran un estado que es de equilibrio. Sin embargo, el del cono es manifiestamente diferente, y de una manera importante, del equilibrio del cubo. La diferencia se pone de manifiesto tan pronto como ambos sistemas son *desplazados* de sus estados de equilibrio a un estado vecino por una perturbación. ¿Cómo debe representarse, en general, este desplazamiento y su resultado?

Una "perturbación" es simplemente lo que desplaza, lo que mueve un sistema de un estado a otro. Por lo tanto, si se la define en forma precisa, habrá que representarla mediante una transformación cuyos operandos son los estados del sistema. Supongamos ahora que nuestro sistema dinámico se transforma según T, que a es un estado de equilibrio en T, y que D es un operador-desplazamiento dado. En el lenguaje corriente decimos: "desplace el sistema de su estado de equilibrio, déjelo luego librado a sus propias leyes durante algún tiempo y observe si vuelve o no al mismo estado". En forma algebraica, partimos de un estado de equilibrio a, desplazamos el sistema al estado

$D(a)$, buscamos luego $TD(a)$, $T^2D(a)$, $T^3D(a)$ y así sucesivamente, y observamos si la sucesión de estados finaliza o no con a, a, a,... De modo más conciso: el estado de equilibrio a en el sistema sujeto a la transformación T es **estable en el desplazamiento D**, siempre y cuando

$$\lim_{n\to\infty} T^nD(a) = a.$$

Hagamos la prueba de aplicar esta formulación a los tres ejemplos que dimos como modelo. En el caso del cubo, a es el estado con un ángulo de inclinación $= 0°$. D lo desplaza, por ejemplo, a 5° y eventualmente T lo hace retornar a 0°. En el caso del cono (sujeto, por ejemplo, a la transformación U), D puede ser el mismo desplazamiento, pero cualquiera sea el límite de $U^nD(a)$, éste no es, por cierto, una inclinación de 0°; el equilibrio es **inestable.** En el caso de la bola de billar en la posición a, las leyes de la dinámica no la restituirán a dicho estado después de un desplazamiento, de manera que, según la definición dada aquí, no se trata de equilibrio estable. Tiene, sin embargo, la peculiaridad de que el límite sea $D(a)$, esto es, conserva el desplazamiento sin ampliarlo o reducirlo. Éste es el caso que se denomina equilibrio **indiferente.**

(Debe señalarse que vale la pena observar qué sucede luego de desplazar el sistema del estado a, sólo si éste último es un estado de equilibrio.)

Ej. 1: Si T y D están dadas mediante:

$T\downarrow$	a	b	c	d	e
	c	d	c	a	e
D	b	a	d	e	d

El estado de equilibrio c ¿es estable en T bajo el desplazamiento D?

Ej. 2: (Continuación.) ¿Lo es el estado de equilibrio e?

Ej. 3: La región compuesta por el conjunto de estados b, c, y d es estable en U:

$U\downarrow$	a	b	c	d	e	f
	d	c	b	b	c	a
E	b	e	f	f	f	d

¿Cuál es el efecto del desplazamiento E seguido por la acción repetida de U? (Sugestión: examinar las tres posibilidades.)

5/7. En la práctica, cuando el sistema dinámico puede variar en forma continua, en general actúan incesantemente en él pequeñas perturbaciones. Los sistemas electrónicos están perturbados por la agitación térmica, los sistemas mecánicos por las vibraciones, y los sistemas biológicos por una multitud de pequeñas perturbaciones. Por esta razón, los únicos estados de equilibrio que en la práctica pueden persistir son los estables en el sentido que estableciéramos en la sección anterior. Los estados de equilibrio inestable tienen escasa importancia práctica en el sistema continuo (aunque pueden ser más importantes en el sistema que cambia sólo mediante saltos discretos).

El concepto de equilibrio inestable adquiere, con todo, cierta importancia teórica, pues si estamos trabajando en la *teoría* de algún mecanismo, las manipulaciones algebraicas (S. 5/3) nos proporcionan *todos* los estados de equilibrio —estables, indiferentes e inestables— y puede ser necesaria una intensa tarea de eliminación si hay que reducir este conjunto al de aquellos estados que poseen real probabilidad de persistencia.

Ej.: Construir una transformación con dos estados de equilibrio, a y b, y dos perturbaciones, D y E, de manera tal que a sea estable ante D, pero no ante E, y b sea estable ante E, pero no ante D.

5/8. En general, los resultados de la aplicación reiterada de una transformación dependen del estado al cual se aplica. El resultado de probar cuál es

$$\lim_{n \to \infty} T^n(x)$$

depende, en general, del estado en que se encuentre x. Si hay dos perturbaciones disponibles, D y E, y D transforma a en b, mientras que E transforma a en c (no se implica ningún orden de a, b y c), los límites de $T^nD(a)$ y de $T^nE(a)$ pueden ser diferentes. El resultado de esta prueba de estabilidad, conducida en la forma indicada en la S. 5/6, puede arrojar resultados diferentes según que el desplazamiento sea D o E. La distinción no carece de razones físicas. Por ejemplo, un lápiz en equilibrio sobre su base plana puede ser estable en D, si D es un desplazamiento de 1° a partir de la vertical, pero puede ser inestable en E, si E es un desplazamiento de 5°.

Así, la representación dada en la S. 5/6 está de acuerdo con lo que por lo común se observa en la práctica. Se puede afirmar que un sistema está en equilibrio estable sólo cuando se especifica en forma bien definida el conjunto de desplazamientos D. Si la especificación es explícita, entonces D queda definido en forma completa. Muchas veces D no está explícito, sino sobrentendido; así, al decir que un circuito de radio es estable, se sobrentiende que D incluye cualquiera de las fluctuaciones de tensión comunes, pero excluye, en cambio, la descarga de un rayo. A menudo se entiende que el sistema es estable siempre que la perturbación se mantenga dentro de cierta gama. Lo importante aquí es que para que el análisis sea claro en los casos poco usuales, por ejemplo en los sistemas biológicos, puede ser necesaria una especificación precisa de las perturbaciones D, y del estado de equilibrio en discusión a.

5/9. *El sistema continuo.* En las secciones precedentes, los estados que se examinaron generalmente eran arbitrarios. Los sistemas reales, sin embargo, a menudo ofrecen alguna continuidad, de manera que los estados mantienen entre sí la relación natural de estar "cerca" o "lejos" uno de otro (aparte de cualquier transformación impuesta por el hecho de que pertenecen a un transductor).

En tales sistemas, en un estado de equilibrio a, se define D como un desplazamiento desde a a alguno de sus estados "cercanos". Si los estados están definidos por vectores con componentes numéricas, es decir, basados en mediciones, el efecto de D a menudo es agregar pequeñas cantidades numéricas $\delta_1, \delta_2,..., \delta_n$, a las componentes, de manera que el vector $(x_1,..., x_n)$ se convierte en el vector $(x_1 + \delta_1,..., x_n + \delta_n)$.

De esta manera es posible efectuar pruebas de estabilidad más especializadas. En *Design for a Brain* se ha proporcionado una introducción al tema. Éste se vuelve bien pronto de índole bastante matemática; en nuestro caso, es suficiente señalar que *siempre* se puede responder a esos interrogantes, por lo menos en principio, mediante el proceso de ir siguiendo realmente los cambios a medida que el sistema se mueve sucesivamente a través de los estados $D(a)$, $TD(a)$, $T^2D(a)$, etcétera (comparar con la S. 3/9). La única objeción a este método simple, fundamental y seguro, consiste en que llega a ser excesivamente engorroso en los casos complicados. Sin embargo, puede dar una respuesta en aquellas ocasiones en que no es posible emplear métodos más especializados. Cuando se los aplica al material biológico, los métodos descriptos en este capítulo probablemente son más útiles que los más especializados, pues éstos con frecuencia son aplicables sólo si el sistema es continuo y lineal, mientras que aquéllos se pueden utilizar siempre.

Un caso muy sencillo y bien conocido es el de un sistema que consiste en partes entre las cuales existe una realimentación con la forma simple de un lazo único. Una prueba sencilla de estabilidad (a partir de un supuesto estado de equilibrio) consiste en observar la sucesión de cambios que siguen a un pequeño desplazamiento a medida que se desplaza alrededor del lazo. Si por último el desplazamiento regresa al lugar de origen con tamaño y signo tales que al sumarlos algebraicamente al desplazamiento inicial éste disminuye —es decir, se acerca al estado de equilibrio—, el sistema es (comúnmente) estable alrededor de dicho estado de equilibrio. Se dice en este caso que la realimentación es "negativa" (puesto que causa una eventual *sustracción* al desplazamiento inicial).

La prueba es simple y adecuada y a menudo puede hacerse mentalmente; en presencia de alguna complicación, sin embargo, no resulta confiable el hecho de efectuarla en la forma antes descripta. En la sección siguiente se da un ejemplo de cómo puede fracasar la regla si se aplica en forma burda.

Ej. 1: Identificar a, D y T en el *Ej.* 3/6/17. ¿Es estable el sistema en este desplazamiento?

Ej. 2: (Continuación.) Comparar con el *Ej.* 3/6/19.

Ej. 3: Identificar a y T en el *Ej.* 2/14/11. ¿Será estable si D es un desplazamiento cualquiera a partir de a?

Ej. 4: Observar un tren de juguete (que corra sobre el piso, no sobre rieles) que tiene los vagones alineados en forma ligeramente defectuosa. Sea M el conjunto de estados en los que las desviaciones de la perfecta alineación no exceden 5°. Sea T la operación de arrastrar el tren con la locomotora. ¿Es M estable en T?

Ej. 5: (Continuación). Si U es la operación de empujar hacia atrás el tren con ayuda de la locomotora, ¿es M estable en U?

Ej. 6: ¿Por qué llevan los trenes la locomotora al frente?

Ej. 7: Un servicios de ómnibus se inicia con los vehículos espaciados a intervalos regulares por la ruta. Si uno de ellos se retrasa, tiene que admitir pasajeros adicionales en las paradas, de manera que ascienden y descienden más pasajeros que los habituales. El vehículo que sigue, por el hecho de estar más cerca que lo habitual del anterior, transporta menos pasajeros y se retrasa menos que lo normal. Estas irregularidades de distancia entre los vehículos ¿son autocorrectoras o autoagravantes?

Ej. 8: ¿Qué sucedería si un incremento de anhidrido carbónico en la sangre tornara el centro respiratorio *menos* activo?

Ej. 9: El sistema $x' = \frac{1}{2}y,\ y = \frac{1}{2}x$ ¿es estable en torno de (0,0)?

5/10. *Realimentación positiva.* El sistema descripto en el último ejercicio merece especial atención:

De (10,10) va a (5,5)
" (10,12) " " (6,5).

De manera que un incremento de y (de 10 a 12) conduce a un incremento de x (de 5 a 6). (Comparar con la S. 4/13.) En forma similar,

de (10,10) va a (5,5)
" (12,10) " " (5,6).

De manera que un incremento de x (de 10 a 12) origina un incremento de y (de 5 a 6). Cada variable tiene así un efecto *positivo* en la otra, y si el sistema se expusiera en términos sencillos, estos hechos podrían usarse para "demostrar" que es inestable, pues parece evidente que actúa un círculo vicioso.

El comportamiento del sistema al retroceder a (0,0) aclara sin lugar a dudas que es estable alrededor de ese estado de equilibrio. Además, se advierte claramente que no son confiables los razonamientos basados en alguna simplificación, como por ejemplo demostrar que la realimentación es positiva. (Esto demuestra también que el sistema puede ser estable a pesar de que la realimentación sea positiva, otro ejemplo de qué inconveniente resulta el concepto de realimentación utilizado fuera de su campo particular de aplicabilidad.)

5/11. *Estabilidad indeseable.* Se suele admitir que la estabilidad es deseable, pues a causa de su presencia es posible combinar algo de la flexibilidad y actividad del sistema con algo de permanencia. Un comportamiento teleológico o de fines es un ejemplo de comportamiento estable alrededor de un estado de equilibrio. Sin embargo, la estabilidad no siempre es conveniente, pues el sistema puede insistir en retornar a un estado considerado indeseable por otras razones. Una vez que el petróleo se ha encendido, generalmente permanece en ese estado y retorna a éste cuando una perturbación lo cambia al estado "semiencendido", lo cual constituye una estabilidad que es muy indeseable para un bombero.

Sugiere otro ejemplo el hecho de que como los miembros más inteligentes de la comunidad constituyen una clase que no se reproduce tanto como la de los menos inteligentes, se origina una disminución del cociente de inteligencia de la comunidad. Es claro que no puede disminuir mucho, pues los débiles mentales se reproducen mejor que los idiotas, de manera que si fueran éstos los únicos factores de la situación, el cociente de inteligencia se estabilizaría alrededor de 90. Muchos considerarían que la estabilidad en esa cifra no es conveniente.

Un ejemplo interesante de estabilidad se presenta en el estado conocido como "causalgia", en el que en un nervio que ha sido previamente dividido en forma parcial se originan intensos dolores aparentemente injustificados. Granit ha demostrado que es muy probable que esto se deba a la conducción, en el lugar de la lesión, de impulsos que van del nervio motor (eferente) al sensorial (aferente), que posibilitan la formación de un circuito regenerativo por medio de los centros de reflejos de la medula espinal. Un circuito tal tiene dos estados de equilibrio, ambos estables: conducir pocos impulsos o conducir el número máximo. Del mismo modo, si a un "sube y baja" se le colocan pesos permanecerá en una cualquiera de sus dos posiciones extremas, pero no en una intermedia. El paciente sabe perfectamente bien que la "estabilidad" puede ser buena o mala, pues de los dos estados estables uno es apacible y el otro extremadamente doloroso.

Equilibrio de las partes y del todo

5/12. Señalaremos ahora una relación entre acoplamiento y equilibrio que nos será útil más adelante (S. 12/14 y S. 13/19), pues tiene importantes aplicaciones.

Supongamos que la totalidad del sistema está compuesta de dos partes *A* y *B* que han sido acopladas:

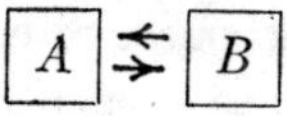

y supongamos también que el todo se encuentra en un estado de equilibrio.

Esto significa que el estado del todo no varía en el tiempo. Pero el estado del todo es un vector con dos componentes: la del estado *A* y la del estado *B*. Se deduce que *A* y *B* considerados como subsistemas tampoco cambian.

No sólo no cambia el estado de *A*, sino que tampoco varía el valor de la entrada de *A*, pues el mismo está determinado por el estado de *B* (S. 4/7), el cual no cambia. En consecuencia, el estado de *A* es de equilibrio en las condiciones determinadas por *B* (ver Ej. 5/3/11). Una propiedad similar se presenta también en *B*. Por lo tanto, *si el todo se encuentra en un estado de equilibrio, cada parte debe estar en estado de equilibrio en las condiciones determinadas por la otra parte.*

Este planteamiento también puede invertirse. Supongamos que *A* y *B* se encuentran en estado de equilibrio y que cada parte proporciona a la otra un valor de entrada que hace que el estado de esta última sea de equilibrio. Ninguna puede cambiar, y el todo se encuentra, por lo tanto, en un estado de equilibrio.

Cada parte implica así a la otra. Podemos formularlo así: *el todo se encuentra en estado de equilibrio siempre y cuando cada parte se encuentre en estado de equilibrio en las condiciones determinadas por la otra parte.* (Si hay varias partes, el complemento agente deberá ir en plural: "las otras partes".)

5/13. *Poder de veto.* La misma tesis puede formularse en forma más neta, haciéndola conceptualmente más útil. Supongamos que *A* y *B* están acoplados y que sólo nos interesa que se produzca un estado de equilibrio (no ciclos de equilibrio). Cuando el todo parte de un estado inicial y se desplaza a lo largo de una trayectoria, *A* y *B* pasan a través de varios estados. Supongamos que en algún momento el estado de *B* origina condiciones que logran que el presente estado de *A* sea de equilibrio. *A* no cambia durante el próximo paso. Si en las condiciones determinadas por *A*, *B* mismo no se encuentra en estado de equilibrio, se mueve hacia un nuevo estado. Las condiciones de *A* cambian; probablemente también cambien sus estados de equilibrio, y es posible que el estado en que se encuentre ya no sea de equilibrio. De esta manera, *A* comienza a moverse nuevamente.

En forma gráfica podemos decir que *A* propuso un estado de equilibrio (pues *A* deseaba detenerse), pero *B* rehusó aceptar la propuesta o vetó el estado. Todo sucede como si cada parte tuviera un poder de veto sobre los estados de equilibrio del todo. *Ningún estado (de los que forman el todo) puede ser de equilibrio, a menos que sea aceptable para todas las partes componentes,* cada una de las cuales actúa en las condiciones determinadas por las otras.

Ej.: Tres sistemas de una variable, cuyos parámetros son letras griegas, son:

$$x' = -x + \alpha, \qquad y' = 2\beta y + 3, \qquad z' = -yz + \delta.$$

¿Pueden acoplarse de modo que se produzca un estado de equilibrio en (0,0,0)? (Sugestión: ¿Qué valor debería tener β?)

5/14. *El homeostato.* Este principio proporciona un modo simple de examinar el homeostato y de comprender su funcionamiento. El homeostato puede considerarse una parte *A* acoplada a una parte *B* (Fig. 5/14/1). La parte *A* consiste esencialmente en cuatro agujas (con bobinas auxiliares, potenciómetros, etcétera) que actúan una sobre otra formando un sistema de cuatro variables, en el cual los valores de *B* constituyen la entrada. El estado de *A* está especificado por las posiciones de las cuatro agujas. *A* puede tener estados de equilibrio con sus agujas en el centro o en la desviación extrema, que dependen de los estados y de la entrada.

La parte *B* consiste esencialmente en un *relais,* que puede estar energizado o no, y en cuatro llaves, cada una de las cuales puede ubicarse en una cualquiera de 25 posiciones (que están indicadas en la Figura). Cada posición coloca una resistencia en un valor determinado. De manera que *B* tiene 2×25×25×25×25, esto es, 781.250 estados posibles. *A* constituye la entrada de

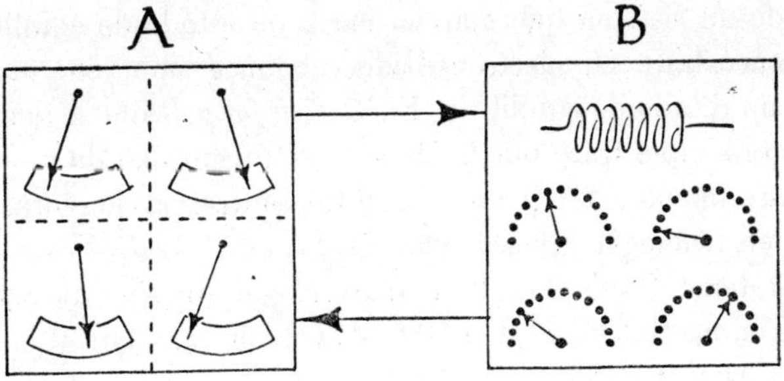

Fig. 5/14/1

este sistema. *B* ha sido construido de manera tal que con el *relais* energizado *ninguno* de sus estados es de equilibrio (es decir, las llaves se mantienen en movimiento), mientras que con el *relais* no energizado, *todos* los estados son de equilibrio (es decir, las llaves permanecen en la posición en que se encuentran).

Por último, *B* está acoplada a *A* de manera que el *relais* no está energizado cuando, y solamente cuando, *A* se estabiliza en las posiciones *centrales.*

Cuando se plantea un problema (mediante un cambio en el valor de alguna entrada de *A*, que no aparece formalmente en la Figura), *A* tiene una variedad de estados posibles de equilibrio, algunos de ellos con las agujas en posición central y otros con las agujas en los extremos de la escala. El todo evoluciona hacia algún estado de equilibrio, según el principio expuesto en la sección anterior. Pero *B* ha sido construida de manera tal que ello ocurre solamente cuando el *relais* no está energizado; además *B* ha sido acoplada a *A* de tal manera que el *relais* no está energizado sólo cuando las agujas de *A* están en el centro o cerca de él. El agregado de *B* veta así todos los estados de equilibrio de *A*, excepto aquellos que tienen las agujas en el centro.

Podrá comprobarse ahora que todos los gráficos de *Design for a Brain* podrían haberse resumido en una fórmula: "trayectoria de un sistema que marcha hacia un estado de equilibrio". El homeostato, en cierto sentido, no hace sino eso: marchar hacia un estado de equilibrio. En *Design for a Brain* se demostró que esta simple frase puede abarcar gran cantidad de modos de comportamiento, intrincados e interesantes, la mayoría muy útiles en fisiología y psicología.

(El tema "estabilidad" reaparece con frecuencia, especialmente en las S. 9/6, 10/4, 12/11; volveremos a aludir al homeostato en la S. 12/15.)

5/15. Podemos *resumir* ahora el grupo de ideas implicado en el término "estabilidad".

Tenemos en primer lugar el estado de equilibrio, el estado que la transformación no hace cambiar. Éste puede además hacerse múltiple, y obtenemos el conjunto estable de estados, de los cuales son ejemplos el ciclo y la cuenca.

Dado tal estado o conjunto de estados y alguna perturbación

particular, podemos preguntarnos si el sistema retornará a su región inicial después de la perturbación. Si el sistema es continuo, podemos preguntarnos si es estable ante todas las perturbaciones contenidas en determinada escala de valores.

Es evidente que el concepto de estabilidad es esencialmente compuesto. Puede aplicarse inequívocamente a un caso particular, sólo después de especificar todos sus aspectos. Entonces, si su empleo requiere tanto cuidado, ¿para qué usarlo? Su ventaja reside en que, en un caso adecuado, puede resumir *brevemente* varias posibilidades más o menos intrincadas. Cuando los fenómenos son adecuadamente simples, palabras tales como equilibrio y estabilidad constituyen abreviaturas de gran valor y provecho. Sin embargo, siempre debe tenerse en cuenta que ellas son simples abreviaturas y que los fenómenos no siempre tienen la simplicidad que esas palabras presuponen. En todo momento se debe estar preparado para suprimirlas y sustituirlas por términos de estados, transformaciones y trayectorias referidos a los hechos precisos.

Es interesante hacer notar, anticipándonos a la S. 6/19, que el intento de delimitar lo significativo de un sistema con referencia a su estabilidad es un ejemplo del método "topológico" de describir sistemas mayores. La pregunta: "¿qué hará este sistema?", aplicada, por ejemplo, a un sistema económico, *puede* requerir una descripción completa de cada detalle de su comportamiento futuro, pero *puede* ser adecuadamente contestada por la afirmación mucho más simple de: "retornará a su estado habitual" (o quizá "mostrará una divergencia cada vez mayor"). Por lo tanto, nuestro planteamiento en este capítulo ha sido el que se requiere al encarar sistemas muy grandes.

6. La Caja negra

6/1. Los métodos desarrollados en los capítulos precedentes nos permiten abordar ahora el estudio del Problema de la Caja negra; éste proporcionará un ejemplo excelente del uso de dichos métodos.

El Problema de la Caja negra pertenece al ámbito de la Ingeniería eléctrica. Se entrega al ingeniero una caja cerrada, con terminales de entrada, en los que puede aplicar tensiones, "shocks" o cualquier otra perturbación que desee, y terminales de salida, en los que observa todo cuanto pueda. De ello debe deducir cuanto le sea posible acerca del contenido de la caja.

A veces el problema se presenta en la práctica, por ejemplo cuando se advierte que una mira de bombardeo secreta y sellada es defectuosa y se debe resolver, sin abrir la caja, si hay que devolverla para que la reparen, o bien hay que destruirla como material de desecho. Otras veces el problema también suele presentarse en la práctica, por ejemplo cuando el ingeniero telefónico examina un complicado conjunto de relaciones entre las pruebas realizadas y los resultados observados, en medio de un fárrago de equipos en funcionamiento que no deben desarmarse sin razón valedera.

Aunque el problema se presenta en una forma puramente eléctrica, su ámbito de aplicación es mucho más amplio. El médico clínico que estudia un paciente que padece de lesiones en el cerebro y de afasia, trata de deducir qué mecanismos están afectados mediante pruebas dadas y observación del habla. El psicólogo que estudia una rata en un laberinto actúa sobre aquélla con varios estímulos y observa los diversos comportamientos; reuniendo los hechos, trata de deducir algunos aspectos del mecanismo neurónico que no puede observar directamente. No es necesario dar más ejemplos, pues éstos se encontrarán por doquier (S. 6/17).

La aplicación de la teoría de la Caja negra excede estos estudios especializados. El niño que trata de abrir una puerta debe manipular el picaporte (entrada) para producir el movimiento deseado del cerrojo (salida), y debe aprender a controlar uno con ayuda del otro sin poder observar el mecanismo interno que los vincula. En la vida diaria enfrentamos a cada momento sistemas cuyos mecanismos internos no están completamente abiertos a la inspección y que deben tratarse con los métodos peculiares de la Caja negra.

El experimentador, a quien no le interesa la teoría de la Caja negra, generalmente considera que cualquier tipo de envoltura es una simple molestia, pues retarda la respuesta a la pregunta: "¿Qué hay dentro de esta Caja?". Nosotros, sin embargo, consideraremos preguntas más amplias, como, por ejemplo:

"¿Cómo debe proceder un experimentador al enfrentarse con una Caja negra?"

"¿Qué propiedades del contenido de la Caja pueden descubrirse y cuáles no lo son fundamentalmente?"

"¿Qué métodos deben usarse para investigar la Caja eficazmente?"

Para estudiar en forma apropiada estas preguntas debemos aceptar, por lo menos de momento, la existencia de una envoltura, y proceder de acuerdo con ello. Entonces y sólo entonces podremos desarrollar una epistemología científica.

6/2. Para comenzar, no hagamos suposición alguna acerca de la naturaleza de la Caja o de su contenido, que bien podría ser, por ejemplo, algo recién caído de un plato volador. Suponemos, sin embargo, que el experimentador posee ciertos recursos para trabajar en ella (*v. g.*, punzarla, iluminarla, etcétera) y ciertos recursos dados para observar su comportamiento (*v. g.*, fotografiarla, registrar su temperatura). Si se actúa así y si se permite que la Caja afecte a sus aparatos registradores, el experimentador mismo se *acopla* a la Caja de modo tal que ambos forman un sistema con realimentación:

Caja ⇄ Experimentador

Para que el acoplamiento se realice en forma definida y reproducible, la "entrada" de la Caja debe especificarse aunque sólo sea arbitraria y provisoriamente. Cada sistema real tiene un número indefinidamente grande de entradas y salidas posibles; mediante las primeras, el observador puede ejercer acciones diversas en el sistema; mediante las salidas, quizá con ayuda de instrumentos de registro, el sistema ejerce acciones en el observador. Para que la investigación sea ordenada, se debe decidir, al menos en forma provisoria, qué conjunto de entradas se utilizará y qué conjunto de salidas se observará. Supongamos ahora que esto ya se ha establecido.

La situación que nosotros (autor y lector) estamos considerando, puede aclararse introduciendo dos convenciones inofensivas. Supongamos que las entradas, cualquiera sea su naturaleza, están reemplazadas o representadas por un conjunto de perillas e indicadores, como en los controles de un horno de cocina doméstica. Podemos estar seguros entonces de qué significa que la entrada "se encuentre en cierto estado", pues es el que aparecería en una foto instantánea de los controles. Supongamos también que la salida consiste en un conjunto de escalas agregadas a la Caja y afectadas por su mecanismo interior, de manera que los indicadores señalan en las escalas, mediante sus posiciones en cualquier momento particular, el estado de la salida.

Ahora el experimentador se parece mucho al maquinista de un barco, sentado ante un conjunto de palancas y controles remotos mediante los cuales puede accionar sobre los motores, observando los resultados en un conjunto de escalas. La representación, aunque parezca poco natural, de hecho puede aplicarse a la inmensa mayoría de los sistemas naturales, aun a los biológicos o económicos.

6/3. *La investigación.* Un hombre no puede entrar dos veces en el mismo río; tampoco puede realizar dos veces el mismo experimento. Pero sí puede hacer otro experimento que difiera del primero sólo en aquello que se haya convenido considerar inoperante.

El mismo hecho puede aplicarse al examen de la Caja negra. Los datos básicos serán siempre de la forma:

Tiempo	Estados de entrada y salida	
↓ . . .	. . .	. . .
. . .	. . .	. . .

en la cual se registran los estados de las diversas partes de la Caja, entrada y salida, a intervalos determinados. Así, basándonos en la Caja que cayó del plato volador, podría redactarse el siguiente protocolo:

Tiempo	Estado
11.18	No hice nada; la Caja emitió un zumbido estable de 240 c/s.
11.19	Cerré la llave marcada K; la nota subió a 480 c/s y permaneció estable.
11.20	Accidentalmente oprimí el botón marcado "!"; la temperatura de la Caja aumentó en 20° C.
. . .	Etc.

(Reservaremos la palabra **protocolo** para este tipo de formulario.)

En principio, la investigación de cada sistema se realiza con ayuda de un largo protocolo que indica la sucesión de estados de entrada y salida a través del tiempo. Si los posibles estados de entrada de un sistema son α y β, y los posibles estados de salida son f, g, h, y j, un protocolo típico sería (¡y constituiría además otra transformación!):

Tiempo:	1	2	3	4	5	6	7	8	9	10	11	12	13	14	15	16	17
Estado:	αg	αj	αf	αf	αf	βf	βh	βh	αh	αj	βf	αh	βj	βf	αh	βj	αf

(Se omiten los paréntesis por razones de brevedad.)

Aunque parezca artificial y poco natural, esta forma es, en verdad, típica y general; puede representar cualquier hecho, desde la investigación de lo que sucede en un circuito eléctrico al aplicarle una tensión sinuisoidal, hasta una consulta psiquiátrica en la que se formulan las preguntas α, β y se obtienen las respuestas g, f, h, j.

Por lo tanto, los datos primarios de cualquier investigación de una Caja negra consisten en una sucesión de valores del vector de dos componentes:

(estado de entrada, estado de salida).

(No se excluye la posibilidad de que cada componente misma sea un vector. Ver S. 3/5.)

Basándose en esto, se llega a la conclusión fundamental de que *todo el conocimiento que se puede obtener de una Caja negra (de entrada y salida dadas) es tal que se puede lograr mediante un nuevo ordenamiento del protocolo*; eso y nada más.

Ej.: Tabular las transiciones observadas en el sistema que se inicia en αg. Buscar alguna regularidad en ellas.

6/4. Hay que tener en cuenta que nada se ha dicho acerca de la habilidad del experimentador en el manipuleo de la entrada. La omisión fue consciente, pues no se necesita destreza alguna. Recuérdese que estamos suponiendo que no sabemos *nada* acerca de la Caja, y cuando esto sucede, el método de producir meras variaciones al azar (*v. g.* guiadas por los tiros de un dado) en las llaves de entrada, es tan defendible como cualquier otro método, pues todavía no existen hechos que puedan invocarse para justificar la preferencia por cualquier método en particular. En el caso de las máquinas terrestres —industriales, biológicas, neurónicas—, el experimentador a menudo ha tenido experiencias previas con cajas de la misma clase. En estos casos puede acudir a un método para explorar lo *desconocido* en la Caja con más eficiencia que cualquier otro método. (El problema de explorar un sistema parcialmente conocido conduce a interrogantes de un tipo más complejo cuya consideración debemos posponer; a este tema nos referiremos en la S. 13/5, y en secciones subsiguientes.)

6/5. *Calidad de absoluto.* Una vez obtenida una cantidad abundante de registros, el experimentador se dedicará a la búsqueda de regularidades, *repeticiones* en el comportamiento (S. 7/19). En el Ej. 6/3 puede comprobar, por ejemplo, que αj está seguido siempre por αf o bien por βf y que la transición de α no es uniforme, aunque sí lo es la de j.

Examina entonces el registro. Su primera preocupación, generalmente, es comprobar si, dado el estado de entrada, la caja es absoluta o no. Hace esto valiéndose de la recopilación que sigue:

(I) Todas las transiciones que siguieron al estado de entrada α, clasificándolas como resultantes de transiciones de g, de h, y así sucesivamente para todos los estados de salida.

(II) Lo mismo para la entrada β.

(III) Y así sucesivamente para todos los estados de entrada observados.

En otras palabras, el observador trata de completar un conjunto de transformaciones como las de la S. 4/1, examinando los datos que obtiene para ver si aquéllas son uniformes.

Así, si se pone a prueba el protocolo dado y se registra cada una de las 16 transformadas, se obtiene

↓	f	g	h	j
α	fff	j	jjj	ff
β	hhh	.	hh	ff

(No se observó ninguna transición de g con entrada β). En cada casillero, las letras son iguales, de manera que la tabla puede simplificarse así:

↓	f	g	h	j
α	f	j	j	f
β	h	.	h	f

con la aclaración de que esta transformación uniforme cerrada se observó en todo el protocolo.

Así, mediante una reordenación del protocolo, el experimentador puede demostrar que el comportamiento es similar al de una máquina y puede, asimismo, *deducir la representación canonical.*

Debe tenerse en cuenta que esto lo ha deducido de acuerdo con la observación directa del comportamiento real de la Caja. No ha confiado en conocimientos "prestados". Sea lo que fuere lo que esperaba, y sin que gravite la confianza en su expectativa, la deducción final depende solamente de lo que haya ocurrido en realidad. Así, en caso de que se plantee un conflicto entre lo que él u otros esperaban y lo que en realidad se encontró, la naturaleza de la Caja estará definida por los resultados empíricos.

Si el sistema no fuera determinado, es decir, si la transformación no fuera uniforme, el experimentador puede aplicar alguno de los dos métodos que reseñamos a continuación.

El primero, alterar el conjunto de entradas y salidas —tener en cuenta más variables— y verificar si el *nuevo* sistema (equivalente a una nueva Caja, S. 3/11) es determinado. Un químico puede comprobar, por ejemplo, que al principio el comportamiento de un sistema no es determinado, pero que se torna determinado al tener en cuenta la presencia de vestigios de cloro. La búsqueda de un conjunto conveniente de variables constituye una parte esencial de la investigación.

El segundo procedimiento consiste en abandonar el intento de encontrar un determinismo estricto y buscar en cambio un determinismo *estadístico*, es decir, el determinismo de promedios, etcétera. El experimentador que dispone de extensos registros, puede estudiarlos en grandes secciones para ver si los *promedios* (o datos estadísticos similares) resultan predecibles de sección en sección, en caso de que los detalles no lo sean de paso en paso. Acaso descubra que los registros muestran el determinismo estadístico de una cadena de Markov, pero el examen de este punto se dejará para el Capítulo 9, pues hasta entonces nos interesarán sólo máquinas determinadas paso a paso.

En resumen: una vez obtenido el protocolo puede ponerse a prueba el determinismo del sistema y, si se comprueba que es determinado, deducir su representación canónica.

Ej. 1. Deducir el gráfico cinemático que corresponde a la entrada α del sistema de la *S.* 6/3, directamente del protocolo.

Ej. 2. (Continuación). *Id.* para la entrada β.

Ej. 3: Un sistema con un único estado de entrada dio la siguiente sucesión de estados como salida:

$$D \quad G \quad A \quad H \quad C \quad L \quad H \quad C \quad L \quad H \quad C \quad F \quad C \ldots$$

Este sistema, ¿es absoluto?

Ej. 4: Un sistema tiene dos variables, x e y, cada una de las cuales puede tomar los valores 0, 1, ó 2. La entrada puede tomar dos valores α o β. El protocolo dio:

Tiempo:	1	2	3	4	5	6	7	8	9	10	11	12	13
Entrada	α	α	α	α	α	β	α	α	α	α	α	α	α
x:	1	0	0	0	0	0	1	2	2	1	0	0	0
y:	1	0	1	0	1	0	2	1	0	1	0	1	0

Tiempo:	14	15	16	17	18	19	20	21	22	23	24	25
Entrada	β	α	α	β	β	β	α	β	β	β	α	β
x:	0	0	1	0	1	1	1	1	1	2	2	1
y:	1	2	1	0	2	1	0	1	0	0	2	1

¿Se trata de una máquina con entrada?

Ej. 5: (Continuación.) ¿Cuál es su transformación si la entrada se mantiene en α?

Ej. 6: Si una máquina tiene m estados-entrada y n estados-salida, ¿cuál es el menor número de pasos de observación suficiente para su estudio completo?

Ej. 7: Dos Cajas negras son idénticas en cuanto a su aspecto externo; cada una tiene una sola entrada α y una sola salida x, que son variables numéricas. Las Cajas fueron denominadas I y II, y se comprobó que sus representaciones canónicas son

$$\text{I: } x' = x + 1 - \alpha$$
$$\text{II: } x' = (1 + \alpha)x - 2 + \alpha.$$

Desgraciadamente, las etiquetas "I" y "II" se han despegado y no se sabe a qué Caja corresponde cada una. Sugerir una prueba simple que permita volver a identificarlas.

6/6. *Estados inaccesibles.* El examen de las transformaciones

↓	*f*	*g*	*h*	*j*
α	*f*	*j*	*j*	*f*
β	*h*	*f*	*h*	*f*

nos demuestra que una vez superado, el estado *g* del protocolo no puede reaparecer mediante ninguna manipulación de la entrada. Entonces no se puede realizar pruebas adicionales o repetir los ensayos de transiciones que parten de *g*. El hecho de que la caja no pueda retornar a ciertos estados a voluntad del experimentador es muy común en la práctica. Se dice que tales estados son **inaccesibles.**

En su forma más dramática, el ejemplo se presenta cuando la investigación de un tipo nuevo de mina enemiga provoca una explosión; de modo más abstracto, esto puede describirse diciendo que el sistema ha salido de un estado y no puede retornar a él por ningún manipuleo en la entrada. El mismo fenómeno sucede, en esencia, al experimentar con un organismo que aprende; pues a medida que transcurre el tiempo, éste abandona el estado inicial de "ignorancia", y ningún manejo simple puede llevarlo de nuevo a ese estado. En experimentos tales, sin embargo, por lo común el psicólogo investiga no al individuo singular, sino a la especie particular, de manera que *puede* restituir el estado inicial mediante el simple arbitrio de seleccionar un nuevo individuo.

Si el sistema es determinado, el experimentador debe limitarse a la investigación de un conjunto de estados que son a la vez cerrados y completamente accesibles, tales como f, h, j del ejemplo, o bien debe agregar más estados en la entrada para disponer de más transformaciones y obtener quizá así una transición que conduzca a g.

6/7. *Deducción de conexiones.* Ahora puede comprenderse con claridad que por medio de deducciones podemos obtener algunos datos acerca de las conexiones en el interior de una Caja negra. En efecto, el manipuleo y la observación directos producen el protocolo; si el sistema es determinado, el protocolo da como resultado la representación canónica, y ésta, a su vez, el diagrama de efectos inmediatos (uno para cada estado de entrada, S. 4/13). Pero procedamos con cautela.

Debe tenerse en cuenta que en un sistema real el "diagrama de conexiones internas" *no es único.* El receptor de radio, por ejemplo, tiene un diagrama eléctrico de conexiones y otro mecánico. Un aislador, en verdad, no es sino un componente de naturaleza tal que proporciona una conexión mecánica firme, mientras que no da ninguna conexión eléctrica. *El esquema de conexiones que se obtenga depende del conjunto de entradas y salidas que se usen.*

Aunque el diagrama de efectos inmediatos sea único, no indica un modelo único de conexiones en el interior de la Caja. Supongamos, por ejemplo, que una Caja negra tiene una salida constituida por dos escalas x e y; supongamos que se ha comprobado que x domina a y. El diagrama de efectos inmediatos es entonces

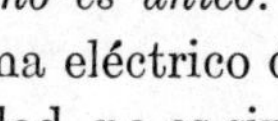

(en el cual los dos recuadros son partes de la Caja total).

Hay una infinidad de posibles mecanismos internos que pueden dar esta relación. Un ejemplo particular se presenta en el caso en que un *relais* abre o cierra contactos para dar una red particular de conexiones. Shannon ha demostrado que cualquier comportamiento dado puede ser producido por un número indefinidamente elevado de circuitos posibles. Sean x y $\bar{x}$ las repre-

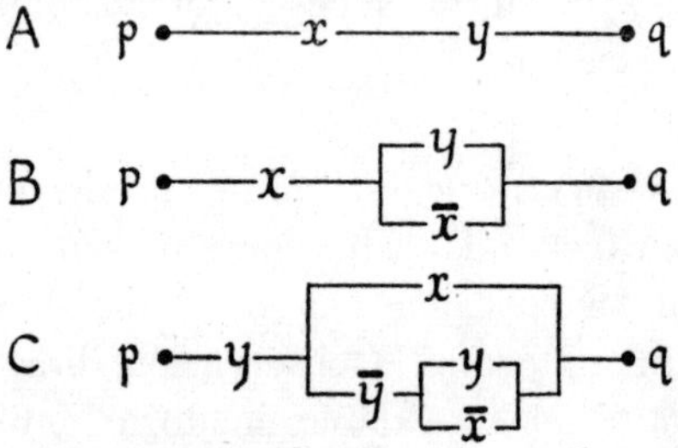

Fig. 6/7/1

sentaciones de contactos que se cierran y abren respectivamente al energizar el *relais* X. En forma similar, el *relais* Y tiene contactos y e $\bar{y}$. Supongamos que el circuito debe conducir de p a q, siempre y cuando ambos *relais*, X e Y, estén energizados. El circuito A de la Fig. 6/7/1, en el cual x e y están conectados en serie, se comportará en la forma requerida. También lo harán B y C y un número indefinidamente elevado de otros circuitos.

El comportamiento no especifica las conexiones en forma única.

Ej.: (Continuación del Ej. 6/5/4.) Deducir el diagrama de efectos inmediatos cuando se fija la entrada en el valor α. (Sugestión: S. 4/13.)

Máquinas isomorfas

6/8. Por lo tanto, el estudio de la Caja negra sólo hasta cierto punto proporciona información al experimentador; una vez obtenidos los valores de las entradas y las salidas, posiblemente ya no puede hacerse más. En la S. 13/15 (especialmente en el último ejemplo) se examinará la cantidad de información que se obtiene. Aquí es suficiente señalar que la representación canónica especifica o identifica el mecanismo "hasta el nivel de un isomorfismo".

"Isomorfo" significa aproximadamente "similar en cuanto a la configuración". Es un concepto que se aplica mucho y tiene suma importancia para todos aquellos que desean tratar con exactitud temas en los que la "configuración" desempeña alguna función. Consideremos primero unos cuantos ejemplos, simplemente para ilustrar las ideas básicas.

Una fotografía y su negativo son, en cuanto a la configuración del diseño, isomorfos. Los cuadrados del negativo aparecen como cuadrados en el positivo; los círculos aparecen como círculos; las líneas paralelas de uno también son paralelas en el otro. Ciertas *relaciones* entre las partes del negativo aparecen en la misma forma en el positivo, aunque en lo que respecta a colores, las apariencias son diferentes; en realidad, son exactamente opuestas. Por lo tanto, mediante la operación de obtener una fotografía a partir del negativo, estas relaciones no se alteran (comparar con la S. 5/2).

Un mapa y el país que representa son isomorfos (¡si el mapa es fiel!). Las relaciones que pueden establecerse en el territorio mismo, por ejemplo las ciudades A, B y C configuran un triángulo equilátero, se mantienen sin alteraciones en el mapa, en el cual los puntos representativos de A, B y C también forman un triángulo equilátero.

No es necesario que las configuraciones sean perceptibles visualmente. Si se arroja una piedra hacia arriba a una velocidad inicial de 50 metros por segundo, existe un isomorfismo entre el conjunto de puntos del espacio situados a la altura h en los que se encontraba la piedra en el instante t y el conjunto de puntos de un gráfico que satisface la ecuación

$$y = 50x - 16x^2.$$

Las líneas a lo largo de las cuales fluye el aire (a velocidades subsónicas) alrededor de una superficie de sustentación configuran un diseño idéntico al de las líneas a lo largo de las cuales fluye la corriente eléctrica en un conductor líquido, alrededor de un aislador que tiene la misma forma que la superficie de sustentación. Las dos configuraciones son iguales, aunque las bases físicas son diferentes.

Hay otro tipo de isomorfismo que merece mayor atención. La Fig. 6/8/1 ejemplifica dos sistemas dinámicos, cada uno con una entrada y una salida. En el superior, el eje *I* de la izquierda constituye la entrada; puede rotarse hacia cualquier posición indicada en la escala *u*. Mediante un resorte *S* está vinculado a un volante pesado *M*, rígidamente unido a su vez al eje de salida *O*. En la escala *v*, que constituye la salida, se muestra el grado de rotación de *O*. El volante está sumergido en una cubeta *F* con líquido, donde se origina una fuerza de roce que actúa en el volante en forma proporcional a la velocidad del mismo. Si a partir de ciertas condiciones se logra que la entrada *u* tome una serie de valores, la salida *v* adquiere también una serie determinada de valores, cuya sucesión particular depende del valor inicial de *v*, del régimen de cambio de *v* en ese momento y de la sucesión usada en la entrada *u*.

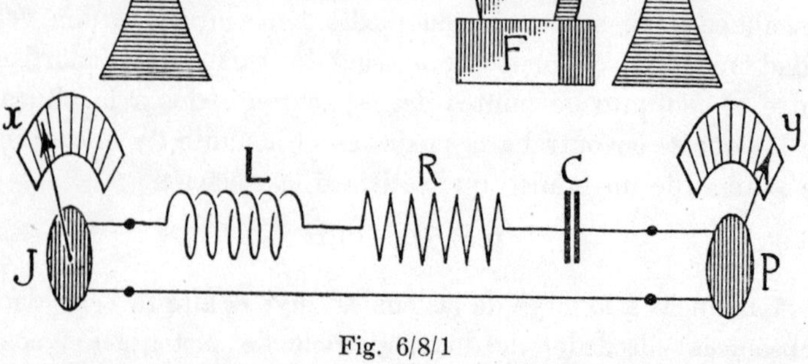

Fig. 6/8/1

El sistema reproducido en la parte inferior de la figura es eléctrico. La entrada es un potenciómetro o cualquier otro dispositivo J que origina la tensión indicada en la escala x. Conectadas en serie se encuentran una inductancia L, una resistencia R y una capacidad C. P es un medidor de energía, igual a los domiciliarios, que registra el flujo total de energía que lo atraviesa, el cual está indicado en la escala y que constituye su salida.

Si se ajustan los valores de L, R y C en forma equivalente a la rigidez del resorte, a la inercia del volante y a la fricción en F (aunque no respectivamente), en ambos sistemas se advierte una notable identidad funcional. Supongamos que ambos parten del reposo. Si se aplica una sucesión de valores de entrada en u, cualquiera sea su extensión y arbitrariedad, obtenemos en v una sucesión de salida de igual longitud; si la primera sucesión de valores se da también en x, la salida en y es, en toda su extensión, igual a la de v. Ensayemos otra sucesión de entrada en u y registremos lo que aparece en v; la misma entrada en x da como resultado en y una salida que es idéntica a la de v. Si se cubren las partes centrales de los mecanismos, es imposible diferenciar ambas máquinas aunque se realicen infinitas pruebas. Por lo tanto, las máquinas pueden comportarse con gran similitud, aunque desde otro punto de vista sean completamente disímiles.

Esto no es todo. Los matemáticos están familiarizados con ecuaciones del tipo

$$a \frac{d^2z}{dt^2} + b \frac{dz}{dt} + cz = w$$

mediante las cuales pueden encontrarse los cambios provocados por z en un gráfico que muestre la variación de w en el tiempo. w constituye la "entrada" de la ecuación y z la "salida". Si a a, b, y c se les dan valores relacionados convenientemente con L, R, S, etc., la relación entre w y z se torna idéntica a la que existe entre u y v, y entre x e y. *Los tres sistemas son isomorfos.*

Ahora resulta evidente el gran valor práctico de los isomorfismos. Supongamos que se plantea el problema de cómo se comportará el sistema mecánico en determinadas condiciones. Dada la entrada *u*, se quiere conocer el comportamiento *v*. Puede ocurrir que resulte muy engorroso someter a una prueba directa un sistema mecánico real, sea porque éste es muy grande, sea porque no es fácilmente accesible o, inclusive, porque aún no ha sido construido. Sin embargo, si se puede consultar a un matemático, la respuesta se halla rápida y fácilmente buscando la salida *z* de la ecuación diferencial con entrada *w*. En términos corrientes, puede decirse que se ha resuelto un problema matemático típico. Debe tenerse en cuenta, sin embargo, que el proceso, en esencia, consiste en utilizar un mapa o una representación isomorfa conveniente, más que en limitarse a la incómoda realidad.

Puede suceder que no sea posible consultar a un matemático y que en cambio dispongamos de un electricista. En este caso, podemos volver a usar el mismo principio. Se monta el sistema eléctrico, se alimenta la entrada *x* y se lee la respuesta en *y*. Esto suele describirse así: "se construye un modelo eléctrico".

Evidentemente, ninguno de los tres sistemas es más importante que los otros; uno cualquiera de ellos puede sustituir a los restantes. Así, si un ingeniero quiere resolver la ecuación diferencial, es posible que encuentre la respuesta con mayor rapidez si construye el sistema eléctrico y lee las soluciones en *y*. De ordinario se dice que "ha construido un computador analógico". En otras circunstancias, podría comprobarse que el sistema mecánico es una forma más conveniente del computador. Los grandes computadores digitales de aplicación general son notables precisamente porque pueden ser programados de manera tal que se tornen isomorfos con un sistema dinámico cualquiera.

Por lo tanto, el uso de sistemas isomorfos es habitual e importante. Es importante porque la mayoría de ellos tiene porciones en las que es fácil y porciones en las que es difícil estudiar las propiedades. Cuando un experimentador llega a la parte difícil de un sistema particular, puede comprobar que la porción correspondiente en una forma isomorfa, si ésta existe, es mucho más fácil de entender, controlar o investigar. La experiencia ha demostrado que la posibilidad de cambiar una forma isomorfa, aunque ésta no da indicaciones absolutamente seguras (pues puede ser que el isomorfismo se cumpla sólo en cierto margen), es, sin embargo, una ayuda práctica muy útil para el experimentador. En ciencia se la utiliza ampliamente.

6/9. Ahora debemos demostrar que este concepto de isomorfismo, pese a que se lo aplica a un ámbito muy vasto, puede definirse exacta y objetivamente. Bourbaki es quien ha formu-

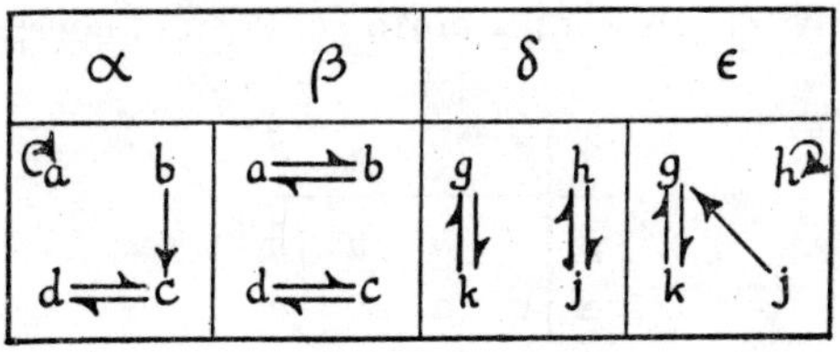

Fig. 6/9/1

lado la definición más amplia; en nuestro caso sólo necesitamos una forma apropiada para los sistemas dinámicos. Una vez que dos máquinas han sido reducidas a sus representaciones canónicas, la definición puede aplicarse directamente.

Consideremos, por ejemplo, dos máquinas simples M y N, cuyas representaciones canónicas son

M:

↓	a	b	c	d
α	a	c	d	c
β	b	a	d	c

N:

↓	g	h	j	k
δ	k	j	h	g
ε	k	h	g	g

No se advierte una relación evidente. Sin embargo, al trazar los gráficos cinemáticos, se comprueba que son los mismos de la Fig. 6/9/1. Al examinarlos se advierte una gran semejanza. De hecho, mediante la simple reordenación de los *puntos* de N, sin romper ninguna flecha (S. 2/17), podemos obtener la forma mostrada en la Fig. 6/9/2. Salvo los epígrafes, estos gráficos son idénticos a los de *M*.

Para decirlo con mayor precisión: las representaciones canónicas de dos máquinas son **isomorfas** si una transformación biunívoca de los estados (entrada y salida) de una máquina en los de la otra, puede convertir la representación de una en la de la otra.

Así, en el ejemplo dado, apliquemos la transformación biunívoca *P*

$$P: \downarrow \begin{matrix} \delta & \varepsilon & g & h & j & k \\ \beta & \alpha & c & a & b & d \end{matrix}$$

a la tabla de *N*, en los bordes tanto como en el cuerpo. El resultado es

↓	*c*	*a*	*b*	*d*
β	*d*	*b*	*a*	*c*
α	*d*	*a*	*c*	*c*

Esencialmente, esto es lo mismo que *M*. Así, en ambas, *c* y *β* en los bordes dan *d*. El isomorfismo corresponde entonces a la definición dada.

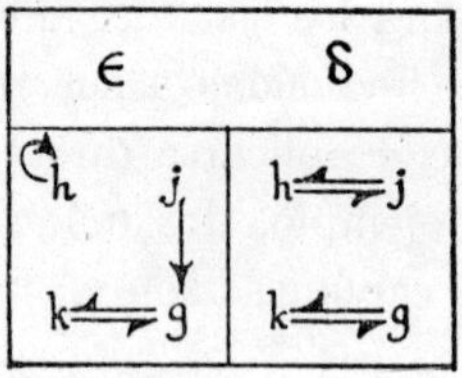

Fig. 6/9/2

(El isomorfismo puede verse más claramente si se cambian primero las filas

↓	*c*	*a*	*b*	*d*
α	*d*	*a*	*c*	*c*
β	*d*	*b*	*a*	*c*

y luego las columnas

$\downarrow$	a	b	c	d
α	a	c	d	c
β	b	a	d	c

aunque la conveniencia de este reordenamiento es simplemente visual.)

El proceso no cambia, en esencia, cuando los estados se definen mediante vectores. Supongamos que R y S son dos sistemas absolutos

$$R:\begin{cases} x' = x + y \\ y' = x - y \end{cases} \qquad S:\begin{cases} u' = -u - v \\ v' = -u + v \end{cases}$$

La transformación P:

$$P:\ \downarrow \begin{array}{cc} u & v \\ y & -x \end{array}$$

es una forma abreviada de transcribir la transformación biunívoca que entraña los estados de S y R de la siguiente manera:

$$\begin{array}{rcccc}
 & \text{en } S, & (2, 3), & \text{en } R, & (-3, 2) \\
 & \text{"} \quad \text{"} & (1, 0), & \text{"} \quad \text{"} & (0, 1) \\
 & \text{"} \quad \text{"} & (4, 5), & \text{"} \quad \text{"} & (-5, 4) \\
 & \text{"} \quad \text{"} & (-3, 0), & \text{"} \quad \text{"} & (0, -3) \\
\hline
\text{es decir} & \text{"} \quad \text{"} & (u, v), & \text{"} \quad \text{"} & (-v, u) \\
\hline
\end{array}$$

(Comparar con U de la S. 4/9.) Si aplicamos P a la descripción completa de S, el resultado es

$$\begin{cases} y' = -y + x \\ -x' = -y - x \end{cases}$$

algebraicamente idéntico a R. De esta manera, R y S son isomorfos.

Ej. 1: ¿Qué transformación biunívoca demuestra que los siguientes sistemas absolutos son isomorfos?

$$Y: \downarrow \begin{matrix} a & b & c & d & e \\ c & c & d & d & b \end{matrix} \qquad Z: \downarrow \begin{matrix} p & q & r & s & t \\ r & q & q & p & r \end{matrix}$$

(Sugestión: tratar de identificar algo característico, por ejemplo, un estado de equilibrio.)

Ej. 2: ¿Cuántas transformaciones biunívocas se necesitan para demostrar que los siguientes sistemas absolutos son isomorfos?

$$A: \downarrow \begin{matrix} a & b & c \\ b & c & a \end{matrix} \qquad B: \downarrow \begin{matrix} p & q & r \\ r & p & q \end{matrix}$$

**Ej.* 3: Anotar las ecuaciones canónicas de los dos sistemas de la Fig. 6/8/1 y demostrar que son isomorfos. (Sugestión: ¿cuántas variables son necesarias para que el sistema sea una máquina con entrada?)

Ej. 4: Hallar un cambio de designación de variables que demuestre que los sistemas absolutos *A* y *B* son isomorfos

$$A: \begin{cases} x' = -x^2 + y \\ y' = -x^2 - y \\ z' = y^2 \quad + z \end{cases} \qquad B: \begin{cases} u' = w^2 \quad + u \\ v' = -v^2 + w \\ w' = -v^2 - w \end{cases}$$

(Sugestión: en los miembros de la derecha de *A* hay una variable mencionada sólo una vez; lo mismo sucede en *B*. Además, en *A*, sólo una de las variables depende de sí misma en forma cuadrática, es decir, en la forma $a' = \pm a^2 ...$; lo mismo vale para *B*).

6/10. En la sección precedente se demostró que dos máquinas son isomorfas si mediante un simple cambio de designaciones es posible lograr que una sea idéntica a la otra. El "cambio de designaciones" puede tener, sin embargo, varios grados de complejidad, como veremos en seguida.

El sistema especificado sólo por estados, como en la sección anterior, no contiene referencia directa alguna a partes o a variables. En tal caso, "cambio de designaciones" puede significar solamente "cambiar las designaciones de los estados". Sin embargo, también es posible modificar las designaciones de las partes o variables de un sistema, lo cual de ninguna manera es lo mismo. En efecto, al modificar el nombre de las variables se cambia el de los estados, pero en una forma sujeta a considerable restricción (S. 7/8), mientras que el cambio de los nombres de los estados puede ser tan arbitrario como nos plazca. Por lo tanto, un cambio de designación en los estados es más general que uno en las variables.

Supongamos un sistema que tiene nueve estados; un cambio

arbitrario en la designación de ocho de ellos no restringe la que será dada al noveno. Supongamos ahora que el sistema tiene dos variables, x e y, cada una de las cuales puede tomar tres valores: x_1, x_2, x_3, e y_1, y_2, y_3. Hay nueve estados posibles, dos de los cuales son (x_2,y_3) y (x_3,y_1). Supongamos el siguiente cambio de designación en sus *variables*

$$\downarrow \begin{matrix} x & y \\ \xi & \eta \end{matrix}$$

Si transformamos ahora (x_2,y_3) en algún estado (α,β), y (x_3,y_1) en (γ,δ), el estado (x_2,y_1) *debe* transformarse por razones de consistencia en (α,δ). (Dibujar los espacios-fase e identificar los valores en los ejes ξ y η.) Los nueve estados no pueden, por lo tanto, transformarse arbitraria o independientemente. *Una redesignación de variables ofrece menos posibilidades de cambio que una redesignación de estados.*

Como resultado, ciertos rasgos que desaparecen a causa de una nueva designación de estados, se conservan a través de un cambio en la designación de variables. Entre ellas se encuentra el diagrama de efectos inmediatos.

El sistema descripto basándose en sus estados no posee, por supuesto, tal diagrama, dado que tiene efecto en una sola variable. Un sistema con variables, en cambio, tiene un diagrama de efectos inmediatos. Por lo tanto, el espacio-fase tiene ejes y, luego de algunos ensayos, es fácil comprobar que una transformación biunívoca que cambia el nombre de las variables, modifica el diagrama de efectos inmediatos en la medida de un cambio de "botones y cuerdas", convirtiendo, por ejemplo, A en B:

A

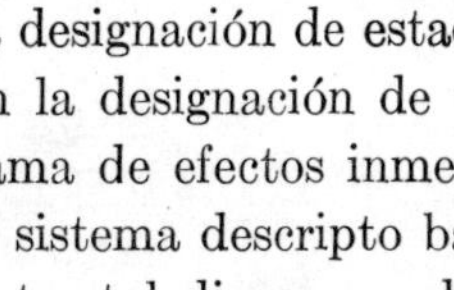

B

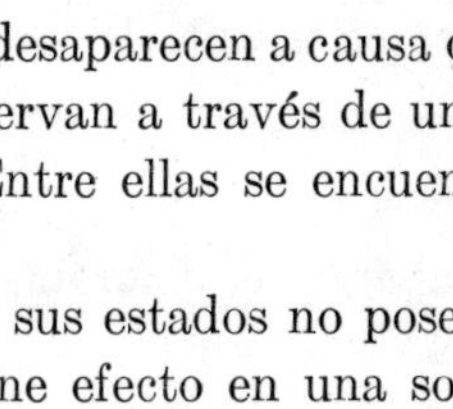

Ej. 1: (Continuación del Ej. 6/9/4.) Comparar los diagramas de efecto inmediatos de A y B.

Ej. 2: Indicar cuáles de las siguientes propiedades de un sistema absoluto cambian o no, al cambiar la designación de los estados: (I) el número de cuencas en el espacio-fase; (II) la reductibilidad; (III) el número de estados de equilibrio; (IV) la realimentación, en caso de que exista; (V) el número de ciclos de su espacio-fase.

Ej. 3: (Continuación.) ¿Cómo afectaría a estas propiedades un cambio en la designación de variables?

6/11. El tema del isomorfismo es muy amplio y aquí sólo podemos dar una introducción a dicha temática. Antes de abandonarlo, sin embargo, debemos notar que transformaciones más complejas que la simple redesignación de variables pueden cambiar el diagrama de efectos inmediatos. Así, los sistemas

$$A:\begin{cases} x' = \frac{1}{2}(x^2 + y^2) + xy + y \\ y' = \frac{1}{2}(x^2 + y^2) + xy + x \end{cases} \qquad B:\begin{cases} u' = -u \\ v' = v + v^2 \end{cases}$$

son isomorfos ante la transformación biunívoca

$$P:\begin{cases} u = x - y \\ v = x + y \end{cases}$$

Sin embargo, el diagrama de A es

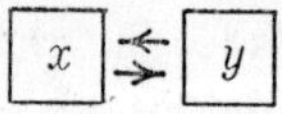

mientras que el diagrama de B es

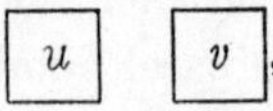,

es decir, dos variables no conectadas.

El "método de las coordenadas normales" tan usado en físico-matemática consiste precisamente en aplicar una transformación tal que el sistema sea tratado no en su forma evidente, sino en una forma isomorfa cuyas variables sean todas independientes. En esta transformación se altera mucho el diagrama de efectos inmediatos; lo que se conserva es el conjunto de modos normales, esto es, el modo característico de comportamiento.

Una transformación (como la P anterior) tal que forma alguna función de las variables (por ejemplo, $x - y$), para el experimentador representa algo más que una simple redesignación de las escalas x e y de salida. Significa que las salidas x e y de la Caja deben aplicarse a algún aparato físico del cual x e y sean entradas, y del cual se obtendrán como nuevas salidas $(x - y)$ y $(x + y)$. Esta combinación corresponde a una operación más compleja que la considerada en la S. 6/10.

Ej.: Demostrar que A y B son isomorfas.
(Sugestión: $(x - y)' = x' - y'$; ¿por qué?)

Máquinas homomorfas

6/12. La definición de isomorfismo dada establece la "igualdad" en su más estricto sentido; según ella, dos máquinas (o dos Cajas negras) son "iguales" sólo cuando su parecido es tan grande que si se las intercambia por accidente es imposible distinguirlas o, por lo menos, no es posible hacerlo con ayuda de ninguna prueba de sus comportamientos.

Existen, empero, grados menores de semejanza. Por ejemplo, dos péndulos; si uno marca el segundo, y otro el medio segundo, evidentemente son similares, aunque no isomorfos en sentido estricto. Existe, sin embargo, alguna similitud, demostrada por el hecho de que se tornan isomorfos si se miden con diferentes escalas de tiempo, una de valor igual a la mitad del de la otra.

Dos máquinas también pueden estar relacionadas por un "homomorfismo". Esto ocurre cuando una transformación multiunívoca aplicada a la más compleja puede reducirla a una forma isomorfa con respecto a la más simple. Así, las dos máquinas M y N

M:

↓	a	b	c	d	e
i	b	a	b	c	a
j	a	b	c	b	c
k	a	b	b	e	d
l	b	c	a	e	e

N:

↓	g	h
α	g	h
β	h	h

a primera vista pueden parecer poco similares. La similitud, sin embargo, es grande. (Convendría que el lector no siguiera adelante hasta descubrir, aunque fuera vagamente, en qué se basa la similitud; adviértase la peculiaridad en la tabla de N; en ella hay tres elementos parecidos y uno diferente; ¿puede comprobarse algo similar en M? ¿Y si se divide en cuadrángulos?)

Si se aplica a M la transformación multiunívoca T:

$$T: \downarrow \begin{array}{ccccccccc} a & b & c & d & e & i & j & k & l \\ h & h & h & g & g & \beta & \beta & \alpha & \alpha \end{array}$$

(que es uniforme, pero no biunívoca, como en la S. 6/9) obtenemos:

$\downarrow$	h	h	h	g	g
β	h	h	h	h	h
β	h	h	h	h	h
α	h	h	h	g	g
α	h	h	h	g	g

Se comprueba que las repeticiones no se contradicen mutuamente, y que la tabla también puede formularse:

$\downarrow$	h	g
β	h	h
α	h	g

que es isomorfa de N.

El examen de M demuestra en qué consiste la semejanza con N. En M las transiciones se dan en bloques; así a, b y c se cambian en una cualquiera de ellas, a, b o c; los *bloques* de M experimentan transiciones en la misma forma que los *estados* de N. *N es así equivalente a una versión simplificada de M.*

Podemos exponer la relación en otra forma. Supongamos primero que ambas máquinas son observadas por alguien que puede distinguir los cinco estados de M; su informe será, simplemente, que M es diferente de N (es decir, no isomorfa) y más compleja. Supongamos a continuación que las máquinas son examinadas por un observador con menor capacidad de discriminación, alguien que no pueda discernir entre *a*, *b* y *c*, sino que los concentra, digamos, en *A*; además concentra también *d* y *e* en *B*, *i* y *j* en Γ, y *k* y *l* en Δ. Como este observador ve la versión simplificada de *M* informará que ésta es isomorfa de *N*. Dos máquinas son homomorfas, entonces, cuando pueden tornarse parecidas por la mera simplificación de una de ellas, observándola con menos discriminación que la máxima posible.

Formalmente, si dos máquinas están relacionadas de manera tal que pueda encontrarse una transformación multiunívoca que, aplicada a una de las máquinas, produzca una máquina isomorfa de la otra, esta última (la más simple de las dos) constituye un *homomorfismo* de la primera.

Ej.: ¿El isomorfismo es simplemente un caso extremo de homomorfismo?
Problema: ¿Qué otros tipos de homomorfismo existen entre máquina y máquina?

6/13. Si queremos aplicar los métodos de este libro a los sistemas biológicos, dichos métodos no sólo deben llegar a ser suficientemente complejos para adaptarse a los sistemas, sino que éstos deben simplificarse considerablemente, para que su estudio tenga utilidad práctica. Ningún sistema biológico ha sido estudiado aún en toda su complejidad; y según todas las posibilidades no será factible hacerlo antes de bastante tiempo. En la práctica, el biólogo siempre simplifica mucho antes de comenzar su trabajo: si observa un pájaro que construye un nido, no ve todos los intrincados modelos de la actividad neurónica detallada en el cerebro del pájaro; si estudia cómo un lagarto escapa de sus enemigos, no observa los cambios particulares moleculares e iónicos de sus músculos; si estudia una reunión de consejo de una tribu, no observa los múltiples procesos que tienen lugar en los miembros individuales. El biólogo, de ordinario, suele estudiar sólo una parcela del sistema que enfrenta. Cualquier afirmación que haga es sólo una verdad a medias, una simplificación. ¿Hasta qué punto es justo simplificar los sistemas? ¿Puede un científico trabajar correctamente con verdades a medias?

El hombre práctico, por supuesto, nunca lo ha dudado. Veamos si podemos aclarar este problema.

Por cierto, el conocimiento puede ser parcial y sin embargo completo en sí mismo. El ejemplo más claro se presenta quizá en la multiplicación corriente. La verdad completa sobre la multiplicación es, por supuesto, muy extensa, puesto que incluye hechos referentes a todos los números posibles, comprendiendo *items* tales como

$$14.792 \times 4{,}183584 = 61.883{,}574528.$$

Hay, sin embargo, una porción mucho más pequeña del todo que consiste simplemente en que

$$\text{par} \times \text{par} = \text{par}$$
$$\text{par} \times \text{impar} = \text{par}$$
$$\text{impar} \times \text{par} = \text{par}$$
$$\text{impar} \times \text{impar} = \text{impar}$$

Lo importante aquí es que este conocimiento, aunque constituye sólo una fracción infinitesimal del todo, es completo *en sí mismo*. (Éste fue, de hecho, el primer homomorfismo considerado en matemática.) En contraste con lo completo que es esto en lo que respecta a pares e impares, nótese lo incompleto de

$$2 \times 2 = 4$$
$$2 \times 4 = 8$$
$$4 \times 2 = 8$$
$$4 \times 4 = 16$$

que no menciona el resultado de 4×8, etc. Por lo tanto, es perfectamente posible que cualquier conocimiento, aunque parcial con respecto a un sistema más grande, en cuanto a su alcance, en cambio, sea completo en sí mismo.

Como hemos visto, pueden existir homomorfismos entre dos máquinas diferentes. También pueden existir en una misma máquina, entre las diversas simplificaciones posibles que *aún con-*

servan la propiedad característica de parecerse a una máquina (S. 3/1). Supongamos, por ejemplo, que la máquina sea A:

$$A: \downarrow \begin{matrix} a & b & c & d & e \\ e & b & a & b & e \end{matrix}$$

Ésta es la máquina tal como la ve el primer observador (llamémosle Uno). Supongamos ahora otro observador (llamémosle Dos) incapaz de distinguir entre los estados a y b y entre b y e. Para mayor claridad denominemos los estados nuevamente:

$$\downarrow \underbrace{a \quad d}_{K} \quad \underbrace{c}_{L} \quad \underbrace{b \quad e}_{M}$$

El segundo observador, ante los estados K, L o M comprueba que el comportamiento de la máquina es determinado. Así, ésta siempre iría de K (en realidad a o d) hacia M (ya sea b o e), y así sucesivamente. Diría que se comporta de acuerdo con la transformación cerrada

$$\downarrow \begin{matrix} K & L & M \\ M & K & M \end{matrix}$$

y que ésta es uniforme, y por lo tanto, determinada.

El nuevo sistema se ha formado mediante la simple agrupación de ciertos estados que eran previamente distintos, pero de ello no se deduce que cualquier agrupamiento arbitrario dé un homomorfismo. Ahora supongamos otro observador, Tres, que puede distinguir sólo dos estados

$$\downarrow \underbrace{a \quad b \quad c}_{P} \quad \underbrace{d \quad e}_{Q}$$

El Tres comprobaría que algunas veces P cambia a Q (cuando P está en realidad en a) y otras veces cambia a P (cuando P está en realidad en b o c); el cambio de P no es entonces uniforme, y el Tres dirá que la máquina (de estados P y Q) no es determinada. No se sentirá satisfecho con las mediciones que lo indujeron a distinguir entre P y Q, y tratará de discriminar más y eliminar de esa manera la falta de capacidad para predecir.

Por lo tanto, *una máquina puede simplificarse a una nueva forma, cuando sus estados están compuestos convenientemente.* El tratamiento científico de un sistema complejo *no* exige que se hagan todas las distinciones posibles.

Ej. 1: ¿Qué homomorfismo combina los pares y los impares mediante la operación de suma?

Ej. 2: Determinar todas las simplificaciones posibles del sistema de cuatro estados

$$\downarrow \begin{matrix} a & b & c & d \\ b & b & d & c \end{matrix}$$

cuyos resultados aún sean máquinas determinadas.

Ej. 3: ¿Qué simplificación es posible en

$$\begin{cases} x' = -y \\ y' = x^2 + y \end{cases}$$

con la condición de que el resultado aún sea una máquina determinada?

6/14. Cuando el experimentador debe ocuparse de un sistema de origen biológico, se justifica, y de hecho es casi inevitable, que se niegue deliberadamente a estudiar todas las distinciones posibles, limitándose, en cambio, a algún homomorfismo de todo el sistema dinámico.

En los capítulos anteriores generalmente hemos supuesto que el observador conocía, en cada momento, en qué estado se encontraba el sistema. Se supuso, en otras palabras, que en cada momento su información sobre el sistema era completa. Sin embargo, a medida que el sistema se va agrandando, se llega a una etapa en que resulta imposible recibir toda la información a causa del gran volumen de ésta. En algunos casos los canales de registro no pueden conducir toda la información; asimismo, dicha información puede ser excesiva para una sola persona. Cuando esto ocurre, ¿qué debe hacerse? La respuesta es clara: debe abandonar toda ambición de conocer el sistema *en su totalidad.* Su objetivo debe ser lograr un conocimiento que, aunque parcial con respecto a la totalidad, no sea menos completo en sí mismo, y sea suficiente para los fines prácticos que se persiguen.

Estos hechos ponen de relieve una importante cuestión de principio en el estudio de los sistemas mayores. Frente a un sistema tal, el observador debe ser cauteloso al referirse a "el sistema", pues el término será probablemente equívoco, y quizá hasta lo sea en grado sumo. "*El* sistema" puede aludir al sistema íntegro, la cosa tal como es de por sí —desligado de cualquier observador interesado en estudiarlo—, o puede referirse también al conjunto de variables (o estados) que le interesan a algún observador dado. Aunque lo primero parece más importante desde un punto de vista filosófico, el trabajador, en la práctica, inevitablemente comprueba que lo segundo es más importante. Inclusive el segundo significado puede resultar ambiguo si no se especifica el observador particular, pues el sistema puede reducirse a una cualquiera de las muchas submáquinas obtenidas por homomorfismo. Y estos significados deben distinguirse en razón de que diferentes submáquinas pueden tener diferentes propiedades, de manera que aunque dos submáquinas pueden ser abstraídas de la misma "cosa" real, una afirmación verdadera con respecto a una, puede ser falsa con respecto a la otra.

Así se llega a la conclusión de que no existe *el* (único) comportamiento de un sistema muy grande desligado de un observador dado. Legítimamente puede haber tantas submáquinas como observadores y, en consecuencia, tantos posibles comportamientos diferentes que inclusive lleguen a ser incompatibles si se producen en un mismo sistema. Así, el sistema de cinco estados cuyo gráfico cinemático es

$$h \rightleftarrows k \qquad\qquad m \rightarrow l \rightleftarrows j$$

tiene dos cuencas, y termina siempre en un ciclo. A la submáquina homomorfa (de estados r y s) dada por la transformación

$$\downarrow \underbrace{h \quad j \quad k \quad l}_{r} \qquad \underbrace{m}_{s}$$

corresponde el gráfico $s \rightarrow r$, con una cuenca y ningún ciclo. Ambas afirmaciones son igualmente válidas y son compatibles porque se refieren a sistemas distintos (según la definición de la S. 3/11).

El enfoque adoptado acá se basa en que la ciencia (según la representan los descubrimientos del observador) no está inmediatamente interesada en descubrir lo que el sistema es "realmente", sino en coordinar los descubrimientos de los distintos observadores, cada uno de los cuales es sólo una porción, o un aspecto de la verdad total.

Si el ingeniero encarara la construcción de puentes teniendo en cuenta todos los átomos, comprobaría que la tarea se torna imposible a causa de su magnitud. En consecuencia, se desentiende del hecho de que sus vigas y sus bloques en realidad estén compuestos por átomos, y los trata como si fueran unidades. Sin duda, la naturaleza de las vigas posibilita esta simplificación, y la tarea del ingeniero se torna realizable en la práctica. Por lo tanto, el método de estudiar sistemas mayores, considerando sólo aspectos cuidadosamente seleccionados de los mismos, es lo que siempre se hace en la práctica. Aquí nos proponemos seguir el proceso con mayor rigor y lucidez.

6/15. *El látiz* [1]. Las diversas simplificaciones de una máquina están relacionadas entre sí con exactitud. Las seis formas del sistema del Ej. 6/13/2 son

(1) a, b, c, d
(2) $a + b, c, d$
(3) $a, b, c + d$
(4) $a + b, c + d$
(5) $a, b + c + d$
(6) $a + b + c + d$

donde, por ejemplo, "$a + b$" significa que a y b ya no pueden distinguirse. Ahora bien, (4) puede obtenerse a partir de (3) por la combinación de a y b. Pero (5) no puede obtenerse de (4) por una simple combinación, pues en (5) se utiliza una distin-

[1] En los textos en español se tiende a usar la palabra *reticulado*. (N. del T.)

ción entre *a* y *b*, que no se reconoce en (4). Puede así verificarse rápidamente que la simplificación puede dar:

a partir de (1): las cinco restantes,
" " " (2): (4) y (6)
" " " (3): (4), (5) y (6)
" " " (4): (6)
" " " (5): (6)
" " " (6): ninguna.

Las diversas simplificaciones están relacionadas de la misma manera que en el diagrama siguiente, en el cual una recta descendente conecta la forma más simple (abajo) con la forma a partir de la cual puede obtenerse directamente (arriba).

Este diagrama pertenece al tipo denominado látiz, estructura frecuentemente estudiada en matemática moderna. Lo que nos interesa en esta *Introducción* es el hecho de que este ordenamiento confiere precisión a muchos conceptos sobre sistemas, conceptos que hasta ahora se habían encarado sólo intuitivamente.

Cada látiz tiene un único elemento en el vértice superior (como 1) y un único elemento en el vértice inferior (como 6). Cuando el látiz representa las posibles simplificaciones de una máquina, el elemento del vértice superior corresponde a la máquina con todos sus estados diferenciados; corresponde al conocimiento del experimentador que toma nota de toda distinción posible entre los estados. El elemento en el vértice inferior corresponde a una máquina con todos sus estados combinados en uno solo; si denominamos Z a este estado, la máquina tiene una única transformación

$$\downarrow \begin{array}{c} Z \\ Z \end{array}$$

Esta transformación es cerrada, de modo que *algo* permanece (S. 10/4), y el observador que ve únicamente en este nivel de discriminación, sólo puede decir que la máquina "persiste", y nada más. Esta persistencia es, por supuesto, la propiedad más rudimentaria de la máquina, propiedad que la distingue de lo que simplemente se desvanece. (Ahora puede apreciarse la importancia del "cierre" que destacamos en los primeros capítulos; corresponde al concepto intuitivo de que un ente, para ser una máquina, debe, por lo menos, persistir.)

Entre estos extremos se encuentran las diversas simplificaciones en su orden exacto y natural; en el extremo superior están aquellas que difieren de la verdad total sólo en algo insignificante. Las que están en el extremo opuesto, son las simplificaciones del tipo más basto. Allí se encuentran simplificaciones tales que reducirían un sistema económico íntegro de un vasto número de partes interactuantes, que recorre un ciclo comercial, a la simple forma de dos estados

Por lo tanto, *las diversas simplificaciones de un sistema dinámico pueden ordenarse y relacionarse.*

6/16. *Modelos.* Ahora podemos percibir con mayor claridad qué significa "modelo". El tema se mencionó en la S. 6/8, donde comprobamos que tres sistemas son isomorfos y por lo tanto susceptibles de ser usados uno como representación de los otros. El tema tiene suma importancia para aquellos que trabajan en sistemas biológicos, pues en muchos casos el uso del modelo es útil sea para ayudar al trabajador a encarar el sistema, o bien como una forma de computador análogo.

Es muy raro que el modelo sea *iso*morfo del sistema biológico; por lo general es un homomorfismo de éste. Por otra parte, con frecuencia el modelo mismo no suele considerarse en todos sus detalles prácticos; de ordinario hay sólo un cierto *aspecto* del modelo relacionado con el sistema biológico; así, un ratón de estaño puede ser un modelo satisfactorio del ratón viviente, siempre que se pase por alto el hecho de que uno está hecho de estaño y el otro de proteínas. Por lo común, ambos sistemas, el biológico y el modelo, están relacionados en forma tal que un homomorfismo de uno es isomorfo de un homomorfismo del otro. (Esta relación es simétrica, de manera que se justifica decir que uno cualquiera de ellos es un "modelo" del otro.) Cuanto más altos están los homomorfismos en sus látices, mejor o más realista es el modelo.

Al llegar a este punto debemos abandonar el tema de los homomorfismos. Ya se ha dicho lo suficiente como para mostrar sus fundamentos e indicar las principales características de su desarrollo. Pero estos desarrollos pertenecen al futuro.

Ej. 1: ¿En qué caso los dos elementos superiores de ambos látices son isomorfos?

Ej. 2: ¿En qué medida el Peñón de Gibraltar es un modelo del cerebro?

Ej. 3: ¿Hasta qué punto la máquina

$$\downarrow \begin{matrix} p & q & r \\ q & r & r \end{matrix}$$

proporciona modelos para el sistema del Ej. 6/13/2?

La Caja muy grande

6/17. En las secciones previas se ha demostrado que las propiedades que habitualmente se atribuyen a las máquinas también pueden atribuirse a las Cajas negras. De hecho, en la vida diaria, trabajamos con Cajas negras con mayor frecuencia de lo que podría suponerse. Al principio, se nos puede ocurrir, por ejemplo, que una bicicleta no es una Caja negra pues podemos ver todos los eslabones de enlace. Sin embargo, nos engañamos. Las conexiones finales entre el pedal y la rueda son aquellas fuerzas interatómicas que mantienen unidas las partículas del metal; sin embargo, no las vemos, y para aprender a andar en bicicleta perfectamente bien un niño sólo necesita saber que la presión en los pedales pone en marcha las ruedas.

Para poner de relieve que la teoría de las Cajas negras es prácticamente coextensiva con la de la vida diaria, notemos que si un conjunto de Cajas negras ha sido estudiado por un observador, éste está en condiciones de acoplarlas para formar una maquinaria *proyectada*. El método es directo: como el examen de cada Caja ha proporcionado su representación canónica (S. 6/5), pueden acoplarse entradas con salidas, para formar nuevos sistemas, exactamente en la forma descripta en la S. 4/8.

No estamos sugiriendo, empero, que las Cajas negras se comportan en cierto modo como objetos reales, sino que todos los objetos reales, en verdad, son Cajas negras, y que, de hecho, hemos estado operando con Cajas negras toda nuestra vida. La teoría de la Caja negra es, simplemente, la teoría de los objetos o sistemas reales cuando, al relacionar objeto y observador, se atiende especialmente a la información que proviene del objeto y a cómo se obtiene. Por lo tanto, la teoría de la Caja negra es, sencillamente, el estudio de las relaciones entre el experimentador y su medio ambiente cuando se presta especial atención al flujo de información. "El estudio del mundo real se convierte así en un estudio de transductores" (Goldman, *Information Theory*).

6/18. Antes de proseguir, se debe aclarar qué son las propiedades "emergentes".

Establezcamos primero un hecho. Si se da un número de Cajas negras, si se estudia cada una en forma aislada hasta establecer su representación canónica, y si se las acopla en un modelo mediante eslabonamientos conocidos, se deduce entonces

(S. 4/8) que el comportamiento del todo es determinado, y puede pronosticarse. Por lo tanto, en estas condiciones, en un conjunto de Cajas negras no se advertirán propiedades emergentes, esto es, propiedades que no puedan pronosticarse basándose en el conocimiento de las partes y de sus acoplamientos.

El concepto de "emergencia" nunca ha sido definido con precisión, pero los ejemplos siguientes pueden utilizarse como base de discusión:

(1) El amoníaco es un gas; también lo es el ácido clorhídrico. Al mezclar los dos gases el resultado es un sólido, propiedad que no posee ninguno de los reactivos.

(2) El carbono, el hidrógeno y el oxígeno son prácticamente insípidos; sin embargo el compuesto "azúcar" tiene un sabor característico que ninguno de aquéllos posee.

(3) Los veinte (más o menos) aminoácidos de una bacteria carecen de la propiedad de "autorreproducirse", aunque el conjunto, con algunas otras sustancias, posee esa propiedad.

Comparando en detalle estos ejemplos con los procesos de estudio y acoplamiento de las Cajas negras, se advierte en seguida que los ejemplos implican un conocimiento de sus partes mucho menor que el postulado para las Cajas negras. Así, la predicción con respecto al amoníaco y al ácido clorhídrico está basada en un conocimiento de cada sustancia que no va más allá de saber que es un gas. De modo similar, todo cuanto se pregunta acerca de los veinte aminoácidos es: "¿se autorreproducen?" Si cada aminoácido fuera encarado como una Caja negra, el examen debería ser mucho más profundo. La "entrada" de una molécula es el conjunto de fuerzas eléctricas y mecánicas, con todas sus distribuciones y combinaciones, que pueden afectarla; su "salida" es el conjunto de todos los estados eléctricos y mecánicos en que la molécula puede encontrarse. Si se dispusiera de este conocimiento completo, el método de la S. 4/8 indicaría cómo predecir el comportamiento de muchos aminoácidos acoplados; entre los comportamientos pronosticados se encontraría el de la autorreproducción del conjunto.

Como se verá, la predicción del comportamiento del todo puede fundarse en un conocimiento completo o incompleto de las partes. Si el conocimiento es completo, entonces se trata del caso de la Caja negra cuya representación canónica se conoce, cuyas entradas o circunstancias son todas aquellas que pueden proporcionar las otras Cajas a las que está acoplada. Cuando el conocimiento de las partes es tan completo, la predicción puede también resultar completa, y no surgirán propiedades adicionales.

Sin embargo, a menudo, el conocimiento, por diversas razones, no es completo; por lo tanto, hay que pronosticar basándose en un conocimiento incompleto, y en ese caso el pronóstico puede resultar equivocado. Algunas veces todo lo que se conoce acerca de las partes es que cada una de ellas tiene una característica determinada. Acaso la mejor manera de pronosticar sea usar una simple extrapolación, y predecir que el conjunto tendrá esa característica determinada. Esto resulta algunas veces justificado; así, si el todo consta de tres partes, cada una de cobre puro, estaremos en lo cierto si predecimos que el todo será de cobre puro. Pero a menudo el método fracasa, y podríamos afirmar que "emerge" una nueva propiedad.

De hecho, a menudo suele suceder que cuando el sistema se agranda de manera tal que la diferencia de tamaños entre las partes y el todo es muy grande, las propiedades del todo son muy diferentes de las de las partes. Los sistemas biológicos son particularmente apropiados para mostrar la diferencia. Debemos evitar el supuesto de que las propiedades del todo reproduzcan las propiedades de las partes y viceversa.

Los ejemplos del cloruro de amonio y del azúcar mencionados anteriormente son simples, pero pueden darse casos más complejos. Considérese, por ejemplo, el concepto de "localización" de alguna función en un sistema. Puede muy bien suceder que la idea que se forma al examinar el asunto en pequeño sea muy diferente de la que se adquiere al examinarlo en grande. Supongamos por ejemplo que se desea saber si la industria de la cerveza en Inglaterra está localizada. El recaudador de impuestos que conoce todos los edificios de su distrito, relacionados o no con la industria cervecera, dirá que indudablemente está "localizada". Por su parte, el cartógrafo que dibuja el mapa de Inglaterra, como no puede distinguir una región que sea asiento de la industria cervecera, dirá que esa industria no está localizada. Cada uno, por supuesto, tiene razón. La contradicción se debe a que cuando la gama de tamaños es grande, lo que es cierto en un extremo de la escala, puede ser falso en el otro. Un trozo de goma común puede servirnos de ejemplo para demostrar qué contradictorias pueden ser las propiedades en pequeño y en grande.

Durante años los físicoquímicos han tratado de descubrir por qué motivo las moléculas son contráctiles. Por fin se comprobó que cometían el mismo error que se trata de evitar en esta sección. Se sabe ahora que la molécula de goma no es inherentemente contráctil; si estiramos una y luego la soltamos, no sucede nada. Entonces ¿por qué se contrae la goma? La razón es que "estirar la goma" no significa "estirar *una* molécula"; como hay más de una, cada molécula ejerce una acción en otras, y el resultado es que el conjunto adquiere una longitud menor que la máxima posible. Este acortamiento es igual al que ocurriría si en una playa concurrida se tirase en línea recta una cuerda de veinte metros de largo; al cabo de unos pocos minutos, sus extremos estarían apartados menos de veinte metros. No proporcionaremos más ejemplos, pues lo que se quiere destacar es el hecho negativo de que en un sistema grande no es necesario *a priori* que las propiedades del todo sean simple réplica de las partes. (En la S. 7/3 se agregan algunos otros ejemplos.)

6/19. A medida que el sistema es más grande, la aplicación del método fundamental de estudio (S. 6/3) se torna más dificultosa. Eventualmente, la cantidad de trabajo necesario llega a ser prohibitiva. ¿Qué debe hacer el observador entonces? La pregunta es de gran importancia en las ciencias biológicas, sean zoológicas o sociológicas, pues el tamaño y la complejidad de los sistemas es inmenso.

La misma dificultad se ha presentado en otras ciencias. Así, aunque la teoría newtoniana ha resuelto, en principio, todos los problemas relacionados con la gravitación, su aplicación al caso de tres cuerpos es muy compleja, y en el caso de una media docena de cuerpos es prohibitivamente laboriosa. A pesar de eso, los astrofísicos quieren plantear problemas acerca del comportamiento de nubes de estrellas integradas por veinte mil miembros. ¿Qué debe hacerse?

La experiencia ha demostrado que en esos casos el hombre de ciencia debe ser muy cuidadoso con las preguntas que formula. Debe preguntar sobre lo que *realmente* quiere conocer y no sobre lo que cree que quiere. Así, el principiante dice simplemente que quiere saber qué sucederá con la nube de estrellas, esto es, quiere averiguar las trayectorias de las componentes. Sin embargo, si fuera posible proporcionarlo, tal conocimiento colmaría de tablas numéricas muchos volúmenes, y el principiante se daría cuenta de que no necesitaba todo eso. Sucede a menudo que la pregunta significativa es algo tan simple como: "¿Se contraerá la nube a una esfera, o se expandirá en un disco?"

Los físicos, orientados originariamente por Poincaré, disponen en la actualidad de un método bien desarrollado para tratar tales asuntos: la topología. Por su intermedio, preguntas simples se contestan con respuestas inequívocas, de manera que nunca se enfrentan datos intrincadísimos que abrumarían al observador.

Un método similar, aplicado a ecuaciones diferenciales complicadas, permite deducir los aspectos más importantes de las soluciones en aquellos casos en que las soluciones completas no podrían manejarse a causa de su complejidad. Ésta es la llamada teoría de la "estabilidad" de esas ecuaciones.

En nuestro caso, lo que importa es que tales métodos existan.

Éstos nos indican que si una Caja negra (por ejemplo el cerebro) tiene demasiadas variables como para que el estudio en detalle sea factible, en ese caso el psicólogo de orientación cibernética puede planear un método "topológico" que le permita conseguir la información que realmente necesita (no la que él cree que quiere) sin ser abrumado por detalles superfluos. Lewin intentó una psicología de este tipo, pero en la década del 30 la topología aún no se había desarrollado lo suficiente para ser una herramienta útil. En la década del 50, sin embargo, está mucho mejor desarrollada, especialmente en la forma en que ha sido publicada por la escuela francesa con el seudónimo de *Nicholas Bourbaki*. Por fin se presenta ante nosotros la posibilidad de una psicología que sea a la vez rigurosa y práctica.

La Caja observable parcialmente

6/20. En este capítulo, hasta ahora hemos supuesto que el observador de la Caja negra dispone de los medios necesarios para analizar todo lo relacionado con el estado de la Caja, de manera que se asemeja al maquinista de un barco (S. 6/2) que observa un conjunto completo de escalas. Con frecuencia, empero, esto no suele suceder —algunas de las escalas están ocultas, o se carece de ellas— y una parte importante de la teoría de la Caja negra es poner en claro las peculiaridades que aparecen cuando un observador puede examinar sólo ciertas componentes del estado total.

Los desarrollos teóricos son extensos y hasta ahora no se los ha estudiado detenidamente. Casi sin lugar a duda tendrán importancia en el ámbito psicológico, puesto que para el psicólogo, el sujeto individual, ya sea una persona neurótica o una rata en un laberinto, es, en buena medida, un sistema no observable en su totalidad; los acontecimientos que se producen en el cerebro del sujeto no pueden observarse directamente en la sesión clínica experimental.

Debe tenerse en cuenta que tan pronto como alguna de las variables escapa a la observación, el "sistema" representado por el resto puede desarrollar propiedades notables, y hasta "milagrosas". Un ejemplo común lo proporcionan los conjuros, que logran milagros, en apariencia, simplemente porque no todas las variables significativas son observables. Es posible que algunas de las "milagrosas" propiedades del cerebro, por ejemplo tener "premoniciones", "inteligencia", etcétera, sean milagrosas **sólo** porque hasta el presente no hemos sido capaces de observar los acontecimientos con *todas* sus variables significativas.

6/21. Daremos un ejemplo para ilustrar el profundo cambio que puede experimentar la opinión del observador acerca de un mecanismo, si parte de ese mecanismo se torna inaccesible a la observación directa.

Se supone que el observador está estudiando una Caja negra que consiste en dos partes interactuantes, A y Z. Ambas son afectadas por la entrada común I. (Téngase en cuenta que las entradas de A son I y Z.)

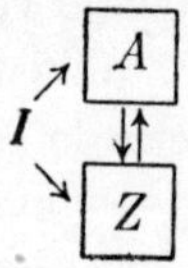

Supongamos que lo que importa sea saber si la parte A muestra o no algún comportamiento característico B (esto es, si sigue la trayectoria B). Supongamos que éste aparece sólo cuando ocurre simultáneamente que

$$\text{(1) } I \text{ se halla en el estado } \alpha$$
$$\text{y (2) } Z \text{ se halla en el estado } y.$$

Supongamos también que Z se halla en el estado y sólo *después* de que I ha tomado el valor especial μ.

Nosotros (autor y lector) somos omniscientes, pues conocemos todo lo relacionado con el sistema. Usando todo nuestro conocimiento, veamos cómo dos observadores (Uno y Dos) pueden formarse diferentes opiniones si tienen diferente capacidad de observación.

El observador Uno puede ver, como nosotros, los valores de A y de Z. Estudia las diversas combinaciones que produce la aparición de B e informa que B aparece siempre que el todo muestra un estado con Z en y, y la entrada en α. Así, si la entrada se encuentra en α, él relaciona la presencia de B con Z en el estado y.

El observador Dos está en desventaja, pues puede ver sólo I y A, no Z. Comprueba que el conocimiento de los estados de A y de I no es suficiente para pronosticar en forma segura si B aparecerá o no (pues algunas veces Z estará en y, y otras no). Sin embargo, si Dos dirige su atención a los sucesos precedentes en I, comprobará que puede predecir con seguridad la aparición de B. Esto se debe a que si I tiene la sucesión de valores μ, α, aparecerá el comportamiento B, pero no de otro modo. Así, dado que la entrada es α, él relaciona la aparición de B con el hecho de que I haya tenido antes el valor μ.

Aunque no puede observar Z directamente, Dos no está menos capacitado para pronosticar el todo, *teniendo en cuenta los valores que precedieron a lo que* puede *observar*. La razón de que exista esa correspondencia es:

$$I \text{ en } \mu \text{ antes} \longleftrightarrow Z \text{ en } y \text{ ahora}$$
$$I \text{ no en } \mu \text{ antes} \longleftrightarrow Z \text{ no en } y \text{ ahora.}$$

Como esta correspondencia es biunívoca, la información acerca del estado de I en un paso precedente y la información sobre el estado de Z ahora, son *equivalentes*, y cada una puede sustituirse por la otra; conocer una es conocer la otra.

Si Uno y Dos tienen mal carácter, inclusive pueden llegar a trabarse en una disputa. Uno puede sostener que el sistema no demuestra tener "memoria", es decir, su comportamiento no implica referencia alguna al pasado porque la aparición del comportamiento B puede explicarse con ayuda del estado *presente* del sistema (de I, A y Z). Dos puede negar esto y hacer notar que el sistema de I y A se muestra determinado sólo al tener en cuenta valores pasados de I, esto es, cuando se recurre a cierta forma de "memoria".

Evidentemente, no necesitamos tomar partido. Uno y Dos están hablando de diferentes sistemas (de $I + A + Z$, y de $I + A$). De manera que no es raro que sus afirmaciones difieran totalmente. Lo que debemos notar es que Dos recurre a la "memoria" utilizándola como sustituto para subsanar su incapacidad de observar Z.

En consecuencia, deducimos la regla general: *Si un sistema determinado es sólo parcialmente observable, y en consecuencia se torna (para ese observador) no predecible, el observador está capacitado para restituirle su condición de ser predecible, teniendo en cuenta la pasada historia del sistema, es decir, suponiendo en él la existencia de alguna forma de "memoria"*.

Se ve claramente que el argumento es general y que puede aplicarse con idéntica validez si el acontecimiento especial precedente (μ) no ocurrió con uno sino con varios pasos de anterioridad. Así, en general, si acontecimientos anteriores $E_1, E_2, \ldots, E_k$, dejan rastros $T_1, T_2, \ldots, T_k$, respectivamente, que persisten, y más tarde el resto del sistema produce comportamientos $B_1, B_2, \ldots, B_k$, en correspondencia con los valores de T, los varios comportamientos pueden ser relacionados con, o explicados por uno cualquiera de:

(1) El valor *presente* de T, en cuyo caso no hay necesidad de "memoria" alguna.

(2) El valor *pasado* de E, en cuyo caso el observador está obligado a postular alguna forma de "memoria" del sistema.

Por lo tanto, *la posesión de "memoria" no es una propiedad completamente objetiva del sistema*, sino una relación entre el sistema y el observador, propiedad que se alterará si se produce cualquier variación en el canal de comunicación entre ellos.

Adjudicar "memoria" a un sistema, como explicación de su

comportamiento, es admitir que no se puede observar el sistema íntegramente. La "memoria" no posee las propiedades de una simple cosa, sino las más sutiles de una "codificación".

**Ej.* 1: Demostrar el enunciado (*Design for a Brain*, *S*.19/22) en el que se postula que en un sistema absoluto es posible evitar la referencia directa a ofertas variables siempre que para reemplazarlas se usen derivados de las variables restantes.

**Ej.* 2: Demostrar el mismo enunciado, pero aplicándolo a ecuaciones en diferencias finitas.

**Ej.* 3: Demostrar que si el sistema tiene n grados de libertad, en general, siempre hay que disponer de por lo menos n observaciones, cada una del tipo "en el instante t_i la variable x_i tenía el valor X_i" para que el comportamiento subsiguiente sea pronosticable.

6/22. El computador digital con cinta magnética proporciona un ejemplo claro de cómo la presencia de "memoria" está relacionada con la observación parcial. Supongamos, por razones de simplicidad, que en un determinado momento el computador producirá un 1 ó un 2, según que la cinta esté magnetizada + o — en un determinado punto, respectivamente; la acción de magnetización tuvo lugar, digamos, diez minutos antes, y el que la cinta esté magnetizada + o — depende de que el operador haya cerrado o no una llave, respectivamente. Existe así una correspondencia:

$$\begin{array}{l} \text{llave cerrada} \leftrightarrow + \leftrightarrow 1 \\ \text{llave abierta} \leftrightarrow - \leftrightarrow 2. \end{array}$$

Un observador que pudiera ver la cinta magnética argüiría que cualquier referencia al pasado es innecesaria, pues puede dar cuenta del comportamiento de la máquina (es decir, si producirá un 1 ó un 2), basándose en su estado *presente*, mediante el examen de lo que la cinta lleva *ahora*. Por lo tanto, saber que la cinta lleva ahora un + nos basta para predecir que el próximo estado de la máquina es 1.

Por otra parte, un observador que no pueda ver la cinta sólo puede pronosticar el comportamiento de la máquina refiriéndose a lo que se hizo hace diez minutos. Insistirá en que la máquina tiene "memoria".

En realidad, ambos observadores no están en disidencia, como es fácil comprobarlo si se tiene en cuenta que aluden a dos máquinas que no son idénticas. Para el primer observador, "máquina" significa "computador + cinta + llave"; para el segundo significa "computador + llave". *Hablan de sistemas diferentes.* (Debe notarse nuevamente que en los sistemas complejos una simple referencia al sistema material a menudo no basta para definir el sistema en discusión.) (Comparar con las S. 6/14 y 12/9.)

En esencia, la misma diferencia se presenta en los sistemas biológicos. Supongamos que estoy en la casa de un amigo y que, cada vez que pasa un auto por la calle, el perro corre hacia un rincón del cuarto y tiembla. Para mí ese comportamiento no tiene razón de ser y es inexplicable. Mi amigo me dice entonces: "Fue atropellado por un automóvil hace seis meses". Por lo tanto, el comportamiento puede explicarse relacionándolo a un suceso ocurrido hace seis meses. Al decir que el perro tiene "memoria", nos referimos en buena medida al mismo hecho: su comportamiento puede explicarse, no por medio de referencias a su estado actual, sino al estado que tenía hace seis meses. Si no fuéramos cautos diríamos que el perro "tiene" memoria y pensaríamos a continuación que el perro *tiene* alguna *cosa*, como si tuviese una mata de pelo negro. Acaso podríamos sentirnos inclinados a buscarla y en ese caso se podría descubrir que esa "cosa" tiene algunas propiedades muy curiosas.

Resulta claro que la "memoria" no es algo objetivo que el sistema pueda o no poseer; es un concepto del que se sirve el *observador* para llenar el vacío que provoca el hecho de que parte del sistema no se puede observar. Cuantas menos sean las variables observadas, más se verá forzado el observador a considerar que los sucesos del pasado desempeñan un papel importante en el comportamiento del sistema. Por lo tanto, la "memoria" del cerebro es sólo parcialmente objetiva. No es extraño que a veces se haya comprobado que sus propiedades son poco usuales e inclusive paradójicas. Evidentemente, es menester volver a examinar el tema desde sus principios mismos.

Parte II : Variedad

El soldado entonces se dio cuenta de lo extraordinario que era ese yesquero. Si lo frotaba una vez, aparecía el perro que se sentaba sobre el arca de las monedas de cobre; si lo frotaba dos veces, aparecía el perro que tenía la plata; y si lo frotaba tres veces, entonces aparecía el perro que tenía el oro.

(The Tinder-Box)

7. Cantidad de variedad

7/1. En la Parte I hemos analizado las propiedades principales de la máquina, sobreentendiendo, por lo general, que teníamos ante nosotros la cosa real, acerca de la que formulábamos alguna afirmación definida, con referencia a lo que hacía en un lugar y en un momento dados. Para avanzar en cibernética, sin embargo, tendremos que ampliar nuestra perspectiva. Las preguntas fundamentales en materia de regulación y control pueden contestarse sólo cuando estamos en condiciones de examinar el conjunto más amplio de lo que la máquina *podría* hacer si se asigna a "podría" una especificación exacta.

Por lo tanto, en toda la Parte II siempre examinaremos *un conjunto* de posibilidades. El estudio nos introducirá en temas de información y de comunicación, y asimismo en la manera en que éstos son codificados al pasar a través del mecanismo. Este estudio es esencial para la cabal comprensión de la regulación y el control. Comenzaremos con las consideraciones más elementales o básicas posibles.

7/2. Una segunda razón para considerar *un conjunto* de posibilidades es que a la ciencia no le interesa mayormente un hecho válido para una sola experiencia, realizada en un único día. La ciencia siempre busca generalizaciones, enunciados que sean válidos para todo un conjunto de experimentos realizado en múltiples laboratorios y en múltiples oportunidades. El descubrimiento de las leyes del péndulo, realizado por Galileo, habría sido de escaso interés, si hubiese sido válido sólo para aquel péndulo y en aquella tarde. Su gran importancia se debe precisamente al hecho de que resulta válido en un amplio margen de espacio, tiempo y materiales. La ciencia busca lo repetitivo (S. 7/15).

7/3. Este hecho, es decir, que la ciencia se refiere al *conjunto*, suele estar oculto por una figura retórica. "El ion de cloruro...", afirma el profesor, pero en realidad eso significa que lo expresado se aplica a todos los iones de cloruro. Del mismo modo aludimos al motor de nafta, al niño en crecimiento, al borracho crónico y a otros entes en singular, cuando en realidad se alude al conjunto de cada uno de esos entes.

Sucede a veces que una afirmación es igualmente válida para el individuo y para el conjunto: "el elefante come con la trompa", por ejemplo. Pero la circunstancia de que esa doble aplicación sea común, no debe hacernos subestimar el hecho de que ciertos tipos de enunciados son aplicables solamente al conjunto (o solamente al individuo), y resultan engañosos y originan confusiones si no se aplican correctamente. Así, un gramo de gas ácido iodhídrico, en un momento dado puede estar ionizado en un 37 %; esta afirmación, sin embargo, no puede aplicarse a las moléculas individuales, las cuales están totalmente ionizadas, o bien, no ionizadas; lo que es cierto para el conjunto es falso para los individuos. Otros ejemplos: los conservadores tienen, en determinado momento, la mayoría parlamentaria; si la aplicamos a un individuo, esa afirmación no tiene sentido. Un neumático puede estar moviéndose hacia el oeste a 75 km por hora, considerado en conjunto; a pesar de ello, la parte en contacto con el camino está inmóvil; la diametralmente opuesta se dirige al oeste a 150 km por hora y, en verdad, ni una sola partícula del neumático se comporta como lo hace la totalidad.

Otro ejemplo más: veinte millones de mujeres tienen treinta millones de hijos, pero sólo mediante una peligrosa distorsión del lenguaje podemos decir que la señora Tal tiene un hijo y medio. A veces puede formularse tal afirmación sin originar confusiones, porque aquellos a quienes está dirigida, por ejemplo los que deben estudiar la distribución de los niños en las escuelas, saben que la mitad de un niño no es una monstruosidad, sino un conjunto constituido por un millón de niños.

Por lo tanto, en principio debemos admitir que una afirmación acerca de un **conjunto** puede ser falsa o verdadera (y quizá sin sentido) cuando se aplica a los **elementos** del conjunto.

Ej.: Las siguientes afirmaciones se refieren a "El Gato", ya sea a la especie *Felis domestica* o bien al gato del vecino. Analizar la aplicabilidad de cada afirmación a: (I) la especie, (II) al individuo:

1. Tiene un millón de años.
2. Es macho.
3. En la actualidad habita en todos los continentes.
4. Pelea con sus hermanos.
5. Aproximadamente la mitad es hembra.
6. Está estrechamente relacionado a las *Ursidae*.

7/4. *Probabilidad.* El ejercicio anterior ilustra la confusión y la incoherencia que puede producirse cuando un concepto que es propio del conjunto (o del individuo) se aplica en forma inadecuada al individuo (o al conjunto). Un ejemplo notable de esto se produce cuando una *fracción* de los elementos de todo el conjunto tiene una propiedad peculiar. Por ejemplo, de 100 hombres de una aldea, 82 están casados. La fracción 0,82 es claramente significativa con respecto al conjunto, pero tiene poco sentido con relación a cada individuo, que puede estar casado o no. Examínese cada hombre tan cuidadosamente como se quiera y no se encontrará en él nada que sea "0,82"; y si ese hombre se traslada a otra aldea, la cifra puede cambiar, sin que él mismo haya cambiado en absoluto. Evidentemente, "0,82" es una propiedad de la aldea y no del individuo.

A veces resulta conveniente, sin embargo, suponer que la fracción tiene sentido para el individuo, y por lo tanto puede decirse que una persona tiene "una probabilidad" de 0,82 de estar casada. Esta expresión es inofensiva siempre que se tenga en cuenta que, a pesar de su aparente referencia al individuo, constituye en realidad una aseveración acerca de la aldea. Olvídese esto, y surgirá una multitud de "paradojas", tan tontas y sin sentido como la de pretender educar a un "medio niño". Más adelante (en el Capítulo 9) utilizaremos el concepto de probabilidad vinculado al de máquina; siempre hay que tener presente el origen y la naturaleza real del concepto.

7/5. *Comunicación.* El concepto de *conjunto* también desempeña un papel esencial en la teoría de la "comunicación", sobre todo en la desarrollada por Shannon y Wiener. Por ejemplo, cuando se piensa en un telegrama al principio sólo se advierte la cualidad de singularidad de *un* telegrama. Sin embargo, el acto de "comunicación" implica necesariamente la existencia de un *conjunto* de posibilidades, es decir, más de una; para demostrarlo, utilizaremos un ejemplo.

Un prisionero recibirá la visita de su esposa, pero a ella no se le permite transmitirle ningún mensaje, ni aun el más simple. Se da por supuesto que antes de su captura, ambos deben haberse puesto de acuerdo sobre algún código simple. Durante la visita ella pide permiso para darle una taza de café; suponiendo que esa bebida no está prohibida, ¿cómo puede asegurarse el guardián de que por su intermedio no se transmite un mensaje codificado?; sabe además que ella ansía hacer conocer a su esposo si un cómplice ha sido apresado o no.

El guardián puede razonar más o menos de la siguiente manera: "Ellos acaso hayan convenido en que la información tendrá un significado u otro según que el café esté o no azucarado; puedo desbaratar esto mediante la simple adición de una gran cantidad de azúcar y decir luego al prisionero que lo he hecho. O quizá hayan convenido en que la información tendrá un significado u otro según se agregue o no una cucharilla; puedo desbaratar esto retirando la cucharilla y advertir luego que el Reglamento las prohibe. O acaso también hayan convenido en que la información tendrá un significado u otro de acuerdo a que se sirva té o café; no, esto no puede ser, pues, como ellos saben, a esa hora la cantina sólo sirve café". Y así seguirían sus reflexiones; lo notable es que, en cada caso, el guardián intenta intuitivamente desbaratar la comunicación reduciendo las posibilidades a una sola: siempre azucarado, nunca con cucharilla, sólo café, y así sucesivamente. Tan pronto como las posibilidades se reducen a una, la comunicación queda bloqueada, y se quita a la bebida su capacidad de transmitir información. Por lo tanto, la transmisión (y el almacenamiento) de información, básicamente está relacionada a la existencia de un *conjunto* de posibilidades Gracias al ejemplo dado, esta afirmación resulta plausible, pero se apoya en todos los trabajos de la teoría moderna de la comunicación, que ha demostrado abundantemente cuán esencial y cuán fructífero es el concepto de conjunto de posibilidades.

Por lo tanto, la comunicación exige, necesariamente, un conjunto de mensajes; no sólo es así, sino que la información transmitida por medio de un mensaje particular depende del conjunto del cual éste proviene. *La información transmitida no es una propiedad intrínseca del mensaje individual.* Que esto es así puede comprobarse al analizar el siguiente ejemplo: dos soldados son tomados prisioneros, cada uno por un país enemigo distinto: *A* y *B*; más tarde, cada una de las dos esposas recibe un breve mensaje: "estoy bien". Se sabe, sin embargo, que el país *A* le permite al prisionero que elija entre

Estoy bien
Estoy ligeramente enfermo
Estoy seriamente enfermo,

mientras que el país *B* autoriza un único mensaje:

Estoy bien,

que significa "estoy vivo" (en el conjunto también existe la posibilidad "ningún mensaje"). Ambas esposas tienen la plena certeza de que aunque la frase es la misma, las informaciones recibidas no son de ninguna manera idénticas.

De tales consideraciones se deduce que en este libro no debemos tomar en cuenta la referencia que, como individuos, tengamos sobre "este mensaje". Debemos actuar con criterio científico, desprendernos del caso particular, y pensar en "personas que reciben mensajes". Y esto significa que debemos desviar nuestra atención de cualquier mensaje individual y acrecentarla en el conjunto de todas las posibilidades.

Variedad

7/6. En esta Parte nos interesará mucho el siguiente problema: dado un conjunto, ¿cuántos elementos diferenciables contiene? Por lo tanto, si se ignora el orden en que se presentan, el conjunto

$$c,\ b,\ c,\ a,\ c,\ c,\ a,\ b,\ c,\ b,\ b,\ a$$

de doce elementos, contiene sólo tres elementos *distintos*, *a*, *b*, y *c*. Se dice que un conjunto tal tiene una **variedad** de tres elementos (en la sección siguiente se agrega una calificación).

Aunque este cálculo puede parecer simple, es necesario proceder cuidadosamente. Por ejemplo, en un semáforo de dos brazos se puede colocar cada uno de ellos, independientemente del otro, en una cualquiera de ocho posiciones, de manera que los dos brazos proporcionan 64 combinaciones. Si se lo observa desde lejos, sin embargo, los brazos no tienen individualidad; "el brazo *A* arriba y el brazo *B* abajo" no puede distinguirse de "el brazo *A* abajo y el brazo *B* arriba", de manera que desde lejos el observador sólo puede diferenciar 36 posiciones; entonces la variedad es 36 y no 64. Debe tenerse en cuenta que la variedad de un conjunto no es una propiedad intrínseca de éste; el observador y su poder de discriminación deben estar definidos para que la variedad quede bien definida.

Ej. 1: Si se puede elegir entre 26 letras, ¿de cuántas combinaciones de 3 letras se dispone para la identificación de motores?

Ej. 2: Si un granjero puede distinguir 8 razas de cerdos, pero no sus sexos, y su esposa puede distinguir los sexos, pero no las razas, ¿cuántas clases distintas de cerdos pueden distinguir si trabajan juntos?

Ej. 3: Un espía está en una casa que tiene cuatro ventanas dispuestas en los vértices de un rectángulo; el espía, durante la noche, debe transmitir señales en dirección al mar, colocando o no luces en cada ventana. ¿Cuántas formas pueden mostrarse si en la oscuridad no puede percibirse la posición de las luces con relación a la casa?

Ej. 4: La capacidad de las bacterias de diferentes especies para metabolizar varias sustancias es diferente; por ejemplo, la lectosa es destruida por el *E. coli* pero no por el *E. typhi*. Si un bacteriólogo dispone de diez sustancias, cada una de las cuales puede ser destruida o no por una especie dada, ¿cuál es el número máximo de especies que puede distinguir?

Ej. 5: Si cada *test* de personalidad puede distinguir cinco grados de su propia característica, ¿cuál es el número mínimo de tales *tests* necesario para diferenciar los 2.000.000.000 de individuos de la población mundial?

Ej. 6: En un conocido truco de naipes, el ilusionista adivina un naipe de la siguiente manera: muestra 21 naipes a una persona del público, quien selecciona uno mentalmente, sin revelar su elección. El ilusionista, a continuación, muestra los naipes, dispuestos en tres montones iguales, y pregunta a la persona en cuál de ellos está el naipe elegido. Luego, coloca los naipes en otros tres montones iguales y repite la pregunta. Hace lo mismo una tercera vez y a continuación puede identificar el naipe elegido. ¿Qué variedad hay en: (I) las indicaciones de la persona del público; (II) la selección final del ilusionista?

Ej. 7: (Continuación.) 21 naipes no constituyen en realidad el máximo número que puede usarse. ¿Cuál es este máximo, si todas las demás condiciones se mantienen constantes?

Ej. 8: (Continuación.) Si el ilusionista debiera identificar el naipe elegido en un mazo completo de 52 naipes, ¿cuántas veces la persona del público tendría que indicar en cuál de los tres montones se halla el elegido?

Ej. 9: Si el grupo sanguíneo de un niño es 0, y el grupo de su madre es 0, ¿cuánta variedad hay en los grupos de sus padres posibles?

7/7. Se habrá observado que en la mayoría de los ejercicios es necesario hallar productos y potencias elevadas. El uso de logaritmos a menudo facilita tales cómputos. Aunque se supone que el lector está familiarizado con sus propiedades básicas, como referencia se dará una fórmula. Si se dispone únicamente de logaritmos de base a, y se quiere hallar el logaritmo de base b de un número N, hay que utilizar la fórmula:

$$\log_b N = \frac{\log_a N}{\log_a b}$$

en particular, $\log_2 N = 3{,}322 \log_{10} N$.

La palabra **variedad** usada en relación a un conjunto de elementos diferenciables, significa: (I) el número de elementos distintos, o bien (II) el logaritmo de base 2 de dicho número; el sentido empleado siempre será claro en el contexto. Cuando se mide la variedad en forma logarítmica, su unidad es el "bit" (contracción de "BInary digiT"). Por lo tanto, la variedad de sexos es de 1 bit, y la variedad de 52 naipes es de 5,7 bits, pues $\log_2 52 = 3{,}322 \log_{10} 52 \times 1{,}7160 = 5{,}7$. La principal ventaja de este método de cálculo consiste en que las combinaciones multiplicativas se combinan mediante simples adiciones. Así, en el ejemplo 7/6/2, el granjero puede distinguir una variedad de 3 bits, su esposa una de 1 bit, y los dos juntos 3 + 1 bits, es decir 4 bits.

Decir que un conjunto "no" tiene variedad alguna, que los elementos son todos de un mismo tipo, significa, por supuesto, medir la variedad logarítmicamente, puesto que el logaritmo de 1 es 0.

Ej. 1: En el Ej. 7/6/4 ¿cuánta variedad, en bits, distingue cada sustancia?

Ej. 2: En el Ej. 7/6/5: (I) ¿cuánta variedad, en bits, distingue cada *test*?; (II) ¿Cuál es la variedad en bits de los 2.000 millones de individuos distinguibles? Con ayuda de estas dos variedades verificar la respuesta anterior.

Ej. 3: ¿Cuál es la variedad en bits de las 26 letras del alfabeto inglés?

Ej. 4: (Continuación.) ¿Cuál es la variedad en bits de un grupo de 5 letras (sin la restricción de que formen una palabra)? Verificar la respuesta, encontrando el número de tales grupos, y luego la variedad.

Ej. 5: Una pregunta puede responderse sólo con *si* o con *no*; (I) ¿cuánta variedad hay en la respuesta?; (II) ¿y en veinte respuestas formuladas independientemente?

Ej. 7: Se considerará una transformación cerrada uniforme de seis estados

$$\downarrow \begin{matrix} a & b & c & d & e & f \\ ? & ? & ? & ? & ? & ? \end{matrix}$$

en la cual cada signo de interrogación debe ser reemplazado por una letra. Si el reemplazo no está restringuido de otra manera, ¿cuál es la variedad (logarítmica) que hay en el conjunto de todas esas transformaciones posibles?

Ej. 8: (Continuación.) Si la transformación cerrada tiene *n* estados, ¿cuánta variedad contiene?

Ej. 6: (Continuación.) ¿Cuántos objetos pueden distinguirse mediante veinte preguntas, cada una de las cuales puede ser contestada sólo con *sí* o con *no*?

Ej. 9: Si el léxico inglés tiene una variedad de 10 bits por palabra, ¿cuál es la capacidad de almacenamiento de un discurso de 10 minutos grabado en un registro fonográfico, si suponemos una velocidad de 120 palabras por minuto?

Ej. 10: (Continuación.) Comparar lo anterior con la capacidad de una página impresa de períodico (aproximadamente).

Ej. 11: (Continuación.) Si para leer un artículo en voz alta se necesitan 10 minutos, ¿cómo es su variedad comparada con la del registro fonográfico?

Ej. 12: ¿A qué conjunto se refiere el Ej. anterior?

Ej. 13: Un hecho negativo —una luz que no se enciende, una neurona que no es excitada, un telegrama que no llega— ¿puede utilizarse como una contribución a la variedad?

Constricción

7/8. Un concepto muy importante con el que más adelante trabajaremos mucho es el de **constricción.** Ésta es una *relación* entre dos conjuntos y se produce cuando la variedad que existe en una condición es menor que la variedad que existe en otra condición. Así, la variedad de sexos en la raza humana es de 1 bit; si en determinada escuela sólo se admiten varones, la variedad de sexos en la escuela es 0; como 0 es menor que 1, hay constricción.

Otro ejemplo bien conocido lo proporcionan las señales luminosas del tránsito en Inglaterra, realizadas con tres lámparas, cada una de las cuales actúa según la siguiente sucesión ("+" significa *encendida* y "0" significa *apagada*):

	(1)	(2)	(3)	(4)	(1)	...
Roja:	+	+	0	0	+	...
Amarilla:	0	+	0	+	0	...
Verde:	0	0	+	0	0	...

Se usan, por lo tanto, cuatro combinaciones. Téngase en cuenta que la luz roja está encendida y apagada en diversos instantes; lo mismo sucede con la amarilla y con la verde. Si las tres luces pudieran variar independientemente, aparecerían ocho combinaciones. En realidad se usan sólo cuatro; como cuatro es menor que ocho, hay constricción.

7/9. Una constricción puede ser pequeña o grande. Supongamos, por ejemplo, que una compañía de soldados debe alinearse en una sola fila; "independencia" significa en este caso que pueden formar la fila en el orden que les plazca. Al orden de formación se le pueden aplicar varias constricciones y, a su vez, el grado de restricción de éstas puede diferir. Por ejemplo, si se imparte la orden de que ningún hombre puede colocarse al lado de otro hombre cuya fecha de cumpleaños coincida con la de él, la constricción es pequeña, puesto que de todas las combinaciones posibles muy pocas estarían excluidas. Si en cambio se imparte la orden de que nadie puede colocarse a la izquierda de alguien más alto, la constricción es grande; esto se debe al hecho de que, salvo que los hombres sean exactamente de la misma altura, un único orden de formación satisface esa condición. La intensidad de la constricción está así mostrada por la reducción que origina en el número de combinaciones posibles.

7/10. Pareciera que las constricciones no pueden ser clasificadas en forma simple, pues incluyen todos los casos en los que un conjunto, por cualquier motivo, es menor de lo que debiera. Sólo puedo exponer aquí ciertos tipos de constricción de gran importancia que se presentan comúnmente, y dejo al lector la tarea de agregar otros tipos, en caso de que este tema le interese.

7/11. *Constricción en vectores.* Algunas veces los elementos de un conjunto son vectores y tienen componentes. Así, la señal de tránsito de la S. 7/8 es un vector de tres componentes, cada una de las cuales puede tomar dos valores. En tales casos se presenta una constricción común e importante si el número real de vectores que existe en condiciones definidas es menor que el número total de vectores posibles al no imponer condiciones (esto es, cuando cada componente abarca su gama completa de valores en forma independiente de los valores tomados por las otras). Por ejemplo, en el caso de las luces de tránsito, siempre que la roja y la amarilla están encendidas simultáneamente, la verde está apagada, al tiempo que está ausente el vector con la luz verde encendida.

Debe tenerse en cuenta que un conjunto de vectores proporciona unas cuantas variedades que es necesario identificar individualmente para evitar confusiones. Analicemos, por ejemplo, el vector de la S. 3/5:

(Modelo del automóvil, Potencia, Color).

La primera componente tiene una variedad definida; también la tienen la segunda y la tercera componentes. Las tres variedades no deben ser necesariamente iguales, y la variedad del conjunto de vectores vuelve a ser diferente.

La variedad del conjunto de vectores mantiene, sin embargo, una relación invariable con las variedades de sus componentes: no puede exceder la suma de éstas (aquí es más conveniente pensar en términos logarítmicos). Así, si un automóvil puede ser de un modelo entre 10 modelos diferentes, tener una potencia entre 8, y un color entre 12, la variedad de los distintos tipos de automóviles no puede exceder 3,3 + 3,0 + 3,6 bits, es decir, 9,9 bits.

7/12. Las componentes son **independientes** cuando la variedad en todo un conjunto dado de vectores es igual a la suma de las variedades (logarítmicas) de las componentes individuales. Si se comprobara, por ejemplo, que en un conjunto definido de automóviles puede observarse la totalidad de los 960 tipos, se diría que las tres componentes son "independientes" o que "varían independientemente", en ese conjunto definido.

Debe notarse que cada afirmación se refiere esencialmente a lo observado en el conjunto; no es necesario que haya referencia alguna a supuestas causas de independencia (o de constricción).

Ej. 1: Cuando Pantagruel y su círculo discutieron si había llegado o no el momento de que Panurgo se casara, pidieron ayuda a varios consejeros, quienes fueron presentados así: "...Rondibilis está casado ahora, antes no lo estaba; Hippothadeus no lo estaba antes, ni lo está aún; Bridlegoose estuvo casado una vez, pero no lo está ahora, y Trouillogan, casado ahora, estuvo casado antes con otra mujer". En este conjunto de vectores ¿hay constricción?

Ej. 2: Si cada componente puede ser Cara (Ca) o Cruz (Cr), el conjunto de cuatro vectores (Ca, Ca, Ca), (Cr, Cr, Ca), (Ca, Cr, Cr), (Cr, Ca, Cr), ¿tiene constricción con relación al conjunto en el que hay independencia?

7/13. *Grados de libertad.* Cuando un conjunto de vectores no muestra la gama total de posibilidades facilitada por sus componentes (S. 7/11), a veces puede ser útil medir el margen que queda acudiendo al recurso de especificar cuántas componentes con independencia darían la misma variedad. Este número de componentes se denomina **grados de libertad** del conjunto de vectores. Así, las luces de tránsito (S. 7/8) muestran una variedad de cuatro. *Dos* componentes con independencia —que siguieran teniendo dos estados cada una— darían la misma variedad (cuatro). De tal manera, la constricción en el caso de las luces puede expresarse diciendo que tres componentes no independientes dan la misma variedad que *dos* componentes, si éstas fueran independientes; esto equivale a decir que las tres luces tienen dos grados de libertad.

Si todas las combinaciones son posibles, el número de grados de libertad es igual al número de componentes. Si sólo una combinación es posible, los grados de libertad son cero.

Se advertirá que este modo de medir lo que queda libre de constricción es aplicable sólo en ciertos casos favorables. Así, si las luces del tránsito mostraran tres, o cinco combinaciones, ya no sería posible representar la equivalencia por medio de una cifra simple y global. En especial, este concepto tiene importancia cuando las componentes varían en forma continua, de manera que cada una de ellas puede tomar un número infinito de valores. Aun entonces es posible calcular el número de grados de libertad, aunque no podamos contar los estados.

Ej. 1: Si un vendedor de automóviles de segunda mano dice que su *stock* cubre una escala de 10 años, 8 potencias y 12 colores, en todas las combinaciones, ¿cuántos grados de libertad tiene su *stock*?

Ej. 2: Las posiciones angulares de ambas manecillas de un reloj son las dos componentes de un vector. Si se miden los ángulos con precisión, ¿hay constricción en el conjunto de vectores en el funcionamiento ordinario a lo largo de 12 horas?

Ej. 3: (Continuación.) ¿Cuántos grados de libertad tiene el vector? (Sugestión: ¿sería una pérdida esencial si se sacara el minutero?)

Ej. 4: Cuando los ojos se mueven, y sus ejes apuntan en diversas direcciones, definen un vector de cuatro componentes: las desviaciones hacia arriba y laterales de los ojos izquierdo y derecho. El hombre tiene visión binocular; el camaleón mueve sus ojos en forma independiente, cada uno de ellos busca comida en distinta dirección. ¿Cuántos grados de libertad tienen los ojos del camaleón? ¿Y los del hombre?

Ej. 5: Una flecha de longitud fija que yace en un plano tiene tres grados de libertad en su posición (pues dos coordenadas fijan la posición del centro, por ejemplo, y un ángulo determina su dirección). ¿Cuántos grados de libertad tiene si agregamos la restricción de que debe apuntar siempre en la dirección de un punto dado P?

Ej. 6: T es una transformación cerrada uniforme, y a uno cualquiera de sus operandos. Determinar el conjunto de vectores de tres componentes cada uno

$$[a,\ T(a),\ T^2(a)]$$

en los que a toma todos sus valores posibles en forma sucesiva. ¿Cuántos grados de libertad tiene el conjunto?

Ej. 7: ¿De qué manera presenta constricción el gráfico ordinario de y función de x?

Ej. 8: ¿Cuántos grados de libertad tiene un cuerpo ordinario —por ejemplo una silla— en el espacio tridimensional?

Importancia de la constricción

7/14. Las constricciones tienen suma importancia en cibernética, y en el resto del libro se les dedicará especial atención pues *donde existe constricción por lo común ello puede aprovecharse ventajosamente.*

El trabajo de Shannon, que se analiza en especial en el Capítulo 9, demuestra la tesis con claridad. En su mayor parte, la obra de Shannon tiene el propósito de calcular la variedad que existiría en caso de haber plena independencia, demostrar que las constricciones (Shannon las denomina "redundancias") existen, y asimismo tiene el propósito de demostrar cómo su existencia hace posible un uso más eficaz del canal.

En las siguientes secciones expondremos algunos aspectos del amplio campo de aplicabilidad y de la gran importancia del concepto.

7/15. *Las leyes de la naturaleza.* En primer término, debemos señalar que la existencia de cualquier invariante en un conjunto de fenómenos implica una constricción, pues esa existencia implica que no está presente la gama completa de variedad. La teoría general de las invariantes es, de este modo, una parte de la teoría de las constricciones.

Además, como cada ley natural implica la existencia de un invariante, se deduce que *cada ley de la naturaleza es una constricción*. La ley de Newton, por ejemplo, postula que entre todos los vectores de las posiciones planetarias y velocidades que podrían presentarse, por ejemplo, escritos en un papel (el conjunto más grande), sólo un pequeño conjunto se da realmente en el espacio; la ley especifica los valores que tienen los elementos. Desde nuestro punto de vista, lo importante es que la ley *excluye* muchas posiciones y velocidades, prediciendo que nunca se producirán. La ciencia busca leyes; por lo tanto, le interesa mucho la búsqueda de constricciones. (El conjunto más grande está aquí compuesto por lo que *podría* suceder si el comportamiento fuera libre y caótico, y el conjunto más pequeño está compuesto por lo que sucede en realidad.)

Puede comprobarse que este punto de vista concuerda con lo dicho en la S. 1/5. A la cibernética le interesa la totalidad, con toda su posible riqueza, y pregunta entonces por qué las realidades se restringen a alguna porción del total de posibilidades.

Ej. 1: ¿En qué forma es una constricción la ley química de las proporciones simples?

Ej. 2: ¿En qué forma es una contricción la ley de conservación de la energía?

7/16. *El objeto como constricción.* Las constricciones son muy frecuentes en el mundo que nos rodea, y muchos de nuestros conceptos básicos las emplean de manera esencial. Tomemos, por ejemplo, el concepto básico de "cosa" u "objeto" como algo que manejamos en la vida diaria. Una silla es una cosa porque tiene coherencia, porque podemos ponerla en este o en aquel lado de la mesa, porque podemos llevarla a distintos sitios o porque podemos sentarnos en ella. La silla es también un conjunto de partes.

Ahora bien, en nuestro mundo tridimensional cualquier objeto libre tiene seis grados de libertad en su movimiento. Si las partes de la silla no estuvieran unidas, cada una de ellas tendría seis grados de libertad propios; ésta es la cantidad de movimientos que poseen las partes en el taller antes de que se las una. Por lo tanto, las cuatro patas por separado tienen 24 grados de libertad. Sin embargo, cuando ya están unidas, tienen sólo los seis grados de libertad del objeto único. Que *hay* constricción es evidente cuando se advierte que si se conocen las posiciones de tres patas unidas de una silla, la posición de la cuarta está fijada; ésta no tiene libertad.

Por lo tanto, el cambio de cuatro patas separadas y sueltas a cuatro patas que forman parte de una silla, se debe precisamente al cambio de un conjunto de 24 grados de libertad a un conjunto que tiene sólo 6. En consecuencia, el hecho de que la silla sea una "cosa", una unidad, no una colección de partes independientes, se debe a la presencia de la constricción.

7/17. Si desde este punto de vista examinamos el mundo que nos rodea, comprobamos que en él abundan las constricciones; estamos tan familiarizados con ellas que las damos por descontadas y, a menudo, ni siquiera advertimos que existen. Para tener una idea de lo que parecería el mundo sin sus constricciones comunes, pensemos en los cuentos de hadas o en la cinematografía "fantástica", y, aun en estos casos, sólo se elimina una parte de todas las constricciones.

Un mundo sin constricciones sería totalmente caótico; se asemejaría al turbulento río que corre a continuación de las cataratas del Niágara (aunque un físico encontraría ciertas constricciones aún en este caso). Nuestro mundo terrenal, al cual está adaptado el organismo vivo, está lejos de ofrecer tal caos. Más adelante (S. 13/5) se indicará que el organismo puede adaptarse en la medida en que el mundo real está constricto, y no más allá.

Ej.: Enumerar durante el próximo minuto todas las constricciones que operan alrededor de nosotros.

7/18. *Predicción y constricción.* Que algo es "pronosticable" implica que existe una constricción. Si una aeronave, por ejemplo, pudiera moverse segundo a segundo desde cualquier punto del cielo a cualquier otro punto, aun la mejor predicción antiaérea sería inútil y no prestaría ninguna ayuda. La predicción antiaérea proporciona información útil sólo porque un aeroplano no puede moverse de ese modo, sino sujeto a varias constricciones. Una de ellas es la provocada por la continuidad: un avión no puede alterar a saltos súbitos su posición, su velocidad o su dirección; otra es la constricción debida al diseño peculiar del aeroplano, que incide en que este avión determinado se comporte como un A-10 y que aquel otro lo haga como un Z-20; otra es la constricción debida a la personalidad del piloto y así sucesivamente. Por lo tanto, la futura posición de un avión es algo constricto en cierto modo, y justamente por eso un pronosticador puede ser útil.

7/19. *La máquina como constricción.* Puede advertirse ahora que el concepto de "máquina", según se desarrolla a partir del examen de un protocolo (S. 6/5), proviene de reconocer que *la sucesión del protocolo muestra una forma particular de constricción.* Si en el protocolo no hubiese constricción, el observador diría que es tan caótico o impronosticable como una ruleta.

Cuando el protocolo muestra la forma característica de constricción, el observador puede aprovechar el hecho. Lo hace codificando de nuevo todo el protocolo en una forma más concisa, que contenga solamente:

(I) un enunciado acerca de la transformación
y (II) un enunciado acerca de la verdadera entrada.

Luego se efectúa el análisis en forma concisa, en términos de una transformación sucinta, tal como hicimos en la Parte I, en lugar de hacerlo en términos de un largo protocolo.

Por lo tanto, el uso de la transformación es un ejemplo de qué ventajosa puede ser la constricción característica del comportamiento impuesta por su condición de ser "parecido a una máquina".

Ej.: Si un protocolo ofrece la constricción característica de una máquina, ¿qué excluye la constricción?

7/20. En el conjunto de máquinas determinadas se pueden aplicar más constricciones. Por lo tanto, el conjunto puede restringirse a aquellas que tienen determinado conjunto de estados como operandos, o a aquellas que tienen sólo una cuenca, o a aquellas que no son reductibles.

Una constricción común y muy potente es la de continuidad. Es una constricción porque en tanto que la función que varía arbitrariamente puede experimentar *cualquier* cambio, la función continua sólo puede cambiar, en cada paso, hacia un valor próximo. El Ej. 4 ofrece sólo una débil impresión del rigor de esta constricción.

Ej. 1: El conjunto de las transformaciones cerradas uniformes (sistemas absolutos) de tres estados *a*, *b*, *c*, tiene 27 miembros (comparar con el Ej. 7/7/7). ¿Cuántos miembros quedan si se agrega la restricción de que el sistema absoluto no puede tener estados de equilibrio?

Ej. 2: (Continuación.) Similar al anterior, pero con la restricción de que debe haber sólo una cuenca.

Ej. 3: (Continuación.) Similar al primero, pero la restricción consiste en que no pueden producirse las transiciones $a \rightarrow b$, y $b \rightarrow c$.

Ej. 4: Un vector tiene diez componentes, cada una de las cuales puede tomar uno cualquiera de los valores 1, 2, 3, 4. ¿Cuánta variedad tiene el conjunto de vectores si

(I) Las componentes varían independientemente (S. 7/12).
(II) Los valores de dos componentes adyacentes no pueden diferir en más de una unidad?

7/21. *Aprendizaje y constricción.* El psicólogo tiene en el aprendizaje un ejemplo importante de constricción. Pavlov, por ejemplo, proporcionó en un experimento estímulos térmicos y tactiles, acompañados por alimento, combinados de la siguiente manera:

	Térmico	Táctil	Alimento
1	+	+	+
2	+	—	—
3	—	+	+
4	—	—	—

(La cuarta combinación corresponde, desde luego, a los intervalos.) Ahora bien, el número total de combinaciones posibles es ocho; Pavlov presentaba sólo cuatro. Una parte esencial del experimento consistía en no presentar el conjunto íntegro pues en ese caso el animal no hubiera tenido nada que aprender. La constricción era una característica esencial del experimento.

El mismo principio puede observarse con mayor simplicidad en el aprendizaje por asociación. Supongamos que se quiere que al mostrar una letra a un sujeto, éste replique con un número según la regla

Dada	*A*:	replica	con	2
"	*B*:	"	"	5
"	*C*:	"	"	3

Podría dársele al sujeto una sucesión cualquiera, por ejemplo A2, B5, C3, B5, C3, A2, A2, C3, y así sucesivamente.

En esta sucesión, que es una sucesión de vectores de dos componentes, hay constricción; para que haya aprendizaje es necesaria la constricción, pues sin ella *A* sería seguido tanto por 2 como por 3 ó por 5, y el sujeto no podría establecer ninguna asociación específica. Por lo tanto, *el aprendizaje es posible sólo en la medida en que la sucesión denota constricción.* Lo mismo es válido para el aprendizaje de un laberinto. Para que esto ocurra, el laberinto debe tener el mismo esquema durante todo el período de aprendizaje. Si el laberinto no denotase constricción, el animal no podría desarrollar el modo particular (y apropiado) de comportamiento. Por lo tanto, *vale la pena aprender sólo cuando el medio ambiente denota constricción.* (Volveremos a este tema en la S. 13/7.)

Variedad en máquinas

7/22. Ahora podemos dedicarnos a considerar en qué forma la variedad está afectada por las actividades de la máquina, y así nos abriremos camino hacia una comprensión de lo que sucede a la información cuando la maneja una máquina. Señalemos primero una peculiaridad fundamental de la transformación uniforme en su relación con la variedad.

Tomemos por ejemplo la transformación uniforme

$$Z: \downarrow \begin{array}{ccc} A & B & C \\ B & C & C \end{array}$$

y apliquémosla a un conjunto de operandos, *v. g.*

$$B\ B\ A\ C\ C\ C\ A\ A\ B\ A.$$

El resultado es $C\ C\ B\ C\ C\ C\ B\ B\ C\ B.$

Lo importante consiste en que la variedad del conjunto ha disminuido de 3 a 2. Una nueva aplicación de la transformación Z logra que todos los operandos se conviertan en C, con variedad 1.

El lector puede verificar fácilmente que en un conjunto tal, operado por una transformación uniforme, la variedad nunca puede aumentar; generalmente disminuye. La razón de esta disminución puede descubrirse fácilmente. En el gráfico puede producirse una confluencia de vectores , pero una divergencia  resulta imposible. Siempre que una transformación logre que dos estados se cambien a uno, hay una pérdida de variedad, y ningún proceso contrario podrá reemplazarla.

No es necesario que la transformación sea cerrada. Así, si el mismo conjunto de 10 letras es transformado mediante Y:

$$Y: \downarrow \begin{matrix} A & B & C \\ p & q & p \end{matrix}$$

se obtiene $q\,q\,p\,p\,p\,p\,p\,p\,q\,p$, y también disminuye la variedad. Es fácil comprobar que sólo cuando la transformación es biunívoca (en las letras incluidas en el conjunto que se transformará) no cambia la variedad del conjunto; éste es un tipo muy especial de transformación.

Ej. 1: Escribir las letras de A a Z en una fila; debajo, letra por letra, escribir las primeras 26 letras de cualquier frase conocida. La transición de la fila superior a la inferior define una transformación uniforme(u). Escribir el nombre y el apellido, determinar la variedad entre sus letras, transformar mediante u (es decir, "codificarlo") y encontrar la variedad del nuevo conjunto; ¿cómo cambió esa variedad? Aplicar u repetidamente; trazar un gráfico del cambio de variedad paso por paso.

Ej. 2: En cierto género de parásitos, cada especie parasita sólo una especie de huésped. Si las variedades; (en nuestro sentido), de las especies de parásitos y de las especies de huéspedes son distintas, ¿cuáles son mayores?

Ej. 3: "Una multiplicidad de genotipos puede mostrar el mismo rasgo fenotípico." Si el cambio de cada genotipo a su correspondiente fenotipo es una transformación V, ¿cuál es el cambio en variedad que causa V?

Ej. 4: Cuando un catador de té prueba una taza de esa infusión, puede considerárselo responsable de una transformación Y que convierte el operando "muestra de té" en la transformada "opinión". Si el catador es perfecto, Y es biunívoca; ¿cómo podría describir al catador en caso de que Y fuera multiunívoca?

Ej. 5: Al leer en 7 oportunidades, con aproximación de un grado, las temperaturas del cuarto y del baño termostático, se determinan los siguientes valores (en °F)

Cuarto:	65,	62,	68,	63,	62,	59,	61.
Baño termost.:	97,	97,	98,	97,	97,	97,	97.

¿Cuánta variedad presentan (I) las temperaturas del cuarto, (II) las del baño? ¿Qué se hubiera dicho si la variedad en (I) hubiera excedido la de (II)?

**Ej.* 6: Una transformación consiste en que cada estado pasa a otro estado seleccionado al azar entre todos ellos (en forma independiente y con iguales probabilidades); demostrar que si el número de estados es elevado, la variedad disminuye en el primer paso en la relación de 1 a $1 - 1/e$, es decir, aproximadamente 2/3. (Sugestión: el problema es equivalente, para un sólo paso, al siguiente: n cazadores encuentran súbitamente una manada de n ciervos. Cada uno dispara un tiro a un ciervo elegido al azar. Cada bala mata un animal y sólo uno. ¿Cuántos ciervos son alcanzados por las balas, como promedio? ¿A qué valor tiende el promedio cuando n tiende a infinito?)

7/23. *Conjunto y máquina.* Debemos aclarar ahora cómo es posible asociar un *conjunto* de estados a una máquina, pues ninguna máquina real puede estar en más de un estado al mismo tiempo. Por diversas razones puede considerarse un conjunto de estados.

Aun cuando hablemos en singular, puede ser que no estemos considerando realmente una máquina (S. 7/3), sino un conjunto de réplicas, de la misma manera en que podríamos hablar de "el Ford modelo T" o de "el lóbulo de la antena anterior", o de "la rata blanca"; en ese caso, podemos considerar todas las réplicas simultáneamente, cada una en un estado; obtenemos así un *conjunto* de estados en el que puede actuar una transformación. También puede surgir un conjunto de estados, aunque la máquina sea única, pues es posible que deseemos considerar no sólo lo que ella hace en un instante dado a partir de un estado determinado, sino también lo que pueda hacer en otro instante a partir de otro estado. De esa manera sus varios comportamientos posibles en un *conjunto* de instantes están relacionados al *conjunto* de estados como operandos.

Por último, un conjunto puede ser creado *a voluntad* por un teórico, quien, no sabiendo en qué estado particular se halla la máquina, quiere rastrear las consecuencias de *todas* las posibilidades. El conjunto, por lo tanto, no es el conjunto de lo que *existe*, sino el conjunto de lo que *puede existir* (en lo que concierne al teórico). Este método es típicamente cibernético pues considera lo real en relación con el conjunto más amplio de lo posible o concebible (S. 1/3).

7/24. *Declinación de variedad.* Si tenemos un conjunto de estados y una transformación uniforme, ahora podemos predecir, aplicando los resultados de la S. 7/22, que *a medida que avanza el tiempo la variedad del conjunto no puede aumentar y por lo general disminuye.*

Este hecho puede examinarse desde varios puntos de vista.

En primer lugar, confiere precisión a la frecuente aseveración, según la cual cualquier sistema abandonado a sí mismo se desplaza hacia algún equilibrio. Por lo común ese comentario se basa en una vaga alusión a la experiencia, pero esto no es satisfactorio porque las condiciones no están definidas apropiadamente. Otras veces se invoca el segundo principio de la termodinámica, pero a menudo esto no aclara nada acerca de los sistemas que estamos estudiando (S. 1/2). La nueva formulación expone justamente lo que es esencial.

En segundo lugar indica que si un observador trabaja con un sistema absoluto cuya transformación conoce, pero cuyos estados, por alguna razón, no pueden ser observados, *su incertidumbre acerca del estado sólo puede disminuir* a medida que el tiempo transcurre. Esto se debe a que, inicialmente, el sistema puede darse en uno cualquiera de todos sus estados, pero a medida que el tiempo pasa, el número de estados posibles disminuye. Así, en el caso extremo en que el sistema tiene una cuenca y un estado de equilibrio, el observador, si bien al principio vacila, al final puede decir con certeza, sin realizar observaciones ulteriores, en qué estado se encuentra el sistema.

Además la disminución también puede examinarse desde otro punto de vista. Si la variedad de los posibles estados se asocia con información, de manera tal que al estar la máquina en algún estado particular transmita algún mensaje particular, en ese caso, a medida que transcurre el tiempo, la cantidad de información que almacena la máquina sólo puede disminuir. Por ejemplo, podría transmitirse a un prisionero uno entre tres mensajes mediante una taza de café, haciendo depender el mensaje de que la bebida estuviera caliente, tibia o fría. Este método sería satisfactorio si el tiempo transcurrido entre el despacho y la recepción fuera reducido, pero no si fuera largo, pues cualquiera sea el estado seleccionado originariamente entre los tres posibles, al cabo de un corto tiempo es "tibio" o "frío" y después de un lapso prolongado solamente "frío". Por lo tanto, cuanto mayor es el tiempo transcurrido entre el despacho y el recibo, tanto menor es la capacidad del sistema para transmitir información, en la medida en que esto depende de que se halle en un estado particular.

Ej. 1: Si una bola se detiene en una de tres cuencas de diferentes colores, ¿cuánta variedad puede acumularse?

Ej. 2: (Continuación.) Si se agrega otra bola de diferente color, ¿en cuánto se incrementa la variedad?

Ej. 3: El hecho de que una transformación biunívoca no causa pérdida de variedad se usa a veces como truco teatral. A una persona del público se le pide que piense en dos dígitos y luego multiplique uno de ellos por 5, sume 7, duplique el resultado, y sume el otro número; se dice el resultado al prestidigitador y éste nombra entonces los dígitos originales. Demostrar que esta transformación conserva la cantidad originaria de variedad. (Sugestión: sustraer 14 a la cantidad final.)

Ej. 4: (Continuación). ¿Cuál es el conjunto para la primera medida de variedad?

Ej. 5: (Otro truco.) Un miembro del público escribe un número de dos dígitos que difieren entre sí por lo menos en 2. Halla luego la diferencia entre este número y el formado por los mismos dígitos en orden inverso. A esta diferencia suma el número formado al invertir los dígitos de aquélla. ¿Cuánta variedad sobrevive en esta transformación?

Ej. 6: Si un circuito de neuronas es portador de memoria por reverberación o no, ¿cuánta variedad puede conducir el circuito? ¿Cuál es el *conjunto* que posee la variedad?

Ej. 7: Diez máquinas de estructura idéntica han superado sus transitorio y poseen una variedad constante en cero. ¿Están necesariamente en estado de equilibrio?

7/25. *Ley de la experiencia.* En la sección previa se demostró que la variedad en una máquina (un conjunto dado y entendido) nunca puede aumentar, sino que, generalmente, disminuye. Se supuso asimismo que la máquina estaba aislada, de manera que los cambios en el estado se debían solamente a sus propias actividades internas; analizaremos ahora qué le sucede a la variedad cuando el sistema es una máquina con entrada.

Examinemos primero el caso más simple, el de una máquina con un parámetro P que cambia sólo a intervalos largos. Supongamos, por razones de claridad, que la máquina tiene muchas réplicas, idénticas en sus transformaciones, pero que difieren en el estado en que se hallan; supongamos, además, que observamos el conjunto de estados proporcionado en cada momento por el conjunto de máquinas. Demos a P el mismo valor en todas las máquinas y mantengámoslo en ese valor mientras éstas cambian paso a paso. Ahora las condiciones son iguales a las de la sección previa, y si medimos la variedad de estados en el conjunto de réplicas y observamos cómo esa variedad cambia con el tiempo, veremos que disminuye hasta alcanzar un mínimo. Cuando la variedad ha alcanzado su valor mínimo con ese valor de entrada (P_1), cambiemos P a un nuevo valor (P_2); el cambio se efectúa de modo uniforme y simultáneo en el conjunto íntegro de réplicas. El cambio en el valor de P modifica el gráfico de la máquina de una forma a otra, como por ejemplo (si la máquina tiene estados $A, B, ..., F$,)

$$\textit{de}\quad \begin{array}{ccccc} A & & B & & C \\ \downarrow & \swarrow & & & \downarrow \\ D & & E & \leftarrow & F \end{array} \quad \textit{a}\quad \begin{array}{ccccc} A & \rightarrow & B & & C \\ & & \uparrow & & \uparrow \\ D & \rightarrow & E & & F \end{array}$$

$$(P_1) \qquad\qquad\qquad\qquad (P_2)$$

En P_1, todos los miembros que parten de A, B o D, pasan a D, y los que parten de C, E o F pasan a E. Luego de actuar P_1 cierto tiempo, la variedad decae a 2 estados. Cuando P cambia a P_2, todos aquellos sistemas que están en D pasan en primer lugar a E (por ser la transformación uniforme), y todos los que están en E pasan a B. Es fácil comprobar, por lo tanto, que siempre que el mismo cambio se efectúe en todas las máquinas, *el cambio del valor del parámetro a todo el conjunto no puede incrementar la variedad del conjunto*. Esto es cierto, por supuesto, en forma independiente de que D y E sean o no estados de equilibrio. Dejemos ahora que el sistema continúe en P_2. Los dos grupos, que una vez estuvieron separados en D y E, pasan a B; por lo tanto, todos están en el mismo estado, y la variedad es cero. Así, *el cambio en el valor del parámetro hace posible la caída a un nuevo mínimo, inferior.*

La condición de que el cambio $P_1 \rightarrow P_2$ pueda provocar una disminución ulterior en la variedad, significa claramente que dos o más de los estados de equilibrio de P_1 deben encontrarse en la misma cuenca P_2. Dado que esto sucede a menudo, podemos formular la siguiente afirmación, menos rigurosa, pero más gráfica: *un cambio uniforme en las entradas de un conjunto de transductores tiende a bajar la variedad del conjunto.*

A medida que la variedad disminuye, el conjunto también cambia, de manera que todos sus miembros tienden en todo momento a estar en el mismo estado. En otras palabras, los cambios en la entrada de un transductor tienden a hacer el sistema (en un instante dado) menos dependiente del estado inicial individual del transductor, y más dependiente de la sucesión particular de valores paramétricos utilizados como entrada.

El mismo hecho puede encararse desde otro punto de vista. En el razonamiento recientemente expuesto, para mayor claridad se tomó como "el conjunto" el de réplicas de un transductor, y se supuso que todas actuaban al mismo tiempo. El teorema también puede aplicarse a un transductor en una serie de ocasiones, siempre que los diversos tiempos iniciales se pongan en una correspondencia adecuada. Este punto de vista sería más apropiado si estuviéramos estudiando algún transductor muy complejo, y si todos los días hiciéramos nuevos experimentos. Si en el transductor hubiera un número elevado de partes algo inaccesibles, tal vez no sería difícil volverlo a poner cada mañana en un estado normalizado antes de efectuar el experimento siguiente. El teorema dice que si a la mañana temprano se toma la entrada mediante alguna rutina *normalizada*, cuanto más larga sea esa rutina tanto más probable es que la máquina sea conducida a un estado normal, en condiciones de que el experimentador la utilice. Éste quizá no pueda individualizar el estado, pero en cambio puede confiar en que el sistema tenderá a reproducirlo.

Debe tenerse en cuenta que la mera igualdad del parámetro del conjunto en cada paso de la sucesión no es suficiente; para que el efecto no sea simplemente nominal (es decir, nulo) los parámetros deben experimentar un cambio real, distinto de cero.

La validez del teorema no depende del tamaño del sistema. Los sistemas muy grandes están sujetos a él exactamente en la misma forma que los menores, y a menudo puede esperarse que muestren la consecuencia más suave y regularmente (a causa del efecto estático de su tamaño). Por lo tanto puede aplicarse con utilidad al cerebro y al sistema económico-social.

Son muy comunes los ejemplos que pueden corresponder a este proceso. Algo semejante ocurre quizá cuando se comprueba que un grupo de muchachos de acentuada personalidad, que han concurrido a la misma escuela, desarrolla maneras que son más características de la escuela en que estudiaron que de sus personalidades originarias. La medida en que esta tendencia a la uniformidad de comportamiento sea provocada por esa propiedad de los transductores debe ser objeto de una investigación más detenida.

Para identificar este fenómeno es necesario darle un nombre. Yo lo denominaré **ley de la experiencia.** Puede describirse más gráficamente diciendo que la información introducida por un cambio en el parámetro tiende a destruir y a reemplazar la información acerca del estado inicial del sistema.

8. Transmisión de variedad

8/1. En el capítulo precedente hemos introducido el concepto de "variedad" inseparable del de "información", y hemos visto la importancia que tiene en algunos problemas el hecho de establecer que se está operando con un *conjunto* de posibilidades.

En el presente capítulo estudiaremos de qué manera tales posibilidades se transmiten a través de una máquina, con el propósito de examinar la relación que existe entre el conjunto dado en la entrada y el conjunto que como consecuencia aparece, habitualmente en alguna forma codificada, en la salida. Veremos que si la máquina es determinada, la transmisión es perfectamente ordenada y susceptible de un tratamiento riguroso. Nuestro objetivo es trabajar con miras a una comprensión suficientemente buena como para que sirva de base para el estudio de las codificaciones extremadamente complejas usadas por el cerebro.

8/2. *Multiplicidad de la codificación.* Para captar con claridad la cantidad de codificación existente durante la interacción ordinaria entre organismo y medio ambiente, analizaremos, con algunos pormenores, la sucesión, comparativamente simple, de acontecimientos que tienen lugar cuando se irradia un "aviso de tormenta". La sucesión comienza en algún proceso configurado en las células nerviosas del meteorólogo; luego se forma una configuración de movimientos musculares mientras aquél lo escribe o lo imprime; se convierte por lo tanto en una configuración de huellas de tinta sobre el papel. A partir de aquí pasa a ser una configuración de luz y sombra en la retina del locutor, luego una configuración de excitación retiniana, después una configuración de impulsos nerviosos en el nervio óptico y así sucesivamente a través de su sistema nervioso. Cuando aquél lee, el aviso emerge como una configuración de movimientos de los labios y de la lengua, y a continuación se transmite como una configuración de ondas en el aire. Al llegar al micrófono se convierte en una configuración de variaciones de potencial eléctrico, y en seguida experimenta más cambios al ser amplificado, modulado e irradiado. En ese momento es una configuración de ondas en el éter, y después una configuración en el receptor de radio; a continuación vuelve a ser una configuración de ondas en el aire y, sucesivamente, una configuración de vibraciones que atraviesa los tímpanos, los huesecillos y los caracoles de los oídos del oyente; y una configuración de impulsos nerviosos que excitan el nervio auditivo. En este punto podemos abandonar la descripción, aunque señalando que en este relato, muy breve, se mencionan no menos de 16 transformaciones importantes a través de las cuales hay algo que se ha conservado, aunque las apariencias superficiales hayan cambiado hasta hacerlo casi irreconocible.

8/3. *Complejidad de codificación.* Al considerar tales codificaciones repetidas es muy fácil que el observador sobrestime el grado de complejidad que se introdujo. Sucede a menudo que no es tan grande como podría parecer a primera vista.

Un ejemplo sencillo que muestra cómo un código complejo puede tener simplicidades ocultas se da cuando una simple codificación biunívoca del alfabeto es aplicada en primer término al mensaje originario, luego a la primera forma codificada con el propósito de obtener una segunda (doble) forma codificada, luego a ésta y así sucesivamente. Podría pensarse que la forma final está extremadamente mezclada y que para desentrañar el código es necesario el mismo número de operaciones que se utilizó para componerlo; la verdad es que, como puede verificarse fácilmente, difiere del mensaje original tanto como el resultado de aplicar una *sola* vez cierta codificación biunívoca. Por lo tanto, el mensaje final puede volver a convertirse en el original mediante una única operación.

Ej.: Disponer los naipes de un mazo en forma ordenada; colocar el mazo cara abajo sobre la mesa; cortar. Volver a cortar. Cortar repetidas veces hasta adquirir certeza respecto de la pérdida total del orden original. A continuación examinar el orden en que se encuentran los naipes en el mazo: ¿cuánto orden se ha perdido?

8/4. *Decodificación.* Resulta mejor iniciar el estudio general de los códigos señalando algunas de las características de los códigos militares.

Desde el principio debemos cuidarnos de no interpretar la palabra "código" en un sentido demasiado estricto. Al principio nos inclinamos a pensar sólo en aquellos métodos que convierten cada letra de un mensaje en alguna otra letra, pero esta clase es demasiado restringida, pues además hay muchos otros métodos. Así, el código "Playfair" actúa a base de pares de letras, convirtiendo cada par (un vector con dos componentes) en algún otro par. Otros códigos colocan las letras en un nuevo arreglo, mientras que otros son completamente arbitrarios y convierten, por ejemplo, "llegarán dos divisiones" en "Arturo". Estas consideraciones aclaran que si la codificación es una transformación, el operando es todo el mensaje, más bien que una letra (aunque la última posibilidad no está excluida). La transformación, por consiguiente, es en esencia de la forma

$$U: \downarrow \begin{matrix} M_1 & M_2 & M_3 & \ldots \\ C_1 & C_2 & C_3 & \ldots \end{matrix}$$

donde M_1, M_2,... son los diversos mensajes y C_1, C_2,... son sus formas codificadas. Una codificación, por lo tanto, está especificada por una transformación.

A menudo el método utiliza una "palabra clave" o algún otro factor que puede cambiar el código de una forma a otra. Tal factor corresponde, por supuesto, a un parámetro que produce tantas codificaciones particulares (o transformaciones) U_1, U_2,... como valores tiene el factor.

"Decodificar" significa aplicar a la transformada C_i una transformación tal que restituya el mensaje original M_i:

$$V: \downarrow \begin{matrix} C_1 & C_2 & C_3 & \ldots \\ M_1 & M_2 & M_3 & \ldots \end{matrix}$$

Se dice que tal transformación V es la **inversa** de U; por lo tanto puede transcribirse U^{-1}. En general, sólo las transformaciones biunívocas tienen inversas uniformes.

Si el mensaje original M_i debe ser retrovertido de la forma codificada C_i, cualquiera sea el valor de i, tanto U como U^{-1} deben ser biunívocas; esto se debe a que si M_i y M_j fueran transformadas en una única forma C_k, en ese caso el destinatario de C_k no podría decir cuál es la M original, y C_k no podría retrovertirse con certeza.

Supongamos ahora que un conjunto de mensajes, que tienen variedad v, se codifica mediante una transformación biunívoca U. La variedad del conjunto de formas codificadas también es v. *La variedad no es alterada después de una codificación mediante una transformación biunívoca.*

Se deduce que si algunos mensajes de variedad v deben pasar a través de una sucesión de varios códigos, y luego sólo es posible retroverterlos a sus formas originales de manera única, *el proceso debe ser tal que preserve la variedad del conjunto en cada etapa.*

Ej. 1: La transformación $x' = \log_{10}x$, aplicada a los números positivos, ¿es una codificación biunívoca? ¿Cómo se llama habitualmente su "decodificación"?

Ej. 2: La transformación $x' = \operatorname{sen} x$, aplicada a los números positivos, ¿es una codificación biunívoca?

Ej. 3: ¿Qué transformación resulta al aplicar primero una transformación biunívoca y luego su inversa?

Ej. 4: ¿Qué transformación es la inversa de $n' = n + 7$?

Ej. 5: ¿Qué transformación es la inversa de $x' = 2x + y$, $y' = x + y$?

Ej. 6: Si la forma codificada consiste en tres letras, *v. g.*, *JNB*, ¿cuál es la variedad (medida logarítmicamente) de las posibles formas codificadas?

Ej. 7: (Continuación.) ¿Cuántos mensajes distintos pueden enviarse con este código, utilizándolo una sola vez?

Ej. 8: Ocho caballos corren una carrera; por medio de un telegrama se avisará al Sr. A cuál caballo llegó primero y cuál segundo. ¿Cuánta variedad hay en el conjunto de los posibles mensajes?

Ej. 9: (Continuación.) ¿Puede codificarse el conjunto en una sola letra impresa en mayúscula o en minúscula?

Ej. 10: Las concentraciones "alta" o "baja" de hormona sexual en la sangre de un animal determinan que éste corteje o no a su pareja. Si la hormona sexual es muy complicada químicamente, el cortejo muy complicado desde el punto de vista etnológico, y la variable "comportamiento" se considera una forma codificada de la variable "concentración", ¿cuánta variedad hay en el conjunto de mensajes?

8/5. *Codificación por medio de máquinas.* Podemos considerar a continuación qué sucede cuando un mensaje se codifica pasándolo a través de una máquina.

No necesitamos aclarar que tales temas adquieren suma importancia en el estudio del cerebro. Entre sus otras aplicaciones se encuentran las relacionadas con la "instrumentación", la ciencia de obtener información desde alguna variable o lugar más o menos inaccesible para el observador, como por ejemplo el interior de un horno o de un corazón en actividad. La transmisión de tal información casi siempre implica la existencia de un estado intermedio de codificación, y éste debe seleccionarse convenientemente. Hasta hace muy poco todos los instrumentos de ese tipo eran proyectados simplemente de acuerdo con los principios peculiares de una rama particular de la ciencia; hoy en día, sin embargo, se sabe, después del trabajo precursor de Shannon y Wiener, que todos esos tipos de instrumentos cumplen ciertas leyes generales. A continuación describiremos esas leyes.

En la S. 3/4 se definió la "máquina" como un conjunto cualquiera de estados cuyos cambios en el transcurso del tiempo corresponden a los de una transformación cerrada uniforme. Esta definición es válida para la máquina que está totalmente aislada, es decir, en condiciones constantes; es idéntica al sistema absoluto definido en *Design for a Brain*. En la S. 4/1 se definió la máquina con entrada como un sistema que tiene una transformación uniforme cerrada para cada uno de los posibles estados de un conjunto de parámetros; esto es idéntico al "transductor" de Shannon, que se define como un sistema cuyo estado próximo queda determinado por su estado presente y por los valores actuales de sus parámetros. (Shannon supone también que el transductor puede tener una memoria interna finita, pero nosotros por el momento no lo tendremos en cuenta y volveremos sobre ello en la S. 9/8.)

Supongamos que tenemos ante nosotros un transductor M que puede estar en alguno de los estados $S_1, S_2, \ldots, S_n$; en nuestro caso supondremos que su número es finito. El transductor tiene además uno o más parámetros que pueden tomar en cada momento algún valor entre un conjunto $P_1, P_2, \ldots, P_k$. Cada uno de estos valores define una transformación de los S. De ese modo comprobamos que un sistema tal puede aceptar un mensaje, codificarlo y emitirlo en la forma codificada. Por "mensaje" quiero decir simplemente una sucesión de estados que, a causa del acoplamiento entre dos sistemas, es simultáneamente la salida de uno de ellos y la entrada del otro. A menudo el estado puede ser un vector. Omitiré el examen de algún "sentido" ligado al mensaje y consideraré simplemente lo que sucede en estos sistemas determinados.

Para simplificar el ejemplo, supongamos que M puede tomar uno cualquiera de cuatro estados: A, B, C y D, y que los parámetros proporcionan tres estados: Q, R y S. Estas suposiciones pueden indicarse en forma tabulada, que exihbe lo fundamental del "transductor" (como en la S. 4/1):

$\downarrow$	A	B	C	D
Q	C	C	A	B
R	A	C	B	B
S	B	D	C	D

Dado su estado inicial y la sucesión de valores asignados al parámetro, su salida puede encontrarse sin dificultad, como en la S. 4/1. Supongamos así que parte de B y que la entrada se encuentra en R; el transductor cambia a C. Si a continuación la entrada pasa a Q, el transductor pasa de C a A. Los resultados obtenidos hasta aquí pueden mostrarse en forma tabulada:

Estado de entrada :	R	Q	
Estado del transductor:	B	C	A

Puede verificarse fácilmente que si el estado inicial es B y la entrada recorre la sucesión $R\ Q\ R\ S\ S\ Q\ R\ R\ Q\ S\ R$, la salida sigue la sucesión $B\ C\ A\ A\ B\ D\ B\ C\ B\ C\ C\ B$. En consecuencia, dado el transductor, su estado inicial y la sucesión de entradas, no hay dificultad para deducir su trayectoria. Aunque el ejemplo puede parecer antinatural a causa de sus saltos arbitrarios, es en rigor muy representativo, y sólo requiere más estados, quizá el paso al límite de la continuidad, para convertirse en una representación completamente natural. En la forma dada, sin embargo, son evidentes y fácilmente calculables varias propiedades cuantitativas, mientras que en la forma continua debe usarse la difícil técnica de la teoría de la medida.

Ej. 1: Pasar el mismo mensaje (R Q R S S Q R R Q S R) a través del mismo transductor, pero partiendo esta vez de A.

Ej. 2: Pasar el mensaje "R_1, R_2, R_3, R_1, R_2, R_3" a través del transductor de la S. 4/1, partiendo de a.

Ej 3. (Continuación.) Codificar el mismo mensaje a través del mismo transductor, partiendo de b.

Ej. 4: (Continuación). Para una entrada dada, ¿la salida del transductor depende de su estado inicial?

Ej. 5: Si el transductor es $n' = n - a$, donde a es un parámetro, ¿cuál es su trayectoria si parte en $n = 10$ y recibe la sucesión de entradas 2, 1, —3, —1, 2, 1?

Ej. 6: Pasar el mensaje "314159..." (los dígitos de π) a través del transductor $n' = n + a - 5$; el transductor parte en $n = 10$.

Ej. 7: Si a y b son parámetros, de manera que el vector (a,b) define un estado de un parámetro y el transductor tiene estados definidos por el vector (x,y) y la transformación

$$\begin{cases} x' = ax + by \\ y' = x + (a - b)y \end{cases}$$

Completar la trayectoria en la tabla

a	1	—2	0	—1	2	5	—2
b	—1	1	1	0	1	—2	0
x	2	1	2	?	?	?	?
y	1	4	—11	?	?	?	?

**Ej*. 8: Un transductor con parámetro u tiene la transformación $dx/dt = -(u + 4)x$; dados el estado inicial $x = 1$, la entrada $u = \cos t$, hallar los valores de x como salida.

**Ej*. 9: Si a es la entrada del transductor

$$dx/dt = y$$
$$dy/dt = -x - 2y + a,$$

cuyo diagrama de efectos inmediatos es

$$a \longrightarrow y \rightleftarrows x,$$

¿cuál es la salida de x si parte de (0,0) con entrada $a = \operatorname{sen} t$? (Sugestión: utilizar la transformada de Laplace.)

**Ej*. 10: Si a es la entrada del transductor

$$dx/dt = k(a - x),$$

¿qué caracteriza el comportamiento de x cuando k se hace positivo y cada vez mayor numéricamente?

Inversión de un mensaje codificado

8/6. En la S. 8/4 se señaló que para que un código sea útil como portador de mensajes debe existir la posibilidad de la inversión. Hagamos la prueba de aplicar esto al transductor de la S. 8/5, encarándolo como un codificador.

Se usan dos transformaciones y debe cuidarse de que se mantengan distintas. La primera es la que corresponde a U de la S. 8/4, cuyos operandos son los mensajes individuales; la segunda es la del transductor. Supongamos que vamos a dar al transductor de la S. 8/5 un "mensaje" que consiste en dos letras, cada una de las cuales puede ser Q, R, S. Hay nueve mensajes posibles:

$$QQ,\ QR,\ QS,\ RQ,\ RR,\ RS,\ SQ,\ SR,\ SS$$

que corresponden a $M_1, M_2,...,M_9$ de U. Supongamos que el transductor parte siempre de A; es fácil verificar que las nueve salidas correspondientes son (si prescindimos de la inicial e invariable A):

$$CA,\ CB,\ CC,\ AC,\ AA,\ AB,\ BC,\ BC,\ BB.$$

Éstas son las C_1, C_2,..., C_9 de U. Ahora bien, la codificación realizada por el transductor no es biunívoca, y ha habido alguna pérdida de variedad, puesto que ahora hay sólo ocho elementos diferenciables, en tanto que BC está duplicado. Este transductor, por lo tanto, no nos proporciona una decodificación completa y exacta, puesto que si se recibe BC no hay manera de discriminar si el mensaje original era SQ o SR.

Con relación a esto debe señalarse que la incapacidad de retrovertir puede deberse a una cualquiera de dos razones muy diferentes. Puede deberse simplemente al hecho de que el decodificador, que *existe*, no está a mano. Esto ocurre cuando al recibirse un mensaje militar el señalero carece del libro de códigos o cuando un oyente tiene un disco fonográfico —una forma codificada de voz—, pero carece de fonógrafo para pasarlo. Muy diferente es la incapacidad cuando ésta se debe al hecho de que dos mensajes distintos pueden dar como resultado la misma salida, por ejemplo el caso de BC del transductor anterior. Todo cuanto ésta indica es que el mensaje original pudo ser SQ o SR, y el decodificador que podría distinguirlos uno del otro *no existe*.

Es fácil comprender que si en cada columna de la tabla todos los estados hubieran sido diferentes, cada transición habría indicado un único valor del parámetro; por lo tanto, hubiéramos podido decodificar cualquier sucesión de estados emitida por el transductor. Lo inverso también es cierto; pues si podemos decodificar *cualquier* sucesión de estados, cada transición debe determinar un valor único del parámetro, y por consiguiente todos los estados de una columna deben ser distintos. Hemos identificado así *la característica del transductor que corresponde a su condición de perfecto codificador*.

Ej. 1: En un transductor que tiene 100 estados, los parámetros pueden tomar 108 combinaciones de valores; su salida ¿siempre puede decodificarse? (Sugestión: intentar ejemplos simples en los que el número de transformaciones exceda al de estados.)

Ej. 2: (Para acentuar la distinción entre las dos transformaciones.) Si la entrada de un transductor tiene 5 estados, la salida 7 y el mensaje consiste en una sucesión de 12, (I) ¿cuántos operandos tiene la transformación del transductor? y (II) ¿cuántos la transformación codificadora *U*?

Ej. 3: Si una máquina es continua, ¿a qué corresponde, en términos de instrumentación real, "observar una transición"

**Ej.* 4: Si el transductor tiene la transformación $dx/dt = ax$, en la que a es la entrada ¿siempre puede decodificarse la salida? (Sugestión: despejar a.)

8/7. *El proyecto de inversores.* La sección precedente ha demostrado que, siempre que el transductor no disminuye la variedad del mensaje entre la entrada y la salida, es posible decodificar el mensaje codificado que se obtiene como salida. En esta sección veremos que se puede hacer el mismo proceso automáticamente; es decir, dada una máquina que no disminuya la variedad, es siempre posible construir otra máquina cuya entrada sea la salida de la primera, y *emita como su propia salida el mensaje original.*

Adoptamos ahora un punto de vista algo diferente del de la sección precedente. En ella nos interesaba la posibilidad de retrovertir un mensaje sin importarnos quién lo hacía o cómo se hacía. Lo que nos interesa ahora es cómo podemos construir un mecanismo que decodifique *automáticamente.* Lo que buscamos no es un mensaje reconstituido, sino una máquina. ¿Cómo debe construirse? La especificación requerida es, claro está, el conjunto de transformaciones habitual (S. 4/1). Un método posible, el que usaremos aquí, consiste sencillamente en convertir el proceso seguido en la sección precedente a una forma mecanista, aprovechando el hecho de que *cada transición proporciona información sobre el valor del parámetro mediante el cual ocurrió.* Necesitamos una máquina, por lo tanto, que admita la transición como entrada y dé el valor del parámetro original como salida. Ahora bien, conocer la transición que ha tenido lugar, es decir, conocer los valores de i y j en "$X_i \to X_j$", evidentemente equivale a conocer cuál es el valor del vector (i, j), pues también puede pensarse en una transición encarándola como en un vector que tiene dos componentes. Podemos, por lo tanto, alimentar un inversor con las transiciones, siempre que éste posea una entrada de dos parámetros, uno que tenga en cuenta el valor del estado precedente y otro el del subsiguiente.

Nos queda sólo una dificultad: la transición comprende dos estados que no co-existen en el mismo instante, de manera que las entradas del inversor deben comportarse *ahora* de acuerdo con lo que fue *antes* la salida de un transductor. Esto puede solucionarse, empero, mediante un recurso simple. Consideremos el transductor

↓	*q*	*r*	*s*
Q	*q*	*q*	*q*
R	*r*	*r*	*r*
S	*s*	*s*	*s*

Supongamos que parte en *r* y se le proporciona la entrada *Q S S R Q S R R Q*; la salida es *r q s s r q s r r q*, es decir, después de la primera letra no hace sino repetir la entrada un paso más tarde. Dos transductores tales en serie repetirán el mensaje dos pasos más tarde y así sucesivamente. Se advierte con claridad que en principio no hay dificultad para retrasarlo.

Supongamos que el primer transductor, el codificador, es:

↓	*A*	*B*	*C*	*D*
Q	*D*	*A*	*D*	*B*
R	*B*	*B*	*B*	*C*
S	*A*	*C*	*A*	*D*

Lo que necesitamos es una máquina que, por ejemplo,

dada	la	entrada	*A,A*	emita	*S*
"	"	"	*A,B*	"	*R*
"	"	"	*A,D*	"	*Q*
"	"	"	*B,A*	"	*Q*
					etc.

(De hecho, nunca llega a esta última la entrada A,C, porque el codificador no puede emitir la transición.)

Las tres máquinas están acopladas de la siguiente manera:

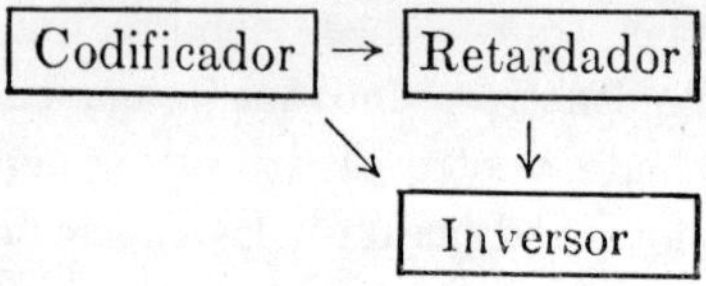

El retardador tiene la forma simple:

↓	a	b	c	d
A	a	a	a	a
B	b	b	b	b
C	c	c	c	c
D	d	d	d	d

Y el inversor la forma:

↓	Q	R	S
(a,A)	S	S	S
(a,B)	R	R	R
(a,C)	(no ocurrirá)		
(a,D)	Q	Q	Q
(b,A)	Q	Q	Q
etc.	etc.		

para la cual la entrada es el vector:

(estado del retardador, estado del codificador).

El inversor, por lo tanto, emite la misma sucesión que se colocó en el codificador; supongamos que en éste se introdujo Q, que originó la transición $A \rightarrow D$. Esto implica que en este paso el inversor recibe: D directamente del codificador (pues éste *está* en D) y a del retardador (puesto que un paso antes el codificador *estaba* en A). Con la entrada (a,D) el inversor pasa al estado Q, que es lo que queríamos. Algo similar sucede con to os los posibles estados introducidos.

Por lo tanto, dado un transductor que no disminuya la variedad, *siempre es posible construir un inversor automático*. La importancia de la demostración es que no hace referencia al contenido material del transductor, no importa que éste sea mecánico, electrónico, neurónico o hidráulico; la posibilidad de inversión existe en forma independiente del material. Todo cuanto se necesita es que las acciones del codificador sean determinadas, y que todas sus variedades se mantengan.

Ej. 1: ¿Por qué no puede utilizarse como ejemplo el codificador de la *S*. 8/5?

Ej. 2: Completar la especificación del inveisor dado en esta sección.

Ej. 3: Especificar un retardador de dos pasos en forma tabular.

8/8. (En una primera lectura puede omitirse esta sección.) Ya que la construcción del inversor ha sido aclarada en su forma más general, podemos examinar su construcción cuando el transductor es menos general y más parecido a las máquinas utilizadas en la vida cotidiana. El próximo paso es examinar la construcción de un inversor cuando las transformaciones del transductor y del inversor se dan, no en la forma abstracta de una tabla, sino mediante alguna función matemática.

Para cmpozar, estudiemos la posibilidad de construir un inversor para el transductor de entrada a, variable n y transformación $n' = n + a$. Un dispositivo adecuado de retraso sería el transductor de parámetro n, variable p y transformación $p' = n$. Es fácil verificar entonces que, dada la entıada a en la forma indicada, n (que parte de 3) y p (que parte de 1), el cambio es:

a:	4	—2	—1	0	2	—1	—1	3
n:	3	7	5	4	4	6	5	4
p:	1	3	7	5	4	4	6	5

Es evidente ahora que si el inversor, de variable m, recibe n y p, en forma de vector (n, p), como entrada y devuelve a

como salida, la transformación m debe incluir transiciones tales como:

$$M: \downarrow \begin{matrix} (7,3) & (5,7) & (4,5) & (4,4) & \dots \\ 4 & -2 & -1 & 0 & \dots \end{matrix}$$

El examen detallado de ellas para encontrar cómo la transformada sigue al operando denota que, en todos los casos,

$$m' = n - p.$$

Es fácil verificar que el sistema íntegro ahora emite los valores que la entrada original tenía dos pasos antes.

(El lector puede sentirse tentado a decir que $n' = n + a$, por lo tanto $a = n' - n$, y que el código está resuelto. Esta afirmación es válida, pero no sirve para nuestro propósito, que es construir una máquina, tal como lo expresamos en el segundo parágrafo de la S. 8/7.) Ello *nos* permite decodificar el mensaje, pero no nos proporciona, en cambio, la especificación de una máquina. La construcción, o su especificación, requiere las complicaciones del parágrafo anterior, que termina con $m' = n - p$, lo cual constituye una especificación para una máquina con entrada.)

Ahora puede comprenderse con claridad cuál es la regla general. Comenzamos con la ecuación del transductor, $n' = n + a$, y despejamos el parámetro: $a = n' - n$. El dispositivo de retraso tiene la transformación $p' = n$; la transformación del inversor se encuentra aplicando a la ecuación $a = n' - n$ la siguiente regla:

1: reemplazar a por el nuevo símbolo m' del transductor;

2: reemplazar n' por el parámetro c;

3: reemplazar n por el parámetro d.

Por lo tanto, el inversor tiene las propiedades requeridas si se une al transductor original aplicando $d = n$, y al retardador aplicando $c = p$.

Si el transductor tiene más de una variable, todo cuanto el proceso necesita es una generalización conveniente. Será suficiente un ejemplo sin explicación. Supongamos que el transductor original tiene parámetros a_1 y a_2, variables x_1 y x_2, y transformación

$$x_1' = 2x_1 + a_1x_2$$
$$x_2' = 2x_2 + a_1a_2.$$

Despejando los parámetros se obtiene

$$a_1 = (x_1' - 2x_1)/x_2$$
$$a_2 = x_2(x_2' - 2x_2)/(x_1' - 2x_1).$$

$p_1' = x_1$ y $p_2' = x_2$ constituyen dos retardadores para x_1 y x_2 respectivamente. Las ecuaciones del inversor se forman a partir de las de a_1 y a_2 mediante la aplicación de la regla:

1: reemplazar cada a_i por un nuevo símbolo: $a_1 = m_1'$, $a_2 = m_2'$;
2: reemplazar cada x_i' por un parámetro c_i: $x_1' = c_1$, $x_2' = c_2$;
3: reemplazar cada x_i por un parámetro d_i: $x_1 = d_1$, $x_2 = d_2$;

Resulta así el transductor

$$m_1' = (c_1 - 2d_1)/d_2$$
$$m_2' = d_2(c_2 - 2d_2)/(c_1 - 2d_1).$$

Uniendo ahora este último al transductor original mediante $d_1 = x_1$, $d_2 = x_2$, y a los retardadores mediante $c_1 = p_1$, $c_2 = p_2$, se comprueba que m_1 y m_2 dan respectivamente los valores que a_1 y a_2 tenían dos pasos antes.

Ej. 1: Construir un inversor para el transductor $n' = an$.

Ej. 2: Lo mismo para $n' = n - 2a + 4$.

Ej. 3: Lo mismo para $x' = ax - by$, $y' = ax + by$.

Ej. 4: Tratar de contruir un inversor para el transductor $n' = n + a + b$; ¿por qué no se puede?

**Ej.* 5: Construir un inversor para el transductor

$$dx_1/dt = a_1x_1x_2 + a_2$$
$$dx_2/dt = (a_1 - 1)x_1 + a_2x_2.$$

Ej. 6: ¿Por qué el *M* descripto en la sección debe transformar (7,3) en 4, y no en —2, como parece sugerir la tabla que se encuentra unas líneas antes?

8/9. *Tamaño del inversor.* Con los datos de la sección anterior ahora es posible calcular el tamaño del mecanismo necesario para invertir la salida de un transductor dado. En la S. 8/7 se demostró claramente que para que el transductor originario no disminuya la variedad, debe tener tantos valores de salida como valores distintos de entrada. En forma similar, el inversor debe tener por lo menos ese número de valores, aunque no necesariamente más. Los retardadores, por el hecho de ser simples, requieren pocos valores. Se ve entonces que si el inversor está formado por componentes similares a los del transductor original, *su complejidad y tamaño son del mismo orden que las de aquél*, cualesquiera sean la complejidad y el tamaño del transductor originario.

La importancia de esta observación reside en que cuando pensamos en las complejidades de la corteza cerebral o de un sistema ecológico, a veces nos parece que cualquier efecto trasmitido a través del sistema se enreda en seguida en forma tal que escapa a la posibilidad de resolverlo. Evidentemente, esto no es así; las complicaciones de código agregadas por un transductor por lo general están al alcance de la capacidad decodificadora de otro transductor de tamaño similar.

Transmisión de sistema a sistema

8/10. *La "transmisión" de variedad.* Al llegar a este punto nos conviene aclarar un tema en el que se ha producido bastante confusión. Aunque es tentador pensar que la variedad (o información) pasa a través de un transductor, o que la variedad pasa de un transductor a otro, la frase puede prestarse a peligrosas interpretaciones. Si bien un sobre puede contener un mensaje, este mero mensaje, por ser único, no puede exhibir variedad; de manera que aunque un sobre contenga un mensaje, no contiene variedad; sólo un *conjunto* de sobres puede contenerla. En forma similar, la variedad no puede existir en un transductor (en algún instante dado) porque este transductor particular está, en un momento particular, en un estado y sólo en uno. Un transductor por lo tanto no puede "contener" variedad. Lo que *puede* suceder es que un número de transductores (posiblemente de construcción idéntica), en algún instante dado muestren variedad en los estados que ocupan; en forma similar, un transductor puede ofrecer variedad en los estados que ocupó en cierto número de ocasiones.

(Lo dicho aquí repite algo de lo expresado en la S. 7/5, pero todo cuanto se diga es poco para destacar este punto.)

Debe recordarse siempre que el concepto de "variedad", tal como se lo usa en este libro, y el de "información", tal como se lo usa en la teoría de las comunicaciones, implican una referencia a un *conjunto* y no a un individuo. Cualquier intento de tratar la variedad de información como una cosa que puede existir dentro de otra cosa, sólo conduce a plantear difíciles "problemas" que nunca debieran surgir.

8/11. *Transmisión en un paso.* Después de haber examinado cómo la variedad cambia en un solo transductor, podemos considerar ahora cómo pasa de un sistema a otro, digamos de T a U, siendo T un sistema absoluto y U un transductor.

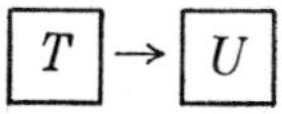

Como queda dicho, supongamos que existen varias réplicas de construcción idéntica (es decir, de transformación idéntica), pero que cada una puede encontrarse en varios estados independiente de los de las otras. Si en un determinado momento las T tienen cierta variedad, se desea encontrar con qué rapidez esa variedad se difunde entre las U. Supongamos que, en un momento dado, las T y las U ocupan n_T y n_U estados distintos respectivamente. (El siguiente razonamiento se comprenderá con mayor facilidad si el lector compone un ejemplo de T y U, sencillo y manejable, para poder aplicarlo.)

T actúa como parámetro de U, y a cada estado de T corresponde un gráfico de U. El conjunto de las U tiene, en consecuencia, tantos gráficos como valores tiene el de las T, es decir n_T. Esto significa que a partir de cada estado de U pueden llevarse a cabo n_T transiciones diferentes (proporcionadas por los n_T gráficos diferentes), es decir, desde un estado-U, un punto representativo puede pasar a uno cualquiera de no más de n_T estados-U. Por ende, un conjunto de U que tiene todos sus puntos representativos en el mismo estado puede cambiar, en razón del efecto de la variedad de las T, a un conjunto de puntos dispersos en no más de n_T estados. Como hay n_U estados tales de U, cada uno de ellos es susceptible de dispersarse en no más de n_T estados; la dispersión total luego de un paso no puede, por lo tanto, realizarse en más de $n_T n_U$ estados. Si se mide la variedad logarítmicamente, la variedad de U después de un paso no puede exceder las variedades iniciales de U y de T. En otras palabras, *en un paso, las U no pueden ganar en variedad más que la variedad presente en las T.*

Ésta es la ley fundamental de transmisión de variedad de sistema a sistema que será usada frecuentemente en el resto del libro.

Ej. 1: Un sistema tiene estados (t,u) y transformación $t' = 2t$, $u' = u + t$, de manera que t domina a u. Ocho de esos sistemas parten de los estados (0,9), (2,5), (0,5), (1,9), (1,5), (2,5). (0,9), (1,9) respectivamente. ¿Cuánta variedad hav en las t? ¿Cuánta en las u?

Ej. 2· (Continuación.) Encontrar los estados en el paso siguiente. ¿Cuánta variedad hay ahora en t? Predecir un límite superior para la variedad de u. ¿Cuánta variedad tiene ahora u?

Ej. 3: En otro sistema. T tiene dos variables, t_1 y t_2, y U tiene otras dos, u_1 y u_2. El todo tiene estados (t_1, t_2, u_1, u_2), y transformación $t_1' = t_1 t_2$, $t_2' = t_1$, $u_1' = u_1 + t_2 u_2$, $u_2' = t_1 u_2$, de manera que T domina a U. Tres réplicas parten de los estados iniciales (0,0,0,1), (0,0,1,1) y (1,0,0,1). ¿Cuál es la variedad en T? ¿Cuál en U?

Ej. 4: (Continuación.) Encontrar los tres estados un paso más tarde. ¿Cuál es la variedad de U ahora?

8/12. *Transmisión en un segundo paso.*

Acabamos de ver que, en el primer paso, U puede aumentar su variedad en la cantidad presente en T. ¿Qué sucede en un segundo paso? T aún puede tener algo de variedad. ¿Pasará ésta a U, incrementando más su variedad?

Tomemos un ejemplo sencillo. Supongamos que cada miembro del conjunto total de réplicas estaba en alguno de los seis estados (T_i,U_k), (T_i,U_l), (T_i,U_m), (T_j,U_k), (T_j,U_l), (T_j,U_m), de manera que las T estaban en T_i o bien en T_j y las U se encontraban en U_k, o en U_l, o en U_m. Ahora bien, el sistema en conjunto es absoluto, de manera que aunque todas las réplicas en, por ejemplo, (T_i,U_k), pueden cambiar de un estado a otro, lo harán todas en forma similar, pasando juntas por los diversos estados. El mismo razonamiento es válido para aquellas que se encuentran en uno cualquiera de los cinco estados restantes. Se deduce que la variedad de estados del conjunto no puede ser mayor de seis, no importa cuántas sean las réplicas que hay en el conjunto, o cuántos sean los estados que hay en T y en U, o durante cuánto tiempo se lleven a cabo los cambios. Se infiere de esto que los U no pueden mostrar nunca más variedad que los seis estados-U. Por lo tanto, una vez que U ha aumentado su variedad en la cantidad presente en T, no es posible un nuevo incremento. Si U recibe el aumento total en un paso (como lo hizo anteriormente), no aumenta en el segundo paso, aunque a T le quede aún algo de variedad.

Debe tenerse en cuenta la importancia que tienen en el razonamiento los *apareamientos* entre los estados de T y los estados de U, es decir, cuáles valores de T y de U se presentan en una misma máquina. Evidentemente, el simple conocimiento de la variedad presente en T y en U (en el conjunto de réplicas) no es suficiente para predecir cómo será su cambio.

8/13. *Transmisión por medio de un canal.* Podemos considerar a continuación cómo la variedad, o información, se transmite a través de un pequeño transductor intermediario, un "canal"; decimos "pequeño" en relación al número de estados posibles. Supongamos que dos grandes transductores Q y S estén conectados por un pequeño transductor R, de manera tal que Q domina a R y R domina a S.

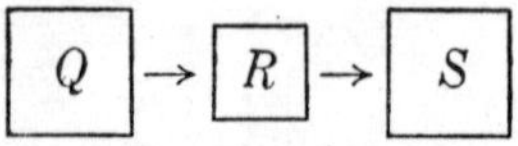

Como siempre, supongamos que haya un gran número de réplicas de todo el sistema triple. Sea r el número de estados posibles de R y pongamos que ρ es el $\log_2 r$. Supongamos que en el instante inicial, las Q tienen una variedad mucho mayor que los estados de r, y para simplificar, que las variedades de R y de S son nulas. (En el caso de que éstos tuvieran alguna variedad, recordemos que en la S. 8/11 se ha demostrado que la nueva variedad ganada procedente de Q se sumaría simplemente en forma logarítmica a la que ya poseen.)

Si se aplica lo expuesto en la S. 8/11 a R y S, se comprueba que, en un primer paso, la variedad de S no aumenta en nada. De manera que si las tres variedades iniciales, medidas logarítmicamente, fueran respectivamente N, 0 y 0, después del primer paso podrían ser tanto como N, ρ y 0 respectivamente, pero no mayores.

En el paso siguiente, R no puede aumentar más su variedad (según lo expuesto en la S. 8/12), pero S puede hacerlo a partir de R (como puede comprobarse fácilmente analizando un ejemplo tal como el Ej. 2). De esa manera, después del segundo paso, las variedades pueden llegar a ser N, ρ y ρ. En forma similar, después del tercer paso, pueden llegar a ser N, ρ y 2ρ, y así sucesivamente. La variedad de S puede crecer en el transcurso del tiempo tan rápidamente como los términos de la serie 0, ρ, 2ρ, 3ρ..., pero no más rápidamente. La regla es ahora evidente: *un transductor que no puede adquirir más de* r *estados, no puede transmitir por paso más que* $\log_2$r *bits de variedad.* Esto es lo que en esencia significa que diferentes transductores tienen diferente "capacidad" de transmisión.

En forma inversa, a medida que la variedad de S crece paso a paso, se advierte que *la cantidad de variedad que un transductor* (tal como R) *puede transmitir es proporcional al producto de su capacidad en bits, y al número de pasos dados.* De aquí proviene un importante corolario, que se usará repetidamente más adelante: *con tiempo suficiente, cualquier transductor puede trasmitir cualquier cantidad de variedad.*

Un aspecto importante de este teorema es su gran generalidad. Poco importa la clase de máquina que actúa como transductor intermedio, como canal; puede ser un interruptor que tiene sólo dos estados, "abierto" y "cerrado", o un potencial eléctrico que puede tomar varios valores, o todo un ganglio neural, o un periódico; todos están regidos por el teorema. Con su ayuda se puede conferir precisión cuantitativa a la impresión intuitiva de que alguna restricción en el ritmo de la comunicación está implícita si esa comunicación debe atravesar un transductor intermediario pequeño, tal como sucede cuando la información de la retina a la corteza visual tiene que pasar a través del cuerpo geniculado lateral, o cuando debe pasarse a una manada información sobre los movimientos de un predator a través de un explorador solitario.

Ej. 1: Un sistema absoluto de tres partes Q, R y S, tiene estados (q, r, s) y transformación

$$q: \downarrow \begin{matrix} 1 & 2 & 3 & 4 & 5 & 6 & 7 & 8 & 9 \\ 4 & 6 & 6 & 5 & 6 & 5 & 8 & 8 & 8 \end{matrix}$$

(second row labelled q')

$$r' = \begin{cases} 0, \text{ si } q + r \text{ es par} \\ 1, \text{ " " " " " impar} \end{cases}$$

$$s' = 2s - r.$$

Q domina a R, y R domina a S. ¿Cuál es la capacidad de R como canal?

Ej. 2: (Continuación.) Nueve réplicas parten de los estados iniciales (1,0,0), (2,0,0),..., (9,0,0), de modo que sólo Q tiene variedad inicial. (I)¿Cómo cambia la variedad de Q en los primeros cinco pasos? (II) ¿Cómo cambia la de R? (III) ¿Cómo cambia la de S?

Ej. 3: (Continuación.) Si se hubiera dado como respuesta al Ej. 2(III), "S: 1, 1, 4, 5, 5", ¿por qué resultaría incorrecta a simple vista, sin necesidad de calcular las trayectorias reales?

8/14. El último ejercicio habrá puesto en evidencia que cuando Q, R y S forman una cadena, S puede ganar en variedad paso a paso a partir de R, aun cuando R no pueda aumentar su variedad después del primer paso (S. 8/12). La razón reside en que la salida de R, tomada paso a paso como una sucesión, forma un vector (S. 9/9), y la variedad de un vector puede exceder la de una componente. Y si el número de componentes de un vector puede aumentarse sin límite, por lo tanto la variedad en un vector también puede aumentar sin límite, aun cuando la variedad de cada componente sea limitada. Así, una sucesión de diez tiros de moneda puede tener una variedad de hasta 1024 valores, aunque cada componente está restringida a dos. En forma similar, los valores de R, aunque restringidos a dos en los ejercicios, pueden proporcionar una sucesión cuya variedad es mayor que dos. A medida que prosigue el proceso de transmisión, S es afectado (y su variedad incrementada) por toda la sucesión, por *todo el vector*, y así una variedad mucho mayor que dos puede pasar a través de R. Una disminución de la capacidad de un canal puede, por lo tanto, compensarse (para mantener constante la variedad total trasmitida) por un incremento en la longitud de la sucesión, hecho éste que ya fue señalado en la sección precedente y que se usará con mucha frecuencia más adelante.

Ej. 1: Un sistema absoluto T domina una cadena de transductores A_1, A_2, A_3, A_4,...:

$$\boxed{T} \rightarrow \boxed{A_1} \rightarrow \boxed{A_2} \rightarrow \boxed{A_3} \rightarrow \boxed{A_4} \rightarrow \ldots$$

Un conjunto de réplicas comienza con variedad en T, pero sin variedad en A_1, A_2, etc. Demostrar que después de k pasos, las variedades en A_1, A_2,..., A_k, pueden ser distintas de cero, pero que las variedades en A_{k+1}, A_{k+2},.... aún deben ser cero (es decir, que la variedad en T "no puede haberse propagado más allá de A_k").

Ej. 2: En un grupo de 27 monedas, en apariencia idénticas, se sabe que hay una falsa y es más liviana que las otras. Se dispone de una balanza para identificar la moneda falsa mediante pesadas, tan pocas como sea posible. *Sin hallar el método* —considerando la balanza un transductor que lleva información desde las monedas al observador—, encontrar un número por debajo del cual no puede estar el número de pesadas. (Sugestión: ¿Cuál es la variedad en una sola pesada si los resultados pueden ser solamente: pesos iguales en ambos brazos, brazo izquierdo más pesado, brazo derecho más pesado?)

8/15. *Retardo.* El orden del sistema de la S. 8/13:

$\boxed{Q} \rightarrow \boxed{R} \rightarrow \boxed{S}$

puede encararse también como

$\boxed{T} \rightarrow \boxed{S}$

en el que se considera que Q y R forman un único sistema T, el cual es, por supuesto, absoluto. Si un observador estudia la transferencia de variedad de T a S, en la que se dan exactamente los mismos hechos de la S. 8/13, comprueba que, a diferencia de la transferencia de la S. 8/11 que estaba completa en un paso, la variedad se desplaza en pequeñas cantidades, paso a paso. La razón de la distinción es simplemente que en la S. 8/11 la totalidad del sistema dominante (T) tiene un efecto inmediato en el dominado (U), mientras que en la S. 8/13, T contiene una parte Q que no tiene efecto inmediato en el receptor S. El efecto de Q debe ejercerse a través de R y está, por lo tanto, retardado.

Esta transferencia que insume más tiempo es común en los sistemas reales, simplemente porque muchos de ellos están construidos con partes, de las cuales no todas tienen un efecto inmediato en el sistema receptor. Así, si la corteza cerebral, como receptor, es afectada por el medio ambiente (que no tiene efecto inmediato en la corteza), la acción debe realizarse a través de una cadena de sistemas: los órganos sensoriales, los nervios sensoriales, los núcleos sensoriales y así sucesivamente; a raíz de lo cual se impone así cierto retardo. Aun dentro de cada parte debe realizarse una transferencia de punto a punto, retardando de esa manera su transferencia a la parte siguiente.

Recíprocamente, si al ensayar un sistema tal como T se comprueba que transmite su variedad a otro sistema sólo a través de cierto número de pasos, puede predecirse que al examinar T en detalle se advierte que consiste en subsistemas acoplados de manera tal que no todas las variables de T tienen un efecto inmediato en S.

Ej. 1: T consiste en subsistemas $A,\ldots,F$ unidos entre sí y a S, según lo demostrado en el diagrama de efectos inmediatos:

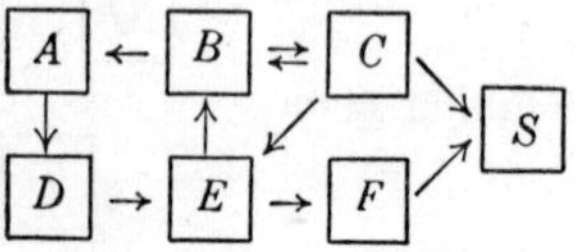

¿Cuántos pasos se necesitan para que toda la variedad en T sea transferida a S?

Ej. 2: (Continuación.) ¿Cuánto lleva transmitir un "mensaje" en el estado de T, únicamente de T a S?

Ej. 3: Si J, de variables w, x, y, z, domina a K, de variable k, mediante la transformación $w' = w - y$, $x' = w + xz$, $y' = 2wy - z$, $z' = yz^2$, $k' = x - 3k$, ¿cuántos pasos son necesarios para que toda la variedad en J sea transferida a K?.

Ej. 4: (Continuación.) En el mismo sistema, ¿cuánto tiempo insumiría transportar un mensaje de w a z?

8/16. Para hacer más fácil el manejo de estos temas, consideremos a continuación el caso de dos sistemas unidos de manera que haya realimentación.

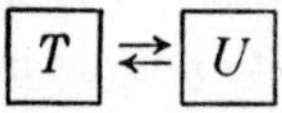

En la S. 8/11 se demostró que T transmite su variedad a U; si U ahora tiene esta variedad, ¿pasa de nuevo a T incrementando así aún más la variedad de éste?

De nuevo se obtiene la respuesta directamente cuando consideramos un conjunto de réplicas. Supongamos que inicialmente la variedad existía sólo en T, y todas las U se hallaban en el mismo estado. Dividamos la totalidad del conjunto en subconjuntos, cada uno de los cuales consiste en aquellas T que se encuentran en un estado particular; de tal manera, el subconjunto i, por ejemplo, consiste en los sistemas que poseen T en el estado T_i. Dentro de un subconjunto tal ya no hay variedad de estados, ni tampoco puede desarrollarse variedad alguna, puesto que el sistema total (T,U) es absoluto. La variedad inicial de T no aumenta, por lo tanto, ni en el primer paso ni en los subsiguientes. En un sistema determinado, *la realimentación no conduce a un incremento regenerativo de variedad.*

Lo importante en el razonamiento acerca de la realimentación de *U* a *T*, es que lo que *U* realimenta a *T* está muy correlacionado con lo que hay en *T*, puesto que cada *U* realimenta el *T* particular que actuó en dicho *U* un paso antes, y no otro. El razonamiento exige así un tratamiento preciso de las correspondencias entre los diversos *T* y *U*.

Los razonamientos de las secciones precedentes han mostrado que aunque el tema puede explicarse verbalmente en los casos simples (justamente los que se consideraron), el intento de manejar casos complejos en forma verbal conducirá probablemente a dificultades insuperables. Lo que se desea es una maquinaria simbólica, un álgebra, por cuyo intermedio las relaciones puedan tratarse más o menos mecánicamente, dejando las complejidades a cargo de las reglas de la manipulación simbólica. Acaso la teoría de los conjuntos, especialmente en la forma desarrollada por Bourbaki y Riguet, proporcione esa técnica; pero, en ese aspecto, las investigaciones aún no han sido terminadas.

8/17. *Interferencia.* Al pasar simultáneamente un ácido y un álcali por el mismo tubo, ambos se destruyen entre sí. ¿Qué sucede al pasar dos mensajes a través del mismo canal? ¿Hay interferencia del uno en el otro y se destruyen?

Algunos ejemplos simples son suficientes para establecer que el mismo canal físico puede transportar más de un mensaje sin interferencia; cada uno actúa como si los otros no existieran. Supongamos, por ejemplo, que un emisor desea hacer conocer a un receptor, diariamente y mediante un aviso en la sección "personal" de un periódico, un suceso entre 26 diferentes, y que se haya convenido en imprimir una única letra como forma codificada. El mismo canal de "una letra impresa" puede ser usado *simultáneamente* para comunicar otros mensajes, de variedad dos, según se utilice una mayúscula o una minúscula. Por lo tanto, los dos mensajes se transmiten con una interferencia que es tan pequeña como si estuvieran en páginas separadas. Si se enviasen diez mensajes sucesivos, N K e S z t y Z w m, éstos trasmitirían n k e s z t y z w m, y 1 1 0 1 0 0 0 1 0 0, ambos en forma completa. De este modo es posible que dos mensajes pasen a través del mismo vehículo físico sin destrucción mutua.

Como ejemplo de tipo algo diferente, tomemos la transformación del Ej. 2/14/11 y encaremos la posición de A''' como una forma codificada de la posición de A (B''' es, de manera similar, la forma codificada de B). En consecuencia, en A podría estar enterrado un tesoro, y ciertas armas en B, habiéndose dejado señales en A''' y B'''. Ahora bien, un cambio en la posición de B provoca un cambio en A''', de manera que el valor de B desempeña un papel esencial en la codificación de A para obtener A''' (y recíprocamente con respecto a A y B'''); por lo tanto, los dos mensajes interactúan. Sin embargo, la interacción no destruye la información sobre el lugar donde están el tesoro y las armas, pues dadas las posiciones de A''' y B''', siempre es posible reconstruir las de A y B; es decir, los mensajes aún son susceptibles de decodificarse en modo exacto.

La condición necesaria para que dos mensajes no interfieran destructivamente puede establecerse si se tiene en cuenta el rasgo fundamental de la codificación —un *conjunto* de mensajes se convierte en un conjunto de transformadas (S. 8/4)— y si se aprovecha la circunstancia de que dos mensajes cualesquiera de tipo diferente pueden colocarse el uno junto al otro y considerarse componentes de un mensaje "vector" (de la misma manera en que dos variables siempre pueden considerarse componentes de un vector). Así, si en el ejemplo de la letra impresa, x representa la variable "cuál de los veintiséis mensajes" e y representa la variable "cuál de los dos", el símbolo impreso es una codificación del mensaje único (x,y).

Supongamos que ya ha sido establecida la condición de que los dos mensajes x e y no interfieren destructivamente. Esto implica que tanto los valores de x como los de y pueden reconstruirse a partir de la forma recibida. Se deduce que si dos mensajes primarios son distintos, sus formas codificadas deben ser distintas (pues de otra manera no sería posible una decodificación única). Se infiere de esto que a fin de que la interacción no resulte destructiva, *la variedad en las formas recibidas debe ser no menor que la de las originales.* Esta condición se cumple también en el ejemplo de la letra impresa, puesto que tanto los mensajes originales como la forma impresa tienen una variedad de 26 × 2.

El hecho de que no necesariamente se origine un caos cuando dos mensajes se encuentran en el mismo canal es de gran importancia en neurofisiología, especialmente en lo relativo a la corteza cerebral. La riqueza de conexiones es tan grande que inevitablemente debe producirse una gran mezcla de mensajes, aunque más no sea por la falta de algún método para mantenerlos separados. Una corriente de impulsos procedente de la corteza auditiva que transporta información importante para una reacción, por ejemplo, puede encontrarse con una corriente de impulsos procedente de la corteza visual que transporta información importante para alguna otra reacción. Un problema capital de la neurofisiología ha sido establecer la manera en que se evitan la interacción destructiva y el caos.

En el curso de esta sección se ha demostrado, sin embargo, que el problema no está planteado en términos exactos. No necesariamente se produce el caos cuando dos mensajes se encuentran, aunque los dos afecten el mismo conjunto físico de variables. Siempre que no se pierda variedad y que el mecanismo esté determinado en sus detalles, los dos mensajes continúan existiendo a través de todos los cambios, pues pasan simplemente de una codificación a otra. Todo lo que se necesita para recuperarlos es un inversor y, tal como se demostró en la S. 8/7, siempre es posible construir un inversor apropiado.

Ej. 1: (Ver el Ej. 2/14/11.) Si A''' está en el punto (0,0) y B''' en 0,1), reconstruir la posición de A.

Ej. 2: Un transductor tiene dos parámetros: α (que puede tomar los valores a o A), y β (que puede tomar los valores b o B). Sus estados W, X, Y, Z se transforman de acuerdo con:

↓	W	X	Y	Z
(a,b)	W	Y	Y	Y
(a,B)	X	X	W	W
(A,b)	Z	W	X	X
(A,B)	Y	Z	Z	Z

Dos mensajes, que consisten en una serie de valores-α y en una serie de valores-β, respectivamente, se transmiten en forma simultánea; ambos inician la transmisión en el mismo momento. Si al receptor le interesa sólo el mensaje-α ¿puede reconstruirlo, pese a lo que se envía mediante β? (Sugestión: S. 8/6.)

Ej. 3: Establezca un enlace entre barras mediante bisagras como se muestra en la Fig. 8/17/1:

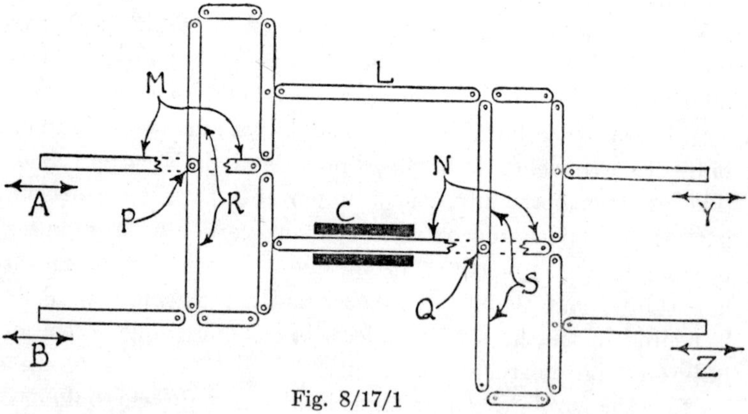

Fig. 8/17/1

(Las uniones con pasador y las articuladas han sido separadas para mostrar la construcción.) *P* es un pivote fijo en una base, alrededor del cual puede rotar la barra *R*; lo mismo vale para *Q* y *S*. La barra *M* pasa sobre *P* sin articularse; lo mismo vale para *N* y *Q*. Una construcción tubular *C* asegura que para pequeños arcos, todos los movimientos sean sólo hacia la izquierda o la derecha (como se representa en la figura).

Los movimientos en *A* y *B* causan movimientos en *L* y *N* y, por lo tanto, en *Y* y *Z*, y el todo puede ser considerado un dispositivo para enviar los mensajes "posición de *A*" y "posición de *B*", a las salidas *Y* y *Z*, vía *L* y *N*. Se comprueba que si *B* se fija, los movimientos de *A* causan movimientos *tanto* en *L como* en *N*; en forma similar, con *A* fijo, los movimientos de *B* afectan tanto a *L* como a *N*. Mensajes simultáneos desde *A* y *B* pasan así, al mismo tiempo, a través de *L* y *N* y evidentemente se encuentran ahí. ¿Interaccionan los mensajes destructivamente? (Sugestión: ¿cómo se mueve *Y*, si solamente se mueve *A*?)

Ej. 4: (Continuación.) Encontrar la relación algebraica entre *A*, *B*, *Y* y *Z*. ¿Qué significa "decodificar" en esta relación algebraica?

9. Transmisión incesante

9/1. En este capítulo se proseguirá el examen del tema tratado en el anterior y se estudiará la variedad y su transmisión, si bien nos dedicaremos sobre todo al caso especial de la transmisión sostenida a través de un tiempo indefinidamente largo. Éste es el caso del nervio ciático, o del cable telefónico, que llevan mensajes incesantemente, al contrario de las transmisiones examinadas en el capítulo anterior, que lo hacían sólo durante unos pocos pasos a lo largo del tiempo.

La trasnmisión incesante ha sido especialmente estudiada por Shannon y, en rigor, este capítulo se dedicará sobre todo a presentar su *Mathematical Theory of Communication*, y a subrayar cómo se relaciona con otros temas de esta *Introducción.*

Lo que se intenta aquí, con todo, es una serie de notas que oficien de suplemento a la obra maestra de Shannon, más bien que una descripción completa en sí misma. El libro de Shannon debe considerarse la fuente primaria y habrá de consultárselo primero. No me cabe ninguna duda de que el lector lo tiene a su disposición.

9/2. *La transformación no-determinada.* Si la transmisión debe prolongarse durante un tiempo indefinidamente largo, la variedad debe ser sostenida y no, por lo tanto, como en el caso estudiado en la S. 8/11, en el cual la transmisión de variedad de T se detenía después del primer paso. Ahora bien, cualquier sistema determinado de tamaño finito no puede tener una trayectoria que sea infinitamente larga (S. 4/5). En consecuencia, ahora debemos examinar una forma de mayor alcance de máquina y transformación: la no-determinada.

Hasta este momento, todas las transformaciones fueron uniformes y representaron, por lo tanto, la máquina que es determinada. En la S. 2/10, se sugería una ampliación del concepto, y podemos ahora examinar la posibilidad de que un operando tenga más de una transformada. Se requiere, sin embargo, alguna restricción complementaria que reduzca las posibilidades y las sujete a alguna ley. La máquina no puede tornarse completamente caótica. Un caso que, según se ha comprobado, tiene muchas aplicaciones, es aquel en el cual cada estado-operando, en lugar de transformarse en un nuevo estado particular, puede hacerlo en uno de varios estados posibles, al tiempo que queda la selección a cargo de algún método o proceso que dé a cada estado una *probabilidad constante* de ser la transformada. La constancia de la probabilidad es la que proporciona la ley de ordenamiento en la cual se basan las afirmaciones definidas.

Una transformación tal podría ser la siguiente: $x' = x + a$, donde el valor de a se encuentra tirando una moneda y usando la regla: Cara, $a = 1$; Cruz, $a = 0$. Así, si el valor inicial de x es 4 y la moneda proporciona la sucesión *Cr Cr Ca Ca Ca Cr Ca Cr Cr Ca*, la trayectoria es 4, 4, 4, 5, 6, 7, 7, 8, 8, 8, 9. Si la moneda arroja *Ca Cr Ca Ca Cr Cr Cr Ca Cr Cr*, la trayectoria es 4, 5, 5, 6, 7, 7, 7, 7, 8, 8, 8. De manera que la transformación y el estado inicial en este caso no son suficientes para definir una trayectoria única, como en el caso de la S. 2/17; especifican sólo un *conjunto* de trayectorias. La especificación se *complementa* con instrucciones que da la moneda (comparar con la S. 4/19), de manera que se llegue a una trayectoria *única*.

Podría representarse la transformación (de acuerdo con las representaciones usadas previamente) así:

$$\begin{array}{ccc} 3 & & \\ \tfrac{1}{2}\swarrow & & \searrow\tfrac{1}{2} \\ 3 & & 4 \end{array} \qquad \begin{array}{ccc} 4 & & \\ \tfrac{1}{2}\swarrow & & \searrow\tfrac{1}{2} \\ 4 & & 5 \end{array} \qquad \begin{array}{ccc} 5 & & \\ \tfrac{1}{2}\swarrow & & \searrow\tfrac{1}{2} \\ 5 & & 6 \end{array} \quad \text{etc.}$$

en las que $\frac{1}{2}$ significa que del estado 3 el sistema cambia

con probabilidad $\frac{1}{2}$ al estado 3
y " " " " " 4.

Este tipo de transformación y sobre todo el conjunto de trayectorias que la misma puede producir, se denomina "estocástica", para distinguirla de la uniforme y determinada.

Si a partir de cada estado son posibles muchas transiciones, bien pronto resulta imposible manejar estas transformaciones. Un método más conveniente, y fundamentalmente adecuado, es el de hacerlo mediante matrices; este método es similar al de la S. 2/10. Se forma una matriz escribiendo los operandos posibles en una fila en la parte superior y las transformadas posibles en una columna en el costado izquierdo; en la intersección de la columna *i* con la fila *j* se coloca la probabilidad de que el sistema en el estado *i* pase al estado *j*.

Tomemos, por ejemplo, la transformación que acabamos de describir. Si el sistema está en el estado 4 y hay una probabilidad $\frac{1}{2}$ de que la moneda salga cara, la probabilidad de que el sistema cambie al estado 5 es $\frac{1}{2}$; también es ésa la probabilidad de mantenerse en 4.

↓	...	3	4	5	6	...
...	...	...	...	...	...	...
3	...	$\frac{1}{2}$	0	0	0	...
4	...	$\frac{1}{2}$	$\frac{1}{2}$	0	0	...
5	...	0	$\frac{1}{2}$	$\frac{1}{2}$	0	...
6	...	0	0	$\frac{1}{2}$	$\frac{1}{2}$	...
...	...	...	...	...	...	...

Todas las otras transiciones tienen probabilidad 0. De esta manera puede construirse la matriz casillero por casillero.

Ésta es la **matriz de las probabilidades de transición.** (Debo advertir al lector que la forma transpuesta, con filas y columnas intercambiadas, es más común en la bibliografía de la materia, pero la forma que aquí se ofrece tiene notables ventajas, *v. g.* Ej. 12/8/4, además de concordar con las notaciones usadas en todo el libro.)

En este punto debemos tener un concepto muy claro del significado de "probabilidad" (ver también la S. 7/4). No sólo debemos ser claros acerca del significado, sino que, asimismo, ese significado debe establecerse por medio de una prueba operacional *práctica* (en este caso no se pueden aplicar criterios subjetivos acerca del "grado de confianza" que pueda merecer). Por ejemplo, si dos observadores están en desacuerdo acerca de si algo tiene una "probabilidad constante", ¿mediante qué prueba habrán de resolver esa diferencia?

Las probabilidades son frecuencias. "Un acontecimiento 'probable' es un acontecimiento frecuente" (Fisher). La lluvia es "probable" en Manchester porque es frecuente en Manchester, y una sucesión de diez colorados seguidos en una ruleta es "improbable" porque es infrecuente. (El lector prudente debe atenerse a esta definición, a fin de no verse arrastrado a cuestiones meramente especulativas, como por ejemplo qué valor numérico debe asignarse a la "probabilidad" de vida en Marte, para la cual no hay frecuencia.) Lo dicho en la S. 7/4 nos es útil ahora porque en sus aspectos prácticos el concepto de probabilidad sólo tiene pleno sentido si se lo aplica a un conjunto en el cual diversos acontecimientos o posibilidades se producen con sus frecuencias características.

La prueba para una probabilidad constante se convierte, en consecuencia, en la prueba en busca de una frecuencia constante. Quien efectúa la prueba, deja que el proceso continúe durante algún tiempo, hasta que se manifieste alguna frecuencia. Así, si quiere saber si Manchester tiene una probabilidad constante —es decir invariable— de lluvia (en condiciones convenientemente definidas), debe registrar las lluvias hasta obtener un primer cálculo de su frecuencia. Luego debe comenzar de nuevo, compilar nuevos registros, y hacer un segundo cálculo. Podría continuar el proceso para obtener un tercero y un cuarto cálculos. Si en los diversos cálculos advirtiera una acentuada discrepancia, puede afirmar que la lluvia en Manchester carece de probabilidad constante. Si, empero, los cálculos concuerdan, puede decir que la fracción en la cual concuerdan es *la* probabilidad constante. *En una sucesión muy larga,* un acontecimiento tiene una probabilidad "constante" de producirse a cada paso, si en cada porción larga de la sucesión se produce con aproximadamente la misma frecuencia relativa.

Esto puede expresarse con mayor precisión en términos matemáticos. Lo importante aquí es que en este libro cualquier frase sobre "probabilidad" tiene un sentido objetivo cuya validez puede ser comprobada experimentalmente y no depende en modo alguno de cálculos subjetivos.

Ej. 1: Tomar cinco naipes de los siguientes valores: as, 2, 3, 4 y 5. Mezclarlos y disponerlos de modo que reemplacen los asteriscos en la transformación T:

$$T: \downarrow \begin{matrix} \text{As} & 2 & 3 & 4 & 5 \\ * & * & * & * & * \end{matrix}$$

La transformación particular así obtenida ¿es determinada o no? (Sugestión: ¿Es uniforme o no?)

Ej. 2: ¿Qué regla deben cumplir los números que aparecen en cada columna de una matriz de transición de probabilidades?

Ej. 3: ¿Se cumple alguna regla como la del Ej. 2 en los números de una fila?

Ej. 4: Si la transformación definida en esta sección parte de 4 y evoluciona 10 pasos, ¿cuántas trayectorias se producen en el *conjunto* así definido?

Ej. 5: ¿En qué difieren los gráficos cinemáticos de las transformaciones estocásticas y de las determinadas?

9/3. La transformación estocástica es simplemente una extensión de la transformación determinada (o uniforme). Supongamos, por ejemplo, que la matriz de probabilidades de transición de un sistema de tres estados es:

antes

↓	A	B	C
A	0	0,9	0,1
B	0,9	0	0
C	0,1	0,1	0,9

y después

↓	A	B	C
A	0	1	0
B	1	0	0
C	0	0	1

Aunque pequeño (y puede ser tan pequeño como se quiera), el cambio de la primera matriz a la segunda ha llevado el sistema del tipo evidentemente estocástico al tipo de transformación uniforme

$$\downarrow \begin{matrix} A & B & C \\ B & A & C \end{matrix}$$

que hemos considerado hasta ahora. *Por lo tanto, la transformación uniforme y determinada es, simplemente, un caso especial extremo de la transformación estocástica.* La transformación uniforme y determinada es la transformación estocástica en la que todas las probabilidades han llegado a valer 0 ó 1. Esta unidad esencial no debe quedar oscurecida por el hecho de que a veces conviene hablar del tipo determinado, y otras veces de los tipos en los que el aspecto importante es la fraccionalidad de las probabilidades. En la Parte III la unidad esencial de los dos tipos desempeñará un papel importante para dar cohesión a las diversas clases de regulación.

La palabra "estocástico" puede usarse en dos sentidos: "todos los tipos (con matriz constante de probabilidades de transición), incluido el caso determinado como caso especial", o bien "todos los tipos, salvo el determinado". Se pueden usar ambos sentidos, pero puesto que son incompatibles, debe observarse atentamente cuál es el sentido que el contexto implica.

La cadena de Markow

9/4. Después de ocho capítulos, ahora ya sabemos algo acerca de cómo cambia un sistema si sus transiciones corresponden a las de una transformación uniforme. ¿Qué puede decirse acerca del comportamiento de un sistema cuyas transiciones corresponden a una transformación estocástica? ¿Qué aspecto tendría un sistema tal si lo encontrásemos funcionando en la realidad?

Supongamos un insecto que vive en una charca poco profunda y en sus alrededores: algunas veces en el agua (A), otras veces bajo guijarros (G) y otras en la ribera (R). Supongamos que en cada intervalo existe una probabilidad constante de que, habiendo estado bajo un guijarro, se traslade a la ribera; y lo mismo para las otras transiciones posibles. (Podemos suponer, por ejemplo, que su comportamiento verdadero está determinado a cada instante por detalles menores y sucesos de su medio ambiente). Un protocolo de sus posiciones podría entonces ser

A R A R A G A R A R A R A G A R R A R A G A R A G A R A
R A R R A R A R A R A G G A G A R A R R R A

Para definir mejor la cuestión, supongamos que las probabilidades de transición son

↓	R	A	G
R	$\frac{1}{4}$	$\frac{3}{4}$	$\frac{1}{8}$
A	$\frac{3}{4}$	0	$\frac{3}{4}$
G	0	$\frac{1}{4}$	$\frac{1}{8}$

Estas probabilidades podrían determinarse (S. 9/2) mediante la observación de su comportamiento durante largos períodos, encontrando la frecuencia de, por ejemplo, $R \to A$, y determinando luego las frecuencias relativas, que son las probabilidades. Tal tabla sería, en esencia, *un resumen del verdadero comportamiento pasado,* obtenido del protocolo.

Esa sucesión de estados en la cual la probabilidad de cada transición es la misma en diversos períodos largos se conoce con el nombre de **cadena de Markov,** en honor del matemático que primero hizo un estudio extensivo de sus propiedades. (Su importancia no ha sido reconocida hasta la última década, poco más o menos. Los tratados de matemáticas proporcionan varios tipos de cadenas de Markov y agregan diversas características. El tipo definido anteriormente nos servirá para nuestros propósitos pues no contradice las otras definiciones; una característica importante será mencionada en la S. 9/7.)

La expresión "cadena de Markov" se aplica algunas veces a una trayectoria particular producida por un sistema (*v. g.* la trayectoria dada en el Ej. 1), y otras veces al sistema (definido por su matriz) capaz de producir muchas trayectorias. El contexto aclarará cuál es la acepción empleada.

Ej. 1: Un sistema de 2 estados dio el protocolo (de 50 transiciones):
A B A B B B A B A A B A B A B A B B B B A B A A B
A B B A A B A B B A B A A A B A B B A A B B A B B A.
Calcular la matriz de probabilidades de transición.

Ej. 2: Utilizar el método (de la moneda) de la *S.* 9/2 para construir varias trayectorias y establecer así que *una* matriz puede originar *muchas* trayectorias diferentes.

Ej. 3: Utilizar una tabla de números aleatorios para generar una cadena de Markov de dos estados *A* y *B* mediante la regla:

Si		Entonces el próximo estado
Estado presente	Número aleatorio	
A	0 ó 1	*A*
"	2, 3,..,9	*B*
B	0, 1, 2, 3, 4	*A*
"	5, 6, 7, 8, 9	*B*

Ej. 4: (Continuación.) ¿Cuál es la matriz de probabilidades de transición?

9/5. El Ej. 9/4/1 demuestra de qué manera el comportamiento de un sistema especifica su matriz. Recíprocamente, la matriz proporciona información sobre las tendencias del sistema aunque no acerca de los detalles particulares. Supongamos que un científico, no el observador originario, ve la matriz de probabilidades de transición del insecto

↓	*R*	*A*	*G*
R	$\frac{1}{4}$	$\frac{3}{4}$	$\frac{1}{8}$
A	$\frac{3}{4}$	0	$\frac{3}{4}$
G	0	$\frac{1}{4}$	$\frac{1}{8}$

El científico puede deducir que si el insecto está en el agua no se quedará en ella, puesto que $A \rightarrow A$ tiene probabilidad 0, sino que habitualmente se trasladará a la ribera, pues $A \rightarrow R$ tiene la probabilidad más elevada de la columna. De la ribera irá probablemente al agua y de ésta regresará a la ribera; si está debajo de un guijarro tiende también a pasar al agua. Se comprueba que pasa la mayor parte de su tiempo oscilando entre el agua y la ribera. El tiempo que pasa bajo los guijarros es menor. El protocolo dado, que fue construido con una tabla de números aleatorios, muestra esas propiedades.

En consecuencia, la matriz contiene información acerca del comportamiento probable de cualquier sistema particular.

Ej. 1: Si la columna *G* de la matriz tuviera un 1 en la última celda y 0 en todas las demás, ¿qué podría deducirse acerca de la manera en que vive el insecto?

Ej. 2: Una mosca vuela en una habitación entre las posiciones *A*, *B*, *C* y *D*, con probabilidades de transición:

$\downarrow$	*A*	*B*	*C*	*D*
A	$\frac{1}{2}$	0	0	$\frac{1}{3}$
B	$\frac{1}{4}$	1	0	$\frac{1}{3}$
C	$\frac{1}{4}$	0	$\frac{1}{2}$	$\frac{1}{3}$
D	0	0	$\frac{1}{2}$	0

Una de las posiciones es un desagradable horno caliente y otra un papel pega-moscas: ¿cuál es cada una de ellas?

Ej. 3: Si el protocolo y la matriz del Ej. 9/4/1 se consideran el uno como codificación del otro, ¿cuál es la dirección de codificación que pierde información?

9/6. *Equilibrio en una cadena de Markov.* Supongamos ahora que un gran número de insectos vive en la misma charca y que cada uno se comporta con independencia de los otros. A medida que nos alejamos de la charca, los insectos individuales gradualmente desaparecen de la vista, y todo lo que vemos es tres masas grises, tres grupos de insectos, uno en la ribera, otro en el agua, y otro debajo los guijarros. Estos tres *grupos* son ahora tres cantidades que pueden variar con el tiempo. Si en un momento éstas son d_R, d_A y d_G respectivamente, podemos hallar sus valores d_R', etc., un intervalo más tarde, calculando qué harán sus constituyentes individuales. Así, las tres cuartas partes de los insectos del agua van a *R*, y agregan su número a d_R, mientras que la cuarta parte restante agrega su número a d_G.

De esta manera, luego del cambio, el nuevo grupo de la ribera d_R' es $\frac{1}{4}d_R + \frac{3}{4}d_A + \frac{1}{8}d_G$. Por consiguiente, los tres *grupos* cambian en general de acuerdo con la transformación (del vector de tres componentes).

Debe tenerse en cuenta algo de fundamental importancia, que el sistema

$$\begin{aligned} d_R' &= \tfrac{1}{4}d_R + \tfrac{3}{4}d_A + \tfrac{1}{8}d_G \\ d_A' &= \tfrac{3}{4}d_R \qquad\quad + \tfrac{3}{4}d_G \\ d_G' &= \qquad\quad \tfrac{1}{4}d_A + \tfrac{1}{2}d_G \end{aligned}$$

compuesto de tres grupos (si es suficientemente grande como para estaı libre de irregularidades de muestreo) es *determinado*, aunque los insectos individuales se comporten sólo según ciertas probabilidades.

Para seguir el proceso en detalle supongamos que iniciamos el experimento obligando a 100 insectos a quedarse debajo de los guijarros, y observamos luego qué sucede. Por lo tanto, el vector

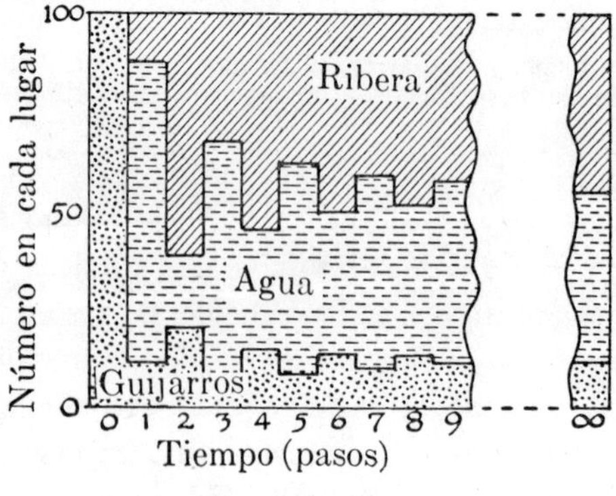

Fig. 9/6/1

inicial de los tres grupos (d_R, d_A, d_G) es (0, 0, 100). Cuáles son los números en el paso siguiente está sujeto al capricho del muestreo al azar, pues no es *imposible* que los cien se queden debajo los guijarros. Sin embargo, como promedio (el que se obtendría al experimentar con la totalidad de los 100 una y otra vez), sólo 12,5 permanece allá, mientras el resto se traslada a la ribera (también 12,5) y al agua (75). En consecuencia, después del primer paso, en la colonia de insectos se advierte el cambio (0, 0, 100) → (12,5, 75, 12,5).

De esta manera pueden encontrarse los números promedio de los tres grupos de insectos paso a paso, usando el proceso de la S. 3/6. Se comprueba, así, que el estado siguiente es (60,9, 18,8, 20,3) y la trayectoria del sistema (de tres grados de libertad, no de cien) se muestra en la Fig. 9/6/1.

Se advierte que los grupos tienden, con oscilaciones aminoradas, a un estado de equilibrio en (44,9, 42,9, 12,2) en el cual el sistema permanece indefinidamente. "El sistema" significa aquí, por supuesto, esas tres variables.

Vale la pena señalar que cuando el sistema se ha estabilizado, y está integrado prácticamente por los grupos definitivos, hay un acentuado contraste entre los grupos —que no cambian— y los insectos, que se mueven incesantemente. Por lo tanto, en la misma charca, el término "sistema" tiene dos significados muy diferentes. ("Equilibrio" corresponde en este caso a lo que el físico llama "régimen permanente".)

Los valores de equilibrio de una cadena de Markov se computan fácilmente. En equilibrio, los valores no cambian, de manera que d_R', por ejemplo, resulta igual a d_R. De esta manera, la primera ecuación es:

$$d_R = \tfrac{1}{4}d_R + \tfrac{3}{4}d_A + \tfrac{1}{8}d_G$$

es decir,
$$0 = -\tfrac{3}{4}d_R + \tfrac{3}{4}d_A + \tfrac{1}{8}d_G$$

Las otras ecuaciones se tratan en forma similar. No son todas independientes, sin embargo, puesto que los tres grupos de insectos de este ejemplo tienen que sumar 100; quitando una ecuación (una cualquiera) y reemplazándola por

$$d_R + d_A + d_G = 100,$$

el sistema de ecuaciones se convierte, por ejemplo, en

$$\begin{aligned} -\tfrac{3}{4}d_R + \tfrac{3}{4}d_A + \tfrac{1}{8}d_G &= 0 \\ d_R + d_A + d_G &= 100 \\ \tfrac{1}{4}d_A - \tfrac{7}{8}d_G &= 0 \end{aligned}$$

que puede ser resuelto en la forma corriente. En este ejemplo, los valores de equilibrio son (44,9, 42,9, 12,2). Tal como se predijo en la S. 9/5, ningún insecto individual permanece mucho tiempo debajo de los guijarros.

Ej. 1: Encontrar los grupos que seguirían al estado inicial, en caso de poner todos los insectos en la ribera.

Ej. 2: Verificar los valores de equilibrio.

Ej. 3: Un dado de seis caras está muy polarizado por un peso que carga la cara x. Colocándolo en una caja con la cara f hacia arriba y sacudiéndolo con energía después de numerosos ensayos, se comprueba que la probabilidad de que aparezca la cara g está dada por:

	↓			f			
		1	2	3	4	5	6
	1	0,1	0,1	0,1	0,1	0,1	0,1
	2	0,1	0,1	0,1	0,1	0,1	0,1
g	3	0,5	0,5	0,5	0,5	0,5	0,5
	4	0,1	0,1	0,1	0,1	0,1	0,1
	5	0,1	0,1	0,1	0,1	0,1	0,1
	6	0,1	0,1	0,1	0,1	0,1	0,1

¿Cuál es la cara x? (Sugestión: ¡Cuidado!)

Ej. 4: Se disuelve un compuesto AB en agua. A cada pequeño intervalo cada molécula tiene un 1% de posibilidades de disociarse, y cada molécula disociada A tiene un 0.1% de posibilidades de recombinarse. ¿Cuál es la matriz de probabilidades de transición de una molécula, siendo sus dos estados "disociada" y "no-disociada"? (Sugestión: ¿Puede dejar de tenerse en cuenta el número de moléculas disociadas de B?)

Ej. 5: (Continuación). ¿Cuál es el valor de equilibrio del porcentaje disociado?

Ej. 6: Transcribir las transformaciones de (I) las transiciones de un insecto individual y (II) las transiciones de la población. ¿Cómo están relacionadas?

Ej. 7: ¿Cuántos estados aparecen en las transiciones del insecto? ¿Cuántos en el sistema de grupos de insectos?

*Ej. 8: Si D es el vector-columna de las poblaciones en los varios estados, D' el vector un paso más tarde, y M la matriz de probabilidades de transición, muestre que en álgebra matricial ordinaria:

$$D' = MD, \quad D'' = M^2D \quad \text{y} \quad D^{(n)} = M^nD.$$

(Esta relación simple y natural se pierde si la matriz se escribe en la forma transpuesta. Comparar con los Ej. 2/16/3 y 12/8/4).

9/7. *Dependencia de valores anteriores.* En la definición de cadena de Markov dada en la S. 9/4 se omite una característica importante: *las probabilidades de transición no deben depender de los estados anteriores del operando.* En consecuencia, si el insecto se comporta como una cadena de Markov, se comprueba que si está en la orilla se traslada al agua en el 75 % de los casos, aunque antes de estar en la orilla haya estado o allí mismo o en el agua o debajo de los guijarros. Podría comprobarse el hecho experimentalmente, recopilando los tres porcentajes correspondientes y observando si todos son iguales a 75 %.

Un protocolo en el cual no se cumple la independencia entre partes es:

A A B B A B B A A B B A B B A B B A B B A A B B A B B A B A B A

Las transiciones obtenidas mediante un cómputo directo son

↓	*A*	*B*
A	3	10
B	10	8

Tengamos en cuenta, sobre todo, que a B le sigue A o B en forma aproximadamente igual. Si clasificamos ahora estas 18 transiciones a partir de B de acuerdo con la letra que le precede, obtenemos:

. . .*AB* fue seguido por { *A*: 2 veces; *B*: 8 " }

. . .*BB* " " " { *A*: 8 "; *B*: 0 " }

De manera que evidentemente el estado que sigue a B depende del estado anterior a B. Esta sucesión no es, entonces, una cadena de Markov. El hecho puede describirse, a veces, mediante una metáfora, diciendo que la "memoria" del sistema se remonta a más de un estado (comparar con la S. 6/21).

El que la probabilidad dependa de lo anterior es una característica especial de las sucesiones de letras que aparecen en una lengua, por ejemplo en inglés. De ese modo, ¿cuál es la probabilidad de que una *s* esté seguida por una *t*? En gran parte, ello depende de la letra que precedió a *s*; por ejemplo, *es* seguida de *t* es frecuente, pero, en cambio, *ds* seguida de *t* no lo es. Si las letras constituyeran una cadena de Markov, *s* estaría seguida de *t* con la misma frecuencia en ambos casos.

Estas dependencias son características del lenguaje y en él las encontramos a cada momento. Abarcan desde las vinculaciones simples del tipo recién mencionado, hasta las de más amplio alcance; por ejemplo, es mucho más probable que las palabras "... del transcendentalismo de Kant" sean el final de un libro que comienza "La Universidad del siglo XVIII....", que de uno que empieza "Las modernas carreras de caballos..."

Ej.: Dado el protocolo:

D D C C D C C D D C C D C C D D C C D C C D D C C D D
D D C C D D D C C D D D C C D C C D C,

¿cómo quedan afectadas las frecuencias de aparición de las cuatro transiciones $C \rightarrow C$, $C \rightarrow D$, $D \rightarrow C$ y $D \rightarrow D$, por el estado inmediato anterior en el protocolo?

(Sugestión: Clasificar las transiciones observadas.)

9/8. *Recodificación en forma markoviana.* Cuando se comprueba que un sistema produce trayectorias en las que las probabilidades de transición dependen de modo *constante* de los estados que preceden a cada operando, el sistema, aunque no sea markoviano, puede tornarse markoviano mediante un método que es más importante de lo que a primera vista parece: un método que vuelve a definir el sistema.

Supongamos que el sistema es como el del Ej. 9/7/1 (el precedente) y que las transiciones son tales que, luego de la sucesión de dos estados ...*C C*, el sistema va siempre a *D*, independientemente de lo que haya ocurrido antes; supongamos también que luego de ...*D C* vaya siempre a *C*, luego de ...*C D* vaya con igual frecuencia a *C* o a *D*, y lo mismo luego de ...*D D*. Definimos ahora simplemente nuevos estados que son vectores de dos componentes, el estado anterior como primera componente y el último como segunda. Entonces, si el sistema original ha producido una trayectoria que termina en ...*D C*, decimos que el nuevo sistema está *en* el estado (*D*, *C*). En consecuencia, si se mueve a un estado *C*, de manera que su trayectoria es ...*D C C*, decimos que el nuevo sistema ha pasado al estado (*C*, *C*). De tal manera, el sistema ha experimentado la transición (*D*, *C*) → (*C*, *C*). Estos nuevos estados *sí* forman una cadena de Markov, pues sus probabilidades (tal como se supuso aquí) no dependen de estados anteriores, y la matriz es

↓	(*C*, *C*)	(*C*, *D*)	(*D*, *C*)	(*D*, *D*)
(*C*, *C*)	0	0	1	0
(*C*, *D*)	1	0	0	0
(*D*, *C*)	0	$\frac{1}{2}$	0	$\frac{1}{2}$
(*D*, *D*)	0	$\frac{1}{2}$	0	$\frac{1}{2}$

Obsérvese que la transición (*C*, *D*) → (*C*, *D*) es imposible, pues cualquier estado que termine en (—,*D*) puede ir sólo a uno que comience en (*D*,—). En el nuevo sistema hay otras transiciones igualmente imposibles.

Si en otro sistema las probabilidades de transición dependen de valores que se presentaban *n* pasos atrás, los nuevos estados deben ser definidos como vectores que cubren *n* estados consecutivos.

Este método de volver a definir el sistema puede parecer artificial e inútil. En realidad tiene fundamental importancia pues transfiere nuestra atención de un sistema que no está determinado en sus estados a uno que sí lo está. Es más fácil predecir sobre este nuevo sistema, pues su "estado" tiene en cuenta la historia del sistema original. Así, si sabemos que en la forma original el sistema se encuentra en el estado *C*, eso sólo nos permite afirmar que el sistema puede ir a *C* o a *D*. Si en la segunda forma sabemos que el sistema se encuentra en el estado (*D*, *C*), ello nos permite predecir su comportamiento con certeza, así como también en la forma original se puede predecir con certeza cuando se sabe lo que pasó antes. Lo importante es que el método demuestra que las dos formas de "conocer" un sistema, por su estado presente o por su historia pasada, mantienen entre sí una relación exacta. En la teoría del sistema que no es completamente observable (S. 6/21) se aplica este hecho de manera similar. De nuevo llegamos a la conclusión de que la existencia de "memoria" en un sistema real no es una propiedad intrínseca del sistema; suponemos su existencia como hipótesis cuando nuestros poderes de observación son limitados; por lo tanto, decir "me parece que este sistema tiene memoria" es equivalente a decir "mis poderes de observación no me permiten hacer una predicción valedera a base de una sola observación, pero puedo hacerla luego de sucesivas observaciones".

9/9. *La sucesión como vector.* En los capítulos anteriores hemos usado a menudo vectores y hasta ahora éstos presentaban un número finito y definido de componentes. Es posible, sin embargo, que un vector tenga un número infinito o indefinidamente crecido de componentes. Si se procede con cautela la complicación no necesariamente ha de originar perjuicio alguno.

Por lo tanto, puede considerarse que una sucesión es un vector cuya primera componente es el primer valor de la sucesión, y así sucesivamente, hasta la enésima componente que es el enésimo valor. Por ejemplo, si arrojo una moneda cinco veces, el resultado, tomado como un todo, podría ser el vector de cinco componentes (*Ca*, *Cr*, *Cr*, *Ca*, *Cr*). Vectores tales son comunes en la teoría de probabilidades, en la que pueden generarse por muestreos repetidos. Si están formados por muestreos con reemplazo, tienen sólo una pequeña peculiaridad: cada valor proviene del mismo conjunto componente; en cambio, un tipo más general, tal como el de la S. 3/5 por ejemplo, puede tener un conjunto diverso para cada componente.

9/10. *Constricción en un conjunto de sucesiones.* Al igual que un conjunto de vectores (S. 7/11), un conjunto de sucesiones tales también presenta constricción si no se despliega en toda la gama que el conjunto de componentes haría posible si éstos fueran independientes. Si la sucesión es de longitud finita, *v. g.* cinco tiros de moneda, como en el parágrafo anterior, la constricción puede ser identificada y tratada exactamente como en la S. 7/11. Sin embargo, cuando es indefinidamente larga, como sucede a menudo en las sucesiones (cuyas terminaciones frecuentemente son arbitrarias y ajenas al caso), debemos usar algún otro método sin cambiar, con todo, lo que es esencial.

Podemos descubrir en qué consiste el método determinando cómo especificar un vector infinitamente largo. Se advierte con claridad que tal vector no puede ser completamente arbitrario, en componentes y valores, como lo era el vector de la S. 3/5, pues para escribirlo sería necesario papel y tiempo infinitos. Tales vectores indefinidamente largos quedan, por lo general, especificados mediante cierto proceso. Se da primero el valor de la componente inicial y se aplica luego un proceso especificado (una transformación) para generar las restantes componentes en sucesión (como la "integración" de la S. 3/9).

Podemos deducir ahora qué es necesario para que un conjunto de tales vectores no presente constricción. Supongamos que construimos el conjunto de los "no constrictos" y procedemos componente por componente. Según la S. 7/12, la primera componente debe tomar su gama total de valores; luego *cada* uno de estos valores debe ser combinado con cada uno de los valores posibles de la segunda componente; cada uno de estos pares tiene que combinarse con cada uno de los valores posibles de la tercera componente, y así sucesivamente. La regla es que a medida que se agrega cada nueva componente deben presentarse *todos* sus valores posibles.

Se advierte, por lo tanto, que *el conjunto de vectores sin constricción corresponde a la cadena de Markov que, en cada transición, tiene todas las transiciones igualmente probables.* (Cuando la probabilidad se convierte en una verdadera frecuencia, se presentan una pluralidad de cadenas, dando así el *conjunto* de sucesiones.) Por lo tanto, si cada componente tiene tres estados posibles, las sucesiones sin constricción son las generadas por la matriz

↓	A	B	C
A	$\frac{1}{3}$	$\frac{1}{3}$	$\frac{1}{3}$
B	$\frac{1}{3}$	$\frac{1}{3}$	$\frac{1}{3}$
C	$\frac{1}{3}$	$\frac{1}{3}$	$\frac{1}{3}$

Ej. 1: La serie exponencial define un vector infinitamente largo de componentes

$$\left(1, x, \frac{x^2}{2}, \frac{x^3}{2.3}, \frac{x^3}{2.3.4}, \ldots\right)$$

¿Qué transformación genera la serie si se obtiene cada componente a partir del de la izquierda? (Sugestión: Denominar las componentes t_1, t_2,..., etc.; t'_1 es igual a $t_1 + _1$.)

Ej. 2: ¿Hay constricción en la serie producida por un dado bien equilibrado?

Ej. 3: (Continuación.) ¿La hay en la serie del Ej. 9/4/3?

Entropía

9/11. Hemos visto en la S. 7/5 y en el Capítulo 8 que la información no puede ser transmitida en cantidad mayor que la permitida por la cantidad de variedad. Hemos visto también de qué manera la constricción puede disminuir alguna cantidad potencial de variedad. Y acabamos de ver, en la sección anterior, cómo una fuente de variedad tal como una cadena de Markov tiene constricción cero cuando todas sus transiciones son igualmente probables. De ello se deduce que esta condición (de constricción cero) es la que permite que la fuente de información, si se comporta como una cadena de Markov, transmita la cantidad máxima de información (en un tiempo dado).

Shannon ha ideado una medida para la cantidad de variedad mostrada por una cadena de Markov en cada paso —la entropía— que, según se ha demostrado, tiene fundamental importancia en muchos problemas relacionados con la transmisión incesante. Esta medida se desarrolla de la siguiente manera.

Si un conjunto tiene variedad y si mediante algún proceso definido de muestreo tomamos una muestra de un *item* del conjunto, los diversos resultados posibles de la extracción están asociados a diversas probabilidades correspondientes. Por ejemplo, si la variedad de las luces del tránsito es cuatro, y en ellas se dan las combinaciones

1 rojo
2 rojo y amarillo
3 verde
4 amarillo,

que duran 25, 5, 25 y 5 segundos respectivamente, un conductor que aparezca súbitamente a intervalos irregulares, encuentra las luces en los diversos estados con frecuencias de aproximadamente 42, 8,42 y 8 % respectivamente. Consideradas como probabilidades, éstas se convierten en 0,42, 0,08, 0,42 y 0,08. Así, el estado "verde" tiene (si se usa este método peculiar de muestreo) una probabilidad de 0,42; los otros estados se tratan en forma similar.

Recíprocamente, cualquier conjunto de probabilidades, cualquier conjunto de fracciones positivas cuya suma sea 1, puede ser considerado correspondiente de algún conjunto cuyos miembros exhiben variedad. Siendo $p_1, p_2, \ldots, p_n$, las probabilidades calculadas, el método de Shannon obtiene a partir de ellas una cantidad

$$-p_1 \log p_1 - p_2 \log p_2 - \ldots - p_n \log p_n$$

que llama **entropía** del conjunto de probabilidades; la entropía se denota por medio de H. Por ejemplo, si tomamos logaritmos de base 10, la entropía del conjunto asociado a las luces de tránsito es

$$-0{,}42 \log_{10} 0{,}42 - 0{,}08 \log_{10} 0{,}08 - 0{,}42 \log_{10} 0{,}42 - 0{,}08 \log_{10} 0{,}08$$

que es igual a 0,492. Adviértase que $\log_{10} 0{,}42 = \bar{1}{,}6232 = -1{,}0000 + 0{,}6232 = -0{,}3768$; de esta manera el primer término es $(-0{,}42)(-0{,}3768)$, que es $+0{,}158$; los otros términos son calculados en forma similar. Si se hubieran tomado logaritmos de base 2 (S. 7/7) el resultado hubiera sido 1,63 bits.

El término "entropía" será usado en este libro sólo en la acepción de Shannon; para aludir a conceptos más amplios utilizaremos "variedad" o cualquier otro vocablo.

Ej. 1: Al llegar a un paso a nivel, en 80 oportunidades lo encontré cerrado 14 veces. ¿Cuál es la entropía de este conjunto de probabilidades?

Ej. 2: De un mazo de naipes franceses barajado se extrae uno. Pueden distinguirse tres sucesos:

S_1: la extracción del Rey de Trébol.
S_2: la extracción de cualquier Corazón.
S_3: la extracción de cualquier otro naipe.

¿Cuál es la entropía de la variedad de los sucesos diferenciables?

Ej. 3: ¿Cuál es la entropía de la variedad en un tiro de un dado equilibrado?

Ej. 4: ¿Cuál es la entropía en la variedad de un conjunto de posibilidades de resultados (conservando su orden) de dos tipos sucesivos de un dado equilibrado?

Ej. 5: (Continuación) ¿Cuál es la entropía de n tiros sucesivos?

**Ej.* 6: ¿Cuál es el límite de $-p \log p$ cuando p tiende a cero?

9/12. La entropía así calculada tiene varias propiedades importantes. En primer lugar, es máxima para un número (n) dado de probabilidades, cuando éstas son iguales. Por lo tanto, H es igual al $\log n$, precisamente la medida de variedad definida en la S. 7/7. (En la S. 9/10 se hizo notar la necesidad de que las probabilidades de cada columna sean iguales para que la constricción sea mínima, es decir, para que la variedad sea máxima.) En segundo lugar, H distintas procedentes de conjuntos diferentes, con cualidades convenientes, pueden combinarse para dar una entropía promedio.

Una combinación de este tipo se utiliza para hallar la entropía correspondiente a una cadena de Markov. Cada columna (o fila si está escrita en forma transpuesta) tiene un conjunto de probabilidades cuya suma es 1. Cada una de ellas, por lo tanto, puede proporcionar una entropía. Shannon define la entropía (de un paso de la cadena) como el promedio de esas entropías, asignando a cada una un peso por la proporción en que el estado que encabeza la columna se presenta *cuando la sucesión ha establecido su equilibrio* (S. 9/6). Por ejemplo, las probabilidades de transición examinadas en aquella sección, con las correspondientes entropías y proporciones de equilibrio mostradas abajo, son

↓	*R*	*A*	*G*
R	$\frac{1}{4}$	$\frac{3}{4}$	$\frac{1}{8}$
A	$\frac{3}{4}$	0	$\frac{3}{4}$
G	0	$\frac{1}{4}$	$\frac{1}{8}$
Entropía:	0,811	0,811	1,061
Proporción de equilibrio:	0,449	0,429	0,122

El promedio de entropía (por paso de sucesión) es entonces

$$0{,}449 \times 0{,}811 + 0{,}429 \times 0{,}811 + 0{,}122 \times 1{,}061 = 0{,}842 \text{ bits.}$$

Una moneda arrojada reiteradamente produce una serie cuya entropía en cada tiro es de 1 bit. Por lo tanto, la serie de posiciones que toma uno de los insectos a medida que transcurre el tiempo no es tan variable como la serie producida arrojando la moneda, puesto que 0,842 es menor que 1,00. De esta manera, la medición de Shannon permite comparar diferentes grados de variedad.

La razón para tomar un peso promedio es que en primer lugar determinamos tres entropías: 0,811, 0,811 y 1,061; entre ellas elegimos una. Si todas hubieran sido iguales, evidentemente hubiéramos usado ese valor, pero no lo son. Podemos, sin embargo, afirmar que cuando el sistema haya alcanzado el equilibrio, el 45 % de los insectos estarán en estado B, el 43 % en A, y en 12 % el G. A medida que los insectos circulan entre todos los estados, ello equivale a decir que cada insecto pasa 45 % de su tiempo en B, 43 % en A y 12 % en G. En otras palabras, el 45 % de sus transiciones proviene de B, 43 % de A, y 12 % de G. Por lo tanto, 45 % de sus transiciones tiene una entropía, o variedad, de 0,811; 43 % tiene también 0,811 y 12 % tiene 1,061. Así, son frecuentes las transiciones de entropía 0,811 (y el valor "0,811" tiene suma importancia); en cambio, transiciones de entropía 1,061 son bastante raras (y el valor "1,061" importa poco). Por lo tanto, se asigna peso al promedio: 88 % en favor de 0,811 y 12 % en favor de 1,061, es decir,

$$\text{Peso promedio} = \frac{(45\times 0{,}811) + (43\times 0{,}811) + (12\times 1{,}061)}{45 + 43 + 12},$$

que es efectivamente el que se usó antes.

Ej. 1: Demostrar que las series de cara y cruz que se producen al arrojar una moneda tienen una entropía de 1 bit por tiro. (Sugestión: Construir la matriz de probabilidades de transición.)

Ej. 2: (Continuación.) ¿Qué le sucede a la entropía si la moneda está polarizada (cargada)? (Sugestión: Intentar el efecto de cambiar las probabilidades.)

9/13. Antes de proseguir estudiando el tema conviene señalar que la medición de Shannon, así como los diversos e importantes teoremas que la aplican, se basan en algunos supuestos. Por lo común, éstos se cumplen en la ingeniería de telecomunicaciones, pero de ninguna manera se cumplen tan a menudo en el mundo biológico y en los temas analizados en este libro. El método de medición y los teoremas de Shannon deben, por lo tanto, aplicarse con mucho cuidado. Sus principales supuestos son:

(1) Si se aplican a un conjunto de probabilidades, las diversas fracciones *deben sumar* 1; no puede calcularse la entropía en un conjunto incompleto de posibilidades.

(2) Si se aplican a una fuente de información con varios conjuntos de probabilidades, la matriz de probabilidades de transición *debe ser markoviana*; esto equivale a decir que la probabilidad de cada transición debe depender solamente del estado en que se encuentra el sistema (el operando) y no de los estados en que se encontró anteriormente (S. 9/7). Si es necesario, los estados de la fuente deben ser definidos de nuevo como en la S. 9/8, de manera que ésta se torne markoviana.

(3) Las varias entropías de las varias columnas son promediadas (S. 9/12) usando las proporciones del *equilibrio final* (S. 9/6). Según esto, los teoremas suponen que se ha permitido que el sistema, cualquiera haya sido la forma en que se inició, evolucione durante un tiempo largo de manera tal que los estados hayan alcanzado sus densidades de equilibrio.

En consecuencia, los resultados de Shannon deben aplicarse al material biológico sólo luego de hacer una verificación minuciosa de su aplicabilidad.

Una advertencia similar podría hacerse antes de intentar la aplicación libre y en un nivel meramente verbal de las dos entropías, la de Shannon y la de la mecánica estadística. Los razonamientos acerca de estos temas requieren sumo cuidado, pues el más ligero cambio de las condiciones o de los supuestos puede hacer que una afirmación rigurosamente verdadera se torne ridículamente falsa. Moverse en estas regiones equivale a moverse en una selva llena de trampas. Quienes están más familiarizados con el tema son generalmente los que lo tratan con mayor cautela.

Ej. 1: Obtener mentalmente la entropía de la matriz cuyas probabilidades de transición son:

↓	*A*	*B*	*C*
A	0,2	0	0,3
B	0,7	1,0	0,3
C	0,1	0	1,4

(Sugestión: Esta no es una cuestión de cálculo, sino de encontrar una simplicidad peculiar. ¿Qué significa 1 en la diagonal principal

(Ej. 9/5/1)? Por lo tanto, ¿cuál es el equilibrio final del sistema? ¿Tienen importancia las entropías de las columnas *A* y *C*? Y, ¿cuál es la entropía de la columna *B* (Ej. 9/11/6)?)

Ej. 2: (Continuación.) Explicar la paradoja: "Cuando el sistema está en *A*, *hay* variedad o incertidumbre en el próximo estado, de manera que la entropía no puede ser cero".

9/14. A veces, suele producirse una pequeña confusión porque la medida de Shannon de "entropía" de un conjunto de probabilidades $p_1, p_2, \ldots$, es la sumatoria de $p_i \log p_i$ multiplicada por —1 mientras que la definición de "cantidad de información" dada por Wiener en su *Cybernetics* es la misma sumatoria de $p_i \log p_i$, sin cambios (es decir, multiplicada por $+1$). (El lector debe tener en cuenta que $p \log p$ es necesariamente negativo, de manera que el factor "—1" lo convierte en un número positivo).

Sin embargo, no puede presentarse confusión, pues las ideas básicas son idénticas. Ambas consideran que la información es "lo que elimina incertidumbre" y la miden justamente por la cantidad de incertidumbre que quita. Además, a ambos les interesa ante todo la *ganancia* o incremento de información que se da al llegar un mensaje, al paso que son de interés menor las cantidades absolutas presentes antes o después.

Se advierte ahora claramente que cuando las probabilidades están muy distribuidas, como en *A* de la Fig. 9/14/1, la incer-

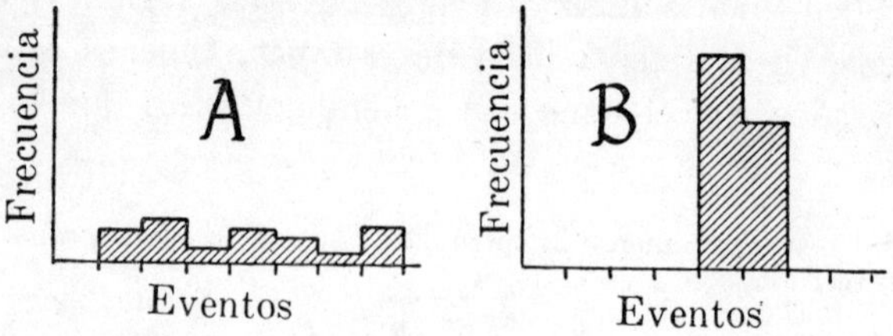

Fig. 9/14/1

tidumbre es mayor que cuando las probabilidades son compactas, como en *B*.

Por lo tanto, la recepción de un mensaje que hace que el receptor cambie sus cálculos acerca de lo que sucederá, de la distribución A a la distribución B, contiene una cantidad *positiva* de información. Ahora bien, si $\Sigma p \log p$ (donde Σ significa "sumatoria de") se aplica a A, da un número más negativo que si se aplica a B; ambos son negativas, pero el valor absoluto de A es mayor. Por ejemplo, la sumatoria correspondiente a A podría dar —20 y la de B —3. Si usamos $\Sigma p \log p$ multiplicada por *más* 1 como la cantidad de información que debe asociarse a cada distribución, es decir, a cada conjunto de probabilidades, y como, en general:

Ganancia (de cualquier cosa) = **cantidad final** menos **cantidad inicial**

la ganancia de información es, por lo tanto,

$$(-3) - (-20),$$

que es + 17, una cantidad positiva tal como queremos. Desde este punto de vista, que es el de Wiener, $\Sigma p \log p$ deberá multiplicarse por + 1, es decir, no debería cambiar su signo; lo que calculamos es entonces la *ganancia*.

Sin embargo, en todo el desarrollo de su libro, a Shannon le interesa el caso especial en el cual se conoce con certeza el mensaje recibido. Todas las probabilidades, en ese caso, son cero, excepto un único 1. En un conjunto tal, $\Sigma p \log p$ es cero, de manera que la cantidad final es cero, y la *ganancia* de información es

$$0 - (\text{cantidad inicial}).$$

En otras palabras, la información del mensaje, que es igual a la ganancia de información, es $\Sigma p \log p$, calculada en la distribución inicial y multiplicada por *menos* 1, lo que da la medida de Shannon.

En consecuencia, las dos medidas no discrepan entre sí más que las dos maneras de medir "a qué distancia a la derecha del punto *P* se encuentra el punto *Q*", mostradas en la figura 9/14/2.

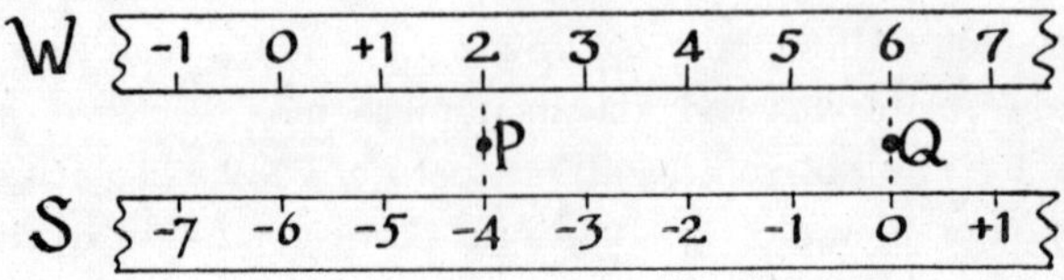

Fig. 9/14/2

Aquí podemos suponer que *P* y *Q* corresponden a dos grados de incertidumbre, con *más* certeza a la *derecha* y con un mensaje que desplaza el receptor de *P* a *Q*.

La distancia entre *P* y *Q* puede ser medida de dos modos que son claramente equivalentes. La forma de Wiener consiste en colocar la regla sobre *P* y *Q* (como *W* en la Fig.); la distancia a que *Q* se encuentra a la *derecha* de *P* está dada por

(lectura en *Q*) menos (lectura en *P*).

El método de Shannon (*S* en la Fig.) consiste en colocar el cero en concordancia con *Q*, y entonces la distancia a que *Q* se encuentra a la *derecha* de *P* está dada por

menos (lectura en *P*).

Evidentemente, no existe verdadera discrepancia entre ambos métodos.

9/15. *Capacidad de un canal.* Es necesario distinguir dos modos de reconocer la "entropía" en relación con una cadena de Markov, aun después de haber determinado la unidad (base logarítmica). La cifra calculada en la S. 9/12, a partir de las probabilidades de transición, proporciona la entropía, o variedad, que se espera obtener en el próximo paso aislado de la cadena. Si una moneda no polarizada ya ha producido Cr Cr Ca Ca Cr Ca Ca Ca Ca, la incertidumbre de lo que viene a continuación alcanza a 1 bit. El símbolo que sigue a continuación tiene también una incertidumbre de 1 bit, y así sucesivamente. Por lo tanto, la cadena como un todo tiene una incertidumbre o entropía de 1 bit *por paso.*

Entonces, dos pasos poseen una incertidumbre, o variedad, de 2 bits y así sucesivamente; esto se debe a que los dos pasos siguientes pueden ser CaCa, CaCr, CrCa, o CrCr, con probabilidades $\frac{1}{4}$, $\frac{1}{4}$, $\frac{1}{4}$ y $\frac{1}{4}$, lo que da $H = 2$ bits. En pocas palabras, puede decirse que *la entropía de una longitud de cadena de Markov es proporcional a dicha longitud* (siempre que se haya establecido el equilibrio).

Un método muy diferente de efectuar la medida en la cadena consiste en calcular la rapidez con que la cadena es producida *en el tiempo* por algún proceso físico real. Hasta aquí este aspecto ha sido ignorado, y la única graduación consistió en los términos de los pasos peculiares de la cadena. Para explicar la nueva escala se requiere sólo una simple regla de tres. Así, si (como en la S. 9/12) la "unidad de tiempo" de un paso del sistema de insectos es de 20 segundos, como cada 20 segundos producen 0,84 bits, 60 segundos producen (60/20) 0,84 bits; por lo tanto, cada insecto está produciendo variedad de posición a la velocidad de 2,53 bits *por minuto.*

Esa velocidad es el modo más natural de medir la capacidad de un canal, que es simplemente cualquier cosa que mediante su entrada puede ser obligada a tomar, a cada momento, uno entre una variedad de estados, y que puede transmitir ese estado a algún receptor. La velocidad a la que puede transmitir depende tanto de la rapidez con que los pasos pueden sucederse como de la variedad disponible en cada paso.

Debe tenerse en cuenta que, en cibernética, un "canal" se define estrictamente en términos de ciertas relaciones *de comportamiento* entre dos puntos; si dos puntos están relacionados entre ellos, existe un "canal" independientemente de que pueda o no advertirse una conexión material. (Considérense, por ejemplo, los Ejs. 4/15/2 y 6/7/1). A causa de este hecho, los canales que percibe el especialista en cibernética pueden ser muy diferentes de aquellos que admite quien se dedica a otra ciencia. Esto es bastante evidente en los casos elementales. Nadie niega que existe realmente alguna conexión funcional entre imán e imán, aunque hasta ahora ningún experimento haya demostrado la existencia de ninguna estructura intermedia.

Algunas veces, el canal puede seguir un camino poco habitual. Por ejemplo, el cerebro necesita información acerca de lo que sucede luego de haber emitido "órdenes" a un órgano; generalmente hay un nervio sensorial que va del órgano al cerebro y que transporta la información "monitora". El aviso de lo que sucede en las cuerdas vocales puede ser transportado, en consecuencia, por un nervio sensorial entre las cuerdas y el cerebro. Sin embargo, lo mismo también puede conseguirse en forma eficaz, sin utilizar ningún nervio del cuello, usando las ondas sonoras que se desplazan en el aire y vinculan las cuerdas vocales al cerebro, por intermedio del oído. Para el anatomista, esto no es un canal; para el ingeniero de comunicaciones sí lo es. Simplemente, debemos notar aquí que cada uno tiene razón en lo que respecta a su rama de la ciencia.

De este principio existen aplicaciones más complejas. Supongamos que preguntamos a alguien si 287 multiplicado por 419 es 118213. Probablemente nos responda: "no puedo hacer la cuenta mentalmente, déme lápiz y papel"; con los números 287 y 419, junto con la operación "multiplicar" como parámetro, en el interrogado se produce entonces un proceso (un transitorio, según la terminología de la S. 4/5) integrado por una serie de impulsos que atraviesan los nervios de su brazo y provocan una serie de trazos del lápiz sobre el papel, los cuales afectan su retina, y así sucesivamente hasta llegar al cerebro, donde se produce una interacción con el rastro (cualquiera sea) de "118213"; el interrogado formula entonces una respuesta final. Lo notable aquí es que este proceso —cerebro (a través de la corteza motora)-brazo-lápiz-trazos-rayos luminosos-retina-corteza visual (y de nuevo)-cerebro— es para el ingeniero de comunicaciones un típico "canal" que vincula el "transmisor" al "receptor". Para el cibernetista, por lo tanto, la materia blanca y las fibras similares no son los únicos canales de comunicación disponibles que comunican con el cerebro; *parte de la comunicación entre etapa y etapa puede realizarse a través del medio ambiente.*

9/16. *Redundancia.* En la S. 7/14 se estableció que por lo general cuando existe constricción ese hecho puede aprovecharse ventajosamente. Cuando la transmisión es incesante, se comprueba lo que se acaba de afirmar.

Por razones de simplicidad volvamos a considerar las luces de tránsito —roja, amarilla y verde— en las que sólo se dan las combinaciones

(1) roja
(2) roja y amarilla
(3) verde
(4) amarilla.

Cada componente (cada lámpara o color) puede estar encendida o apagada, de manera que si las componentes fueran independientes, la variedad total posible sería de 8 estados. De hecho se usan sólo 4 combinaciones, de manera que en el conjunto hay constricción.

Volvamos a examinar estos hechos luego de advertir que es necesaria una variedad de cuatro señales:

(I) deténgase
(II) prepárese a partir
(III) avance
(IV) prepárese a detenerse.

Si tenemos diversas componentes, cada una de las cuales puede tomar dos valores, + ó —, podemos preguntarnos *cuántas* componentes son necesarias para dar esta variedad. La respuesta es, evidentemente, dos, y mediante una nueva codificación conveniente, tal como

$$
\begin{aligned}
+\,+ &= \text{deténgase}\\
+\,- &= \text{prepárese a partir}\\
-\,- &= \text{siga}\\
-\,+ &= \text{prepárese a detenerse,}
\end{aligned}
$$

puede conseguirse la misma variedad con un vector de sólo dos componentes. El hecho de que el número de componentes pueda ser reducido (de tres a dos) sin pérdida de variedad, puede expresarse diciendo que el primer conjunto de vectores en este caso presenta **redundancia** de una lámpara.

Se advierte así que podemos aprovechar esta constricción. Por ejemplo, si las lámparas eléctricas fueran muy caras, el costo de las señales, codificadas en la nueva forma, se reduciría a dos tercios del anterior.

Exactamente las mismas luces también pueden mostrar una redundancia muy diferente si se las considera generadoras de un conjunto distinto de vectores. Supongamos que las luces son accionadas por medio de un reloj, en vez de regularse de acuerdo con el tránsito, de manera que recorren un ciclo de estados (con la misma numeración anterior)

$$\ldots 3, 4, 1, 2, 3, 4, 1, 2, 3, \ldots$$

La sucesión que se produce (considerada como un vector, S. 9/9) puede ser sólo uno de los cuatro vectores siguientes:

$$
\begin{aligned}
\text{(I)}\ & (1, 2, 3, 4, 1, 2, \ldots)\\
\text{(II)}\ & (2, 3, 4, 1, 2, 3, \ldots)\\
\text{(III)}\ & (3, 4, 1, 2, 3, 4, \ldots)\\
\text{(IV)}\ & (4, 1, 2, 3, 4, 1, \ldots)
\end{aligned}
$$

Si hubiera independencia en cada paso (como la que podría obtenerse con un dado de cuatro caras) y n componentes, la variedad sería 4^n; pero en realidad es sólo 4. Para aclarar bien el asunto, téngase en cuenta que la misma variedad podría obtenerse mediante vectores de una sola componente:

(I) (1)
(II) (2)
(III) (3)
(IV) (4)

habiéndose omitido todas las componentes que siguen a la primera; por lo tanto, todas aquéllas son redundantes.

En consecuencia, una sucesión puede presentar redundancia si a cada paso el valor siguiente no es completamente independiente de los valores de los pasos anteriores. (Comparar con la S. 9/10.) Si la sucesión es una cadena de Markov, la redundancia queda evidenciada por el hecho de que la entropía de la cadena tiene un valor menor que el máximo.

El hecho de que un conjunto de luces de tránsito origine dos conjuntos de vectores sumamente diferentes vuelve a recordarnos que debe tenerse sumo cuidado al aplicar estos conceptos a algún *objeto*, pues a menudo éste proporciona una gran riqueza de conjuntos que pueden analizarse. Por lo tanto, la pregunta "¿muestran redundancia las luces de tránsito?" no es admisible, pues no indica cuál de los conjuntos de vectores se está considerando, y la respuesta puede variar mucho según cuál sea el conjunto. Esta advertencia es particularmente necesaria en una obra destinada a quienes trabajen en problemas biológicos, pues en ellos con frecuencia es difícil definir los conjuntos de vectores, e inclusive quizá sólo puede lograrse con ayuda de alguna arbitrariedad (comparar con la S. 6/14). Todo nos induce, por lo tanto, a caer en la tentación de encarar el conjunto que se examina en forma intuitiva y vaga, más bien que en forma explícita y exacta. El lector ha de comprobar a menudo que ciertas contradicciones inaceptables entre dos razonamientos desaparecen al definir con mayor precisión el conjunto en discusión; con frecuencia, la contradicción se debe a que los dos razonamientos se refieren en realidad a dos conjuntos diversos, aunque asociados estrechamente con el mismo objeto u organismo.

Ej. 1: Una Tabla de identificación de bacterias consigna el poder de 62 especies para fermentar 14 azúcares, indicando "ácido", "ácido y gas", o "nada", según el caso. Por lo tanto, cada especie corresponde a un vector de 14 componentes, cada una de las cuales puede tomar uno de tres valores; el conjunto ¿es redundante? ¿A cuántas componentes podría reducirse el vector?

Ej. 2: Si una cadena de Markov no ofrece redundancia ¿cómo puede reconocerse a simple vista su matriz?

9/17. Ahora es posible establecer el que quizá sea el más importante de los teoremas enunciados por Shannon. Supongamos que queremos transmitir un mensaje con *H* bits por paso; por ejemplo, que queremos informar sobre los movimientos de un único insecto en la charca. *H* es en este ejemplo 0,84 bits por paso (S. 9/12), o como diría un telegrafista, por símbolo, pensando en una serie tal como ... G A B A B B B A G G G A B A G A ... Supongamos, para concretar, que entre paso y paso transcurren 20 segundos. Como la velocidad de estos sucesos está dada, *H* puede también expresarse como 2,53 bits por minuto. Según el teorema de Shannon cualquier canal con esta capacidad puede transportar el informe, pero en cambio no puede hacerlo cualquier otro canal de menor capacidad; asimismo, también afirma que siempre existe un código mediante el cual puede usarse el canal.

Que los canales de alta velocidad pueden transmitir más información que los lentos ya era, quizá, bastante evidente; lo importante de ese teorema es, en primer lugar, su gran generalidad (puesto que no alude a ninguna maquinaria específica, y por lo tanto se aplica igualmente al telégrafo, a las fibras nerviosas, o a la conversación) y, en segundo lugar, su rigor cuantitativo. Por ejemplo, si la charca estuviera muy alejada, en la montaña, cabría preguntarse si el informe puede ser transmitido por medio de señales de humo. Supongamos que cada cuarto de minuto, pero no más rápidamente, o bien puede o bien no puede enviarse una fumarada distinta. En este caso la entropía es de 1 bit por símbolo, y por lo tanto la capacidad del canal es de cuatro bits por minuto. Dado que 4 es mayor que 2,53, el canal *puede* conducir la información y es posible encontrar un código que transmita la información cambiando posiciones en fumaradas.

Shannon mismo ha ideado un ejemplo que muestra con toda exactitud la precisión de esta ley cuantitativa. Supongamos que una fuente produce letras A, B, C, D con frecuencias en la relación de 4, 2, 1, 1, respectivamente, y que los sucesivos símbolos son independientes. Una porción típica de la sucesión podría ser ... B A A B D A A A A B C A B A A D A ... En equilibrio, las frecuencias relativas de A, B, C y D serían $\frac{1}{2}$, $\frac{1}{4}$, $\frac{1}{8}$, $\frac{1}{8}$ respectivamente, y la entropía sería de $1\frac{3}{4}$ bits por paso (es decir, por letra).

Ahora bien, un canal que puede producir en cada paso uno cualquiera de 4 estados sin constricción tiene una capacidad de 2 bits por paso. Según el teorema de Shannon, debe existir un código que permita a este último canal (con capacidad de 2 bits por paso) transmitir tal sucesión (con entropía $1\frac{3}{4}$ bits por paso) de manera que cualquier mensaje extenso requiera menos pasos en la relación de 2 a $1\frac{3}{4}$, es decir de 8 a 7. Para lograrlo, Shannon ha ideado la siguiente codificación:

Codificar primero el mensaje mediante

$$\downarrow \begin{array}{cccc} A & B & C & D \\ 0 & 10 & 110 & 111 \end{array}$$

por ejemplo, en el caso del mensaje anterior,

$$\downarrow \begin{array}{l} B\ .\ A\ A\ B\ .\ D\ .\ .\ A\ A\ A\ A\ B\ .\ C\ .\ .\ A\ B\ .\ A\ A\ D\ .\ .\ A \\ 1\ 0\ 0\ 0\ 1\ 0\ 1\ 1\ 1\ 0\ 0\ 0\ 0\ 1\ 0\ 1\ 1\ 0\ 0\ 1\ 0\ 0\ 0\ 1\ 1\ 1\ 0 \end{array}$$

Dividir la línea inferior en pares y volver a codificar en un nuevo conjunto de letras mediante

$$\downarrow \begin{array}{cccc} 00 & 01 & 10 & 11 \\ E & F & G & H \end{array}$$

Estos códigos convierten cualquier mensaje en "A a D" en "E a H" y recíprocamente, sin ninguna ambigüedad. Lo importante es que si tomamos un conjunto típico de 8 de las letras originales (representada cada una con su frecuencia típica) descubrimos que pueden ser transmitidas como 7 del nuevo

	A	*A*	*A*	*A*	*B*	.	*B*	.	*C*	.	.	*D*	.	.
$\downarrow$	0	0	0	0	1	0	1	0	1	1	0	1	1	1
	.	*E*	.	*E*	.	*G*	.	*G*	.	*H*	.	*F*	.	*H*

y así se demuestra la posibilidad de una compresión; compresión que fue predicha cuantitativamente por la entropía del mensaje original.

Ej. 1: Demostrar que el último código de esta sección establece una correspondencia biunívoca entre los mensajes recibido y enviado, excepto una posible ambigüedad en la primera letra.

Ej. 2: La lengua inglesa impresa tiene una entropía de aproximadamente 10 bits por palabra. Podemos leer alrededor de 200 palabras por minuto. Establecer un límite inferior para la capacidad de canal del nervio óptico.

Ej. 3: Si un pianista puede apoyar cada uno de sus diez dedos en una cualquiera de tres notas, y puede hacerlo 300 veces por minuto, determinar un límite inferior para la capacidad de canal de los nervios de los miembros superiores.

Ej. 4: Los registros de un banco, que consisten en una secuencia indefinida de dígitos, 0 a 9, distribuidos aparentemente al azar, deben ser codificados en Braille y luego archivados. Si es necesario archivar 10.000 dígitos por hora, ¿con qué velocidad se imprime el Braille si se utiliza la codificación óptima? (Sugestión: El "alfabeto" Braille está integrado por 64 símbolos.)

9/18. Daremos otro ejemplo más para mostrar la sorprendente capacidad que tiene el método de Shannon para captar lo esencial en comunicaciones. Analicemos el sistema de estados *a*, *b*, *c*, *d*, con probabilidades de transición

$\downarrow$	*a*	*b*	*c*	*d*
a	0	0	0,3	0,3
b	0,6	0,6	0	0
c	0,4	0,4	0	0
d	0	0	0,7	0,7

Una sucesión típica podría ser

... b b b c a b c a b b c d d a c d a b c a c d d d d d d a b b ...

Las probabilidades de equilibrio son 6/35, 9/35, 14/35 respectivamente. Rápidamente se descubre que la entropía es de 0,92 bits por letra. Supongamos que se pierde ahora la distinción entre *a* y *d*, mediante el código

↓	*a*	*b*	*c*	*d*
	X	*b*	*c*	*X*

¿Estamos seguros de que se pierde alguna información? Veamos: hay ahora sólo 3 estados *X*, *b*, *c*, y en ellos *X* significa "ya sea *a* o *d*". El mensaje anterior comenzaría ahora ... *b b b c X b c X b b c X X X c* ... Se comprueba que las probabilidades de transición son

↓	*X*	*b*	*c*
X	0,70	0	1
b	0,18	0,6	0
c	0,12	0,4	0

($c \to X$ debe ser 1, pues *c* va siempre a *a* o a *d*; debe asignarse peso a las transiciones a partir de *a* y a partir de *d* mediante las probabilidades (de equilibrio) de estar en *a* o en *d*). Los nuevos estados tienen las siguientes probabilidades de equilibrio: *X*, 20/35; *b*, 9/35; *c*, 6/35; y las siguientes entropías: H_x, 1,173; H_b, 0,971; H_c, 0. Por lo tanto, la entropía de la nueva serie es de 0,92 bits por letra, ¡exactamente la misma que antes!

Este hecho nos señala en forma incontrovertible que al mezclar las *d* y las *a* en *X* no se pierde ninguna información. Nos dice, por lo tanto, que *debe haber algún medio de restaurar el mensaje original de 4 letras a partir del de 3*, de distinguir cuáles de las *X* eran *a* y cuáles *d*. Un examen más atento demuestra que esto es practicable, verificando en forma acabada aquella predicción tan sorprendente.

Ej. ¿Cómo se decodificará la forma

b b b c X b c X b b c X X X c X X b c X c X X X X X X X b b

de esta sección, para volverla a su forma original?

Ruido

9/19. Puede suceder que la entrada total de un transductor sea susceptible de ser dividida en dos o más componentes, y que deseemos examinarlas en forma individual. Esto es lo que sucedía en el Ej. 8/17/3, en el que dos mensajes se enviaban simultáneamente a través del mismo transductor y se recuperaban en forma separada en la salida. Algunas veces, sin embargo, no es posible deducir completamente las dos entradas a partir de la salida. Si como fuente de variedad nos interesa sólo una de las componentes de entrada y si consideramos la otra simplemente una molestia inevitable, la situación por lo común suele describirse diciendo que el "mensaje está alterado por ruido".

Debe tenerse en cuenta que *el ruido no es intrínsecamente distinguible de cualquier otra forma de variedad.* Sólo cuando se proporciona un receptor que establece cuál de los dos es importante para él, es posible establecer una distinción entre mensaje y ruido. Supongamos, por ejemplo, que por un conductor circulen simultáneamente una conversación y ciertos efectos debidos a un cátodo que emite irregularmente. Para la persona que quiere oir la conversación las variaciones del cátodo son "ruido", pero para el ingeniero que trata de medir en forma precisa lo que sucede en el cátodo, el "ruido" es la conversación. El "ruido", por lo tanto, se relaciona exclusivamente con un receptor dado, y es él quien debe decidir cuál es la información descartable.

Vale la pena destacar el punto, pues como una de las fuentes más comunes de variedad no deseable en los sistemas electrónicos es la agitación térmica (movimiento browniano) de las moléculas y de los electrones, los ingenieros electrónicos tienden a usar la palabra "ruido" sin discriminación para indicar esta fuente particular. En su especialidad continuarán probablemente usando la palabra en este sentido, pero las personas que trabajan en otras ciencias no tienen por qué utilizar esa terminología. En biología, especialmente, "ruido" alude sólo rara vez a esa fuente particular; el "ruido" de un sistema con mayor frecuencia se debe a un sistema macroscópico del cual no puede aislarse por completo el sistema que se está estudiando.

Si los dos (o más) mensajes son completa y simultáneamente recuperables mediante la decodificación de la salida, el concepto de ruido tiene escasa utilidad. Se lo usa, sobre todo, cuando dos mensajes (uno que se necesita y otro que no se necesita) interactúan de manera tal que provocan cierta destrucción mutua, haciendo que la codificación no sea completamente reversible. Para comprobar cómo sucede esto volvamos a los procesos fundamentales. La irreversibilidad debe significar que la variedad no es sostenida (S. 8/6), y que distintos elementos de la entrada están representados en la salida por sólo un elemento. Consideremos el caso en que la entrada es un vector de dos componentes cuyos valores posibles son

para el primer vector: *A*, *B* o *C*
" " segundo " *E*, *F* o *G*,

la salida, una variable que puede tomar los valores 1, 2,..., 9 y el código:

↓	*AE*	*AF*	*AG*	*BE*	*BF*	*BG*	*CE*	*CF*	*CG*
	6	4	2	2	9	1	3	7	5

Si el mensaje de entrada fuera la sucesión *B A C B A C A A B B*, y si el "ruido" diera simultáneamente la sucesión *G F F E E E G F G E*, la salida sería

1, 4, 7, 2, 6, 3, 2, 4, 1, 2,

y la decodificación daría, para la primera componente, sólo la aproximación

$$B, A, C, \overline{A \text{ o } B}, A, C, \overline{A \text{ o } B}, A, B, \overline{A \text{ o } B}.$$

Por lo tanto, el mensaje original de esa entrada ha sido "alterado" por el "ruido" en la otra entrada.

En este ejemplo, el canal tiene la capacidad de transmitir el mensaje sin ambigüedad, si se suprime el ruido manteniendo la segunda entrada constante en, por ejemplo, E puesto que entonces la codificación es biunívoca

$$\downarrow \begin{matrix} A & B & C \\ 6 & 2 & 3 \end{matrix}$$

y reversible.

Debe observarse que la interacción ocurría porque se usaban sólo 8 de los 9 estados posibles de salida. A causa de esta restricción permanente, la capacidad del canal estaba reducida.

Ej. 1: ¿Cuál es la codificación de la primera entrada a la salida si se mantiene la segunda salida constante en (I)F; (II) G?

Ej. 2: Un sistema de tres estados —P, Q, R— debe transmitir cambios a dos entradas α, β, cada una de las cuales puede tomar dos estados. Los estados de las entradas y los del sistema cambian sincrónicamente. ¿Es posible la transmisión sin ruido?

9/20. *Distorsión.* Debe observarse que la falsificación de un mensaje *no* es necesariamente idéntica al efecto del ruido. "Si una señal particular transmitida siempre produce la misma señal recibida, es decir, la señal recibida es una función definida de la señal transmitida, en ese caso el efecto puede denominarse distorsión. Si esta función tiene una inversa —no hay dos señales transmitidas que produzcan la misma señal recibida— la distorsión puede ser corregida, por lo menos en principio, realizando simplemente la operación funcional inversa en la señal recibida" (Shannon).

Ej. 1: El cambio por el cual un objeto produce su imagen invertida en la retina ¿es una distorsión o una alteración?

Ej. 2: Una tensión aplicada a un músculo produce una corriente permanente de impulsos cuya frecuencia no es proporcional a la tensión. La desviación de la proporcionalidad ¿es una distorsión o una alteración?

Ej. 3: (Continuación.) Si el nervio que conduce los impulsos es sometido a la acción de vapores alcohólicos suficientemente fuertes, cesa de conducir todas las tensiones. ¿Es esto una distorsión o una alteración?

9/21. *Equivocación.* Hasta ahora no ha sido desarrollada —por lo menos que sepamos— una medida conveniente del *grado* de alteración que pueda ser usada en los casos básicos. En el caso del canal que transmite incesantemente, empero, Shannon ha desarrollado la medida apropiada.

Se supone en primer lugar que tanto las señales originales como las señales recibidas forman cadenas de Markov del tipo definido en la S. 9/4. En consecuencia, los datos de los mensajes pueden presentarse de modo que muestren las frecuencias (o probabilidades) con que suceden todas las combinaciones posibles del vector (símbolo enviado, símbolo recibido). Así, para utilizar un ejemplo de Shannon, supongamos que se envían 0 y 1, y que las probabilidades (frecuencias relativas en este caso) de los símbolos recibidos son

Símbolo enviado	0	0	1	1
Símbolo recibido	0	1	0	1
Probabilidad	0,495	0,005	0,005	0,495

De cada mil símbolos enviados, 10 llegan en forma incorrecta y dan un error de 1 %.

A primera vista, este "1 % incorrectos" quizá parezca la medida natural de la cantidad de información perdida, pero esta interpretación conduce a resultados absurdos. Por ejemplo, si en la misma transmisión la línea fuera destruida, y el receptor arrojase simplemente una moneda para lograr su "mensaje", obtendría aproximadamente la mitad de los símbolos en forma correcta, aunque no hubiese sido transmitida ninguna información. Shannon ha demostrado en forma concluyente que la medida natural es la **equivocación**, que se calcula de esta manera. Encontremos en primer término la entropía de todas las clases posibles:

$$—0{,}495 \log 0{,}495 —0{,}005 \log 0{,}005$$
$$—0{,}005 \log 0{,}005 —0{,}495 \log 0{,}495$$

Llamémosla H_1; ésta es de 1,081 bits por símbolo. Combinemos luego las señales recibidas y sus probabilidades; eso nos da la tabla

Símbolo recibido	0	1
Probabilidad	0,5	0,5

Encontremos su entropía:

$$-0{,}5 \log 0{,}5 - 0{,}5 \log 0{,}5$$

Llamémosla H_2; ésta es de 1,000 bits por símbolo. La equivocación es entonces $H_1 - H_2 = 0{,}081$ bits por símbolo.

El verdadero régimen en el que se transmite información (debe dejarse una tolerancia para el efecto del ruido) es la entropía de la fuente menos la equivocación. La fuente que aquí tratamos tiene una entropía de 1,000 bits por símbolo, como se deduce de:

Símbolo enviado	0	1
Probabilidad	0,5	0,5

de manera que la cantidad original suministrada es 1,000 bit por símbolo. De ésta 0,919 pasa, y 0,081 se destruye por el ruido.

Ej. 1: ¿Cuál es la equivocación en la transmisión de la S. 9/19 si en un tiempo suficientemente largo las nueve combinaciones de letras se presentan con igual frecuencia?

Ej. 2: (Continuación.) ¿Qué sucede con la equivocación si la primera entrada usa sólo los símbolos *B* y *C*, de manera que las combinaciones *BE*, *BF*, *BG*, *CE*, *CF*, *CG* se presentan con igual frecuencia? ¿Es razonable la respuesta?

**Ej.* 3: Demostrar las siguientes reglas, útiles cuando necesitamos hallar el valor de la expresión $-p \log_a p$ en los casos en que p es muy pequeño o muy cercano a 1:

(I) Si $p = xy$, $\quad -p \log_a p = -xy(\log_a x + \log_a y)$;

(II) Si $p = 10^{-z}$, $\quad -p \log_a p = \dfrac{z \times 10^{-z}}{\log_{10} a}$;

(III) Si p es muy cercano a 1, ponga

$$1 - p = q, \text{ y} -p \log_a p = \frac{1}{\log_e a}\left(q - \frac{q^2}{2} \ldots\right).$$

Ej. 4: Hallar $-p \log_2 p$ cuando p vale 0,00025. (Sugestión: Escribir p como 2.5×10^{-4}, y utilizar (I).)

Ej. 5: Al hacer un recuento sanguíneo un hematólogo examina con el microscopio linfocitos y monocitos, discriminándolos. Si confunde 1 de cada 100 linfocitos con un monocito, y 1 de cada 200 monocitos con un linfocito, y estas células se presentan en la sangre en la relación de 19 linfocitos por cada monocito, ¿cuál es su equivocación? (Sugestión: los resultados de los dos ejercicios previos.)

9/22. *Transmisión libre de error.* Podemos pasar ahora al teorema fundamental de Shannon que se refiere a la transmisión de información en presencia de ruido (es decir, cuando están en actividad otras entradas extrañas al caso). Podría suponerse que al enviar mensajes a través de un canal que subordina cada mensaje a una probabilidad definida de ser alterado al azar, es imposible recibir un mensaje correcto con certeza. Sin embargo, Shannon ha demostrado en forma concluyente que este punto de vista, aunque plausible, es equivocado. Mensajes fidedignos pueden transmitirse a través de un canal inseguro. El lector que opine que esto es increíble, debe consultar el libro de Shannon; allí hallará la demostración; aquí, enuncio sólo el resultado.

Supongamos que la información que debe transmitirse tiene una cantidad H, y que la equivocación es E, de manera que la información recibida es H menos E (en toda la obra de Shannon se supone que la transmisión es incesante). Según el teorema, si aumenta la capacidad del canal en una cantidad no menor que E —quizá proveyendo otro canal paralelo—, es posible codificar los mensajes en forma tal que la fracción de errores aún presentes pueda acercarse *a cero tanto como uno quiera.* (El precio de una muy pequeña fracción de errores es retardo en la transmisión; esto se debe a que es necesario acumular suficientes símbolo-mensajes para que el promedio del material acumulado se aproxime al valor del promedio a lo largo de todo el tiempo.)

Recíprocamente, con menos retardo, se puede hacer decrecer la cantidad de errores tanto como se quiera, incrementando la capacidad del canal sobre la cantidad mínima E.

Difícilmente puede sobrestimarse la importancia de este teorema por cuanto significa una valiosa contribución a nuestra comprensión de cómo un sistema conectado en forma intrincada —la corteza cerebral, por ejemplo— puede conducir mensajes sin que, a causa del error y de la interferencia, cada mensaje gradualmente se vaya alterando tanto que resulte inútil. El teorema postula que si hay disponible suficiente capacidad de canal, los errores pueden mantenerse en un nivel tan bajo como se desee. Ahora bien, en el cerebro, y especialmente en la corteza, hay poca restricción a la capacidad del canal, puesto que puede obtenerse más capacidad simplemente ocupando más fibras, sea por crecimiento embriogenético, sea por alguna incorporación funcional en el aprendizaje.

Aún no se ha advertido la repercusión de este teorema en el ámbito de la neuropsicología. La plenitud de su alcance reside no tanto en la capacidad para resolver el problema: "¿cómo hace el cerebro para vencer la siempre creciente alteración de sus mensajes internos?", sino en el hecho de haber demostrado que es muy difícil que se presente ese problema o que, en última instancia, es de menor cuantía.

Este teorema, asimismo, ilustra otro aspecto en el cual la cibernética puede ser útil en biología. Los métodos cibernéticos pueden ser decisivos en el tratamiento de ciertos problemas difíciles, pero no porque hayan descubierto la solución, sino porque han demostrado que el problema no ha sido planteado correctamente o se ha basado en un supuesto erróneo.

Algunos de los problemas capitales de la actualidad acerca del cerebro y su comportamiento provienen del medievo y aun de épocas anteriores, cuando los presupuestos básicos eran muy diferentes y a menudo ridículamente falsos, según las pautas actuales. Algunos de estos problemas están probablemente mal planteados y quizá puedan compararse al clásico de la medicina medieval: ¿cuáles son las relaciones entre los cuatro elementos y los cuatro humores? Este problema, digamos de paso, no ha sido nunca *resuelto*; lo que sucedió fue que cuando los químicos y los patólogos ampliaron el caudal de conocimientos sobre el cuerpo, se dieron cuenta de que no había razón para plantearlo.

Alguno de nuestros clásicos problemas del cerebro —quizá aquellos que atañen a la localización, causación y aprendizaje— acaso sean de este tipo. En apariencia, es muy probable que la nueva perspectiva dada por la cibernética nos capacite para un discernimiento mejor; si esto sucede, podrán eliminarse algunos interrogantes, por cuanto se habrá demostrado claramente que no había razón alguna para formularlos.

Parte III: Regulación y control

El fundamento de toda fisiología debe ser la fisiología de la permanencia.

Darlington

10. Regulación en sistemas biológicos

10/1. Las dos Partes precedentes han versado sobre Mecanismo (y los procesos en el interior del sistema) y Variedad (y los procesos de comunicación entre sistema y sistema). Estos dos temas han sido estudiados en primer término porque son fundamentales. Ahora los aplicaremos; en la Parte III se estudiará lo que constituye el tema central de la cibernética: la regulación y el control.

En este primer capítulo se pasa revista a la ubicación de la regulación en biología, y se expone brevemente el porqué de su fundamental importancia. Se muestra de qué manera la regulación está esencialmente relacionada con el flujo de variedad. En el capítulo siguiente (11) se estudia esta relación en forma más detallada, y se ofrece una ley cuantitativa: la cantidad de regulación que puede obtenerse está limitada por la cantidad de información que es posible transmitir por un determinado canal. El capítulo que sigue (12) encara el problema de cómo concretar los principios abstractos del capítulo 11; qué tipo de maquinaria podrá realizar lo que se persigue. Este capítulo introduce una nueva clase de máquina, la markoviana, que extiende las posibilidades consideradas en la Parte I. En los capítulos ulteriores se examina el logro de la regulación y el control cuando las dificultades aumentan, particularmente las que surgen cuando el sistema es muy grande.

Al principio, en la Parte III supondremos que el regulador está ya dado, sea por naturaleza, sea por haber sido especialmente fabricado, sea por cualquier otro medio. En la S. 13/10 se estudiará cómo está hecho, o cómo llegó a hacerse el regulador que ejecuta cosas tan útiles.

10/2. El objeto principal del presente capítulo es proporcionar indicios al lector, demostrándole que los temas que se analizan en los capítulos siguientes (11 en adelante) son de fundamental importancia en biología. En ella, el tema de la regulación es tan vasto que un solo capítulo no puede hacerle justicia. En su obra *Wisdom of the Body*, Cannon trató el tema en forma adecuada en lo que se refiere a actividades internas y vegetativas, pero aún hay que escribir un libro, de mayor alcance, para demostrar que todas las actividades del organismo dirigidas al exterior —sus actividades "superiores"— son regulatorias en forma similar, esto es, homeostáticas. En este capítulo confío mucho en la imaginación del lector, basándome en que él, por el hecho de ser biólogo, debe estar suficientemente familiarizado con la tesis. Ésta, de todas maneras, ha sido expuesta con cierta amplitud en *Design for a Brain*.

El propósito principal de este capítulo es vincular entre sí los conceptos de regulación, información y supervivencia, para exponer su relación íntima y para demostrar que los tres pueden ser tratados por un método que es completamente coherente con lo que hasta ahora se ha dicho en el libro; método que puede ser tan riguroso, objetivo e inequívoco como sea necesario.

10/3. *El fundamento.* Comencemos por el principio. Los datos fundamentales de la biología son que la Tierra tiene ahora una edad de dos mil millones de años y que el biólogo generalmente estudia lo que existe hoy en día. De estos dos hechos se deduce algo que, pese a ser muy conocido, desearía enunciar de nuevo en nuestros términos.

Vimos en la S. 4/23 que si un sistema dinámico es grande y compuesto de partes con mucha repetición, y contiene además alguna propiedad que sea autocatalítica (es decir, cuya presencia en un punto aumente la probabilidad de que se presente también en otro punto), tal sistema es, en lo que concierne a esta propiedad, esencialmente inestable en ausencia de ella. La Tierra contiene carbono y otros elementos necesarios, y se sabe que muchas combinaciones de carbono, nitrógeno y algunos otros elementos son autorreproductores. Se deduce que aunque el estado de "falta de vida" es casi un estado de equilibrio, este equilibrio es inestable (S. 5/6), y una única desviación de él es suficiente para iniciar una trayectoria que se desvía más y más del estado "sin vida". Lo que vemos hoy en el mundo biológico son estos procesos autocatalíticos que muestran todas las peculiaridades que les han sido impuestas por dos mil millones de años de eliminación de aquellas formas que no pueden sobrevivir.

Los organismos que vemos en la actualidad están profundamente marcados por la acción selectiva de dos mil millones de años de atrición. Toda forma que tuviera algún defecto en su capacidad de supervivencia ha sido eliminada, y en el presente las características de casi todas las formas se singularizan por estar adaptadas para asegurar la *supervivencia* con prioridad a cualquier otro resultado posible. Ojos, raíces, cilias, valvas y garras están diseñados para lograr que la posibilidad de supervivencia sea la máxima. Y cuando estudiamos el cerebro, estamos nuevamente ante medios de supervivencia.

Supervivencia

10/4. Lo que se acaba de decir es bastante bien conocido. Nos sirve, sin embargo, para vincular estos hechos a las ideas desarrolladas en este libro y para mostrar con exactitud la conexión.

Consideremos, por lo tanto, qué significa, en general, "supervivencia". Supongamos que un ratón está tratando de escaparse de un gato; de tal manera lo que está en cuestión es la supervivencia del ratón. Como sistema dinámico, el ratón puede estar en una variedad de estados; puede, por ejemplo, estar en varias posturas; la cabeza puede estar vuelta hacia este lado o hacia el otro; su temperatura puede tener varios valores; puede tener dos orejas o una. Estos diferentes estados pueden presentarse durante su intento de escapar e inclusive puede decirse que ha sobrevivido. Por otra parte, si el ratón cambia del estado en que se halla a un estado en que conste de cuatro piezas separadas, o ha perdido la cabeza, o se ha convertido en una solución de aminoácidos que circula en la sangre del gato, entonces no consideramos que uno de esos estados esté relacionado con la "supervivencia".

Por lo tanto, el concepto de "supervivencia" puede ser expresado en términos perfectamente rigurosos similares a los usados en toda esta obra. Los varios estados (R significa Ratón) en que puede encontrarse el ratón al principio y a los que puede pasar luego de su encuentro con el gato, forman un conjunto $R_1, R_2, \ldots, R_k, \ldots, R_n$. Por diversas razones prácticas y convenientes decidimos restringir el significado de las palabras "ratón *vivo*" para indicar el ratón en uno de los estados de algún subconjunto de estas posibilidades, digamos de R_1 a R_k. Si ahora se hace actuar alguna operación G (por gato) sobre el ratón en el estado R_i, y $G(R_i)$ nos da, por ejemplo, R_2, podemos decir entonces que R ha "sobrevivido" a la operación de G, puesto que R_2 se encuentra en el conjunto $R_1, \ldots, R_k$.

Si tenemos ahora un ratón particular que es muy hábil y sobrevive siempre a la operación G, todos los estados $G(R_1)$, $G(R_2), \ldots, G(R_k)$ están contenidos en el conjunto $R_1, \ldots, R_k$. Se ve ahora que esta representación de supervivencia es *idéntica* a la de "estabilidad" de un conjunto (S. 5/5). Por lo tanto, los conceptos de "supervivencia" y "estabilidad" pueden ponerse en relación exacta, y las verdades y teoremas acerca de uno pueden usarse en el otro, siempre que se conserve la exactitud.

Los estados R a menudo son definidos en términos de variables. Los estados $R_1, \ldots, R_k$ que corresponden al organismo vivo son aquellos estados en los cuales ciertas **variables esenciales** se mantienen en límites ("fisiológicos") establecidos.

Ej. 1: Si n es igual a 10, y k vale 5, ¿a qué correspondería la operación $G(R_7) = R_9$?

Ej. 2: (Continuación.) ¿A qué correspondería la operación $G(R_8) = R_4$?

Ej. 3: ¿Cuál sería una definición apropiada de "letal" si el ataque de G fuera invariablemente fatal para R?

10/5. ¿Qué es lo que sobrevive a través de los tiempos? No es el organismo individual, sino ciertos tipos genéticos peculiarmente bien compuestos, en particular aquellos que conducen a la producción de un individuo que porta el modelo genético bien protegido en su interior, y que en el lapso de una generación puede cuidar de sí mismo.

Esto significa que aquellos tipos genéticos especialmente aptos para sobrevivir (y por lo tanto para existir hoy en día) son los que provocan el crecimiento —entre ellos y el mundo peligroso— de algún mecanismo más o menos elaborado de defensa. Es así como los genes del *Testudo* provocan el crecimiento de una valva; y los genes del *Homo* provocan el crecimiento de un cerebro. (Los genes que no provocan tales crecimientos han quedado eliminados hace ya mucho tiempo.)

Encaremos ahora el sistema como un sistema de partes en comunicación. En la sección anterior el diagrama de efectos inmediatos (del gato y el ratón) era (o podía ser considerado como)

$$\boxed{G} \rightarrow \boxed{R}$$

Estamos ahora considerando el caso en el cual el diagrama es

$$\boxed{D} \rightarrow \boxed{F} \rightarrow \boxed{E}$$

en el cual E es el conjunto de variables esenciales, D es la fuente de perturbación y peligro (tal como G) del resto del mundo, y F es la parte interpolada (valva, cerebro, etc.) que forma el modelo genético para proteger a E. (F puede también incluir las partes del medio ambiente que pueden ser usadas en forma similar para la protección de E, la madriguera en el caso del conejo, el agujero en el barro en el del cangrejo, la lanza en el del lancero, y la espada, utilizada como defensa, por el espadachín.)

Para facilitar las referencias en toda la Parte III, dividamos los estados de las variables esenciales E en un conjunto η —que corresponden al "organismo vivo" o "sano"— y otro no-η —los que corresponden al "organismo no-viviente" o "enfermo"—. (A menudo la clasificación puede no ser tan simple, pero en principio no habrá dificultades; nada de lo que se diga excluye la posibilidad de una clasificación más sutil.)

Para aclarar los supuestos, veamos a manera de ejemplo algunos casos sencillos. (Para simplificar, al principio se ofrecen sistemas regulatorios inanimados.)

(1) *El baño controlado por un termostato.* E es su temperatura y lo que se desea (η) es un margen de temperatura que vaya, por ejemplo, desde 36°C a 37°C. D es el conjunto de todas las perturbaciones que pueden llevar la temperatura fuera de este margen (adición de agua fría, ráfagas frías, inmersión de objetos fríos, etc.); F es el total de la maquinaria regulatoria que, por su acción, tiende a disminuir los efectos de D en E.

(2) *El piloto automático.* E es un vector de tres componentes —desviación lateral, inclinación lateral e inclinación longitudinal—, y η es el conjunto de posiciones en las cuales todas las componentes están dentro de ciertos límites. D es el conjunto de perturbaciones que pueden afectar estas variables, tales como ráfagas, movimientos de pasajeros en el avión e irregularidades en el esfuerzo de tracción de los motores. F es toda la maquinaria —piloto, alerones, timón, etc.— cuya acción determina la forma en que D afecta a E.

(3) *El ciclista.* E es ante todo su ángulo con la vertical. η es el conjunto de las pequeñas desviaciones admisibles. D es el conjunto de aquellas perturbaciones que amenazan con aumen-

tar la desviación. F es toda la maquinaria —mecánica, anatómica, neurónica— que determina cuál es el efecto de D en E.

Más adelante proporcionaremos muchos otros ejemplos. Entretanto, podemos resumir todo esto diciendo que la selección natural favorece aquellos tipos genéticos que de alguna forma consiguen un regulador F entre las perturbaciones D y las variables esenciales E. Manteniendo todo lo demás igual, cuanto mejor sea F como regulador, tanto mayor será la posibilidad de supervivencia del organismo.

Ej.: ¿Cuáles son las variables que se mantienen dentro de límites a causa de la acción de los siguientes mecanismos regulatorios: (I) el acondicionador de aire; (II) el cilindro de oxígeno del escalador de montañas; (III) el limpiaparabrisas; (IV) la heladera doméstica; (V)los faros de un automóvil; (VI) la planta fototáctica; (VII) los anteojos ahumados; (VIII) el reflejo de flexión (un levantamiento brusco del pie provocado al pisar una piedra aguda); (IX) parpadear cuando un objeto se aproxima al ojo rápidamente; (X) el pronosticador de un cañon antiaéreo.

10/6. *La regulación bloquea el flujo de variedad.* ¿En qué escala debe medirse el valor o el buen éxito como regulador de un mecanismo particular F? El termostato perfecto sería uno que, a pesar de la perturbación, mantuviera la temperatura constante en el nivel deseado. En general, se requieren dos características: que se mantenga la temperatura dentro de estrechos límites y que exista correspondencia entre el margen y el que se desea. Lo que debemos señalar en particular es que el conjunto de valores permisibles, η, tiene menos variedad que el conjunto de todos los valores posibles en E, pues η es algún conjunto seleccionado entre los estados de E. Si F es un regulador, la inserción de F entre D y E *disminuye* la variedad que es transmitida de D a E. Por lo tanto, una función esencial de F como regulador es que bloquea la transmisión de variedad desde la perturbación a la variable esencial.

Dado que esta característica también implica que la función del regulador es bloquear el flujo de información, examinemos esta tesis más detenidamente para comprobar si es razonable.

Supongamos que me ofrecen dos baños, y quiero decidir cuál comprar. Los pruebo un día sometiéndolos a perturbaciones similares y examino luego los registros de las temperaturas; éstos son los que se reproducen en la Fig. 10/6/1:

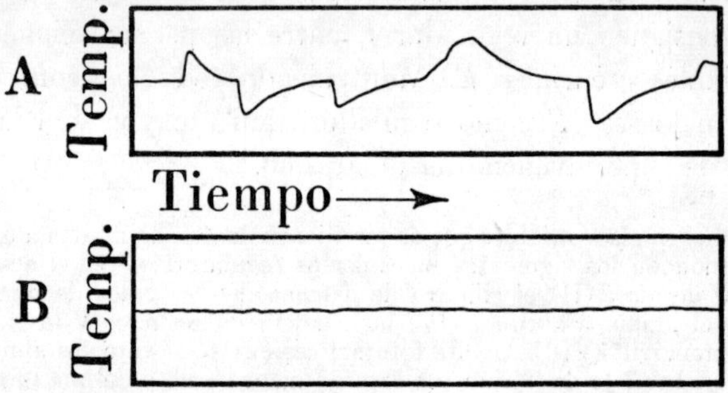

Fig. 10/6/1

No hay duda de que el Modelo *B* es el mejor, y decido esto precisamente porque su registro no me da información, como lo hace el de *A*, acerca de las perturbaciones de calor o frío a que fue sometido. Parecería que ni el termómetro ni el agua del baño *B* hubieran sido capaces de advertir ninguna de las perturbaciones *D*.

El mismo razonamiento podría aplicarse, con las modificaciones apropiadas, al piloto automático. Si éste es un buen regulador, los pasajeros disfrutarán de un vuelo apacible cualesquiera sean los vientos en el exterior. En suma, a los pasajeros se les *impide saber* si fuera del aparato soplan vientos. En consecuencia, un buen piloto actúa como una barrera que destruye la transmisión de esa información.

El mismo razonamiento es válido para un acondicionador de aire. Si estoy en un cuarto con aire acondicionado y puedo decir por el calor que hace en la habitación que en el exterior se está poniendo caluroso, la propiedad reguladora del acondicionador está fracasando. Si el acondicionador es realmente bueno, y las cortinas están bajas, no podré formarme una idea del estado del tiempo en el exterior. El buen acondicionador bloquea el flujo hacia el interior de la información sobre el tiempo.

La misma tesis se aplica a las regulaciones superiores obtenidas por actividades tales como cazar para comer, y ganarse el pan de cada día. Así, mientras el cazador poco diestro, o el que se gana la vida en forma poco hábil, pasa hambre en tiempos difíciles y somete al hígado y a los tejidos (las variables esenciales) a estados extremos y quizá contrarios a la fisiología normal, el cazador hábil o el que se gana la vida en forma diestra atraviesa los mismos tiempos difíciles sin que su hígado o sus tejidos lleguen a tales extremos. En otras palabras, su destreza como regulador está demostrada por el hecho, entre otros, de impedir que la información sobre la época llegue a las variables esenciales. De la misma manera, el que mantiene con destreza a una familia puede atravesar tiempos difíciles sin que ella se dé cuenta de que algo anormal está sucediendo. La familia de alguien que la mantiene sin habilidad lo descubriría.

En general, entonces, es una característica esencial del buen regulador el hecho de que *bloquea el flujo de variedad que va desde las perturbaciones a las variables esenciales.*

10/7. El bloqueo puede realizarse según una variedad de modos, si bien al examinarlos con mayor detenimiento se comprueba que son fundamentalmente los mismos. Dos formas extremas ilustrarán su alcance.

Una manera de bloquear el flujo (de la fuente de perturbaciones D a la variable esencial E) es interponer algo que actúe como un bloqueo simplemente pasivo de las perturbaciones. Tal es, por ejemplo, el caparazón de la tortuga, que reduce una variedad de impactos, golpes, mordiscos, etc., a una perturbación mínima con respecto a los tejidos sensibles del interior. En la misma categoría se encuentra la corteza del árbol, la capa de sebo de la foca y el cráneo humano.

En el extremo opuesto a esta defensa estática se encuentra

la defensa mediante una hábil acción contraria; es la defensa que logra información sobre la perturbación que se aproxima —que puede ser compleja y móvil—, se prepara para cuando ésta llegue y se le opone en forma igualmente compleja y móvil. Ésta es la defensa del esgrimista que en un duelo a muerte no usa armadura y confía en su habilidad en el quite. Ésta es la defensa usada sobre todo por los organismos superiores, que han desarrollado un sistema nervioso precisamente para llevar adelante este método.

Al considerar esta segunda forma debemos observar cuidadosamente el papel desempeñado en el proceso por la información y la variedad. Si el esgrimista quiere sobrevivir, debe observar de cerca a su oponente y aumentar su información en todas las formas posibles. Por eso nació con ojos, y con ese propósito aprendió a usarlos. De todas maneras, el resultado final de su destreza, en caso de éxito, está indicado por el hecho de que sus variables esenciales, por ejemplo su volumen de sangre, permanecen dentro de límites normales, como si el duelo no hubiera ocurrido. La información fluye libremente hacia las variables no-esenciales, pero se ha evitado que la variedad en la distinción "duelo o no-duelo" alcance las variables esenciales.

En los capítulos restantes, consideraremos este tipo de defensa activa formulando preguntas tales como: ¿qué principios deben regirla?, ¿qué mecanismos pueden lograrla? y, ¿qué debe hacerse cuándo la regulación es muy difícil?

11. Variedad obligada

11/1. En el capítulo anterior hemos analizado la regulación desde el punto de vista biológico, encarándola como algo suficientemente bien comprendido. En este capítulo examinaremos el proceso de regulación en sí mismo, con el objeto de establecer con exactitud qué abarca e implica. En particular, desarrollaremos los modos de *medir* la cantidad o grado de regulación alcanzada, y demostraremos que esta cantidad tiene un límite superior.

11/2. El tema de la regulación tiene vastas aplicaciones, ya que comprende la mayoría de las actividades en el ámbito de la fisiología, la sociología, la ecología, la economía y de la mayoría de los ramos de la ciencia y de la vida. Por lo demás, los tipos de regulador que existen son de una variedad sorprendente. Una forma de tratar el tema sería considerar los diversos tipos uno tras otro; y eso intentaremos en el capítulo 12. En éste, sin embargo, procuraremos llegar al meollo del problema: encontrar lo que es común a todos.

Lo que tengan de común todos los reguladores, sin embargo, no guarda mayor semejanza, a primera vista, con ninguna forma particular. En la siguiente sección comenzaremos, por lo tanto, de fojas cero, sin hacer referencia explícita a lo anterior. Sólo una vez que el nuevo tema haya sido suficientemente desarrollado, comenzaremos a examinar cualquier relación que pueda tener con la regulación.

11/3. *Juego y resultado.* Olvidemos, por lo tanto, todo lo referente a la regulación, y supongamos simplemente que estamos observando dos jugadores R y D. Seguiremos la actividad de R que intenta apuntarse un a. Las reglas son éstas: los jugadores tienen ante sí, y pueden verla, la Tabla 11/3/1:

Tabla 11/3/1

		R		
		α	β	γ
	1	b	a	c
D	2	a	c	b
	3	c	b	a

D debe actuar primero, seleccionando un número, y mediante éste, una fila determinada. Luego, conociendo este número, R elige una letra griega, y por lo tanto, una columna determinada. La letra en bastardilla especificada por la intersección de la fila y la columna es el **resultado**. Si el mismo es a, R gana; en caso contrario, R pierde.

Al examinar la Tabla se advierte rápidamente que con ella R puede ganar siempre. Cualquiera sea el primer valor seleccionado por D, R puede siempre elegir una letra griega que arroje el resultado que se desea. Por ejemplo, si D selecciona 1, R selecciona β; si D selecciona 2, R selecciona α; y así sucesivamente. De hecho, si R actúa de acuerdo con la transformación

$$\downarrow \begin{matrix} 1 & 2 & 3 \\ \beta & \alpha & \gamma \end{matrix}$$

siempre puede lograr que el resultado sea a.

La posición de R, con esta tabla particular, es peculiarmente favorable, pues no sólo puede R forzar siempre a como resultado, sino que con la misma facilidad puede forzar b o c, si así lo desea. De hecho, R tiene control completo sobre el resultado.

Ej. 1: ¿Qué transformación debe usar R para forzar el resultado c?

Ej. 2: Siendo los valores de R y D números enteros, así como también los valores del resultado E dado por

$$E = R - 2D,$$

encontrar una expresión que dé R en términos de D cuando el resultado deseado sea 37.

Ej. 3: Las ruedas de atrás de un auto están patinando. *D* es la variable "lado hacia el que se mueve la parte trasera" con dos valores, derecha e izquierda. *R* es la acción del conductor "dirección en la que se mueve el volante", con dos valores, derecha e izquierda. Formar la tabla 2×2 y completar los resultados.

Ej. 4: Si la jugada de R está determinada por *D* de acuerdo con la transformación

$$\downarrow \begin{matrix} 1 & 2 & 3 \\ \gamma & \beta & \alpha \end{matrix}$$

y se observan muchos partidos, ¿cuál será la variedad de los resultados correspondientes?

Ej. 5: ¿Tiene *R* control completo sobre el resultado si la tabla es triúnica?

11/4. La Tabla utilizada anteriormente es, por supuesto, peculiarmente favorable a *R*. Sin embargo, existen otras tablas posibles. Supongamos, por ejemplo, que a *D* y *R*, jugando con las mismas reglas, se les da la Tabla 11/4/1, en la cual *D* puede elegir entre 5 movidas y *R* entre 4 movidas.

Si *a* es el objetivo, *R* siempre puede ganar. Si *D* selecciona 3, *R* tiene varias maneras de ganar. Como cada fila tiene por lo menos una *a*, *R* puede siempre forzar la aparición de *a* como resultado. Por otra parte, si el objetivo es *b*, no siempre puede ganar *R*, pues si *D* selecciona 3, no existe un movimiento por el cual *R* pueda producir el resultado *b*. Si el objetivo es *c*, *R* está perdido, pues *D* gana siempre.

Puede advertirse que distintos ordenamientos en la Tabla, y diferentes números de estados disponibles para *D* y *R*, pueden producir una variedad de situaciones desde el punto de vista de *R*.

Tabla 11/4/1

		R			
		α	β	γ	δ
	1	*b*	*d*	*a*	*a*
	2	*a*	*d*	*a*	*d*
D	3	*d*	*a*	*a*	*a*
	4	*d*	*b*	*a*	*b*
	5	*d*	*a*	*b*	*d*

Ej. 1: Con la tabla 11/4/1, si el objetivo es *d*, ¿*R* puede ganar siempre?

Ej. 2: (Continuación) ¿Qué transformación debería usar *R*?

Ej. 3: (Continuación.) Si *a* es el objetivo, y *D*, por alguna razón, nunca juega 5, ¿cómo puede simplificar *R* su método de juego?

Ej. 4: Hay un invitado a cenar, pero el mayordomo no sabe quién es. Sólo sabe que puede ser el Sr. A, que bebe sólo jerez o vino, la Sra. B, que bebe sólo gin o coñac, o el Sr. C, que sólo bebe vino, coñac o jerez. Al revisar la bodega comprueba que sólo tiene whisky, gin y jerez; ¿podrá satisfacer al invitado, cualquiera sea?

11/5. ¿Puede formularse algún enunciado *general* sobre los modos de juego de *R* y sus perspectivas de éxito?

Si en la Tabla se permite plena generalidad, las posibilidades son tantas, tan arbitrarias y complicadas, que poco puede decirse. Hay un tipo, sin embargo, que permite un enunciado preciso y es, al mismo tiempo, suficientemente general como para interesar (es también fundamental en la teoría de la regulación).

De todas las tablas posibles, eliminemos aquellas según las cuales el juego de *R* es demasiado fácil y carece de interés. En el Ej. 11/4/3 pudo advertirse que si una columna contiene repeticiones, el juego de *R* no tiene por qué ser discriminativo, es decir, *R* no necesita cambiar su movida a cada cambio en la movida de *D*. Por lo tanto, examinaremos sólo aquellas tablas en las que *ninguna columna contiene un resultado repetido*. Cuando esto sucede, *R* tendrá que seleccionar su movida con *pleno* conocimiento de la movida de *D*, es decir, cualquier cambio en la movida de *D* requiere un cambio por parte de *R*. (En este caso no nos basamos en ningún supuesto acerca de la manera en que los resultados de una columna están relacionados con los de otra, y por consiguiente estas relaciones carecen de restricción). Una Tabla de este tipo es la 11/5/1. Dando ahora un objetivo, permitamos que *R* especifique cuál será su jugada para cada jugada de *D*. Lo esencial es que, gane o pierda, *R* debe especificar una y sólo una movida en respuesta a cada movida posible de *D*.

Tabla 11/5/1

		R		
		α	β	γ
	1	f	f	k
	2	k	e	f
	3	m	k	a
	4	b	b	b
D	5	c	q	c
	6	h	h	m
	7	j	d	d
	8	a	p	j
	9	l	n	h

Una especificación, o "estrategia", como también podría llamarse, sería:

Si D elige 1, yo elijo γ
" " " 2, " " α
" " " 3, " " β
... ...
" " " 9, " " α

Por supuesto, R está especificando una transformación (que debe ser uniforme, dado que R no puede realizar dos movidas simultáneamente):

$$\downarrow \begin{matrix} 1 & 2 & 3 & \ldots & 9 \\ \gamma & \alpha & \beta & \ldots & \alpha \end{matrix}$$

Esta transformación especifica en forma única un conjunto de resultados: aquellos que ocurrirían, de hecho, si D, a lo largo de una sucesión de juegos, incluyera cada movida posible por lo menos una vez. 1 y γ dan el resultado k, y así sucesivamente, conduciendo a la transformación:

$$\downarrow \begin{matrix} (1,\gamma) & (2,\alpha) & (3,\beta) & \ldots & (9,\alpha) \\ k & k & k & \ldots & l \end{matrix}$$

Es posible ahora establecer que la variedad en este conjunto de resultados no puede ser menor que

$$\frac{\text{Variedad en } D}{\text{Variedad en } R}$$

es decir, en este caso, 9/3.

Esto se demuestra fácilmente. Supongamos que R señala un elemento en cada fila y simplemente se limita a lograr que la variedad de los elementos marcados se mantenga tan pequeña como sea posible (ignorando por el momento toda idea de finalidad). En la primera fila R marca un elemento. En la segunda fila debe cambiar a una nueva columna si no quiere incrementar la variedad por el hecho de haber agregado un elemento nuevo y diferente, pues en la columna seleccionada inicialmente por hipótesis, todos los elementos son diferentes. Para conservar la variedad al nivel de un elemento, R debe cambiar a una nueva columna para cada fila. (Esto es lo *mejor* que puede hacer; puede suceder que el cambio de columna a columna no sea suficiente para conservar la variedad al nivel de un elemento, pero esto no viene al caso, pues lo que nos interesa es sólo cuál es la menor variedad posible, suponiendo que todo se produce tan favorablemente como es posible.) De tal manera, si R dispone de n movidas (tres en el ejemplo), al llegar a la fila enésima todas las columnas han sido usadas, y por ello debe usar una de ellas nuevamente para la próxima fila, y *debe* permitir que un nuevo resultado ingrese en el conjunto de resultados. Así, en la tabla 11/5/1, la selección de k en las tres primeras filas permite que la variedad se conserve en un elemento, pero en la cuarta fila *debe* admitir un segundo elemento en el conjunto de resultados.

En general, si R selecciona un conjunto de resultados, uno por fila, en una tabla de f filas y c columnas, y si en estas últimas no hay dos elementos iguales, entonces *la variedad en el conjunto seleccionado de resultados no puede ser menor que* f/c.

11/6. Podemos observar ahora este juego (aun con la restricción de que ningún elemento esté repetido en una columna) desde un punto de vista ligeramente diferente. Si la movida de R es invariable, de manera que R realiza siempre la misma movida cualquiera sea la de D, entonces *la variedad en los resultados es tan grande como la variedad en las movidas de* D. Todo sucede como si D ejerciese ahora pleno control sobre los resultados.

Si a continuación R usa o dispone de dos movidas, la variedad en los resultados puede reducirse, en consecuencia, a la mitad (pero no menos). Si R tiene tres movidas, la variedad puede reducirse a la tercera parte (pero no menos), y así sucesivamente. Por lo tanto, si la variedad de los resultados debe reducirse a algún número o fracción establecidos de la variedad de D, la variedad de R *debe* incrementarse por lo menos hasta el mínimo apropiado. *Sólo la variedad en las movidas de* R *puede lograr una disminución de la variedad en los resultados.*

11/7. Si las variedades se miden logarítmicamente (procedimiento que casi siempre es el más conveniente) y si se cumplen las mismas condiciones, en ese caso el teorema asume una forma muy simple. Sea V_D la variedad de D, V_R la de R, y V_O la del resultado (todas medidas logarítmicamente). En la sección precedente ya se ha demostrado que V_O no puede ser numéricamente menor que el valor de $V_D - V_R$. Por lo tanto, el valor mínimo de V_O es $V_D - V_R$.

Si se da una V_D fija, $V_D - V_R$ puede ser disminuida sólo por un incremento de V_R. Por lo tanto, *si la variedad en los resultados es mínima, sólo puede disminuirse más aún por un incremento correspondiente en la variedad de* R. (Un enunciado más general se incluye en la S. 11/9).

Ésta es la ley de la Variedad Obligada. Para expresarla en forma más gráfica: *sólo la variedad en* R *puede lograr una dis-*

minución en la variedad producida por D; **la variedad puede destruirse sólo por medio de la variedad.**

Esta tesis es tan fundamental en la teoría general de la regulación, que daré algunos otros ejemplos y demostraciones antes de dedicarme a examinar su aplicación real.

11/8. (Puede omitirse esta sección en una primera lectura.) La ley tiene una aplicabilidad muy general, y no es, de ninguna manera, un resultado trivial de la forma tabulada. Que esto es así, que en esencia es el mismo teorema, se comprueba en el caso en que la variedad está distribuida en el tiempo y la fluctuación es incesante: éste es el caso especialmente considerado por Shannon (la notación y los conceptos de esta sección son los del libro de Shannon).

Sean D, R y E tres variables tales que cada una de ellas es una fuente de información, aunque "fuente" no implica aquí que las variables actúan independientemente. Sin tener en cuenta sus relaciones causales, es posible calcular una variedad de entropía, o medirla empíricamente. Tenemos $H(D, R, E)$, entropía del vector que tiene las tres por componentes; $H_D(E)$, la incertidumbre en E cuando es conocido el estado de D; $H_{ED}(R)$, la incertidumbre en R cuando son conocidas E y D, y así sucesivamente.

La condición señalada en la S. 11/5 (ningún elemento debe aparecer dos veces en la misma columna) corresponde aquí a la condición de que si R está dado, o fijado, la entropía de E (que corresponde a la del resultado) no debe ser menor que la de D, es decir,

$$H_R(E) \geqq H_R(D).$$

Ahora bien, cualesquiera sean las relaciones causales o de otra especie entre D, R y E, por razones algebraicas sus entropías están relacionadas en forma tal que

$$H(D) + H_D(R) = H(R) + H_R(D),$$

puesto que cada lado de la ecuación es igual a $H(R, D)$. Sustituyendo $H_R(E)$ por $H_R(D)$, obtenemos

$$\begin{aligned} H(D) + H_D(R) &\leqq H(R) + H_R(E) \\ &\leqq H(R, E); \end{aligned}$$

pero siempre, por razones algébricas,

$$H(R, E) \leqq H(R) + H(E);$$

por lo tanto, $H(D) + H_D(R) \leqq H(R) + H(E)$,

es decir, $$H(E) \geqq H(D) + H_D(R) - H(R).$$

La entropía de E tiene, por lo tanto, un cierto mínimo. Si este mínimo debe ser afectado por la relación entre las fuentes D y R, puede tornarse menor cuando $H_D(R) = 0$, es decir, *cuando R es una función determinada de D*. Si tal cosa sucede, el mínimo de $H(E)$ es $H(D) - H(R)$, una deducción similar a la de la sección anterior. Nos dice simplemente que el valor mínimo de la entropía de E puede ser llevado por debajo del de D sólo mediante un *incremento* igual de R.

11/9. Los teoremas que acaban de enunciarse pueden modificarse con facilidad para conferirles una valiosa generalización.

Observemos el caso en que, aunque R no haga nada (es decir, realice la misma movida, cualquiera sea la movida de D) la variedad en el resultado sea *menor* que la de D. Tal es el caso de la Tabla 11/4/1. Si, por ejemplo, R da la respuesta α a todas las movidas de D, los resultados son a, b o d, una variedad de tres, menor que la variedad de cinco que se encuentra en D. Para conferir mayor agilidad al cálculo, supongamos que en cada columna se repite cada elemento k veces (en lugar de estar presente "una sola vez", como en la S. 11/5). El mismo razonamiento de antes, modificado en que kn filas pueden proporcionar sólo un resultado, conduce al teorema

$$V_O \geqq V_D - \log k - V_R,$$

en el cual las variedades están medidas logarítmicamente.

Una modificación exactamente similar puede hacerse al teorema en términos de entropía, suponiendo, contrariamente a lo establecido en la S. 11/8, que:

$$H_R(E) \geqq H_R(D), \text{ sino que}$$
$$H_R(E) \geqq H_R(D) - K.$$

El mínimo $H(E)$ se torna entonces

$$H(D) - K - H\ (R),$$

con una interpretación similar.

11/10. La ley establece que ciertos sucesos son imposibles. Es importante que quede claro el origen de la imposibilidad. ¿Qué debe temer el enunciado de la experimentación? Ello no tiene nada que ver con las propiedades de la materia, de manera que si la ley se enuncia en la forma "Ninguna máquina puede..." no queda invalidada por la invención de un nuevo dispositivo, o de un nuevo circuito electrónico, ni por el descubrimiento de otro elemento. La ley nada tiene que ver ni siquiera con las propiedades de la máquina en el sentido general del Capítulo 4, puesto que proviene de la *Tabla* —como se estableció en la S. 11/4— y ésta enuncia simplemente que ciertas combinaciones *D-R* conducen a ciertos resultados, pero es completamente independiente de la cosa, cualquiera sea, que determina el resultado. Los experimentos sólo pueden *proporcionar* tales tablas.

El teorema es, ante todo, un enunciado sobre posibles ordenamientos de una tabla rectangular. Postula que no pueden darse ciertos tipos de ordenamientos. Por lo tanto, no depende de las propiedades especiales de las máquinas, de la misma manera en que el "teorema" según el cual cuatro objetos pueden ser ordenados para formar un cuadrado, mientras que tres no pueden serlo, tampoco depende de estas propiedades. La ley, por lo tanto, no debe nada a ningún experimento.

11/11. *Algo más acerca de la regulación.* Podemos tomar ahora el tema de la regulación, soslayado desde el principio de este capítulo, pues la ley de la Variedad Obligada nos permite *medir* la regulación. Volvamos atrás y analicemos nuevamente qué es lo que se entiende, en esencia, por "regulación".

Existe, en primer término, un conjunto de perturbaciones D que comienzan en el mundo exterior al organismo, por lo general lejos de éste, y que, si el regulador no actúa, amenazan sacar las variables esenciales E fuera de su escala apropiada de valores. Los valores de E corresponden a los "resultados" de las secciones anteriores. De todos estos valores-E, sólo unos pocos (η) son compatibles con la vida del organismo, o no son objetables, de manera que el regulador R, para tener éxito, debe adoptar un valor relacionado de tal manera con el de D, que el resultado siempre esté, si es posible, dentro del conjunto aceptable η, es decir, dentro de límites fisiológicos normales. Por lo tanto, la regulación está relacionada fundamentalmente con el juego de la S. 11/4. Examinemos la relación con más detalle.

En primer lugar, se supone la Tabla T dada. Se trata del inflexible mundo externo, o de aquellas cuestiones internas que el presunto regulador debe presuponer. Comencemos ahora un proceso: D toma un valor arbitrario, R toma un valor determinado por el de D, la Tabla determina un resultado y éste puede darse o no en η. Usualmente se repite el proceso, como cuando un baño termostático enfrenta varias perturbaciones durante el día. Luego D toma otro valor, R otro, y se produce otro resultado, el cual también puede estar o no en η. Y así sucesivamente. Si R es un regulador bien construido —que trabaje exitosamente—, entonces R es una transformación tal de D que todos los resultados se dan en η. *En este caso, R y T están actuando juntos como la barrera F* (S. 10/5).

Podemos mostrar ahora estas relaciones con ayuda del diagrama de efectos inmediatos:

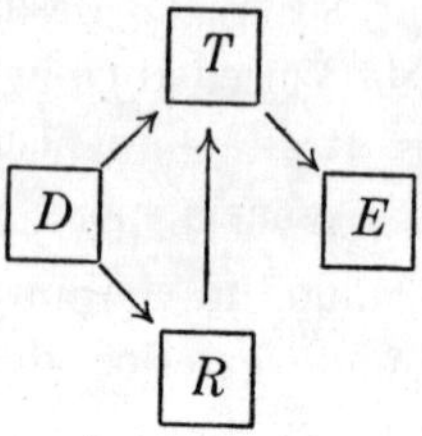

Las flechas representan canales de comunicación existentes. La variedad en D determina la variedad en R; y la variedad en T está determinada por la de D y por la de R. Si R y T son en verdad máquinas reales, R tiene una entrada desde D, y T tiene dos entradas.

(Cuando R y T están materializadas en máquinas reales, debemos aclarar cuidadosamente a qué nos referimos. Si una máquina proporciona las bases para T, la misma tiene (por S. 4/1) un conjunto de estados que se dan paso a paso. Esos estados y esos pasos son esencialmente independientes de los pasos discretos que hemos considerado que daban D, R y T en este capítulo. Así, T da el resultado, y cualquier resultado particular puede ser comparado con otro como si se comparara una unidad con otra unidad. Cada resultado individual, con todo, es susceptible de ser analizado con pormenores, en otro contexto. Un organismo sediento, por ejemplo, puede seguir la trayectoria 1 y satisfacerse, o seguir la trayectoria 2 y morir de sed. En algunos casos, los dos resultados pueden encararse como unidades, especialmente si hay que contraponerlos. Sin embargo, si queremos investigar el comportamiento con más detalle, podemos considerar que la trayectoria 1 está compuesta por una sucesión de estados separados por pasos en el tiempo, que son de un tamaño de orden muy diferente al de aquellos que se dan entre actos regulatorios sucesivos y perturbaciones sucesivas.)

Ahora podemos interpretar el fenómeno general de regulación

en términos de comunicación. Si *R* no hace nada, es decir, si se mantiene en un valor, en ese caso la variedad de *D* está a punto de pasar de *T* a *E*, contrariamente a lo que se desea. Puede suceder que *T*, sin cambio de *R*, bloquee parte de la variedad (S. 11/9), y ocasionalmente este bloqueo puede dar constancia suficiente para la supervivencia de *E*. Pero más comúnmente, es necesaria una mayor supresión en *E*; esto sólo puede lograrse, según vimos en la S. 11/6, incrementando la variedad de *R*.

Podemos seleccionar ahora una porción del diagrama y concentrar nuestra atención en *R* entendido como transmisor:

$$\boxed{D} \rightarrow \boxed{R} \rightarrow \boxed{T}$$

Según la ley de la Variedad Obligada, *la capacidad de R como regulador no puede exceder su capacidad como canal de comunicación.*

En la forma que acabamos de enunciar, la ley de la Variedad Obligada exhibe una relación exacta con el teorema 10 de Shannon, que postula que si en un mensaje aparece ruido, la cantidad que puede eliminarse mediante un canal de corrección se limita a la cantidad de información que puede transportar dicho canal.

Su "ruido" corresponde, por lo tanto, a nuestra "perturbación", su "canal de corrección" a nuestro "regulador *R*" y su "mensaje de entropía *H*" se convierte, en nuestro caso, en un mensaje de entropía 0, pues lo que se debe "transmitir" es *constancia*. Por lo tanto, el uso de un regulador para lograr homeóstasis y el uso de un canal de corrección para suprimir ruidos son homólogos.

Ej. 1: Un insecto tiene un nervio óptico de 100 fibras, cada una de las cuales puede conducir 20 bits por segundo. ¿Le es suficiente para defenderse de 10 peligros distintos, cada uno de los cuales puede, o no, estar presente en forma independiente en cada segundo?

Ej. 2: En un barco, el telégrafo que comunica el puente y la sala de máquinas puede determinar una entre nueve velocidades, con una frecuencia no mayor de una señal cada cinco segundos; la rueda del timón, por otra parte, puede determinar una posición del timón entre cincuenta posibles, no más de una vez por segundo. Dado que la experiencia demuestra que este medio de control es normalmente suficiente para lograr plena regulación, calcúlese un límite superior normal para las perturbaciones (rachas, bancos, tránsito, etc.) que amenazan la seguridad del barco.

Ej. 3: Un general combate contra un ejercito de 10 divisiones, cada una de las cuales puede maniobrar con una variedad de 10^6 bits por día. Su servicio de contraespionaje lo mantiene informado mediante 10 señaleros cada uno de los cuales puede transmitir 60 letras por minuto, durante 8 horas por día, con un código que transmite 2 bits por letra. ¿Su canal de informaciones es suficiente para lograr completa regulación?

Ej. 4: (Continuación.) El general puede dictar órdenes a razón de 500 bits/minuto, durante 12 horas / día. Si su servicio de contraespionaje fuera suficiente, ¿sería también suficiente este canal verbal para lograr completa regulación?

11/12. El diagrama de efectos inmediatos reproducido en la sección anterior está claramente relacionado con la formulación de "correlación directiva" propuesta por Sommerhoff, quien en su *Analytical Biology* usa el diagrama

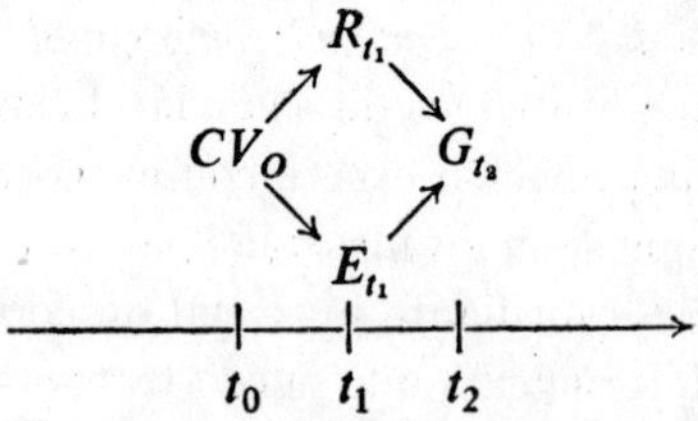

Si no lo interpreto mal, entre sus conceptos y los aquí enunciados es posible establecer la siguiente equivalencia:

Variable cenética (CV_O) ⟷ Perturbación (D)
Respuesta (R_{t1}) ⟷ Respuesta (R)
Circunstancias del medio ambiente (E_{t1}) ⟷ Tabla (T)
Suceso siguiente (G_{t2}) ⟷ Resultado (E)

Una lectura de su libro puede ayudar a ampliar el alcance de la teoría formulada en esta Parte, pues el autor examina el tema en forma exhaustiva.

11/13. La ley nos permite discernir las relaciones que existen entre los diversos tipos de variedad e información que afectan el organismo vivo.

Una especie continúa existiendo (S. 10/4) ante todo porque sus miembros pueden bloquear el flujo de variedad (considerado como una perturbación) con respecto al tipo genético (S. 10/6), y este bloqueo es la necesidad fundamental de la especie. La selección natural muestra la ventaja que reporta introducir parcialmente en el sistema (de modo que no llegue al tipo genético) una gran cantidad de variedad (como información) y usar luego esta información de manera que el flujo vía *R* bloquee el flujo a través del medio ambiente *T*.

Este punto de vista nos capacita para resolver lo que a primera vista parecería una paradoja: los organismos superiores tienen piel sensible, un sistema nervioso que reacciona y por lo general un instinto que los impulsa, por juego o curiosidad, a incorporar al sistema más variedad que la inmediatamente necesaria. ¿No mejorarían sus posibilidades de supervivencia si se evitara esa variedad?

En el curso de este capítulo se ha demostrado que la variedad (ya sea información o perturbación) llega al organismo en dos formas. Existe la que amenaza la supervivencia del tipo genético, la transmisión directa de *D* a *E* por intermedio de *T*. Esta parte debe ser bloqueada a cualquier precio. Y existe aquella que, aunque puede amenazar el tipo genético, es susceptible de ser transformada (o recodificada) a través del regulador *R* y de usarse (sobre *T*) para bloquear el efecto del resto. Esta información es útil, y debería (si se posee el regulador) ampliarse cuanto fuera posible, pues, por la ley de la Variedad Obligada, la cantidad de perturbación que alcanza el modelo genético puede ser disminuida sólo por la cantidad de información así transmitida. Ésta es la importancia que tiene la ley en el ámbito de la biología.

Asimismo, tiene mucha importancia para *nosotros* a medida que nos acercamos al último capítulo. En sus formas elementales, la ley posee evidencia obvia y apenas merece enunciarse. Por ejemplo, si un fotógrafo debe fotografiar veinte objetos que son distintos (por exposición y distancia), su cámara, evidentemente, tendrá que ser capaz de veinte preparaciones distintas, por lo menos, si todos los negativos deben tener una densidad y contraste uniformes. La ley, en su forma cuantitativa, demuestra todo su poder cuando debemos enfrentar un sistema en el cual estas cuestiones no son tan evidentes, y particularmente cuando el sistema es muy grande. Por ejemplo, ¿en qué medida puede un dictador controlar un país? Se dice comúnmente que el control de Hitler sobre Alemania era total. En lo que concierne a su poder de regulación (en el sentido de la S. 10/6), la ley dice que su control era el de 1 fuerza-hombre, y no más. (El futuro pondrá a prueba la veracidad de este enunciado; en la actualidad su principal virtud reside en que es exacto y no comprometedor.) Por lo tanto, la ley, aunque resulte un lugar común en los casos simples, puede servir como verdadera guía en aquellos casos demasiado complejos para ser tratados por la mera intuición.

Control

11/14. Las formulaciones dadas en este capítulo han sugerido ya que la regulación y el control están íntimamente relacionados. Así, en la S. 11/3, la tabla 11/3/1 capacita a R no sólo para llegar al resultado a, a pesar de las variaciones de D, sino también para llegar a b o a c, a voluntad.

Podemos examinar este planteo desde otro punto de vista. Supongamos que la decisión sobre cuál resultado va a constituir el objetivo está dada por algún control C al que debe obedecer R. La decisión de C afecta la elección de R entre α, β o γ; en consecuencia, el diagrama de efectos inmediatos es

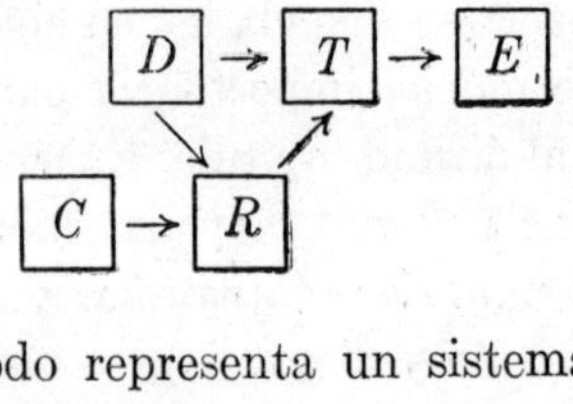

Por lo tanto, el todo representa un sistema con dos entradas independientes C y D.

Supongamos ahora que R es un regulador perfecto. Si C establece a como objetivo, entonces (a través de la acción de R) E toma el valor a, *cualquiera sea el valor que tome* D. En forma similar, si C establece b como objetivo, b aparece como resultado, cualquiera sea el valor que tome D. Y así sucesivamente. Y si C establece una sucesión particular —a, b, a, c, c, a, por ejemplo— como objetivo compuesto o de sucesión, ésta se produce sin que importen los valores de D durante el proceso. (Se supone por conveniencia que las componentes se mueven sincrónicamente.) Por lo tanto, el hecho de que R sea un regulador perfecto confiere a C un control completo sobre la salida, a pesar de la entrada de efectos perturbadores por intermedio de D. *Por consiguiente, una* **regulación** *perfecta de los resultados por R hace posible un* **control** *completo de los resultados por C.*

Asimismo también podemos encarar los mismos hechos desde otro punto de vista. Si un intento de control de C sobre E:

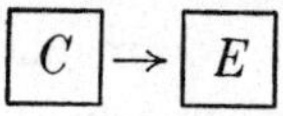

está perturbado o se torna ruidoso por otra entrada independiente D, de manera que las conexiones sean

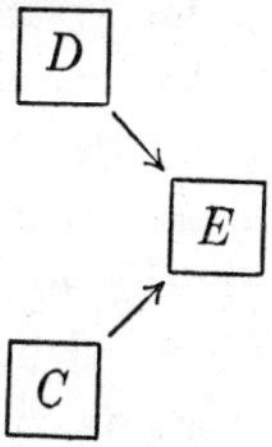

o

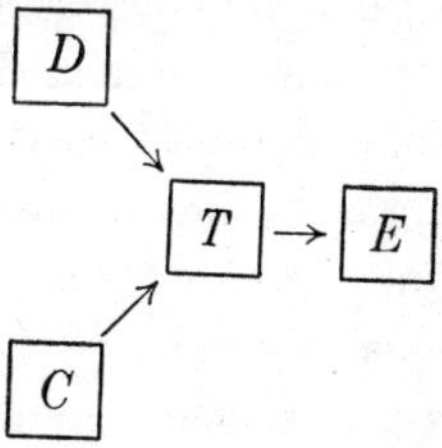

entonces un regulador conveniente R, que tome información tanto de C como de D, y esté interpuesto entre C y T

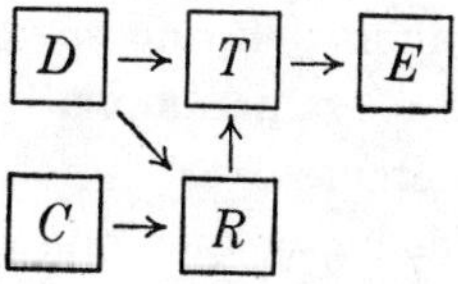

forma, con T, un canal compuesto dirigido a E que *transmite todo desde C, pero sin transmitir nada desde D.*

En consecuencia, el logro del control puede depender necesariamente del logro de la regulación. Los dos están, por lo tanto, íntimamente relacionados.

Ej. 1: A partir de la Tabla 11/3/1, formar el conjunto de transformaciones de parámetro C, que deben ser usadas por R, para que C tenga control completo sobre el resultado. (Sugestión: ¿cuáles son los operandos?)

Ej. 2: Si en el último diagrama de esta sección, C quiere transmitir a E a razón de 20 bits/segundo, D es una fuente que proporciona ruido a razón de 5 bits/segundo, y T es tal que si R es constante, E varía a 2 bits/ segundo, ¿cuál es la capacidad mínima que debe tener el canal D a R para que el control de C sobre E sea completo?

Ej. 3: (Continuación.) ¿Cuál es la capacidad mínima necesaria en el canal de C a R?

Ej. 4: (Continuación.)¿Cuánta entre R y T?

11/15. Nuestro modo de encarar la regulación ha destacado su propiedad de reducir la variedad en el resultado; sin regulación, la variedad es grande, con regulación es reducida. El límite de esta reducción lo constituye la regulación que mantiene la salida rigurosamente constante. Este punto de vista es válido sin duda alguna, pero al principio acaso parezca que contradice el punto de vista ingenuo según el cual los organismos vivos pueden tener cualquier característica, excepto inmovilidad. Quizá sea útil agregar algo a lo ya dicho en la S. 11/13.

Debe tenerse en cuenta que la distinción entre "constante" y "variable" a menudo depende de la definición exacta de aquello a lo que nos referimos. Así, si un reflector sigue a un avión en forma precisa, podemos notar que el rayo de luz se desplaza en una amplia gama de ángulos (ángulos con relación a la tierra), o bien que el ángulo formado con la línea que une el avión y el reflector permanece constante en 0. Evidentemente, ambos puntos de vista son válidos; en este ejemplo no hay una verdadera contradicción entre "gama amplia" y "constante", pues se refieren a variables diferentes.

Otro ejemplo: el conductor que guía un automóvil en forma

precisa desde una ciudad a otra y en un camino tortuoso puede ser considerado o bien un conductor que mantuvo el volante en continua actividad y cambios, o bien un conductor que en todo el viaje ha mantenido en forma constante la misma distancia entre el auto y la vera del camino.

Muchas actividades de los organismos vivos presentan este doble aspecto. Por un lado el observador advierte la gran cantidad de movimiento real y de cambios que ocurren y, por otro, puede observar que, a través de estas actividades, en la medida en que son coordinadas u homeostáticas, hay invariantes y constantes que muestran el grado de regulación alcanzado.

Son posibles muchas variaciones sobre el mismo tema. Así, si una variable x se comporta del mismo modo que la variable y, la cantidad $x - y$ es constantemente 0. De tal manera, si los valores de y están dados por algún factor exterior, cualquier regulador que actúe en x para mantener $x - y$ constante en 0 es un factor que obliga a x a variar copiando a y. En forma similar, "hacer que x haga lo opuesto a y" corresponde a "mantener $x + y$ constante en cierto valor" y "hacer que la variable w cambie de manera tal que sea dos veces mayor que la velocidad de cambio (fluctuante) de v", corresponde a "mantener la cantidad $w - 2dv/dt$ constante".

Es muy conveniente para la exposición y para el método de la teoría general que todos los "objetivos" puedan tratarse como si fueran de la forma "mantener constante el resultado en a". No habrá de creer el lector, sin embargo, que la teoría sólo se relaciona con la inmovilidad; debe acostumbrarse a intercambiar sin reservas los conceptos correspondientes.

Algunas variaciones

11/16. En la S. 11/4 se señalaron los hechos esenciales implicados en la regulación, como si fuera una simple tabla rectangular, como si fuera un juego entre dos contrincantes D y R.

Acaso el lector piense que esta formulación es demasiado simple e insuficiente para representar algunas regulaciones muy conocidas; sin embargo, en realidad, es mucho más general de lo que parece, y en las secciones subsiguientes de este capítulo examinaremos algunas complicaciones que, al analizarlas con mayor minuciosidad, revelan estar incluidas en la formulación básica de la S. 11/4.

11/17. *Perturbación compuesta.* La formulación a que nos referimos comprende sólo una fuente de perturbación *D*, y en consecuencia, a primera vista, parece que no incluye todos aquellos casos, innumerables en el mundo biológico, en los que la regulación debe realizarse a pesar de varias perturbaciones introducidas simultáneamente por distintos canales. Por ejemplo, un ciclista se enfrenta a menudo con obstrucciones de tránsito y, al mismo tiempo, con desequilibrios provocados por ráfagas de viento.

No obstante, este caso también está incluido, pues nada en este capítulo excluye la posibilidad de que *D* sea un vector con cualquier número de componentes. Por ende, una magnitud vectorial *D* puede representar todas esas perturbaciones compuestas dentro de la formulación básica.

11/18. *Ruido.* Un caso relacionado con los hechos a los que aludimos se presenta cuando *T* es "ruidoso", es decir, cuando *T* tiene alguna entrada adicional afectada por alguna perturbación que la interfiere. Ese podría ser el caso, por ejemplo, si *T* fuera una máquina eléctrica, perturbada en parte por las variaciones en la tensión alimentadora. A primera vista, este caso no parece estar incluido en la formulación básica.

Debe notarse que *D*, *T*, *E*, etc., fueron definidos en la S. 11/3 de modo puramente *funcional*. Así, "*D*" es "lo que perturba". Dado un sistema real, es necesario tener cuidado al decidir acerca de lo que corresponda a *D*, lo que corresponda a *T*, y así sucesivamente. Además, los enlaces que se establezcan provisoriamente entre D y T pueden, en segunda instancia, requerir modificaciones. (Lo mismo puede decirse de los restantes enlaces.) Así, un conjunto de enlaces en el sistema real puede dar un sistema que en apariencia esté formado por D, T, etc., aunque no concuerde con la formulación básica de la S. 11/4. Puede descubrirse luego que un desplazamiento de los enlaces para obtener otros *nuevos* D, T, etc., ofrece un conjunto que *sí* concuerda con la formulación.

Si en una colocación preliminar de enlaces se advierte que determinado T (provisional) resulta ruidoso, los enlaces deberán trazarse nuevamente para lograr que la entrada de ruido de T (S. 9/19) esté incluida *como una componente en* D. D es ahora "lo que perturba", y T no tiene tercera entrada; de esa manera, la formulación está de acuerdo con la de la S. 11/4.

Por supuesto, no se sugiere aquí que el simple hecho de encarar de otro modo al ruido como perturbación pueda resolverlo como por arte de magia. Se sugiere que si comenzamos de nuevo desde el principio, y si definimos D y T, quizá alguna *nueva* transformación de D pueda restaurar la regulación. La nueva transformación, desde luego, debe ser más completa que la antigua, puesto que D tiene más componentes.

11/19. *Estados iniciales.* Un caso semejante se presenta cuando T es una máquina cuyo comportamiento se pone en evidencia mediante una trayectoria, y cuyo resultado E depende de las propiedades de dicha trayectoria. Por lo común, los resultados quedan afectados por el estado inicial particular de T. ¿Cómo concuerda este estado con la formulación básica de la S. 11/4?

Si el estado inicial puede controlarse, la trayectoria siempre puede iniciarse en algún estado normal, y en ese caso no surge ninguna dificultad. (En este sentido ha de ser útil el método de la S. 7/25). Puede suceder, sin embargo, especialmente si el sistema es muy grande, que el estado inicial de T no pueda ser normalizado. ¿Incluye este caso la formulación básica?

Así es, pues D como vector puede definirse de nuevo para

incluir el estado inicial de T. Se ubica así la variedad traída a E por la vaiiedad del estado inicial de T, en el lugar que le corresponde en la formulación.

11/20. *Objetivo compuesto.* Puede suceder que los estados admisibles η en E, tengan más de una condición. Así, podemos requerir de un termostato que

(I) se mantenga habitualmente entre 36°C y 37°C;
(II) si es desplazado $\pm$ 10°C, que regrese a la escala permitida dentro del minuto.

Es posible tratar esta dificultad aplicando el mismo método de la S. 11/17, admitiendo que E puede ser un vector con más de una componente y que lo aceptable (η) puede darse en forma de especificaciones separadas para cada componente.

Por lo tanto, permitiendo que E se convierta en un vector, la formulación básica de la S. 11/4 puede incluir todos los casos en los que el objetivo es complejo, o condicional, o calificado.

11/21. *Complejidades internas.* Como último ejemplo, que muestra cuánto abarca en realidad la formulación básica, consideremos el caso en que el mayor problema lo constituya no tanto una regulación cuanto una interacción entre varias regulaciones. Por ejemplo, un señalero puede estar obligado a maniobrar varios trenes que llegan simultáneamente a su sección. Si bien lo más expeditivo sería ocuparse de cada uno por separado, lo que aquí nos interesa es el problema que plantea el control de todos, encarados como un esquema complejo y global.

De hecho, la formulación básica comprende también este caso, pues nada impide que las cantidades, o estados, o elementos en D, R, T o E, estén integrados por partes, y a su vez las partes estén relacionadas entre sí. El hecho de que "D" sea una sola letra no significa en modo alguno que lo que ella representa deba ser intrínsecamente simple o unitario.

La "perturbación" D del señalero es un conjunto determinado de trenes que llega formando cierta configuración particular en el espacio y en el tiempo. Otros ordenamientos proporcionarían otros valores para D, que, por supuesto, debe ser un vector. Los resultados E constituyen varias configuraciones complejas de trenes que se mueven, cada uno en relación con los demás, y que se alejan de la sección del señalero. El conjunto admisible η incluye, por cierto, una componente "no colisión", y probablemente algunas otras. Las reacciones R del señalero incluyen una variedad de modelos de movimientos de puntos y señales. T es lo dado: los aspectos básicos de geografía, mecánica, técnicas de señalamiento, etc., que en forma determinada conducen de la situación planteada y de la configuración de reacción del señalero al resultado.

Puede advertirse, por lo tanto, que la formulación básica incluye, en principio, casos de cualquier grado de complejidad interna.

12. El regulador controlado por el error

12/1. En el capítulo anterior estudiamos la naturaleza de la regulación y señalamos que para lograrla deben cumplirse ciertas relaciones y leyes. Se encaró la regulación dando por supuesto que ya estaba lograda, y luego se estudió lo que era necesario. Sin embargo, este aspecto, aunque útil, difícilmente coincide con el que se usa por lo común en la práctica. Adoptemos un nuevo punto de vista.

En la práctica, el problema de la regulación por lo general se presenta de esta manera: se dan las variables esenciales E y también el conjunto de estados η en los cuales deben mantenerse para que el organismo sobreviva (o la planta industrial funcione satisfactoriamente). Las variables y el conjunto deben darse en primer término. *Antes de emprender cualquier regulación, o aún antes de examinarla, debemos saber qué es lo importante y qué es lo que se requiere.* En cualquier especie particular existen exigencias peculiares: el gato debe mantenerse seco, el pez, húmedo. El objeto de los servomecanismos responde a otras necesidades: uno debe conservar caliente una sala de incubación, otro debe conservar frío un cuarto de refrigeración, etc. En el transcurso de este libro siempre se dio por descontado que las circunstancias externas ya habían determinado el propósito, es decir, cuáles son los estados aceptables η; en este libro el problema que a nosotros nos interesa es determinar cómo conseguir el objetivo a pesar de las perturbaciones y de las dificultades.

Las perturbaciones D están a punto de desplazar E fuera del conjunto η. Si D acciona por intermedio de un sistema dinámico (un medio ambiente) T, el diagrama de efectos inmediatos es, inicialmente,

$$\boxed{D} \rightarrow \boxed{T} \rightarrow \boxed{E}$$

El organismo (o quienquiera esté interesado en E), empero, tiene cierta capacidad de formar otro sistema dinámico R (*v. g.* un cerebro o un servomecanismo) que puede ser acoplado a T para formar, si la operación se realiza correctamente, un todo F, de manera que el diagrama de efectos inmediatos se convierta en

$$\boxed{D} \rightarrow \boxed{F} \rightarrow \boxed{E}$$

de modo que F bloquea el flujo de variedad de D a E, y E se mantiene dentro de η.

Por lo general, T está dado. Es el medio ambiente que enfrenta el organismo, junto con las partes del mismo que deben aceptarse como dadas en la regulación. T no puede eliminarse, pero habitualmente puede ser manejado. Por lo tanto, en general el problema de la regulación puede resumirse así:

Dados E, η, T *y* D, *formar un mecanismo* R *de modo tal que* R *y* T *acoplados actúen para conservar* E *dentro de* η.

Dedicaremos lo que resta de este libro a estudiar de qué manera varios tipos de *datos* (E, η, T y D) pueden especificar la forma de máquina con entrada (R) que proporciona regulación. Necesitamos deducir la forma de R.

Si la situación fuera siempre tan simple como la de la Tabla 11/3/1, el tema se agotaría rápidamente. Tal como es, a partir de esa forma hay muchas desviaciones posibles, de manera que procederemos a examinar varias, según las dificultades que opongan en el camino del proyecto o especificación del regulador R.

Podemos ahora suponer, al examinar cualquier regulación particular, que se ha hecho pleno uso de las posibilidades de definir nuevamente el sistema (S. 11/16), de manera que la formulación sea como la de la S. 11/3 —que proporciona regulación y control perfectos—, o bien como la de la S. 11/4, en la cual esto no es posible. Lo que resta del libro está dedicado especialmente a aquellos casos en que pese a que la regulación perfecta no es posible, deseamos, sin embargo, que en las condiciones dadas la regulación sea tan buena como se pueda.

12/2. *Restricciones sensorial y motora.* Puede advertirse un indicio de las dificultades reales cuando la capacidad de R, como canal para transmitir variedad de información de D a T, se torna insuficiente —de acuerdo con la ley de la Variedad Obligada— para reducir la variedad en E a la de η. Cuando esto sucede, la regulación es necesariamente imperfecta.

Pueden darse muchísimos ejemplos de este fenómeno. Citemos en primer término los casos de restricción sensorial: los de sordera, el caso en que un conductor no puede ver claramente a través de un parabrisas mojado por la lluvia, los organismos que no pueden ver la luz ultravioleta, y el tabético que no puede sentir dónde están sus pies. Éstas son restricciones en el canal de D a R.

Luego tenemos las restricciones en el canal de R a T, aquéllas en el lado efector de R: el hombre que perdió un brazo, el insecto que no puede volar, la glándula salival que no puede segregar, y el timón que se trabó.

Una restricción similar a la capacidad de R puede presentarse en aquellos casos en los que el efecto de R en T es vectorial, es decir, se efectúa a través de más de un canal o componente hacia T, y alguna disminución se ha producido en el número de los parámetros de T accesibles a R (comparar con la S. 7/12). Una falla en uno de los controles del tablero, por ejemplo, puede disminuir la capacidad del conductor para mantener la marcha correcta del automóvil.

El caso en que R no puede recibir información plena sobre el estado inicial de T (tema tratado en la S. 11/19) está incluido, de hecho, en los casos mencionados antes. Una dificultad de ese tipo se le presenta al señalero de un ferrocarril cuando hay niebla. Sabe perfectamente que se ha producido la perturbación "niebla", pero a menudo le es difícil determinar el estado actual del sistema que controla, es decir, las posiciones exactas de los trenes que están en su sector. A esta restricción en el flujo de información de T a R está asociada la dificultad, o aun la imposibilidad, de mantener una regulación plena.

12/3. En la formulación básica de la S. 11/4 se supuso que el proceso de regulación pasa a través de sucesivas etapas en el siguiente orden:

(1) una perturbación particular se produce en D;
(2) la perturbación actúa en R, que la transforma en una respuesta;
(3) ambos valores, el de D y el de R, actúan *simultáneamente* en T para producir el resultado de T;
(4) el resultado es un estado en E, o afecta a E.

Por lo tanto, según (3) se supone que si R es un sistema material real, éste realiza todo su trabajo antes de que T comience a moverse. Suponemos, en otras palabras, que el regulador R se mueve a una velocidad de orden mayor que la de T.

Esta sucesión, de hecho, no suele darse en muchos casos. Cuando el gato se aproxima, el ratón puede reaccionar y entrar en su cueva antes de que actúen las garras del gato. Decimos, en términos generales, que el organismo ha reaccionado ante la *amenaza* (en D) más bien que ante el *desastre* mismo (en E) y ha evitado así el desastre. En consecuencia, la formulación representa con propiedad muchas regulaciones de importancia.

Por otra parte, hay muchos casos importantes en que es imposible que se produzca este tipo de anticipación, es decir, cuando la acción de R no puede completarse antes de que el resultado (en T) comience a ser determinado (se da un ejemplo en la sección siguiente.) En casos tales, la regulación que podía deducirse de la S. 11/3 es imposible. ¿Qué debe hacerse?

Un método, desde luego, es acelerar la transmisión de información de D a R; por ese motivo muchos sistemas reguladores cuentan con varios dispositivos especialmente diseñados para ese fin. Las fibras nerviosas primitivas desarrollan vainas de mielina, de manera que la transmisión al cerebro pueda ser más rápida. Algunos organismos desarrollan en forma tal el sentido del olfato que la reacción apropiada puede prepararse con anticipación al verdadero encuentro físico; y las entidades comerciales envían mensajes por cable, en lugar de hacerlo por correo simple, para que cuando llegue a puerto un barco con una carga perecedera ya todo esté dispuesto para recibirla.

Algunas veces, sin embargo, los recursos disponibles no incluyen la aceleración de la transmisión a través de R; la reacción de R no puede llegar a T antes de que comience el resultado. En este caso lo más adecuado es lograr que la regulación imperfecta sea, por lo menos, tan eficaz como lo permitan las circunstancias. En las secciones siguientes se expondrá cómo puede lograrse.

12/4. *Regulación por el error.* Un regulador muy conocido, que no puede reaccionar directamente ante la perturbación original D, es el del baño controlado termostáticamente, que es incapaz de decir: "veo a alguien que se acerca con un frasco de líquido frío para sumergirlo en mí; éste es el momento de actuar". Por el contrario, el regulador no recibe informe alguno acerca de la perturbación hasta que la temperatura del agua (E) no comienza a descender. Y la misma limitación se aplica a todas las otras perturbaciones posibles; por ejemplo, si se aproxima un rayo de sol que lo calienta, o si se deja abierta una puerta que provoca una corriente de aire que lo enfríe.

La misma limitación se cumple en muchos reguladores importantes. Por ejemplo, existe un mecanismo que ayuda a que se mantenga constante la provisión de oxígeno de los tejidos: cualquier falta continua y prolongada ocasiona eventualmente un incremento en el número de glóbulos rojos contenidos en la sangre. Por eso las personas que padecen ciertos tipos de enfermedades cardíacas, y las que viven a grandes alturas —donde el aire está muy enrarecido— tienden a desarrollar ese incremento. Esta regulación extrae su información del efecto nocivo (falta de oxígeno) mismo, no de la causa (D) de la enfermedad cardíaca o de la decisión de vivir a gran altura.

Desde el punto de vista de la comunicación, es fácil relacionar los nuevos fenómenos con los que ya hemos expuesto. La diferencia reside simplemente en que ahora la información de D a R (que debe pasar para que el regulador R sea útil) *viene a través de* T. En lugar de:

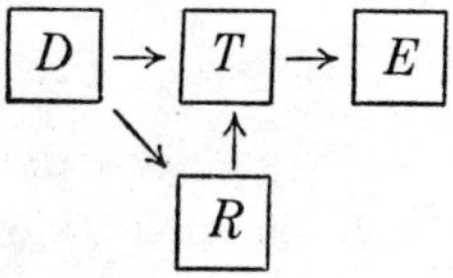

tenemos

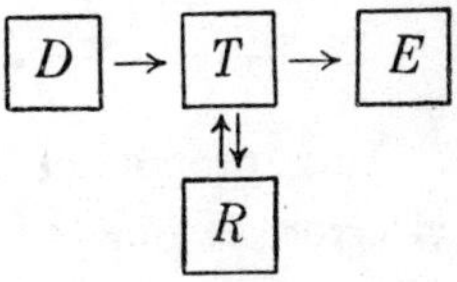

R consigue así su información acerca de D por intermedio de T:

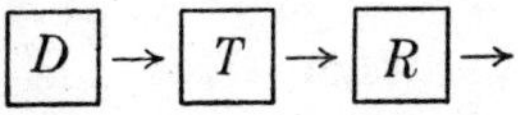

y la información disponible para propósitos regulatorios es todo aquello que sobrevive a la codificación impuesta por su paso a través de T (S. 8/5). Algunas veces la información disponible para R está forzada a tomar un camino aún más largo, de manera que R queda afectado solamente por el efecto real en E. El diagrama de efectos inmediatos es entonces

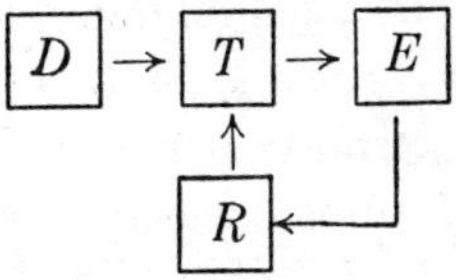

y tenemos la forma básica del "servomecanismo controlado por el error" simple, o "regulador de enlace cerrado", con su conocida realimentación de E a R. El lector habrá advertido que esta forma difiere de la de la formulación básica (S. 11/4) sólo en que la información acerca de *D* llega a *R* por un camino más largo.

$$\boxed{D} \rightarrow \boxed{T} \rightarrow \boxed{E} \rightarrow \boxed{R} \rightarrow$$

Una vez más, la información de que dispone *R* es sólo aquella que sobrevive la transmisión a través de *T* y *E*.

Esta forma tiene suma importancia y puede aplicarse ampliamente. El resto del libro estará dedicado a ella (los otros casos son en esencia más simples y no es necesario tratarlos en detalle).

12/5. Una propiedad fundamental del regulador controlado por el error es que *no puede ser perfecto* en el sentido de la S. 11/3.

Supongamos que se desea formular el sistema controlado por el error mediante el método aplicado en las S. 11/3 y 4. Se toma una tabla de doble entrada, en la que *D* y *R* determinan el resultado *E*. Cada columna tiene una variedad igual a la de *D*. La novedad consiste en que las reglas deben ser modificadas. Mientras que anteriormente *D* hacía una selección (una perturbación particular), luego la hacía *R*, y *E*, por lo tanto, quedaba determinada, el proceso consiste ahora en que después de la selección inicial de *D*, *R* debe tomar un valor que es una función determinada del resultado *E* (pues *R* está controlada *por el error*). Se demuestra fácilmente que con estas condiciones *la variedad de E será tanta como la de D*; es decir, *R* no puede obtener regulación, no importa cómo haya sido construido (es decir, no importa qué transformación se use para convertir un valor-*E* en un valor-*R*).

Si no se exige una demostración formal, un simple razonamiento puede mostrar por qué debe ser así. Como vimos, *R* obtiene su información a través de *T* y *E*. Supongamos que de algún modo *R está* regulando satisfactoriamente; esto implicaría que la variedad de E se reduce por debajo de la de D; se reduce quizá a cero. Esta reducción logra que el canal

$$\boxed{D} \rightarrow \boxed{T} \rightarrow \boxed{E} \rightarrow$$

disminuya su capacidad; *si E debe mantenerse sumamente constante, entonces el canal está sumamente bloqueado.* De tal manera, cuanto más satisfactoriamente R logre mantener constante a E, tanto más bloquea R el canal por medio del cual recibe la información necesaria. Se comprueba, así, que cualquier éxito de R puede, a lo sumo, ser parcial.

12/6. Afortunadamente, en muchos casos no se necesita una regulación completa. Hasta ahora hemos supuesto que los estados de las variables esenciales E están divididos, en forma muy definida, en "normales" (η) y "letales", de manera que la aparición de estados "indeseables" es completamente incompatible con la regulación. Sucede a menudo, sin embargo, que el sistema ofrece continuidad, de manera que los estados de las variables esenciales se dan a lo largo de una escala de estados indeseables. Por ejemplo, un animal terrestre puede pasar por muchos grados de deshidratación antes de morir de sed, y acertadamente puede llamarse "regulatorio" a un retroceso conveniente desde la mitad de la escala que salve la vida del animal, aunque quizá no le haya evitado molestias.

La presencia de continuidad hace así posible una regulación que, aunque no perfecta, tiene suma importancia práctica. Se permite que ocurran pequeños errores; luego, proporcionando su información a R, se posibilita una regulación contra errores mayores. Ésta es la teoría básica, en términos de comunicación, del regulador de realimentación simple.

12/7. Acaso el lector piense que se ha prestado excesiva atención al regulador controlado por el error, por cuanto establecimos cuidadosamente algo muy conocido. La precisión del enunciado, sin embargo, quizá sea aconsejable, puesto que ahora vamos a extender el tema del regulador controlado por el error a un campo mucho más amplio que el habitual.

Este tipo de regulador materializado en una máquina determinada es muy conocido; proporciona el servomecanismo, el termostato, el mecanismo homeostático de la fisiología y muchos más. Sin embargo, también puede materializarse en una máquina *no* determinada y en ese caso origina una clase de fenómenos que todavía no se dan de ordinario en la maquinaria industrial, pero cuya presencia es muy común y muy importante en los sistemas biológicos. Volveremos sobre este tema en la S. 12/11. Entre tanto, tendremos que detenernos a considerar lo que implica este concepto de máquina "no-determinada".

La máquina markoviana

12/8. Vamos a tratar ahora una clase de máquina más general que la estudiada en las Partes I y II. Desde un punto de vista lógico, el tema tendría que haber sido expuesto antes, pero en esas Partes nos dedicamos con tanta preferencia a la máquina determinada (es decir, aquella cuyas transformaciones son uniformes), que el análisis de un tipo más general habría ocasionado confusiones.

Una "máquina" es, en esencia, un sistema cuyo comportamiento es lo suficientemente repetitivo o lo suficientemente sujeto a leyes para que podamos formular algún pronóstico sobre el comportamiento del sistema (S. 7/19). Si esto es posible, la predicción puede adoptar una entre una variedad de formas. Decimos que una máquina es "determinada" cuando *podemos predecir* su estado próximo; éste es el tipo de máquina considerado en la Parte I. Hay otras máquinas cuyo estado próximo no podemos predecir, pero, en cambio, podemos predecir que si las condiciones se repiten muchas veces, se comprueba que las *frecuencias* de los estados tienen ciertos valores.

Esta posible constancia de la frecuencia ya ha sido señalada en la S. 9/2. Es la característica de las cadenas de Markov.

Podemos estudiar, por lo tanto, una nueva clase de sistema absoluto: aquel cuyos estados cambian con el tiempo, no mediante una transformación uniforme, sino mediante una matriz de probabilidades de transición. Para que el sistema prosiga siendo el *mismo* sistema absoluto, los valores de las *probabilidades* no deben cambiar.

En la S. 2/10 se señaló que una transformación uniforme puede especificarse mediante una matriz de transiciones, con 0 ó 1 en los casilleros (por razones de simplicidad se utilizó 0 ó +). En la S. 9/4 se especificó una cadena de Markov mediante una matriz similar que contenía fracciones. Un sistema absoluto determinado es, por consiguiente, un caso especial de una máquina markoviana: es *la forma extrema de una máquina markoviana en la cual todas las probabilidades se han tornado* 0 *ó* 1 (comparar con la S. 9/3).

Una "máquina con entrada" es un conjunto de sistemas absolutos singularizados mediante un parámetro. Una **máquina markoviana con entrada** debe ser, en forma similar, un conjunto de máquinas markovianas, especificado por un *conjunto* de matrices, con un parámetro y sus valores para indicar la matriz que se debe utilizar en cada paso particular.

El concepto de máquina markoviana es una extensión natural del concepto de máquina determinada ordinaria, tipo considerado en la Parte I. Si todas las probabilidades son 0 ó 1, las dos máquinas son idénticas. Si todas las probabilidades están cerca de 0 ó de 1, tenemos una máquina que es casi determinada en su comportamiento, pero que ocasionalmente se comporta de modo inesperado. A medida que las probabilidades se desvían más y más de 0 y 1, el comportamiento en cada paso se torna gradualmente menos determinado, y cada vez más parecido al de uno de los insectos considerados en la S. 9/4.

Debe observarse que la definición, aunque permite cierta indeterminación en algunos aspectos, aún es absolutamente estricta.

Si la máquina en el estado x pasa un 90 % de las veces a y, y un 10 % de las veces a z, entonces estos *porcentajes* deben ser constantes (en el sentido de que las frecuencias relativas deben tender a estos porcentajes a medida que la sucesión se amplía, y los límites no deben cambiar a medida que una sucesión sigue a otra). En la práctica esto significa que las condiciones que determinan los porcentajes deben permanecer constantes.

Los ejercicios que damos a continuación familiarizarán al lector con lo expuesto.

Ej. 1: Un metrónomo en estado de régimen oscila entre dos estados extremos R y L, pero cuando está a la derecha (R) tiene un 1 % de posibilidades de permanecer allí. ¿Cuál es su matriz de probabilidades de transición?

Ej. 2: Una máquina determinada α tiene la transformación

$$\downarrow \begin{array}{cccc} A & B & C & D \\ B & D & D & D \end{array}$$

Una máquina markoviana α tiene la matriz de probabilidades de transición

↓	A	B	C	D
A	0	0	0	0
B	0,9	0	0	0
C	0	0	0,2	0
D	0,1	1,0	0,8	1,0

¿En qué difieren sus comportamientos? (Sugestión: Dibujar los gráficos de α y β, haciendo que las probabilidades sean 1 ó 0.)

Ej. 3: Una máquina markoviana con entrada tiene un parámetro que puede tomar tres valores —p, q y r— y tiene además dos estados —a y b— con matrices

(p)

↓	a	b
a	$\frac{1}{2}$	1
b	$\frac{1}{2}$	0

(q)

↓	a	b
a	$\frac{1}{4}$	$\frac{3}{4}$
b	$\frac{3}{4}$	$\frac{1}{4}$

(r)

↓	a	b
a	$\frac{1}{3}$	$\frac{3}{4}$
b	$\frac{2}{3}$	$\frac{1}{4}$

La máquina parte del estado b y avanza un paso con su entrada en q, luego otro paso con la entrada en r, y después otro paso con la entrada en p. ¿Cuáles son las probabilidades de que se encuentre entonces en a o en b?

**Ej.* 4: (Continuación.) ¿Qué regla general, que aplica la multiplicación de matrices, permite escribir la respuesta algebraicamente? (Sugestión: Ej. 9/6/8.)

*Ej. 5: Acoplar la máquina markoviana (de estados a, b y c, y estados-entrada α y β)

α:

↓	a	b	c
a	0,2	0,3	0,3
b	·	0,7	0,2
c	0,8	·	0,5

β:

↓	a	b	c
a	0,3	0,9	0,5
b	0,6	0,1	0,5
c	0,1	·	·

a la máquina markoviana (de estados e, f, y estados-entrada δ, ε, θ)

δ:

↓	e	f
e	0,7	0,5
f	0,3	0,5

ε:

↓	e	f
e	0,2	0,7
f	0,8	0,3

θ:

↓	e	f
e	0,5	0,4
f	0,5	0,6

mediante las transformaciones

$$\downarrow \begin{matrix} a & b & c \\ \varepsilon & \delta & \theta \end{matrix} \qquad \downarrow \begin{matrix} e & f \\ \beta & \alpha \end{matrix}$$

¿Cuál es la máquina markoviana sin entrada que resulta? (Sugestión: Tratar de cambiar las probabilidades a 0 y 1, haciendo que el sistema sea determinado, y seguir la S. 4/8; transformar luego en fraccionarias las probabilidades y aplicar el mismo método básico.)

*Ej. 6: (Continuación.) ¿Debe ser markoviana la nueva matriz?

*Ej. 7: Si M es una máquina markoviana que domina una máquina determinada N, demostrar que los resultados de N forman una cadena markoviana sólo después de que M haya llegado al equilibrio estadístico (en el sentido de la S. 9/6).

12/9. El que una máquina real sea markoviana o determinada algunas veces depende de la medida en que pueda ser observable (S. 3/11); algunas veces la naturaleza de una máquina real es tal que un cambio aparentemente pequeño en la gama de observación es suficiente para cambiar las apariencias de un tipo en las de otro.

Supongamos, por ejemplo, que a una máquina computadora digital se le ha colocado una larga cinta en la que hay números al azar, que se utilizan en determinada operación en la que trabaja la máquina. Para un observador que no puede inspeccionar la cinta, la salida de la máquina es indeterminada; en cambio, para el que tiene una copia de la cinta la salida es determinada. Por lo tanto, la pregunta: "¿esta máquina es *realmente* determinada?" no tiene sentido y es inapropiada, a menos que se defina exactamente el alcance de lo que cada uno de ellos observa. En otras palabras, la distinción entre markoviana y determinada a veces sólo puede establecerse después de definir con precisión el sistema. (Tenemos aquí otro ejemplo de lo inadecuado que es definir "el sistema" identificándolo con un objeto real. Los objetos reales pueden proporcionar una variedad de "sistemas" igualmente plausibles, cuyas propiedades —las que nos interesan en él— difieran en grado sumo, y en consecuencia es posible que la respuesta a una pregunta explícita dependa ante todo del sistema a que se aplica.) (Comparar con la S. 6/22.)

12/10. La estrecha relación entre la máquina markoviana y la determinada también puede demostrarse de acuerdo con la existencia de formas mixtas. Supongamos, por ejemplo, que una rata ha aprendido parcialmente el laberinto de nueve celdas ilustrado en la Fig. 12/10/1

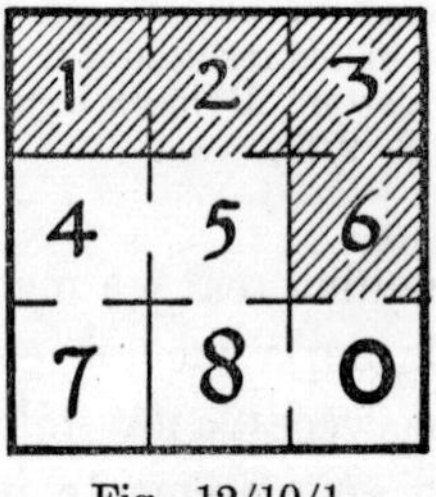

Fig. 12/10/1

en el cual *O* es el objetivo. Por razones que no interesa detallar aquí, la rata no tiene indicaciones sensoriales en las celdas 1, 2, 3 y 6 (grisadas), de manera que cuando está en una de estas celdas se mueve al azar a alguna de las otras celdas que permite el laberinto. Así, si colocamos la rata reiteradamente en la celda 3, pasa con igual probabilidad a 2 ó a 6 (suponemos igual probabilidad por simples razones de conveniencia). En las celdas 4, 5, 7, 8 y *O*, sin embargo, dispone de indicaciones, y pasa directamente de celda en celda, hacia *O*. Por lo tanto, si la colocamos reiteradamente en la celda 5, la rata pasa siempre a la 8 y luego a *O*. Tal comportamiento no es absolutamente atípico en la esfera de lo biológico.

Con bastante facilidad puede encontrarse la matriz de sus transiciones. Así, desde 1 puede ir solamente a 2 (por la construcción del laberinto). De 2 puede ir a 1, 3 ó 5 con igual probabilidad. De 4 pasa sólo a 5. De *O* la única transición es a *O* misma. De esta manera es posible construir la matriz.

Ej.: Construir una matriz posible de sus probabilidades de transición.

12/11. *Estabilidad.* Cuando se analiza la máquina markoviana es posible comprobar que tiene propiedades que corresponden a las descriptas en la Parte I, aunque a menudo modificadas de manera evidente. Por ejemplo, se puede construir el gráfico cinemático de la máquina; pero, como la transformación no es uniforme, más de una flecha puede salir de cada estado. En consecuencia, la máquina markoviana

↓	*a*	*b*	*c*
a	0,2	0,3	0,1
b	0,8	0,7	0,5
c	·	·	0,4

tiene el gráfico de la Fig. 12/11/1, en el cual cada flecha posee una fracción que indica la probabilidad de que dicha flecha sea recorrida por el punto representativo.

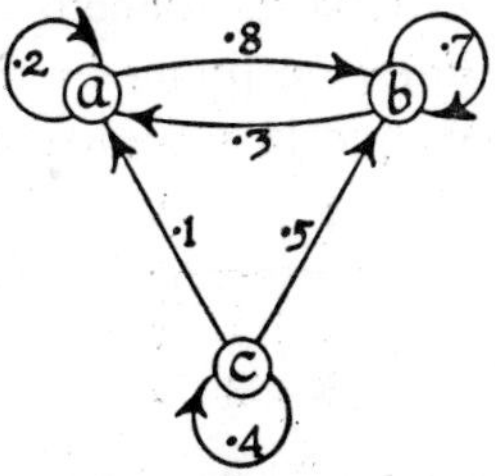

Fig. 12/11/1

En este ejemplo puede comprobarse que los sistemas en *c* abandonan tarde o temprano dicho estado, y nunca retornan a él.

Una máquina markoviana tiene varias formas de estabilidad que corresponden a las mencionadas en el Capítulo 5. La **región estable** es un conjunto de estados de tal naturaleza que una vez que el punto representativo entra en un estado de ese conjunto ya no puede abandonarlo. Por lo tanto, *a* y *b* del ejemplo anterior forman una región estable.

Un **estado de equilibrio** es simplemente la región reducida a un solo estado. Así como en el sistema determinado todas las máquinas que se inician en una cuenca se encaminan hacia un estado de equilibrio —si existe alguno—, de la misma manera procede la máquina markoviana; el estado de equilibrio se denomina a veces **estado absorbente**. El ejemplo de la S. 9/4 no tiene estado de equilibrio. Lo habría adquirido si se hubiera agregado la cuarta posición "en un papel pegamoscas"; de ahí procede su nombre.

En torno de un estado de equilibrio, los comportamientos de una máquina markoviana y de una determinada difieren claramente. Supongamos que el sistema tiene un número finito de estados y se encuentra en una trayectoria que conduce a un estado de equilibrio; cualquier sistema individual *determinado* debe llegar al estado de equilibrio luego de atravesar una trayectoria particular y, por lo tanto, después de un número exacto de pasos. Así, en el primer gráfico de la S. 2/17, un sistema en *C* llega a *D* exactamente en dos pasos. Sin embargo, si el sistema es markoviano no da un número único de pasos y sólo puede predecirse una duración promedio de la trayectoria. Supongamos, por ejemplo, que la máquina markoviana es

↓	*a*	*b*
a	1	$\frac{1}{2}$
b	0	$\frac{1}{2}$

donde *a* es un estado de equilibrio. Procedamos de manera que un gran número de tales sistemas se inicien en *b*. Luego del primer paso, la mitad de ellos pasa a a y la otra mitad aún permanece en b. En el segundo paso, la mitad de los que aún están en b pasa a a, y la otra mitad (es decir, un cuarto del total) permanece en b. Si se prosigue, se descubre que, de aquellos que se inician en b,

$\frac{1}{2}$ llegan a a después de 1 paso
$\frac{1}{4}$ " " " " " 2 pasos
$\frac{1}{8}$ " " " " " 3 "

y así sucesivamente. En consecuencia, el tiempo *promedio* que tardan para ir de b a a, es

$$\frac{\frac{1}{2} \times 1 + \frac{1}{4} \times 2 + \frac{1}{8} \times 3 + \ldots}{\frac{1}{2} + \frac{1}{4} + \frac{1}{8} + \ldots} = 2 \text{ pasos}$$

Algunas de las trayectorias abarcan mucho más de dos pasos.

Como es bien sabido, en torno de un estado de equilibrio un sistema se comporta como "teleológico"; la finalidad es el estado de equilibrio. Un fenómeno semejante se presenta en el caso markoviano. Aquí el sistema en lugar de dirigirse en forma determinada hacia su objetivo, parece fluctuar en forma indeterminada entre los estados y se mueve coherentemente a otro estado cuando no se halla en uno de equilibrio, y se detiene también en forma coherente en éste cuando el azar lo lleva a él. El estado de equilibrio aún parece ser el "fin" del sistema, pero éste llega a aquél probando al azar una sucesión de estados, y moviéndose o no de acuerdo con el estado al cual llegó. Por ende, *las propiedades objetivas de obtener éxito por prueba y error se ponen de manifiesto cuando una máquina markoviana se mueve hacia un estado de equilibrio.*

En este punto vale la pena decir que el giro corriente de "prueba y error" confunde bastante. "Prueba" es singular, en tanto que lo esencial del método consiste en que los intentos se prosigan indefinidamente. "Error" también está mal elegido, pues el elemento importante es el éxito final. "Búsqueda y adhesión" parecería más apropiado para describir más gráfica y exactamente el proceso. Lo usaré con preferencia al otro.

El movimiento hacia una finalidad mediante el proceso de búsqueda y adhesión es, por lo tanto, *homólogo* (por la S. 12/8) del que sigue una trayectoria determinada, pues ambos son movimientos de una máquina hacia el estado de equilibrio. Podemos aplicar a ambos, con cautela, el mismo conjunto de principios y razonamientos.

Ej. 1: ¿Qué estados de equilibrio tiene el sistema del Ej. 12/10/1?

Ej. 2: Una máquina markoviana tiene la matriz

↓	*a*	*b*	*c*	*d*	*e*	*f*
a	$\frac{1}{3}$	$\frac{1}{3}$	.	.	.	.
b	$\frac{1}{3}$	$\frac{1}{3}$	.	.	.	.
c	$\frac{1}{3}$	$\frac{1}{3}$	.	.	.	.
d	.	.	1	.	.	.
e	.	.	.	1	.	.
f	.	.	.	.	1	1

Se parte de *a* en diversas oportunidades, ¿cómo podría describirse su comportamiento en el lenguaje de la psicología de ratas y laberintos?

Regulación markoviana

12/12. La progresión de una máquina markoviana hacia un estado de equilibrio es mucho menos ordenada que la de la máquina determinada, de manera que el tipo markoviano es poco usado en los reguladores industriales. Si la comparamos con la regulación suave y directa de un servomecanismo ordinario, sin duda la máquina markoviana parece torpe. No obstante, los organismos vivos utilizan espontáneamente este método más general, porque una máquina que lo usa, en líneas generales, es más fácil de construir y de mantener; por la misma razón tiende a estar menos expuesta a daños menores. De hecho, a menudo se utiliza en muchas regulaciones simples donde ni la velocidad ni el rendimiento tienen excesiva importancia.

Un primer ejemplo se presenta cuando alguien desea regular el número de moscas de una habitación en 0 ó cerca de 0. La acción de colocar un papel "pegamoscas" en un lugar apropiado no provoca un cambio *determinado* en el número de moscas. Sin embargo, el único estado de equilibrio con respecto a cada mosca se da "en el papel", y el estado de equilibrio con respecto al "número de moscas que no están en el papel" es 0. El método es primitivo, pero tiene la gran ventaja de exigir poco esfuerzo y de funcionar suficientemente bien en la práctica.

Un método similar de regulación es el que a menudo utiliza el jugador de golf cuando busca una pelota perdida en un área determinada. Los estados son las posiciones del jugador en el área, y la regla es: en todos los estados, excepto uno, "seguir buscando"; en uno de los estados, empero, la regla es "detener la búsqueda". Aunque quizá este método no sea el ideal, no es por ello menos indicado para ejemplificar una regulación simple.

Otro ejemplo de regulación, que posee escaso orden de rendimiento, podría ser una rata con lesiones graves en el cerebro, que si bien no es capaz de recordar nada sobre un laberinto, puede reconocer en cambio los alimentos cuando los encuentra y entonces se detiene para comer. (Compárese este comportamiento con el de la rata que no se detiene al encontrar comida.) Su progresión está sumamente librada al azar y quizá reitere algunos errores; sin embargo, en su comportamiento se pone de manifiesto una forma rudimentaria de regulación porque una vez que descubre la comida se detiene a comerla, y vive gracias a ello, mientras que la otra rata prosigue moviéndose y muere de inanición.

Ej. 1: Un matrimonio decide tener hijos sólo hasta que nazca un varón; (I) este proceso ¿es regulatorio?; (II) ¿cuál es su matriz de probabilidades de transición?

Ej. 2: El juego: "Cara, gano; cruz, tiramos de nuevo", ¿es regulatorio?

12/13. Hasta ahora hemos considerado solamente el modo en que la máquina markoviana se mueve hacia su objetivo. En principio, sólo la diferencia de la máquina determinada el hecho de que su trayectoria no es única. Siempre que esto se tenga en cuenta, se pueden aplicar a la regulación por máquina markoviana todos los conceptos desarrollados en los capítulos anteriores de esta Parte.

(Debe recordarse la advertencia formulada en la S. 11/11 [párrafo 5]. Los pasos que da una máquina markoviana a lo largo de su trayectoria son de un orden de magnitud más pequeño que los pasos que separan un acto de regulación [una "movida" en el sentido de la S. 11/3] de otro. Estos últimos pasos corresponden a un cambio de una trayectoria a otra, muy diferente del cambio de un punto al punto siguiente a lo largo de una trayectoria.)

La formulación básica de la S. 11/4 es compatible tanto con las máquinas markovianas como con las determinadas, en el sentido de que T y R proporcionan el verdadero resultado. En principio, no existe diferencia, aunque si describimos sus comportamientos en términos psicológicos o antropomórficos, las descripciones pueden ser muy diferentes. Así, si se necesita que R (para una perturbación dada) muestre su poder regulatorio dirigiéndose hacia un estado, un R determinado se encamina directamente hacia su meta, como si supiese lo que quiere, en tanto que aparentemente un R markoviano trata de encontrarlo.

La máquina markoviana puede usarse, igual que la determinada, como medio de control, puesto que los razonamientos de la S. 11/14 son aplicables a ambas (éstos tienen en cuenta sólo los resultados obtenidos, no *cómo* se los obtuvo). Si se la utiliza de esta manera, tiene la desventaja de que su trayectoria es incierta, pero tiene en cambio la ventaja de que se la puede proyectar fácilmente.

12/14. *Regulación por veto.* La formulación básica de la S. 11/4 puede aplicarse con suma amplitud. Quizá el caso particular más importante se presenta cuando tanto T como R son máquinas (determinadas o markovianas), y cuando los valores de E dependen de los varios estados de equilibrio a que puede llegar T, siendo η el estado, o los estados, que tienen alguna propiedad deseada o conveniente. La mayoría de los reguladores físicos son de este tipo. Cuando R y T son máquinas markovianas, puede llevarse fácilmente T a un estado deseado de equilibrio η, por la acción de R, si se aprovecha el hecho fundamental de que si dos máquinas (tales como se supone ahora que son R y T) están acopladas, el todo puede estar en estado de equilibrio sólo cuando cada parte está en un estado de equilibrio en las condiciones proporcionadas por la otra. La tesis fue enunciada en la S. 5/13 con relación a la máquina determinada, pero es igualmente válida para la markoviana.

Construyamos un regulador de la siguiente manera: supongamos que el regulador R tiene una entrada que puede tomar dos valores, β y γ. Cuando su entrada es β (para "mal"), que *ningún* estado sea de equilibrio; y cuando su entrada es γ (para "bien"), que *todos* lo sean. Acoplemos ahora R a T, de manera que todos los estados en η son transformados, en la entrada de R, en el valor γ, y todos los otros estados (que no se encuentran en η), son transformados en el valor β. Dejemos que el todo siga alguna trayectoria. Los únicos estados de equilibrio a que puede pasar el todo son aquellos que tienen R en un estado de equilibrio (por la S. 5/13); pero esto implica que la entrada de R debe estar en γ, y esto implica, a su vez, que el estado de T debe ser uno de los η. A causa de la manera en que fue construido, R veta todos los estados de equilibrio en T, excepto los de η. Por ende, el todo es regulatorio, y como en este caso T y R son markovianos, el todo aparentemente busca un estado "deseable" y se afirma en él cuando lo encuentra. Puede considerarse que R "dirige" a T en su búsqueda.

(La posibilidad de que T y R queden atrapados en una región estable que contenga estados que no se encuentran en η, puede disminuirse cuanto se desee mediante la ampliación de R, esto es, asignándole muchos estados, y cuidando que su matriz-β esté profusamente conectada, de manera que la probabilidad de pasar de un estado cualquiera a otro sea distinta de cero.)

Ej. 1: En pocas palabras, ¿qué caracteriza la matriz γ? ¿Y la β?
**Ej.* 2: Demostrar que la tesis de la S. 5/13 es igualmente válida para una máquina markoviana

12/15. *El homeostato.* De esta forma podemos encarar el homeostato desde otro punto de vista. En la S. 5/14 (que el lector debiera releer) lo consideramos un todo que se mueve hacia un equilibrio, pero allí los valores en las llaves que serán soldadas estaban dados y conocidos. En consecuencia, el comportamiento de *B* quedaba determinado. Sin embargo, podemos volver a definir el homeostato para incluir el proceso mediante el cual los valores de la *Tabla de números al azar* de Fisher y Yates actúan como determinantes (como por cierto se hizo). Si ahora pasamos por alto (esto es, damos por descontadas) las resistencias en las llaves, podemos considerar que la Parte B (de la S. 5/14) está compuesta solamente por un *relais* y un canal al cual llegan los valores desde la *Tabla.* Ahora supongamos que *B* tiene dos entradas.

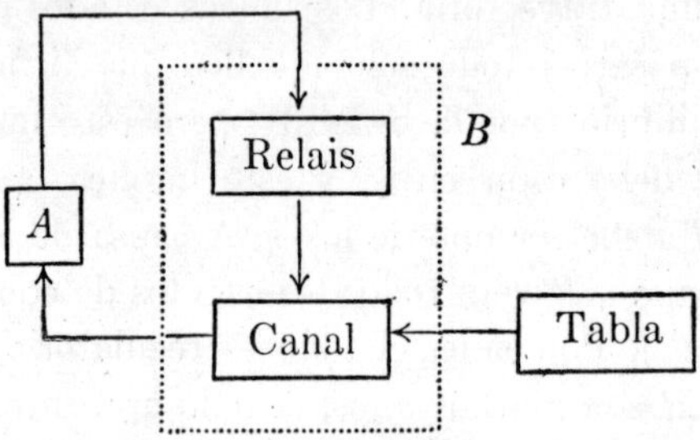

El estado de *B* es todavía un vector de dos componentes: un valor lo proporciona la *Tabla* y otro el estado del *relais* (según esté energizado o no). Para un observador que no puede ver la *Tabla*, *B* es markoviana (comparar con la S. 12/9); su entrada desde *A* tiene dos estados β y γ, y ha sido construida de manera tal que en β ningún estado es de equilibrio, y en γ todo estado lo es. Por último, está acoplada como en la S. 5/14.

El todo es markoviano (mientras no se observa la *Tabla*), y marcha hacia un equilibrio (como en la S. 5/14); pero al observador le parece que lo hace mediante un proceso de búsqueda y adhesión y que explora, aparentemente al azar, en busca de lo que quiere, y se afirma en él cuando lo encuentra.

Vale la pena señalar que mientras la entrada del *relais* está en β, la variedad en la *Tabla* es transmitida a A; pero cuando la entrada pasa a γ, cesa la transmisión. En consecuencia, el *relais* actúa como un "interceptor" del flujo de variedad de la *Tabla* hacia A. El todo se mueve hacia un estado de equilibrio, que debe ser tal que la entrada de variedad desde la *Tabla* esté bloqueada. El todo ha pasado a un estado en que se evita la entrada de variedad desde la *Tabla* (que lo desplazaría de ese estado). En esta condición, parecería que el todo se estuviera autobloqueando (se ilustra así la tesis de la S. 4/22).

12/16. En el ejemplo de la sección anterior se expuso la regulación que se presenta en un sistema que es en parte determinado (las interacciones entre los imanes en A) y en parte markoviano (los valores tomados por el canal en la parte B). El ejemplo pone de manifiesto la uniformidad y generalidad esenciales de los conceptos usados. Esta generalidad se usará más adelante sin reservas, de manera que a menudo no necesitaremos establecer distinciones entre sistemas determinados y markovianos.

Hay otro ejemplo de regulación por sistema markoviano que vale la pena ofrecer, pues es muy conocido. Los niños juegan a un juego llamado "¿caliente o frío?" Un jugador (llamémosle Tom, por T) tiene los ojos vendados. Entonces los otros ubican un objeto en un determinado lugar elegido entre una variedad de lugares, y se inicia la perturbación D. Tom puede usar las manos para encontrar el objeto, y trata de hacerlo, pero por lo común fracasa. Habitualmente el proceso se transforma en regulatorio a causa de la acción de un compañero, que llamaremos Rob (por R), que ve dónde está el objeto (alimentación desde D) y que puede dar información a Tom; Rob se vale de la convención de que el objeto emite calor, y guía a Tom indicándole lo que sentiría si realmente fuera así: "te estás congelando; frío aún; un poquito más caliente; no, te estás enfriando de nuevo..." A los niños les complace comprobar que este proceso de hecho es regulatorio, en el sentido de que por último Tom siempre es conducido hasta su objetivo.

Aquí, por supuesto, el markoviano es Tom, pues en cada paso sucesivo vaga de un lado a otro, un poco al azar. El comportamiento de Rob es más determinado, pues su objeto es proporcionar una codificación precisa de la posición relativa. La regulación que usa de la maquinaria markoviana puede, por lo tanto, considerarse familiar y corriente.

Regulación determinada

12/17. Después de haber expuesto el caso en el cual T y R están materializados en máquinas y luego de haber analizado aquél en que la maquinaria es markoviana, podemos retomar el hilo abandonado en la S. 12/7, y prestar especial atención al caso en el que todas las probabilidades se han tornado 0 ó 1 (S. 12/8), de manera tal que la maquinaria es determinada. Continuamos con el regulador que está controlado por el error. Para explorar exhaustivamente, desde el punto de vista biológico, las formas más primitivas de regulación, consideremos el caso en que la realimentación tiene una variedad de sólo dos estados.

Un ejemplo de un sistema de este tipo se da en una central telefónica cuando un selector comienza a buscar una línea libre. El selector prueba una línea por vez en un orden determinado; de cada una obtiene la información "libre" u "ocupada", y detiene su movimiento (llega a un estado de equilibrio) en la primera línea libre. En este caso, el conjunto de perturbaciones es el conjunto de distribuciones posibles de "ocupada" o "libre" de las líneas. El sistema es regulatorio, pues cualquiera sea la perturbación, el resultado es siempre la conexión con una línea libre. Se sabe que el mecanismo está controlado por el error, porque la información que determina si se ha de seguir moviendo o no proviene de la línea misma.

El caso es tan simple que resulta casi absurdo. Si no prestamos atención a las acciones internas entre R y T, de manera que ambos se fundan para formar el F de la S. 10/5, el caso se convierte simplemente en el de un sistema determinado, el que, dado el estado inicial, se mueve a lo largo de una trayectoria determinada hacia un estado de equilibrio. Así, puede decirse que cada cuenca con un estado de equilibrio en η muestra una forma simple de regulación pues actúa de modo de reducir la variedad en los estados iniciales (como perturbación D) a la variedad menor en el estado terminal.

Casi lo mismo puede aplicarse a la rata que conoce su camino en un almacén, pues sea cual fuere el lugar hasta donde llega, siempre es capaz de regresar a su cueva; puede aplicarse, asimismo, a un computador que está programado para trabajar por el método de aproximaciones sucesivas, pues cualquiera sea el valor inicial, los valores sucesivos se mueven en forma determinada hacia el objetivo, que es su único estado de equilibrio.

Ej. 1: Debe encontrarse un naipe en un mazo barajado de 52 naipes, examinándolos uno por uno. (I) ¿Cuántos deberán examinarse como promedio si se miran los naipes en serie, uno por uno? (II) ¿*Idem* si se extrae un naipe, se examina y si no es el buscado, se lo vuelve al mazo, se baraja éste, se extrae otro naipe, y así sucesivamente? (Búsqueda sistemática *versus* aleatoria.)

12/18. Cuando la maquinaria está totalmente determinada puede surgir el problema de la S. 12/14: conseguir que T vaya a algún estado de equilibrio que tenga una propiedad deseada. Cuando tal cosa sucede, la solución que dimos para la máquina markoviana sigue, por supuesto, siendo válida: se le acopla un regulador con poder de veto.

12/19. *Variación continua.* Luego de estas formas primitivas llegamos a los reguladores cuyas variables pueden variar en forma continua (debe recordarse que lo continuo es un caso especial de lo discreto, por la S. 2/1). Del gran número de formas que existen mencionaré sólo una o dos, pues lo que nos interesa aquí son sus principios generales. Un caso típico lo constituye la incubadora con calefacción de gas; contiene una cápsula que se dilata a medida que la temperatura asciende. El mecanismo está dispuesto en forma tal que la dilatación de la cápsula disminuye el tamaño de la llama de gas (o de la cantidad de aire caliente que llega a la incubadora); de esta manera se evita un aumento indebido de temperatura.

Vale la pena considerar el diagrama de efectos inmediatos, que es

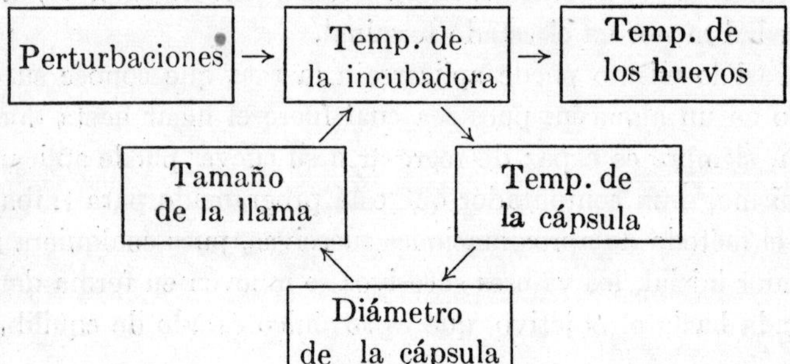

o alguna forma equivalente. En él pueden identificarse con facilidad D, T, R y E (aunque las distinciones entre T y R y sus partes son algo arbitrarias). El conjunto actúa para bloquear el pasaje de variedad desde las Perturbaciones (cualesquiera que ellas sean) a los huevos. Si se modifica ligeramente la definición del objetivo del regulador y se dice que es mantener constante la temperatura de la incubadora, entonces el regulador está controlado por el error más bien que por las perturbaciones mismas.

Con esta forma de regulador el sistema, por supuesto, debe ser estable ante cualquier perturbación, y la temperatura deseada debe ser el estado de equilibrio del sistema. En consecuencia, la realimentación del circuito generalmente es negativa.

Muchos reguladores del organismo vivo pertenecen a esta forma simple, y gracias al estudio de Cannon se los conoce perfectamente bien. Es típico el que regula el *p*H de la sangre por la cantidad de dióxido de carbono presente:

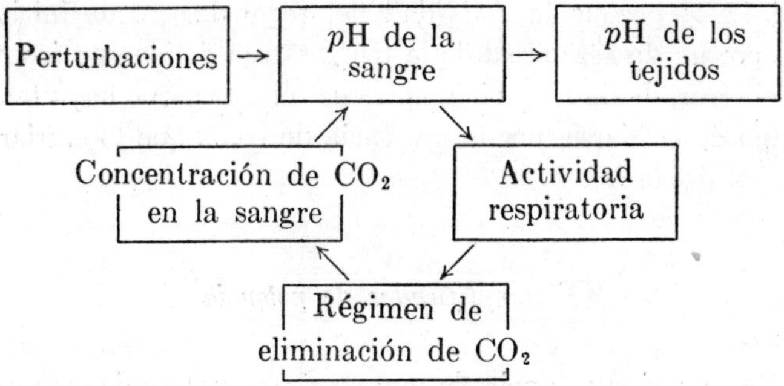

Una vez más el sistema muestra las características que acabamos de mencionar.

Entre los innumerables ejemplos de tales mecanismos deben incluirse los económicos. El libro *Mechanism of Economic Systems*, de Tustin, muestra qué estrechamente están relacionadas las propiedades de los sistemas económicos con las aquí examinadas.

Ej. 1: Dibujar el diagrama de efectos inmediatos de cualquier regulador que se conozca.

Ej. 2: (Continuación.) Buscar otros parámetros cuyo cambio afectaría el funcionamiento del regulador; agregarlos al diagrama.

12/20. Una variante de esta clase, que vale la pena mencionar para completar el cuadro, es aquella en que el mecanismo regulador actúa sólo intermitentemente.

Por ejemplo, el nivel de fluido en un tanque que se utiliza como depósito puede mantenerse entre dos niveles dados mediante un sifón que tenga su abertura inferior en el nivel inferior y su curva en el nivel superior. Si la provisión de líquido habitualmente es superior a la necesaria, el sifón mantiene el nivel dentro de la escala deseada, entra en acción cuando el fluido alcanza el nivel superior y detiene su acción cuando el fluido alcanza el nivel inferior.

Muchos reguladores fisiológicos actúan intermitentemente. Tiritar por efecto del frío es un caso de este tipo. Esta reacción particular tiene especial interés para nosotros (comparar con la S. 12/4) porque la actividad del regulador puede iniciarse bien por un descenso real de la temperatura del cuerpo (control por el error, desde E) o bien, antes de que el cuerpo haya tenido tiempo de enfriarse, por la presencia de cosas que lo enfriarían (control desde D).

El amplificador de potencia

12/21. La circunstancia de que en el transcurso de este capítulo nos hayamos referido a la salida E como *constante* no debiera relegar a segundo plano el hecho de que esta forma comprende un número de casos muy elevado que, a primera vista, carecen de elementos de constancia. A este tema hemos aludido en la S. 11/15. Aquí consideraremos una aplicación que es muy importante en sí misma, y que necesitaremos como referencia cuando lleguemos al Capítulo 14. Se trata de los reguladores y controles que amplifican la potencia.

Existen múltiples formas de amplificadores de potencia. Aquí describiré sólo una, y eligiré una que es simple y clara (Figura 12/21/1).

A provee libremente aire comprimido, que circula a través del estrechamiento C antes de pasar al fuelle B o salir por la válvula V. La presión en A es mucho mayor que la presión normal de trabajo en B, y la abertura de C es pequeña, de manera que el aire fluye a través de C a una velocidad aproximadamente constante; por lo tanto, debe escapar por V, o acumularse en B elevando la presión z. La velocidad con que el aire escapa por V, cuyo orificio está obstruido hasta cierto punto por un cono, depende del movimiento (x) del cono hacia arriba o hacia abajo; el cono está unido a un extremo de la barra rígida y liviana J, que a su vez puede girar alrededor de K. Por lo tanto, si K está inmóvil, un movimiento hacia abajo del extremo L levanta el cono, permite el escape de aire, y provoca un descenso de la presión z en el interior de B; recíprocamente, el movimiento de L hacia arriba eleva z.

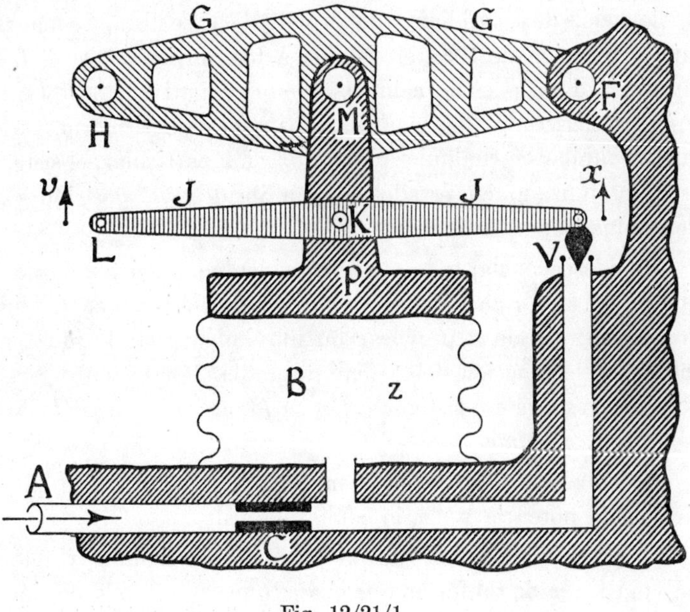

Fig. 12/21/1

La presión de aire en B se opone al gran peso P, que se continúa hacia arriba a manera de columna; todo el peso puede moverse sólo hacia arriba o hacia abajo. La columna tiene dos pivotes K y M. M es el pivote de una fuerte viga G, que está fija en un extremo, F. Por lo tanto, si P se mueve hacia arriba, M debe moverse en igual sentido la misma distancia, y H, el extremo libre de *G*, debe moverse hacia arriba el doble de esa distancia.

Veamos ahora qué sucede si se mueve *L*. Supongamos que el operador eleva *L* 1 cm. El otro extremo *V* desciende inmediatamente 1 cm; la válvula está más obstruida, sale menos aire y se acumula en *B*, elevándose la presión. La presión creciente levanta *P*, y por lo tanto *M* y *H*. Por consiguiente, *los movimientos de H tienden simplemente a reproducir los de L.* (Advirtamos que el movimiento hacia arriba de *P* [*L* ha quedado fija luego de su elevación de 1 cm] logra que la válvula *V* se abra, de manera que la reacción de todo el sistema a los movimientos de *L* es autolimitadora, pues la realimentación es negativa; por lo tanto, sujeto a ciertos detalles cuantitativos, que requerirían un tratamiento similar en cualquier materialización particular, el sistema está estabilizado en estado de equilibrio cuya posición está determinada por la de *L*.)

En consecuencia, todo puede considerarse un sistema estable que actúa en forma tal que cuando un movimiento en *L* (digamos 1 cm) tiende a provocar un movimiento en *V* (de 1 cm también), la reacción del sistema lo anula. Por lo tanto, puede considerarse que ese sistema *actúa en forma de mantener la posición de V constante.*

Podemos ver ahora cómo convertir el sistema en un amplificador de potencia y usarlo como una grúa.

El proyectista cuida que la barra *J* sea liviana, y que la válvula *V* sea de tal forma que el aire que escapa (o la presión *z*) ejerza un efecto pequeño en la fuerza que se necesita en *L*. También cuida que *B* tenga una gran área de acción en *P*, y que la presión promedio de trabajo *z* sea elevada (la presión en *A* es aún más alta). Si el proyectista tiene éxito, una pequeña fuerza que actúe en *L*, y la eleve 1 cm, es suficiente para provocar una gran fuerza en *H*, que basta para levantar un gran peso a la misma distancia. Así, una fuerza de 1 Kgr que se desplaza 1 cm en *L* puede dar como resultado una fuerza de

1000 Kgr que se desplaza 1 cm en *H*. Es, por lo tanto, un amplificador de trabajo (o potencia).

Hasta ahora sólo se ha dado un ejemplo claro y sencillo de los principios de regulación y control, que ya hemos descripto. Más adelante (S. 14/1) volveremos sobre esto, para aclarar cómo puede coexistir una ley que postula que la energía no puede crearse y un *amplificador* de la potencia.

Ej. 1: ¿Cuántos grados de libertad de movimiento tienen los tres cuerpos *P*, *J*, *G*?

Ej. 2: Modificar el ordenamiento haciendo que *H* se mueva en sentido contrario y manteniendo el equilibrio estable.

Ej. 3: Modificar el ordenamiento para que el equilibrio sea inestable.

Juegos y estrategias

12/22. Los temas de regulación y control son muy extensos y lo dicho hasta ahora es sólo los preliminares de su estudio. Otro amplio aspecto de este mismo tema se presenta cuando *D* y *R* son vectores, y la composición que conduce eventualmente al resultado en *T* o en *E* está distribuida en el tiempo en forma tal que las componentes de *D* y *R* se dan alternativamente. En este caso, toda la perturbación producida y toda la reacción inducida consisten en una sucesión de subperturbaciones y de subreacciones.

Este caso puede darse, por ejemplo, en la vida salvaje, cuando una presa intenta establecer una regulación con respecto al ataque de un predator, cuando todo el proceso de la lucha se desarrolla a través de etapas alternadas de amenazas y esguinces. El ataque completo del predator consiste en una sucesión de acciones $D_1, D_2, D_3, \ldots$, cada una de las cuales provoca una reacción, de manera que la respuesta completa es también una sucesión $R_1, R_2, R_3, \ldots$ Por lo tanto, toda la lucha consiste en la doble sucesión

$$D_1, R_1, D_2, R_2, D_3, R_3, \ldots$$

El resultado depende de alguna relación entre todo el ataque del predator y toda la reacción de la presa.

Vamos a examinar ahora una interpretación más compleja aún de la formulación básica de la S. 11/4. Sin embargo, es bastante común en el mundo biológico. En su foıma real es la lucha por la vida; en su forma matemática es la Teoría de Juegos y Estıategias. Por ejemplo, en una partida de ajedrez, el resultado depende de la sucesión particular de movidas que las blancas y las negras

$$B_1, N_1, B_2, N_2, B_3, N_3, \ldots$$

hayan hecho. (Por supuesto, lo que llamamos "movida" en la S. 11/4, corresponde aquí a una partida.)

Esta teoría, que von Neumann fundamentó acertadamente en la década del 30, aún no está plenamente desarrollada, pero ya es tan amplia que aquí sólo podemos limitarnos a mencionarla. Sin embargo, debe tenerse muy en cuenta su relación exacta y estrecha con el tema de este libro. Esta teoría, sin duda alguna, tendrá suma importancia científica en el ámbito de la biología, pues las características innatas de los organismos vivos son simplemente las estrategias cuya eficacia ha sido comprobada a través de centurias de competición, y que están asimiladas en el animal joven en forma de que pueda aplicarlas cuando sea necesario. De la misma manera en que muchos jugadores han comprobado que "P4D" es una buena manera de abrir una partida de ajedrez, muchas especies han descubierto que "desarrollar dientes" es una buena manera de iniciar la lucha por la vida.

La relación entre la teoría de los juegos y los temas tratados en este libro puede ponerse de manifiesto en forma precisa.

El primer hecho es que la formulación básica de la S. 11/4 —la Tabla de Resultados, en la que se basa la teoría de regulación y control— es *idéntica* a la "Matriz de pagos", que es fundamental en la teoría de los juegos. Mediante el uso de este concepto común, en los casos especiales puede mostrarse fácilmente la exacta relación entre ambas teorías.

El segundo hecho es que la teoría de los juegos, según la formularon von Neumann y Morgenstern, es isomorfa de la de ciertas máquinas con entrada. Por lo tanto, vamos a estudiar la máquina que equivale a este juego generalizado (Fig. 12/22/1). (En la Fig. las letras corresponden a las usadas por von Neumann en su Capítulo 2, que debiera consultarse; el uso que se da a la T no corresponde al de este libro.)

Hay una máquina M con entrada. Su estructura interna (sus transformaciones) son conocidas por los jugadores T_i. La máquina tiene tres tipos de entrada: Γ, V y T. Un parámetro Γ, posiblemente una llave, determina la estructura que tiene la máquina, es decir, qué juego habrá de jugarse. Otra entrada V_i permite efectuar movidas al azar (es decir, permite introducir efectos mediante una rueda de ruleta o un mazo barajado de naipes; ver la S. 12/15). Cada jugador T_i es un sistema dinámico determinado, acoplado a M en ambos sentidos.

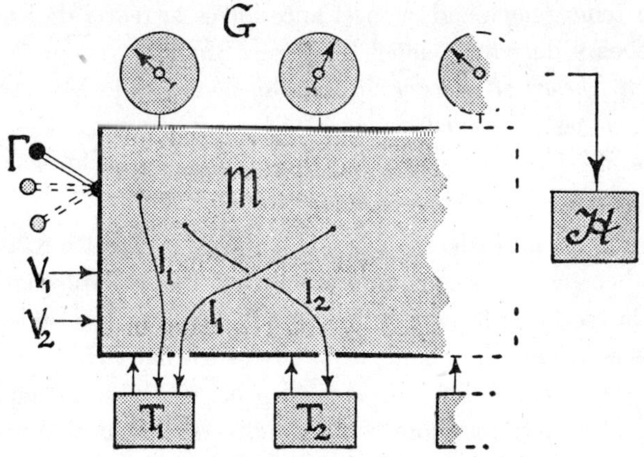

Fig. 12/22/1

Cada jugador recibe información desde M por canales especificados I_i, y actúa luego en M en forma determinada. El lugar de conexión de las I está definido por Γ. Los efectos de cada T, junto con los de los otros T y los V, ejercen, a través de M, controles complejos en las escalas G. Cuando el juego, es decir la trayectoria, ha sido completado, el árbitro $\mathcal{H}$ lee las escalas G y luego efectúa los correspondientes pagos a T.

Éste es, evidentemente, el caso de varios reguladores, cada uno de los cuales trata de lograr un objetivo en G, trabajando simultáneamente e interactuando en puja competitiva en M. (La posibilidad de competición entre reguladores hasta ahora no ha sido considerada explícitamente en estos capítulos.)

Si el sistema es ultraestable, el comportamiento de cada T queda determinado por parámetros, que se comportan como funciones-paso. Si un jugador particular está "satisfecho" con los pagos de $\mathcal{H}$, sus parámetros mantienen su valor y su estrategia no cambia; si, en cambio, está insatisfecho (es decir, el pago está por debajo de algún valor crítico), las funciones-paso cambian de valor, y en la próxima oportunidad el jugador aplica otra estrategia.

Un tema relacionado con el anterior es la teoría de las codificaciones y decodificaciones militares. Shannon, en su *Communication Theory of Secrecy Systems* ha demostrado las estrechas vinculaciones que existen entre todos estos temas. Casi todo avance en el conocimiento de uno de ellos arroja luz sobre los otros.

Por ahora no podemos agregar nada más, pues las relaciones aún deben ser exploradas y desarrolladas. Parece estar claro que tanto la teoría de la regulación (que incluye muchos de los problemas esenciales de organización en la sociedad y en el cerebro), cuanto la teoría de los juegos pueden beneficiarse mutuamente. Si al lector le parece que estos estudios son algo abstractos y carentes de aplicación, reflexione en el hecho de que la teoría de los juegos y la cibernética son el fundamento de la teoría de "Cómo abrirse paso". ¡Y hay pocos temas tan ricos en aplicaciones como éste!

12/23. Hemos llegado al final del capítulo, y acaso el biólogo se sienta un tanto insatisfecho, pues hasta ahora se han tratado sólo los sistemas que eran suficientemente pequeños y manejables para ser entendidos. ¿Qué sucede, quizá pregunte el biólogo, cuando se intenta aplicar la regulación y el control en sistemas del tamaño y la complejidad biológicos? ¿Qué sucede, por ejemplo, cuando se intenta aplicar la regulación y el control en el cerebro o en la sociedad humana?

El examen de estos problemas se tratará, en especial, en los capítulos restantes.

13. Regulación de los sistemas muy grandes

13/1. La regulación y el control de los sistemas muy grandes tienen peculiar interés para el investigador de cualquier ciencia biológica, pues la mayoría de los sistemas con los que debe trabajar son complejos y compuestos por innumerables partes. Es posible que el ecólogo quiera regular la incidencia de una infección en un sistema biológico de gran tamaño y complejidad, en el cual desempeñan papeles el suelo, el clima, las reacciones del huésped, los predatores, los competidores y muchos otros factores. El economista acaso quiera introducir regulación en una tendencia a la baja en un sistema en el cual incidan los precios, la disponibilidad de trabajo, las demandas del consumidor, los costos de materia prima y muchos otros factores. El sociólogo enfrenta una situación similar. Asimismo, el psicoterapeuta intenta regular el trabajo de un cerebro enfermo cuyo orden de tamaño es igual al de su propio cerebro y que además posee asombrosa complejidad. Estas regulaciones son evidentemente muy distintas de las consideradas en los mecanismos simples del capítulo anterior. A primera vista parecen tan diferentes que incluso podríamos preguntarnos si es posible aplicarles cuanto hemos dicho hasta ahora.

13/2. Sin embargo, no es así. Reiteremos lo dicho en la S. 4/18: muchas de las proposiciones establecidas con anterioridad fueron enunciadas en forma tal que el tamaño del sistema no era importante. (A veces el número de estados o el número de variables puede estar implicado, pero de manera que la proposición es verdadera cualquiera sea la cantidad real.)

Por cierto, la regulación de los sistemas biológicos suscita difíciles problemas; podemos admitirlo francamente. Pero al hacerlo tengamos cuidado de no atribuir la dificultad a una fuente equivocada. El tamaño en sí mismo no es la fuente; se suele tender a considerarlo así, en parte porque es tan evidente que salta a la vista y en parte porque se tiende a relacionar las variaciones en el tamaño con las variaciones en la fuente de la verdadera dificultad. Por lo común, la principal causa de dificultad *es la variedad en las perturbaciones con respecto a las cuales se regula.*

Por diversas razones se tiende a relacionar el tamaño del sistema dinámico que materializa T con la variedad en D. Si T está constituido por muchas partes, y hay incertidumbre acerca del estado inicial de cualquiera de ellas, la variedad se asigna a D (S. 11/19); de manera que, en general, si los demás elementos son iguales, cuanto mayor sea el número de partes, tanto mayor es la variedad en D. En segundo lugar, si cada parte no está completamente aislada de cuanto la rodea, la entrada de cada una proporciona alguna variedad que se asigna a D; de manera que, en general, cuanto mayor sea el número de partes, tanto mayor es el número de componentes en D; además, si las componentes tienen alguna independencia, en ese caso la variedad en D es mayor (también puede haber otras razones, pero éstas ya son suficientes).

En consecuencia, cuando los efectos del tamaño se distinguen de los que por lo general afectan la variedad en D, se comprueba que, en sí mismo, el tamaño carece de importancia y que, en cambio, sí la tienen los segundos.

Por lo tanto, se deduce que, cuando el sistema T es muy grande y el regulador R muy pequeño (caso común en biología), la ley de la Variedad Obligada parece desempeñar un papel preponderante. Su importancia reside en que si la capacidad de canal de R está fijada, la ley limita en forma absoluta la cantidad de regulación (o control) que puede lograr R, no importa cómo esté distribuido R internamente, o cuánta sea la variedad en T. Así, en el mejor de los casos, el ecólogo sólo puede lograr una fracción de lo deseado, si su capacidad como canal permanece inalterable. Esta fracción puede aplicarse de varias maneras —controlar brotes en lugar de extensiones, o infecciones causadas por virus en lugar de las provocadas por bacilos— pero, de todos modos, la *cantidad* de control que puede ejercer aún es limitada. De la misma manera el economista puede decidir a qué aspecto aplicará su capacidad, y el psicoterapeuta cuáles síntomas serán desechados y cuáles sujetos a control.

Este cambio de punto de vista que sugerimos aquí se parece al introducido en estadística por sir Ronald Fisher. Con anterioridad a él se daba por descontado que aunque un especialista en estadística fuera muy hábil, otro, más hábil aún, podía conseguir más información a partir de los mismos datos. Fisher demostró que toda extracción de información tiene un máximo, y que la tarea del especialista en estadística es acercarse a ese máximo, más allá del cual nadie puede llegar. En forma similar, antes de que se conocieran los estudios de Shannon, se suponía que cualquier canal podía ser modificado con un poco más de destreza, para llevar un poco más de información. Shannon demostró que la tarea del ingeniero es acercarse razonablemente al máximo, pues no es posible llegar más allá. La ley de la Variedad Obligada impone una estrategia similar en cualquier regulador y control: debe tratar de acercarse todo lo posible al máximo, más allá del cual no puede pasar. Por lo tanto, debe encararse el sistema muy grande, prescindiendo de todo presupuesto absurdo acerca de lo que se puede obtener.

13/3. Antes de seguir adelante debemos señalar que cuando el sistema es muy grande la distinción entre D —la fuente de perturbaciones— y T —sistema que produce el resultado— puede ser algo vaga, por cuanto las delimitaciones pueden darse en una variedad de maneras igualmente satisfactorias.

Esta flexibilidad es particularmente notable en los sistemas que existen en nuestro planeta (pues los sistemas terrestres tienden acentuadamente a poseer ciertas características generales). En nuestro planeta el sistema biológico y ecológico en su totalidad tiende a estar formado por muchos subsistemas acoplados laxamente (S. 4/20) y los subsistemas mismos tienden a agruparse en sistemas más pequeños aún, más estrechamente acoplados entre sí; y así sucesivamente. Por ejemplo, en un rebaño, el acoplamiento entre individuos es mucho más laxo que el acoplamiento entre las partes internas de un individuo (*v. g.* entre las cuatro patas); y a su vez, las cuatro patas no están acopladas tan estrechamente entre sí como lo están las moléculas que forman un hueso. En consecuencia, si una porción de la totalidad es denominada T, su fuente principal D de perturbaciones está constituida, con frecuencia, por otros sistemas laxamente acoplados a T, los que, a menudo, son lo suficientemente similares para que se los pueda incluir en T. En lo que resta del libro, siempre debe tenerse en cuenta este hecho: algunas veces una demarcación de T y D igualmente razonable podría haber determinado la delimitación en forma diferente, sin que las conclusiones finales hubieran sido afectadas en forma significativa. Arbitrarios o no, empero, siempre deberán trazarse ciertos lindes, por lo menos en el trabajo científico práctico, pues de otra manera es imposible formular un enunciado definido.

13/4. Cuando el sistema T es muy grande —cuando el organismo como regulador enfrenta, con limitados recursos, un medio ambiente muy grande y complejo—, hay varios modos de *posibilitar* la regulación. (Si no es posible, el organismo perece; éste es un resultado extremadamente común que no debe olvidarse aunque no es necesario analizar minuciosamente este caso.)

Algunas veces se posibilita la regulación mediante una nueva definición de lo que se considera aceptable, es decir, por una disminución de las normas. Aunque ésta es una solución en cierto modo trivial, su posibilidad no debe descartarse.

Otra posibilidad es aumentar el alcance y el poder de R, hasta que su capacidad sea adecuada. Evidentemente, este método nunca debe desecharse, si bien no lo examinaremos en detalle. Consideremos, en cambio, en forma más completa, el interesante caso en que la regulación, en apariencia más difícil o imposible, es posible de hecho.

13/5. *Constricciones.* Esto significa, según la ley de la Variedad Obligada, que la variedad en las perturbaciones D en realidad no es tanta como parece; en otras palabras, por la S. 7/8, las perturbaciones muestran una constricción.

Llegamos así al siguiente caso: D tiene muchas componentes, cada una de las cuales ofrece variedad. En una primera estimación, la variedad de D resulta muy elevada, y corremos el riesgo de deducir (si la capacidad del regulador está dada) que no es posible la regulación de E más allá de cierto grado. En un examen más minucioso de D, en cambio, se puede comprobar que las componentes no son independientes, que existe constricción, y que la variedad real en D es mucho menor que la calculada al principio. Es posible comprobar que, dada una capacidad de R, esta variedad más pequeña *puede* ser regulada, logrando así plena regulación o control en D. El descubrimiento de una constricción puede, por lo tanto, convertir una "regulación imposible" en una "regulación posible". Si la capacidad de R está fijada, éste es el *único* camino.

De nuevo desembocamos en la importancia y utilidad de descubrir constricciones; además, hemos agregado otro ejemplo a la tesis que afirma que cuando existe constricción, ésta puede ser usada con provecho (S. 7/14).

Examinemos qué constricciones pueden darse en las perturbaciones que afectan los sistemas muy grandes, y cómo pueden utilizarse. El problema tiene suma importancia práctica, puesto que si la capacidad de R no es fácil de incrementar y los otros métodos no son posibles, la ley de la Variedad Obligada postula que el descubrimiento de una constricción es la única posibilidad que resta al presunto regulador.

13/6. Según se afirmó en la S. 7/10, las constricciones no pueden clasificarse en unas pocas clases cuya descripción sea simple. Como en el Capítulo 7 ya indiqué algunas de las posibilidades más interesantes, ahora sólo mencionaré aquellas que tengan mayor importancia para nosotros. Por lo tanto, pasaré por alto un vasto tema que comprende gran parte de la actividad humana íntegra.

De acuerdo con esto, estudiaremos una forma particular de constricción que es de gran interés en sí misma, que, asimismo, ilustrará la tesis enunciada en el último capítulo, y que, además, tiene considerable importancia en la regulación del sistema mayor.

Perturbación repetitiva

13/7. Aunque en los últimos capítulos apenas nos hemos referido a ese hecho, muchas perturbaciones (y las respuestas regulatorias correspondientes) son repetitivas, especialmente si el sistema es observado durante un tiempo prolongado. El reflejo de la tos es regulatorio y útil no sólo porque quita *esta* determinada partícula de polvo, sino porque, en el transcurso de una vida, quita partículas una y otra vez, tantas veces como sea necesario. La mayoría de los reguladores fisiológicos también actúan una y otra vez, tan a menudo como se los necesite. La embarcación salvavidas costera, salva vidas no sólo una vez, sino reiteradamente. Si en los últimos capítulos hemos hablado de "la respuesta regulatoria" en singular, es sólo porque una acción única es típica del conjunto, y no porque el conjunto esté constituido necesariamente por un solo elemento.

Entre las regulaciones conocidas, las repetitivas son tantas que es difícil encontrar una que actúe sólo una vez. Un ejemplo posible está dado por un observatorio astronómico en el que todo está dispuesto para el caso de que se origine una supernova, acontecimiento que posiblemente no se presentará dos veces en la vida del director del establecimiento. Varias posibilidades deben ser consideradas: el sector del cielo y la hora del día o de la noche en que puede aparecer, el espectro y otras peculiaridades que determinan el tipo particular de placa y de filtro que se debe usar para fotografiarla, etc. Al hacer sus planes, el director elabora una tabla como la de la S. 11/4, mostrando las incertidumbres (D) que se temen, los recursos (R) disponibles, y los resultados (E). El examen de la tabla, como en el Ej. 11/4/4, lo capacita para decidir si en todos los casos le es posible conseguir lo que necesita.

Sin embargo, hay casos, aunque son poco comunes, en que la regulación debe ejercerse con respecto a una perturbación no-repetitiva.

De aquí en adelante consideraremos el caso en que la perturbación y la respuesta regulatoria ocurren más de una vez, pues éste ofrece constricción, y ella puede aprovecharse.

13/8. La constricción ocurre de la manera siguiente: la formulación básica del proceso regulatorio se refirió a un conjunto de perturbaciones, pero supuso solamente que los elementos separados en el conjunto son distintos, nada más. Como cualquier otra cantidad, una perturbación puede ser o bien simple o bien un vector. En el último caso se distinguen por lo menos dos tipos principales.

El primero se trató en la S. 11/17: las diversas componentes de la perturbación actúan simultáneamente; ése es el caso, por ejemplo, de un acondicionador de aire que, en cada momento, puede regular tanto la temperatura como la humedad.

El segundo tipo puede ejemplificarse muy bien con el baño controlado termostáticamente; éste puede ser considerado un regulador, ya sea en intervalos de tiempo cortos o largos. En el intervalo corto "la perturbación" puede significar un acontecimiento tal como "la inmersión de este frasco", y "su respuesta" es "lo que sucede en el minuto siguiente". Su comportamiento puede ser juzgado bueno o malo de acuerdo con lo que suceda en ese minuto. También existe el intervalo largo. Luego de trabajar durante un año, alguien puede preguntarme si en ese lapso se ha comprobado que el regulador es eficaz. Mientras decido la respuesta, pienso en la perturbación de todo el año como si fuera una suerte de Gran Perturbación (integrada por muchas perturbaciones individuales, pequeñas d) que ha suscitado una Gran Respuesta (integrada por muchas respuestas individuales, pequeñas r). De acuerdo con cierta norma del comportamiento observable de un baño a lo largo del año (*v. g.* no haber tenido nunca una falla grande, o tener una desviación promedio de $\frac{1}{2}$°C, etc.) me formo una opinión acerca del Gran Resultado —si fue Bueno o Malo— y contesto la pregunta.

Debe observarse que lo que es "Bueno" en el Gran Resultado no se deduce necesariamente de lo que es "bueno" (η) en los resultados individuales; debe definirse de nuevo. Por ejemplo, si juego a la lotería y tengo tres números, ganar con uno (y, en consecuencia, perder con los otros dos) es naturalmente "Bueno" en el Gran Resultado; por lo tanto 1 bueno + 2 malos = Bueno. Por otra parte, si se me enjuicia tres veces por asesinato y en una se demuestra que soy inocente, los resultados individuales aún son 1 bueno + 2 malos, pero en este caso el Gran Resultado debe considerarse naturalmente Malo. En el caso en que cada perturbación individual amenaza al organismo con la muerte, Bueno en el Gran Resultado debe corresponder a "bueno en cada uno de los resultados individuales".

Estas Grandes Perturbaciones son vectores cuyas componentes son las perturbaciones individuales que llegan hora a hora. Estos vectores muestran una forma de constricción. Así, volvamos al primer ejemplo de un vector (S. 3/5): aquél era A; comparémoslo con B:

A	B
Modelo del automóvil: . . .	Modelo del automóvil de Jack: . . .
Potencia ” ” . . .	” ” ” ” Jill: . . .
Color ” ” . . .	” ” ” ” Tom: . . .

Evidentemente, B está restringido de un modo en que A no lo está, pues la variedad en las palabras de la izquierda de las tres filas de A es 3, mientras que en las tres filas de B es sólo 1.

Vectores tales como B son comunes en la teoría de probabilidades, donde se presentan en el capítulo "muestreo con reemplazo". Así, si se arroja una moneda sólo pueden obtenerse dos resultados, Ca y Cr. En cambio, una moneda arrojada sucesivamente seis veces puede dar resultados tales como (Ca, Ca, Cr, Ca, Cr, Ca), o (Cr, Cr, Ca, Ca, Cr, Ca) y así sucesivamente hasta las sesenta y cuatro posibilidades (comparar con la S. 9/9).

Lo importante aquí es que en un conjunto tal de vectores (aquellos cuyas componentes provienen de la misma clase básica, como en B) pueden distinguirse dos variedades: (I) la variedad con respecto a la clase básica (2 para la moneda, el número de modelos distintos posibles en B), y (II) la variedad construida usando n veces la clase básica (si el vector tiene n componentes). En el ejemplo de la moneda, las dos variedades son 2 y 64. En general, si la variedad con respecto a la clase básica es k y el vector tiene n componentes, cada una de ellas un miembro de la clase, las dos variedades son a lo sumo k y k^n. Debe observarse, en particular, que si la variedad en la clase básica tiene algún límite, en ese caso un valor convenientemente grande de n logra que la segunda variedad sea mayor que el límite.

13/9. Estas consideraciones son aplicables en muchos casos de regulación. Para concretar el problema, supongamos que el baño termostático pueda ser afectado en cada minuto por una cualquiera de las tres perturbaciones individuales:

(a) una corriente de aire que lo enfría,
(b) un rayo de sol que lo calienta,
(c) un objeto frío que se sumerge en el baño.

La variedad es tres, pero este número difícilmente es representativo de la variedad que se da en un período prolongado. Al cabo de un año, por ejemplo, la Gran Perturbación es un vector largo con, quizá, algunos centenares de componentes. Así, una Gran Perturbación podría ser el vector (es decir, la sucesión) de 400 componentes.

$$(a, b, a, b, b, a, c, b, b, c, c, b, b, \ldots, c, b, a, b).$$

Y si las respuestas correctas individuales son, respectivamente, α, β y γ, la Gran Respuesta apropiada para esta particular Perturbación es el vector (es decir, la sucesión)

$$(\alpha, \beta, \alpha, \beta, \beta, \alpha, \gamma, \beta, \beta, \gamma, \gamma, \beta, \beta, \ldots, \gamma, \beta, \alpha, \beta).$$

Si en la Perturbación no hay constricción de componente a componente al pasar uno de izquierda a derecha, todo el conjunto de las posibles Perturbaciones tiene una variedad de 3^{400}; y si se desea obtener plena regulación, la Gran Respuesta debe tener por lo menos igual variedad.

Llegamos ahora a este punto: la doble sucesión, tal como aparece en el tiempo, muestra *la constricción característica de una máquina*, es decir, define una máquina hasta el punto de un isomorfismo. Así, en el ejemplo que acabamos de dar, los acontecimientos se suceden de izquierda a derecha, en el orden:

$$a\ b\ a\ b\ b\ a\ c\ b\ b\ c\ c, \ldots, \text{etc.}$$
$$\alpha\ \beta\ \alpha\ \beta\ \beta\ \alpha\ \gamma\ \beta\ \beta\ \gamma\ \gamma, \ldots, \text{etc.}$$

(aunque no necesariamente a intervalos iguales). Es fácil verificar ahora que esta sucesión, como protocolo, define la máquina con entrada:

↓	α	β	γ
a	α	α	α
b	β	β	β
c	γ	γ	γ

Entonces, cuando la Gran Perturbación es un vector cuyas componentes pertenecen todas a un conjunto básico de perturbaciones, la Gran Respuesta puede ser o bien un vector de igual variedad, o bien la salida de una máquina conveniente con entrada.

13/10. Supongamos que la regulación analizada en la Parte III es debida a algún ente Ω, por lo general el poseedor de las variables esenciales E. En los capítulos anteriores hemos estudiado cómo debe comportarse el regulador R. Hemos visto que en el caso en que las perturbaciones son repetitivas, Ω tiene la opción de *ser* el regulador (es decir, actuar como R) o de *construir una máquina* que, una vez hecha, actúe como R y realice una regulación de longitud indefinida sin acción ulterior de Ω. Llegamos así al interrogante: ¿podrá Ω lograr la regulación directamente, por sus propias acciones, o tendrá que construir una máquina que ejecute la tarea?

El interrogante también podría haberse planteado por otra razón. Desde el comienzo de la Parte III dimos por descontada la existencia del regulador, y luego preguntamos qué propiedades debía tener. Nada se dijo acerca de cómo apareció, ni acerca de los factores que provocaron su existencia. Y así, habiendo visto en la S. 10/5 lo ventajoso que sería que el organismo tuviera un regulador, no indicamos ningún medio para lograr tal ventaja.

Por ambas razones ahora debemos comenzar a exponer cómo se construye y proyecta en la práctica una máquina regulatoria. Pero aquí no nos interesa tanto el ingeniero ante la mesa de dibujo, cuanto el cerebro que para lograr regulación en sus reacciones aprendidas debe originar en alguna forma el desarrollo de una máquina regulatoria con el material nervioso disponible; o el sociólogo que desea encontrar una organización regulatoria para introducir armonía en la sociedad.

Para comprender el significado de cuanto acabamos de decir debemos examinar más detenidamente lo que implica, en principio, el "proyecto" de una máquina regulatoria.

Proyecto de regulador

13/11. *El proyecto como comunicación.* Prescindamos, por el momento, de todo lo que se refiere a "regulación", y concentrémonos, simplemente, en ciertos problemas relacionados con el proyecto y la construcción de una máquina; de cualquier máquina.

Nuestro enfoque del tema, sin perder nada de su precisión, debe ser muy amplio —es decir, abstracto—, pues desde el punto de vista biológico debemos considerar máquinas que pertenecen a un tipo más amplio que aquel que comprende sólo las de acero y bronce. En la fórmula

El ente Ω proyecta la máquina *M*

deseamos incluir casos tales como

(1) los genes que determinan la formación del corazón;
(2) un mecánico que construye una bicicleta;
(3) una parte del cerebro que determina las conexiones internas de una red nerviosa;
(4) un gerente de producción que proyecta una fábrica de modo que la producción se oriente de determinada manera;
(5) un matemático que diseña una computadora automática para que se comporte de determinada manera.

Lo que nos interesa, si nos atenemos al enfoque cibernético, no es el proceso más evidente de formar o unir piezas materiales; nos interesa un problema menos obvio: qué *determina* el modelo final, o cómo es *seleccionado*. Debemos dedicarnos a analizar extensas cadenas de causa y efecto, para poder relacionar un *conjunto* de posibles causas iniciales con un *conjunto* de máquinas finales que surge como consecuencia, del mismo modo que un mecánico de teléfonos, con un cable de cien conductores, conecta la punta de cada uno de ellos en un extremo del cable con alguna punta en el otro extremo. Si encaramos así el problema, comprobamos que deben cumplirse ciertas relaciones cuantitativas, de acuerdo con las cuales expondremos los conceptos del último capítulo. En él ejemplificaremos la tesis de D. M. MacKay: la cantidad de información, tal como es medida aquí, siempre corresponde a alguna cantidad, es decir intensidad, de *selección*, ya sea real o imaginable.

Los conceptos de seleccionar, proyectar, construir, armar (en resumen, responsabilizarse de alguna manera de la aparición eventual de) una máquina real tienen una propiedad común, cuando se identifican y se miden las *variedades* implicadas en el proceso. Lo que puede convertirse en *M* tiene variedad; un embrión podría producir una cualquiera de las muchas formas de bomba-sanguínea muscular. De hecho, el tipo genético de un *Lumbricus* llega a producir un corazón de gusano, el tipo genético de la *Rana* conduce a la producción de un corazón de rana, y el tipo genético del *Homo* conduce a la formación de un corazón humano. El control del tipo genético con respecto al corazón está claramente implicado. Asimismo, también lo está la regulación, pues cualquiera sea el estado en que se encuentren inicialmente (si hay variedad en las posibilidades) las moléculas del *Lumbricus*, la variedad desaparece a causa de la acción del tipo genético, y aparece un corazón con la forma normal de un gusano.

Debe tenerse en cuenta que los conceptos de proyecto y construcción son esencialmente aplicables a *conjuntos*, pese a que, por lo común, el término se utiliza en singular (comparar con la S. 7/3). Por lo tanto, "el tipo genético determina la forma del corazón" es una manera abreviada de decir que puede establecerse una correspondencia entre los elementos del *conjunto* de tipos genéticos de diferentes especies y los elementos del *conjunto* de corazones posibles en las diversas especies, tal como sucede con los conductores en los dos extremos de un cable telefónico. Por lo tanto, el hecho de *"proyectar" o "construir" una máquina es, en esencia, un acto de comunicación del Constructor a lo Construido*, y se le puede aplicar los principios de la teoría de la comunicación. En particular, las mediciones expuestas cuando se encaró el caso en que varios mensajes posibles son reducidos a *uno* pueden aplicarse ahora al caso en que varias máquinas posibles son reducidas a *una*.

Un recurso conceptual útil para subrayar este aspecto es suponer que el acto de proyectar debe efectuarse mediante un teléfono, o por intermedio de cualquier otro canal específico. Por lo tanto, las cantidades de variedad pueden reconocerse fácilmente mediante la identificación de la cantidad real de información que debe transmitirse.

13/12. Cuando un proyectista selecciona la forma final de la máquina, ¿qué significa "seleccionar" según los conceptos generales formulados en este libro? Ahora examinaremos algunos ejemplos en los cuales la máquina final es un receptor de radio.

Analicemos primero el ejemplo de un comprador que tiene ante sí tres máquinas y selecciona una. El segundo caso, que equivale al primero desde un punto de vista abstracto, se da cuando el proyectista de un receptor de radio, después de vacilar entre tres circuitos posibles, por último selecciona uno. El tercer caso, que también equivale en forma abstracta a los dos primeros, es el de una persona que posee un receptor de radio —que tiene tres circuitos— y mueve una llave (a una de entre tres posiciones) y de esa manera selecciona el circuito que habrá de utilizar. Así, desde un punto de vista abstracto, seleccionar una máquina entre tres equivale a seleccionar un valor de un parámetro entre tres valores. Supongamos, por ejemplo, que hay que elegir entre las tres máquinas α, β y γ (cada una en los estados a y b);

$$\alpha: \downarrow \begin{matrix} a & b \\ b & a \end{matrix} \qquad \beta: \downarrow \begin{matrix} a & b \\ a & a \end{matrix} \qquad \gamma: \downarrow \begin{matrix} a & b \\ b & b \end{matrix}$$

Supongamos que se selecciona β y que el selector termina con la máquina

$$\downarrow \begin{matrix} a & b \\ a & a \end{matrix}$$

En forma abstracta, esta selección equivale a tener al principio una máquina con una entrada de tres valores

$\downarrow$	a	b
α	b	a
β	a	a
γ	b	b

y decidir luego que la entrada debe quedar fija en forma permanente en β (los procesos son idénticos en el sentido de que si un observador mira solamente los resultados de éstos, no puede decir cuál se ha producido, salvo que aplique otro criterio no mencionado).

En este ejemplo, al fijar la entrada en β se logra que la máquina resultante sea un sistema absoluto sin entrada. Si el resultado de la selección debe ser una máquina con entrada, la máquina original debe poseer dos o más entradas, de manera que el fijar una por el acto de selección del proyecto, deja a las otras la libertad de ulteriores variaciones como entradas ordinarias.

El acto del proyectista al seleccionar un modelo enire varios equivale a un factor determinante que fija una entrada en un valor permanente.

13/13. (En esta sección se expone una complicación menor.)

En los ejemplos anteriores había que elegir entre máquinas cuyas transformaciones tenían el mismo conjunto de operandos, es decir, el mismo conjunto de estados en la máquina. ¿Qué pasaría si la elección debiera hacerse entre

$$\downarrow \begin{matrix} a & b \\ b & a \end{matrix} \quad \text{y} \quad \downarrow \begin{matrix} p & q & r \\ r & q & r \end{matrix} \quad ?$$

Esa selección ¿puede representarse por la fijación de un valor de entrada? Una elección tal puede producirse en las primeras etapas del proyecto, cuando se decide por primera vez si las componentes deben ser electrónicas o hidráulicas.

En realidad, este caso está contenido en el anterior y puede representarse mediante un simple cambio de notación. En consecuencia, la elección recién mencionada también puede representarse por la elección entre μ y v en la máquina (reductible), cuyos estados son los pares:

$\downarrow$	(a,p)	(a,q)	(a,r)	(b,p)	(b,q)	(b,r)
μ	$(b\,.)$	$(b\,.)$	$(b\,.)$	$(a\,.)$	$(a\,.)$	$(a\,.)$
v	$(.\,r)$	$(.\,q)$	$(.\,r)$	$(.\,r)$	$(.\,q)$	$(.\,r)$

(En la transformación, los puntos representan valores que carecen de importancia). Si ahora elegimos μ, una parte de la máquina da

$$\downarrow \begin{matrix} a & b \\ b & a \end{matrix}$$

prescindiendo de las otras componentes, en cambio, si elegimos v, la otra parte da

$$\downarrow \begin{matrix} p & q & r \\ r & q & r \end{matrix}$$

Por lo tanto, la formulación inicial, en realidad, es muy general.

13/14. *Proyecto en una Caja negra.* Debe tenerse en cuenta que la operación de "proyectar", tal como se la entiende aquí, puede realizarse en una Caja negra (si ésta tiene una entrada). De hecho, el propietario de un receptor de radio (S. 13/12) que no conoce su contenido, pero que sabe de qué manera la llave afecta la salida cuando ubica la llave en una posición y consigue el comportamiento deseado, *realiza* el acto de "proyecto en una Caja negra".

Otros ejemplos amplían el alcance de este tema. La Caja negra, o el receptor de radio, pueden estar sujetos a otra máquina, cuyas actividades y valores determinan la posición de la llave. Si tal cosa sucede, podemos afirmar (siempre que recordemos el sentido en que usamos las palabras) que la máquina que domina, cuando ubica la llave en una posición particular, "proyecta" el receptor de radio. Lo importante es que en la máquina dominante se advierten, en relación con el receptor de radio, las mismas propiedades que *objetivamente* ofrece el comportamiento de un proyectista.

Este mismo punto de vista puede aplicarse al cerebro, y entonces se comprueba que una parte del cerebro puede mostrar, con relación a otra, la misma relación objetiva de comportamiento que existe entre el proyectista y la máquina. Comenzamos a comprender de qué manera una parte —una estructura básica quizá— puede actuar como proyectista con respecto a la parte a la que domina un circuito neural, por ejemplo.

Por lo tanto, el concepto de que una máquina proyecta otra puede formularse en términos más generales y exactos; exactos en el sentido de que el experimento puede usarse para mostrar objetivamente si se mantiene o no la relación.

Cantidad de selección

13/15. Es posible calcular con facilidad este aspecto del proyecto: la reducción numérica que se produce cuando las múltiples posibilidades iniciales al final quedan reducidas a unas pocas o a una sola. Podemos usar las mismas escalas utilizadas para calcular la variedad y la información (S. 7/7 y 9/11) y medir, sea en forma directa, sea logarítmicamente.

La medida —además de ser conveniente— tiene la propiedad natural de especificar la capacidad que debe tener el canal *C*

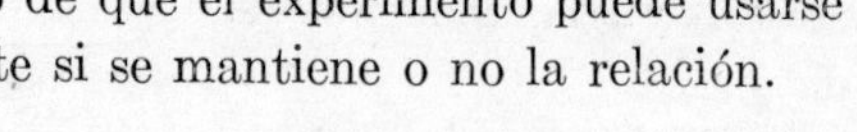

para que sea posible la transmisión de la variedad o información necesarias del Proyectista a la Máquina.

Debe tenerse en cuenta que este método no responde a la pregunta "¿qué proporción de proyecto hay *en* esta máquina?"

(sin referencia a lo que podría haber habido), pues la medición sólo existe con relación a un conjunto de posibilidades; no se aplica al resultado, sino *al acto de comunicación* (S. 13/11).

Los ejercicios serán útiles para concretar estos razonamientos quizás un tanto abstractos; además, el lector podrá advertir que concuerdan satisfactoriamente con algo que es evidente, pero sólo en forma intuitiva.

Ej. 1: En una etapa del diseño de una máquina eléctrica, el proyectista debe decidir acerca de los valores de tres resistencias óhmicas. Cada una puede tener uno cualquiera de los valores 10, 15, 22, 33, 47, 67 ó 100 ohms, en forma independiente. Según la ley de la Variedad Obligada, ¿cuánta variedad debe suministrar el proyectista para que las posibilidades se reduzcan a una?

Ej. 2: (Continuación.) En un conjunto similar de tres resistencias, éstas deben elegirse entre los valores 10, 11, 12,..., 99, 100. En este caso, ¿cuánta variedad debe proporcionar el proyectista?

Ej. 3: Tres resistencias pueden tener, cada una, un valor de 10, 20 ó 30 ohms. Si están conectadas en paralelo, ¿cuánta variedad debe proporcionar el proyectista para que las propiedades eléctricas posibles se reduzcan a una?

Ej. 4: ¿Qué proporción de proyecto se necesita para elegir entre dos máquinas, ambas de estados a, b, c, d:

$$\downarrow \begin{array}{cccc} a & b & c & d \\ \hline b & a & b & c \end{array} \quad \text{y} \quad \downarrow \begin{array}{cccc} a & b & c & d \\ \hline c & b & c & a \end{array} \;?$$

Ej. 5: ¿Qué proporción de proyecto existe en la producción de un sello postal de veinte centavos, (I) si tiene 15.000 puntos en media tinta, cada uno de los cuales puede tener una entre 10 intensidades distintas; (II) si el diseño final es seleccionado entre tres distintos por el director de correos? Explicar la falta de concordancia.

Ej. 6: ¿Cuánta variedad debe suministrarse para reducir a una las posibles máquinas en n estados? (Sugestión: Ej. 7/7/8).

Ej. 7: (Continuación.) En forma similar, cuando el número de estados de la máquina es n, y el número de estados de entrada (después del proyecto) es i.

13/16. Una medición idéntica puede aplicarse al proyecto de una máquina markoviana. Por ejemplo, la variedad entre dos máquinas markovianas

$$\begin{array}{c|ccc} \downarrow & & & \\ \hline & \frac{1}{3} & \frac{1}{2} & \frac{1}{4} \\ & \frac{1}{3} & \cdot & \frac{1}{2} \\ & \frac{1}{3} & \frac{1}{2} & \frac{1}{4} \end{array} \quad \text{y} \quad \begin{array}{c|ccc} \downarrow & & & \\ \hline & \frac{1}{3} & \frac{1}{3} & \frac{1}{3} \\ & \frac{1}{3} & \frac{1}{3} & \frac{1}{3} \\ & \frac{1}{3} & \frac{1}{3} & \frac{1}{3} \end{array}$$

es de sólo 1 bit, pues estamos eligiendo *entre* dos objetos cuyo contenido interior —las diversas fracciones— en este caso carece de importancia. (Esta cantidad de 1 bit es, por supuesto, diferente de los 1,58 bits que estarían asociados a la matriz de la derecha, considerada como una fuente de información que produce un promedio de 1,58 bits en cada paso (Ver S. 9/12).

13/17. *Selección por etapas.* El proceso de selección puede desarrollarse en el tiempo. En particular, puede producirse en etapas discretas.

El conductor que tiene el propósito de elegir un nuevo automóvil, a menudo procede de esta manera. Al principio, quizá diga: "debe costar menos de $ 200.000". Este criterio reduce algo el número de posibilidades. Luego agrega, tal vez, que debe tener capacidad para cinco personas. Y continúa de esa manera. Cada nuevo criterio reduce las posibilidades que persisten. Si el conductor puede comprar un único automóvil, el criterio eventualmente debe reducir las posibilidades a una sola. Esta reducción debe hacerse de algún modo, inclusive usando como selector final el acto de arrojar una moneda.

La selección abstracta (o proyecto) de una máquina puede, en forma similar, realizarse en etapas. Supongamos, por ejemplo, que la máquina tiene los cuatro estados a, b, c, d. La transformación T

$$T: \downarrow \begin{matrix} a & b & c & d \\ * & * & * & * \end{matrix}$$

—en la que aún no se ha decidido acerca de los asteriscos— deja abiertas todas las posibilidades. El cambio a la transformación U

$$U: \downarrow \begin{matrix} a & b & c & d \\ c & * & b & * \end{matrix}$$

representa una selección parcial. U representa, además, un *conjunto* de transformaciones, aunque más pequeño. Lo mismo V:

$$V: \downarrow \begin{matrix} a & b & c & d \\ \overbrace{b \text{ o } c} & * & * & * \end{matrix}$$

que excluye todas las transformaciones uniformes que contienen las transiciones $a \rightarrow a$, o bien $a \rightarrow d$. De esta manera puede seleccionarse en etapas una máquina, y las etapas pueden estar definidas de varias maneras.

Lo cuantitativamente fundamental es que la selección total que se logre no puede ser mayor que la suma (si se mide logarítmicamente) de las selecciones separadas (la selección se mide por la disminución en variedad). Si tomamos, por ejemplo, un mazo de naipes franceses, hacemos una selección de 2 bits y luego una de 3 bits, no es posible indicar un único naipe a menos que hagamos una selección ulterior de por lo menos 0,7 bits, puesto que el $\log_2 52$ es 5,7. La limitación es absoluta, y nada tiene que ver (si lo que se selecciona es la máquina) con el tipo de máquina o con el modo de selección usado.

Ej. 1: ¿Cuántas posibilidades se quitan cuando se agrega la restricción "no debe tener ningún estado de equilibrio" a la transformación cerrada uniforme de estados *a*, *b* y *c*, con 27 formas inicialmente posibles?

Ej. 2: (Continuación.) ¿Y cuando se agrega la restricción "debe tener tres estados de equilibrio"?

Ej. 3: ¿Cuánta selección se realizó en el Ej. 1, medida logarítmicamente?

**Ej*. 4: ¿Cuanta selección se ejerce en un sistema absoluto de n estados, a_1, a_2,..., a_n, inicialmente con todas las transformaciones posibles, si se agrega la restricción "no debe contener ningún estado de equilibrio"? (Sugestión: ¿A cuántos estados puede transformarse a_1, en lugar de los n anteriores?) (Cfr. Ej. 1.)

**Ej*. 5: (Continuación.) ¿A qué valor tiende esa cantidad cuando n tiende al infinito? (Sugestión: Calcular para $n = 10$, 100, 1000; esta estimación puede aplicarse a la máquina de la S. 12/15.)

**Ej*. 6: Si, como se describe en esta sección, se busca un naipe en un mazo barajado, al examinar los naipes uno por uno en sucesión, ¿cuánta información se gana, como promedio, a medida que se examina el primero, segundo, tercero, etc., naipes? (Búsqueda sistemática.)

**Ej*. 7: (Continuación.) ¿Cuánta información se gana, si después de cada extracción se devuelve el naipe incorrecto al mazo y se baraja nuevamente? (Busqueda aleatoria.)

13/18. *Complemento de la selección.* El hecho de que muchas veces la selección pueda realizarse en etapas, implica que generalmente la totalidad de ella puede ser realizada por más de un selector, de manera que la acción de uno de ellos puede *complementarse* con la acción de otros.

Tendríamos un ejemplo cuando un comprador, al seleccionar un nuevo automóvil entre los modelos disponibles, sólo decide que debe costar menos de $ 200.000, y luego deja en manos de su esposa el resto de la selección. Otro ejemplo sería si la esposa, después de haber reducido el número de modelos a dos, recurriese a arrojar una moneda para tomar la decisión final.

Los ejemplos son múltiples y se encuentran en todas partes. (A continuación daremos algunos para ilustrar el complemento por factores al azar; estos ejemplos nos interesarán sobre todo en el capítulo siguiente.) En el juego del bridge, el estado de la partida en el momento de la primera mano se selecciona en parte por las posturas de los jugadores y en parte por el azar —por el resultado del acto de barajar, estadísticamente normalizado— que selecciona la distribución de los naipes (comparar con la Fig. 12/22/1). Las reglas del bridge aseguran, de hecho, que una parte definida de la determinación total sea asignada al azar, esto es, a la circunstancia de barajar los naipes en la forma prescripta. En el pasado, para complementar la selección, se usaron a menudo métodos en los que se recurría al azar. El general romano, por ejemplo, luego de haber tomado muchas decisiones, solía permitir que el resto fuera determinado por algún otro factor: el vuelo de la primera bandada de pájaros que apareciera, o las configuraciones en las entrañas de una oveja recién sacrificada. (El complemento ya fue usado en este libro en las S. 4/19 y 12/15.)

En el terreno científico, el uso deliberado de selectores totalmente no-correlacionados para proveer una determinación "aleatoria" que complete la selección impuesta por el experimentador, aparentemente fue aplicado por vez primera por Sir Ronald Fisher; él fue el primero que advirtió su importancia y utilidad fundamentales.

(Al decir que un factor es **aleatorio** no me refiero a lo que el factor es en sí mismo, sino a su relación con respecto al sistema principal. Por ejemplo, los dígitos sucesivos de π son tan determinados como pueden serlo los números, aunque un grupo de mil números podría servir muy bien como números al azar para experimentos agrícolas, y no porque *sean aleatorios,* sino porque probablemente *no están correlacionados* con las peculiaridades del conjunto particular de parcelas. Por lo tanto, complemento "aleatorio" significa (salvo exigencias especiales de menor cuantía) complementar tomando efectos (o variedad) *de un sistema cuyo comportamiento no está correlacionado con el del sistema principal.* En la S. 12/15 se dio un ejemplo. Por ejemplo, si se necesitase otra posibilidad variable, si el sistema estudiado fuera una rata en un laberinto, el precio del oro del día de ayer podría ser una adecuada variable aleatoria, pero no sería apropiado, en cambio, si el sistema principal fuera una parte del sistema económico-financiero).

Selección y maquinarias

13/19. *Selección por máquina.* En las secciones anteriores hemos expuesto los problemas de comunicación implicados en la selección de una máquina. Sin embargo, lo que realiza la selección, sea lo que fuere, debe encararse de acuerdo con los principios cibernéticos generales, como un mecanismo. Por lo tanto, si se ha examinado el sistema

$$\boxed{L} \rightarrow \boxed{M}$$

en el cual L actúa proyectando o seleccionando la máquina M, debemos considerar ahora a L una máquina, que en cierta forma actúa como proyectista o selector. ¿Cómo puede seleccionar una máquina? Por supuesto, la respuesta debe darse en términos compatibles con los ya empleados en esta parte.

Quizá el proceso más simple de selección se da cuando una máquina sigue una trayectoria particular, de manera que después del estado i (por ejemplo) pasa al estado j (por ejemplo) y no a cualquier otro de sus estados. Ésta es la selección corriente que una máquina efectúa cuando su "mensaje" (el protocolo) comunica que la máquina tiene *esta* transformación y no otra.

Otro proceso de selección mostrado por una máquina es el señalado en la S. 7/24: en toda máquina determinada se advierte selección cuando reduce la variedad de sus estados posibles desde el máximo inicial hasta el número final de sus cuencas.

En la S. 5/13 se trató otro ejemplo de selección; en él una parte de un todo puede seleccionar entre los estados de equilibrio de la otra parte, "vetando" algunos de ellos. Ésta es, quizá, la forma más evidente de selección, puesto que mientras examina ambas, el observador dotado de imaginación hasta puede oir que la parte que veta afirma: "...malo, malo aún, no lo tomo, malo aún, ¡un momento!, sí, nos quedamos con éste definitivamente". Si hay que construir una máquina para que actúe como selector (quizá para concretar el planteo que se sugiere en la sección final) habrá que construirla, según creo, para que actúe de esa forma. Es igual a la realimentación de segundo orden de la Fig. 5/14/1 (complementada en la S. 12/15).

Sin duda hay otros métodos, pero los que hemos dado son suficientes para ilustrar y para definir el concepto de que una máquina "selecciona" (aunque es apenas necesaria una consideración especial, puesto que en la teoría de Shannon *todo* acto de comunicación es también un acto de selección: aquel que provoca la aparición del mensaje particular).

13/20. *Duración de la selección.* En este punto debemos referirnos al tiempo que puede insumir una selección, pues al examinar casos reales a primera vista, el tiempo necesario puede parecer demasiado prolongado para aplicarlo a cualquier realización práctica. El problema se torna singularmente importante cuando el regulador debe regular un sistema muy grande. Un cálculo aproximado de la cantidad de selección que aparentemente se necesita podría sugerir que el tiempo necesario sobrepasa al cosmológico, y, asimismo, se podría llegar a la conclusión de que el tiempo que insume la selección también es muy prolongado; sin embargo, no sucede así.

Los principios básicos han sido aclarados por Shannon, en especial en su *Communication Theory of Secrecy Systems*. Allí ha demostrado que si se desea una selección particular de 1 entre N, y el selector sólo puede indicar si el elemento requerido está o no en un conjunto dado, entonces el método que logra la selección completa en el menor número de pasos es la selección por dicotomías sucesivas, de manera que las primeras selecciones se efectúan entre grupos y no entre elementos. Este método es mucho más rápido que el de examinar las N una por una, en serie. Y si N es muy elevado, el método de seleccionar entre grupos resulta casi incomparablemente más rápido. Por falta de espacio no me es posible exponer en detalle este tema tan importante; con todo, antes de pasar a otros problemas, daré un ejemplo que servirá de indicio para demostrar, aunque sólo sea sucintamente, la extraordinaria rapidez del método dicotómico.

Analicemos una selección verdaderamente grande. Supongamos que en algún lugar del universo (visible para el astrónomo) hay un simple átomo, y el selector quiere encontrarlo. El universo visible contiene aproximadamente 100.000.000 de galaxias, cada una de las cuales contiene alrededor de 100.000.000.000 de soles con sus sistemas respectivos; cada sistema solar contiene aproximadamente 300.000 cuerpos como la Tierra, y la Tierra contiene cerca de 1.000.000.000.000 de millas cúbicas. Una milla cúbica contiene aproximadamente 1.000.000.000.000.000.000.000 de partículas de polvo, cada una de las cuales contiene más o menos 10.000.000.000.000.000 de átomos. ¡Y el selector quiere encontrar uno en particular!

Tomemos este átomo como unidad de una selección en muy gran escala y llamémoslo 1 *mega-pick*; es aproximadamente 1 entre 10^{73}. ¿Cuánto tiempo se tardará en hallar el átomo determinado?

Hay dos métodos que resulta útil comparar. En el primero, se examinan los átomos al mismo tiempo uno por uno, utilizando un computador electrónico de alta velocidad que examina 1 millón de átomos por segundo. Un simple cálculo demuestra que para escribir el número de *siglos* que se tardaría en hallar el átomo se necesitaría un papel más ancho que esta página. En consecuencia, si se aplica este método, la selección fracasa (desde el punto de vista práctico).

En el segundo método, el observador usa (suponiendo que sea posible) el método de la dicotomía; primero pregunta: ¿el átomo está en esta mitad o en la otra? Luego, tomando la mitad indicada, vuelve a preguntar: ¿está en esta mitad o en la otra?, y así sucesivamente. Supongamos que cada uno de estos pasos pudiera realizarse en un segundo; ¿cuándo tiempo insumiría este método? La respuesta es: ¡sólo un poco más de cuatro minutos! Con este método es posible obtener excelentes resultados.

Este ejemplo demuestra que el método de selección por grupos es *mucho más* rápido que el método de selección *ítem* por *ítem*. Aún más, precisamente cuando el tiempo de exploración *ítem* por *ítem* se torna excesivamente prolongado, el método de búsqueda por grupos pone de manifiesto su capacidad de abreviar el tiempo.

13/21. *Selección y reductibilidad.* ¿Qué significado tiene este hecho cuando se selecciona una máquina particular? Supongamos, para concretar el problema, que la máquina tiene cincuenta entradas, cada una de las cuales puede tomar uno cualquiera de veinticinco valores, y que se pide una forma particular entre todas las posibles. Esta selección es de aproximadamente 1 mega-pick, y sabemos que es inútil intentar hacerla en serie. ¿Puede hacerse la selección por grupos? Sí, en caso de que se encuentre algún método *práctico* de agrupar los estados-entrada.

Un caso particular de gran importancia práctica se presenta cuando toda la máquina es reductible (S. 4/14), y las entradas van separadamente a los varios subsistemas. Entonces la sucesión: elegir el valor correcto para la parte 1, en la entrada de la parte 1; elegir el valor correcto para la parte 2, en la entrada de la parte 2; y así sucesivamente, corresponde a la selección realizada por grupos, por el método rápido. *Por consiguiente, si la máquina es reductible, puede usarse el método rápido de selección.*

La reductibilidad es sumamente común en nuestros sistemas terrestres. Tan común es que habitualmente la damos por descontada, pero quien desee aprender a regular un sistema muy grande debe tener plena conciencia de su existencia.

Para formarnos una idea de cuánta reductibilidad se presenta en el mundo en que vivimos, comparemos su comportamiento ordinario con el que tendría si súbitamente perdiese su reductibilidad, esto es, si cada variable tuviese un efecto inmediato o retardado en las demás. El mero hecho de dar vuelta la página de este libro, en lugar de ser eso y nada más que eso, podría originar un cambio en las luces, un movimiento de la mesa, un cambio en la velocidad del reloj, y así similarmente en toda la extensión del cuarto. Si el mundo fuera realmente irreductible, la regulación sería tan difícil que resultaría imposible, y no podría existir ninguna forma organizada de vida (S. 7/17).

Debemos dejar el tema ahora, pero lo que se dijo en *Design for a Brain* (en el capítulo "Sistemas iterados" y siguientes) desarrolla la tesis con mayor amplitud. Entretanto, podemos deducir que si un ente responsable Ω (S. 13/10) está por proyectar (es decir, seleccionar) una máquina que actúe como regulador de un sistema muy grande, de manera que el regulador mismo en cierto sentido también sea grande, el logro de la selección necesaria en un tiempo razonablemente corto depende casi seguramente de que el regulador pueda ser construido en forma reductible.

13/22. *¿De dónde proviene el regulador?* Ahora, por fin, podemos contestar la pregunta que ha estado implícita en esta Parte III: ¿cómo se origina el regulador? La pregunta surgió en la S. 13/10, pero desde entonces hemos explorado una variedad de temas que debían discutirse antes de atar cabos. Encaremos el tema.

El proceso de lograr una máquina particular con las propiedades deseadas implica selección, y también implica que el ente responsable Ω (de la S. 13/10) ha actuado con éxito para lograr el objetivo. Cualquiera fuera la variedad de componentes inicialmente disponibles, y cualquiera fuera la variedad con que los proyectos (es decir los valores de entrada) se apartaban de la forma final apropiada, el constructor Ω ha actuado de manera de lograr su objetivo. Por lo tanto, Ω actuó como un regulador. En consecuencia, *la construcción de una máquina de propiedades deseadas* (en el sentido de lograr esa máquina y no otra dotada de propiedades no deseadas) constituye *un acto de regulación.*

Supongamos ahora que esta máquina de propiedades deseadas es el regulador que se analiza en toda la Parte III. ¿Cómo debe construirse? La respuesta es inequívoca: mediante otro regulador.

¿Es esto una *reductio ad absurdum* de todo nuestro planteo? Creo que no, pues la pregunta evidente "¿dónde comienza?" se contesta con suma facilidad. Desde nuestro punto de vista biológico, el hecho fundamental (S. 10/3) consiste en que la Tierra existe desde hace mucho tiempo, que la selección ha actuado a lo largo de ese tiempo, y que favorece la aparición de reguladores (S. 10/5). Estos hechos por sí solos son suficientes para explicar la presencia, en la actualidad, de tantos buenos reguladores en el planeta. Y ninguna explicación ulterior sería *necesaria,* si se comprobara que el objeto de algunos de estos reguladores es llevar ciertos mecanismos a una forma tipo, aunque ésta fuera la de un regulador (por supuesto, con un objetivo diferente del objetivo del primero). En tal caso, el científico sentiría sólo una ligera curiosidad por saber por qué algo que puede hacerse directamente, en una etapa, se hace, indirectamente, en dos etapas.

En consecuencia, podemos responder a la pregunta formulada en esta sección, diciendo que un regulador es seleccionado entre un conjunto general de mecanismos (muchos de ellos no-regulatorios), sólo porque es el sobreviviente de algún proceso de selección natural, o porque ha sido construido (otro proceso de selección) por otro regulador.

13/23. ¿No es un derroche construir el regulador que se desea en dos etapas? El hecho de que haya que hacerlo en dos etapas sugiere que hay que resolver el problema de conseguir un regulador antes de emprender la construcción.

Además, ¿qué implica esto cuando el sistema muy grande que se desea regular es el mundo económico y social, y el ente responsable Ω es algún conjunto, quizá de sociólogos, cuya capacidad como regulador está limitada a la capacidad de los miembros de la especie *Homo*? ¿Implica esto que no es posible ningún avance en la regulación (pues el regulador tendría que ser construido por miembros de la especie)?

No, porque cuando se logra la regulación en etapas, cuando un regulador R_1 actúa para crear un regulador R_2, *la capacidad de* R_2 *no está limitada por la de* R_1. Surge la posibilidad de que R_2 sea de capacidad mayor que R_1, de manera que se produce una *amplificación*. En el capítulo siguiente se estudia este planteo; allí veremos que, lejos de ser necesariamente antieconómico, el método de regulación por etapas abre algunas perspectivas notables

14. Amplificación de regulación

14/1. *¿Qué es un amplificador?* Un amplificador es, en general, un dispositivo al que, si se le suministra cierta cantidad, luego emite parte de esa cantidad. Si proporcionamos un pequeño sonido (en un micrófono) a un amplificador, lo emite agrandado. Al suministrarle algo de potencia (suficiente para mover *L*), un amplificador de potencia, tal como el descripto en la S. 12/21, emite mucha potencia (desde *H*). Un amplificador de dinero sería, pues, un dispositivo tal que al proporcionarle una pequeña cantidad de dinero, emitiese una gran cantidad.

Tales dispositivos funcionan mediante la disponibilidad de una generosa reserva de aquello que debe emitirse, y después utilizan la entrada para actuar a modo de control con respecto al acumulado en el depósito. Un amplificador rara vez aumenta directamente la entrada, como lo hace la lente del proyector de cine; por lo común, sólo la complementa. Por ejemplo, el amplificador de potencia tiene alguna fuente (el aire comprimido en *A* de la Fig. 12/21/1) que la provee abundantemente en la salida, mientras que la entrada contribuye con poco o nada con respecto a la salida. De igual manera, el trabajo que realiza el conductor de la grúa en la palanca de control no se suma en forma directa para levantar el peso principal, sino que se utiliza para mover una llave eléctrica o de otra especie.

En consecuencia, se advierte que en el amplificador de potencia (*v. g.* el de la Fig. 12/21/1) la totalidad del proceso —levantar un peso *H* mediante la fuerza aplicada en *L*— se realiza en dos etapas, mediante dos sistemas acoplados. Esta separación es la que posibilita la amplificación; la ley de conservación de la energía nos dice que es imposible amplificar simple y directamente la potencia en una etapa. La etapa 1 consiste en el movimiento, por el operador, del punto *L* en contra de la fricción en *K* y de la presión en *V*, a lo largo de la cual se conserva estrictamente la energía o la potencia. La etapa 2 consiste en el movimiento de aire comprimido hacia adentro o hacia afuera de *B* y en la elevación de *P*, *G* y *H*; también a lo largo de esta etapa se conserva la energía, puesto que la utilizada para levantar el peso *H* la proporciona la expansión del aire comprimido. Por lo tanto, puede considerarse que la totalidad del sistema está compuesta por dos sistemas (en cada uno de los cuales se conserva estrictamente la energía) acoplados en forma tal que las fuerzas de 0, 1, 2,... dinas en *L* se corresponden *respectivamente* con las fuerzas de 0, 1000, 2000,... dinas (o algún otro múltiplo) en *H*. *La división en dos etapas es la que permite construir un amplificador de potencia a pesar de la ley de conservación de la energía,* y da razón de ello el hecho de que la energía provista a la entrada de la etapa 1 puede ser complementada para suministrar la energía de la salida de la etapa 2.

Algunas veces, la proporcionalidad es importante, como en el caso del amplificador de radio. Por lo tanto, la máquina debe construirse en forma tal que la relación entre entrada y salida tenga el mismo valor a lo largo de toda la escala. En otros casos el valor exacto de la relación es de poca importancia; en la grúa, por ejemplo, donde lo fundamental es que todos los valores de entrada se mantengan en determinado límite (el fijado por la fuerza del brazo del conductor) y que la salida sea complementada generosamente, de manera que exceda en mucho el valor de la entrada.

Ej.: Proyectar un "amplificador de agua", es decir, un dispositivo que a medida que se le inyecta agua en la entrada a razón de x ml/seg emite agua por su salida a razón de $100x$ ml/seg.

14/2. Ahora, por lo tanto, es posible encarar el proceso de amplificación de dos enfoques muy divergentes en cuanto a la existencia de la amplificación.

Por una parte tenemos el teórico: el proyectista de grúas, por ejemplo, quizá deba comprender la naturaleza interna del proceso si quiere construir una grúa eficaz. En realidad, para él la amplificación no existe: la potencia que se emite no excede la potencia (total) suministrada. Sabe que el operador que actúa en el control es eficiente simplemente porque puede, por decir así, apoderarse de otras fuentes de energía (carbón, petróleo, etc.) para lograr su objetivo. Si la naturaleza no nos hubiera provisto ese carbón, que es una generosa fuente de complemento, el operador no sería capaz de levantar la pesada carga. Obtiene "amplificación" llamando simplemente en su ayuda al Rey Carbón. El tipo básico de amplificador lo constituye así el niño que puede levantar grandes pesos ¡porque su padre se presta a levantarlos por él!

Todo esto es cierto, pero además también existe el hombre práctico que quiere utilizar estos hechos, el hombre que decide, por ejemplo, qué maquinaria hay que instalar en el muelle. Si tiene acceso a una fuente abundante de potencia barata, para él la "amplificación" es muy real y práctica. Significa la diferencia entre cargar los barcos rápida y fácilmente mediante los movimientos de la palanca de control, o lenta y laboriosamente, a hombro. Cuando la carga es más grande, una locomotora, por ejemplo, no disponer de un amplificador de potencia puede significar que el trabajo se lleve a cabo o no. Por lo tanto, para el hombre práctico tiene suma importancia la posibilidad de que pueda utilizarse este tipo de amplificación.

Evidentemente, ambos puntos de vista son correctos. Los proyectistas de grúas deben tener muy en cuenta que éstas en realidad no son amplificadores, pero los usuarios pueden pensar en ellas como si lo fueran.

14/3. Podemos encarar ahora el problema de amplificar la regulación. Durante el proyecto (en este capítulo) debemos tener muy presente que en realidad se logra sólo un complemento, que se sustrae de alguna fuente abundante, fácilmente disponible. Empero, cuando llegue el momento de usarlo (situación que habrá que tener en cuenta en el futuro), el proyectista debe olvidar el hecho, y recordar solamente que se encuentra en las condiciones de un trabajador equipado con herramientas accionadas por una energía que no es la suya, y que puede realizar tareas que son imposibles para el que carece de esa ayuda.

14/4. *Regulación y selección.* En la S. 13/10 comenzamos a examinar qué puede dar existencia al regulador (que antes se supuso dado), ya sea como una fórmula de comportamiento en el organismo (Ω) que desea la regulación, sea como una máquina material construida por el organismo para que actúe por él. Ya dijimos que la *cantidad* de proyecto que entra en el regulador puede ser medida (por la cantidad de selección necesaria) y además comprobamos (en la S. 13/18) que la selección puede, en un sentido, amplificarse. Para aclarar mejor el problema, consideremos con mayor precisión la relación entre regulación y selección, en especial en la medida en que están implicadas las cantidades de variedad o información. Si el diagrama de efectos inmediatos es:

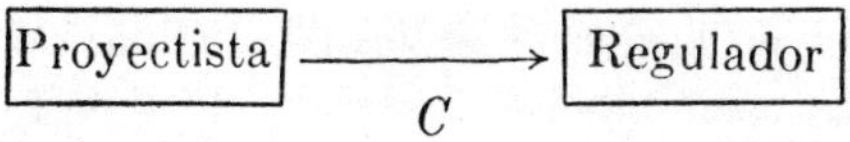

queremos saber cuánta variedad o información puede conducir el canal entre ellas.

Para hacer un regulador, la selección es esencial. Veamos tres ejemplos:

Pudimos identificar el primer regulador que tratamos (en la S. 11/3):

$$R: \downarrow \begin{matrix} 1 & 2 & 3 \\ \beta & \alpha & \gamma \end{matrix}$$

y esta transformación particular (la regulatoria) tuvo que ser seleccionada entre el conjunto de todas las transformaciones posibles, que alcanzaban, en ese caso, a 27 (ver el Ej. 7/7/8). Aquí se "hace" el regulador especificando sin ambigüedades, es decir, distinguiéndolo de los otros.

En la S. 13/12 se usó otro método, y se "proyectó" una máquina que podría ser un regulador, seleccionando un valor particular entre un conjunto de posibles valores-entrada.

El tercer método para construir un regulador es armarlo en un taller, en la misma forma en que un mecánico arma un baño termostático. Una vez más es necesaria la selección: las componentes deben ser seleccionadas (distinguidas) entre otros objetos posibles, y el modo correcto de ensamblarlas y acoplarlas debe seleccionarse entre otros modos incorrectos. La cantidad de selección usada puede ser medida, y cualquier duda acerca de la medición se aclara con ayuda del método de la S. 13/11 (párrafo final).

Se deduce de la S. 13/18 que si podemos llegar por etapas al regulador final (llevando a cabo en etapas toda la selección), existe la posibilidad de que *la provisión de un pequeño regulador en la primera etapa pueda conducir a establecer por último un regulador mucho mayor* (es decir, uno de mayor capacidad), de manera que en el proceso haya amplificación.

Éste es el sentido que debe darse a la "amplificación" de regulación. Si bien la ley de la Variedad Obligada, igual que la ley de la Conservación de la Energía, prohíbe en forma absoluta cualquier magnificación simple y directa, no prohíbe, en cambio, el complemento.

14/5. Examinemos algunos ejemplos en los que se advertirá claramente esa amplificación de regulación.

Supongamos que las perturbaciones son fluctuaciones en la tensión de alimentación que llegan a un aparato cuyo dueño es Ω, a un régimen de cientos por segundo y que están a punto de perturbar dicho aparato. Supongamos que la variedad por segundo proporcionada por estas perturbaciones excede en mucho la capacidad de Ω como canal, de manera que le es imposible regular por acción personal directa. Sin embargo, dispone del catálogo de un fabricante, que presenta tres ítems:

1: un receptor de televisión,
2: un estabilizador de tensión,
3: un transformador de frecuencia.

Supongamos que Ω es capaz de hacer una elección conveniente entre los tres. Si realiza la selección apropiada, la tensión de alimentación de su aparato se estabiliza. Por lo tanto, sus tres selecciones primarias posibles pueden ser puestas en correspondencia con tres resultados, uno de los cuales es "tensión de alimentación estabilizada".

La regulación de la tensión (digamos a lo largo de un año) implica una selección mucho mayor que la de uno entre tres, de manera que a través de todo el proceso ha habido, indudablemente, una amplificación.

En este ejemplo, el complemento es tan obvio, y su dependencia con respecto a la capacidad del fabricante tan evidente, que el lector acaso tenga tentaciones de desechar esta "amplificación" por considerar que no vale la pena tenerla en cuenta. Sin embargo, la dependencia no es más llamativa que la del conductor de la grúa con respecto a una fuente conveniente de potencia). Con todo, este caso es algo exagerado (se ha seleccionado para mostrar un extremo de la escala). A lo largo de ella se encuentran otros casos que son de interés más general. El principio, empero, permanece inalterado.

Consideremos a continuación el caso en que Ω quiere que se restablezca determinada temperatura de un baño; necesitará cien restablecimientos por día a lo largo de todo un año. Esto significa que en 36.500 oportunidades la temperatura debe corregirse mediante una elevación o una disminución; por ejemplo, una selección de 1 bit. Por lo tanto, toda la Gran Perturbación (S. 13/8) tiene una variedad de 2^{36500} posibilidades. Ω probablemente *podría* transmitir esto en un año, pero lo encuentra inconveniente. Si sus recursos son tales que puede construir un termostato a un costo de, digamos, 1.000 bits, y si utiliza el hecho de que la Gran Perturbación es repetitiva (S. 13/9), el acto de seleccionar apropiadamente entre 1.000 bits tiene como consecuencia la selección correcta entre 36.500 bits. Se ha producido, por lo tanto, una amplificación de aproximadamente × 36 (medida en escala logarítmica).

El segundo ejemplo es más común que el primero. El hecho de que este método se use ampliamente en la práctica muestra en qué medida el hombre práctico piensa si vale o no la pena aplicarlo.

Por supuesto, no hay necesariamente una amplificación; y el hombre práctico, antes de construir una máquina que realice un trabajo, hace siempre un balance, por lo menos en forma intuitiva:

Costo (en un sentido) de construir la máquina que haga el trabajo.	**Costo** en caso de hacer el trabajo él mismo.

Este hombre se ocupa de las cantidades reales implicadas, mientras que nuestro interés se concentra en la cantidad de comunicación y selección requeridas.

Examinemos, por último, el ejemplo en el cual la posibilidad de amplificación es evidente y de utilidad práctica. Supongamos que se asigna a veinte hombres la tarea de mantener en forma constante la temperatura y la humedad de 2.000 habitaciones. Aunque en cada habitación exista algún medio de control, los veinte hombres pueden comprobar que la tarea escapa a su capacidad si tratan de compensar las variaciones atmosféricas manipulando directamente los controles. Puede suceder, sin embargo, que se hallen disponibles máquinas tales que si los hombres se convierten en mecánicos y actúan como reguladores de las máquinas, éstas pueden ser transformadas en acondicionadores de aire y conservadas así. Es posible que la cantidad de regulación que los mecánicos pueden suministrar a los acondicionadores sea suficiente para que controlen en forma efectiva las 2.000 habitaciones. En consecuencia, la regulación que no podía realizarse en una etapa, puede, en condiciones convenientes, realizarse en dos.

Las cantidades de comunicación (las capacidades de canal) implicadas en estas regulaciones pueden medirse con la precisión que se desee, determinando así el grado exacto de cualquier amplificación. Por lo tanto, si en verdad ha habido amplificación, la realidad del hecho puede ser demostrada en forma incuestionable.

¿De dónde proviene (en el último ejemplo) el complemento? En general, de lo que alimenta las otras entradas, cualquiera sea ello. En el ejemplo recién dado, las otras entradas incluyen los restantes factores que contribuyen al proyecto y construcción de la máquina, así como también el medio ambiente mismo, que comunica al acondicionador, *y no al mecánico,* cuál es la temperatura y humedad cada momento. Como resultado, estas fuentes de información toman parte en la regulación total, sin usar el mecánico como canal.

El ejemplo que acabamos de dar muestra dos niveles de regulación, pero no hay razón alguna para que el número se limite a dos. Un médico que cuida el conjunto de mecánicos y los conserva saludables y capaces de trabajar podría alegar que, en lo que concierne a las habitaciones, él es un regulador en el tercer nivel. Puesto que el principio ya ha sido aclarado, no necesitamos insistir en este tema, especialmente porque muchos casos probablemente no presentarán los diversos reguladores distribuidos en una jerarquía simple.

14/6. *Amplificación en el cerebro.* Ahora podemos comprender en forma cuantitativa por qué se ha comprobado que este método indirecto es excelente; por qué es el método usado por aquellos organismos que tienen los recursos más poderosos de regulación: en una palabra, porque permite amplificación.

El tipo genético, en cuanto depósito o canal de variedad, tiene capacidad limitada. Ante todo, sobreviven aquellas especies que utilizan esta capacidad en forma eficaz. Ésta puede usarse directa o indirectamente.

El uso directo se da cuando el tipo genético especifica directamente el regulador. Éste se construye (en el embrión), y el organismo transcurre su vida respondiendo a cada perturbación en la forma determinada por el tipo genético. No se produce amplificación (desde nuestro punto de vista actual), aunque se gana cierta ventaja —S. 13/9— si las perturbaciones se repiten frecuentemente durante el tiempo de vida del organismo.

El uso indirecto se da cuando el tipo genético construye un regulador (R_1) cuya tarea es originar el regulador principal (R_2), especialmente si el proceso se eleva varios órdenes o niveles. Mediante el logro de la regulación última a través de etapas, es posible la existencia de un complemento en gran escala, y, por lo tanto, también es posible una última regulación mucho mayor que la que podría lograr el tipo genético en forma directa.

Un ejemplo claro de cómo un regulador puede actuar originando el desarrollo de otro regulador, se presentó en la S. 12/15. Se construía la Parte B del homeostato, que se convertía así en el regulador primario R_1. Acoplada a la Parte A, actúa de modo que A se estabilice con las agujas en el centro. Una vez obtenido esto, A actúa como un regulador (R_2) para las perturbaciones que le llegan y que harían divergir las agujas. Aunque el R_2 de este ejemplo particular es extremadamente simple, en principio nada separa este caso de aquellos en los que el regulador R_2 tiene cualquier otro grado de complejidad.

El método de obtener una regulación en dos etapas —por el cual el tipo genético construye R_1, y R_1 construye R_2— es el método que presentan los mamíferos, cuyo tipo genético se usa (en su acción sobre el cerebro embrionario) para determinar el desarrollo en el momento del nacimiento, de algunos reguladores fundamentales (R_1), cuyo ejercicio no constituye una ventaja inmediata para el organismo. Sin embargo, a partir del nacimiento, esos reguladores operan en la corteza cerebral para desarrollar en ella un vasto mecanismo regulatorio (R_2) que, al llegar a la edad adulta, constituye un regulador mucho más eficaz (es decir, de mayor capacidad) que el que podría haberse producido directamente por acción del tipo genético.

¿De dónde proviene el complemento? ¡De fuentes al azar, como en la S. 12/15, y del propio medio ambiente! Pues el medio ambiente está forzado a proveer gran parte de la determinación con que actúa el organismo. De esta manera, el tipo genético y el medio ambiente contribuyen a dar forma al adulto plenamente desarrollado, y la cantidad de proyecto proporcionada por el tipo genético es complementada a su vez por el proyecto que (como variedad e información) proviene del medio ambiente. De ese modo, eventualmente el adulto ofrece más capacidad regulatoria que la que podía haber sido determinada sólo por el tipo genético. La amplificación de la regulación no constituye, por lo tanto, ninguna novedad, pues los animales superiores, aquellos que se adaptan por aprendizaje, descubrieron el método hace mucho tiempo.

¿Es posible aumentar aún más la amplificación? Si tal cosa sucede, ¿no existe la posibilidad de que podamos usar nuestros actuales poderes de regulación para formar un regulador mucho más desarrollado, de una capacidad superior a la humana, que pueda regular las diversas dolencias que padece la sociedad que, en relación a nosotros, es un sistema muy grande?

14/7. *Amplificación de inteligencia.* Este libro se propone ser una Introducción, y durante doce capítulos se atuvo a su propósito. Sin embargo, en los dos últimos se ha desarrollado el tema en forma algo más especulativa, en parte para que el lector practique la aplicación de los métodos anteriores, y en parte para mostrarle lo que tiene delante, pues las perspectivas son extraordinarias.

En la S. 13/18 vimos que la selección puede amplificarse. Ahora bien, "resolver un problema" es, en gran parte, y quizá totalmente, una cuestión de selección apropiada. Tomemos, por ejemplo, cualquier libro popular de "problemas y acertijos". Casi todos pueden reducirse a la forma: dado un conjunto, indicar uno de sus elementos. Así, entre todos los números posibles de manzanas que Juan podría tener en la bolsa, se nos pide que encontremos uno determinado; entre todas las líneas que es posible trazar a través de una configuración de puntos dada, se nos pide que hallemos una; entre todas las distribuciones posibles de letras en un conjunto de espacio dado, se nos pide una distribución determinada. Es muy difícil pensar en un problema, ya sea con propósitos serios o de simple entretenimiento, que no exija, en última instancia, una apropiada selección necesaria y suficiente para su solución.

Es también claro que en muchos de los *tests* usados para medir "inteligencia" los puntos se asignan, fundamentalmente, de acuerdo con la capacidad del sujeto para realizar una selección apropiada. En un *test*, por ejemplo, se muestra al niño un objeto común y se le pregunta el nombre; entre todas las palabras el niño debe seleccionar la correcta. En otro *test* se pregunta al niño como encontraría una pelota en un campo; entre todos los caminos posibles el niño debe seleccionar uno de los pocos convenientes. No es, por lo tanto, imposible que aquello a que nos referimos comúnmente como "poder intelectual" sea equivalente al "poder de selección apropiada". Por cierto, si una Caja negra parlante presentase un elevado poder de selección correcta en tales problemas —de manera que al plantearle interrogantes difíciles, siempre respondiese de modo correcto—, apenas podríamos negar que estamos en presencia del equivalente, *en comportamiento*, a la "inteligencia superior".

Si esto es así, y como sabemos que el poder de selección puede ser amplificado, parece deducirse que el poder intelectual, al igual que el poder físico, también puede ser amplificado. Que no se diga que es imposible, pues los tipos genéticos lo ejercen cada vez que conforman un cerebro que termina por ser algo mejor que lo que el tipo genético podría haber especificado en detalle. Lo que hay de nuevo es que ahora podemos hacerlo sintética, consciente y deliberadamente.

Pero debemos detenernos aquí; estos temas no pueden exponerse en una simple Introducción.

Bibliografía

Ashby, W. Ross: *Design for a Brain,* Chapman & Hall, Londres, 1954, 2ª ed.

— "The Applications of Cybernetics to Psichiatry", en *Journal of Mental Science,* **100**, 114-24, 1954.

— "The Effect of Experience on a Determinate Dynamic System", en *Behavioral Science,* **1**, 35-42, 1956.

Bellman, R.: *Stability Theory of Differential Equations,* McGraw-Hill, Nueva York, 1953.

Bourbaki, N.: *Théorie des ensembles;* fascicule de résultats, A.S.E.I., nº 1141, Hermann & Cie., París, 1951, 2ª ed.

— *Algèbre,* cap. I, A.S.E.I., nº 1144.

— *Topologie génerale,* cap. I, A.S.E.I., nº 1142.

Cannon, Walter B.: *The Wisdom of the Body,* Londres, 1932.

Fisher, Sir R. y Yates, F.: *Statistical Tables,* Oliver & Boyd, Edinburgo, 1943.

Goldman, S.: *Information Theory,* Constable & Co., Londres, 1953.

Granit, R., Leksell, L. y Skoglund, C. R.: "Fibre Interaction in Injured or Compressed Region of Nerve", en *Brain,* **67**, 125-40, 1944.

Lashley, K. S., en *Cerebral Mechanisms in Behavior,* John Wiley & Sons, Nueva York, 1951.

Lewin, K.: *Principles of Topological Psychology,* McGraw-Hill Book Co., Nueva York, 1936.

MacKay, D. M.: "Quantal Aspects of Scientific Information", en *Philosophical Magazine,* **41**, 289, 311, 1950.

Neumann, J. von y Morgenstern, O.: *Theory of Games and Economic Behavior,* Princeton, 1947.

Pavlov, I. P.: *Conditioned Reflexes,* Oxford University Press, 1927.

Riguet, J.: *Fondements de la théorie des relations binaires,* Thèse de París, 1951.

— "Sur les rapports entre les concepts de machine de multipole et de structure algébrique", en *Comptes Rendues de l'Académie des Sciences,* **237**, 425-7, 1953.

Shannon, C. E.: "Communication Theory of Secrecy Sistems", en *Bell System Technical Journal,* **28**, 656-715, 1949.

— "The Synthesis of Two-Terminal Switching Circuits", *Ibidem,* **28**, 59-98, 1949.

— "Computers and Automata", en *Proceedings of the Institute of Radio Engineers,* **41**, 1235-41, 1953.

— y Weaver, W.: *The Mathematical Theory of Communication,* University of Illinois Press, Urbana, 1949.

Sommerhoff, G.: *Analytical Biology,* Oxford University Press, Londres, 1950.

Tinbergen, N.: *The Study of Instinct,* Oxford University Press, Londres, 1951.

Tustin, A.: *The Mechanism of Economic Systems,* Heinemann, Londres, 1953.

Wiener, N.: *Cybernetics,* John Wiley & Sons, Nueva York, 1948.

Respuestas a los ejercicios

2/4. **1:** No. **2:** No. **3:** *A*, sí; *B*, sí; *C*, no; *D*, sí. **4:** Deben ser de la forma $a \rightarrow a$. **5:** Sí; la posición en la cual el jugador ha recibido jaque mate no tiene transformada pues no existe ninguna movida legal que le permita continuar; si la transformación de *C* es cerrada, cada posición que origine puede ser seguida por alguna otra, de manera que su transformación no contiene movidas que den mate.

2/5. **1:** Sí. **2:** No; algunos operandos, por ejemplo 40, terminan en 0 y se transforman en 0, que no existe en el conjunto de operandos.

2/6. **1:** $n' = n + 10$ ($n = 1, 2, 3$). **2:** a, $n' = 7n$ ($n = 1, 2, 3$, sobreentendido para todos); b, $n' = n^2$; c, $n' = 1/n$; d, $n' = 11 - n$; e, $n' = 1$; f, $n' = n$.

3: $\downarrow \begin{matrix} 5 & 6 & 7 \\ 2 & 3 & 4 \end{matrix}$ No. **4:** (I) $\downarrow \begin{matrix} 5 & 6 & 7 \\ 25 & 30 & 35 \end{matrix}$ (II) $\downarrow \begin{matrix} -1 & 0 & 1 \\ 2 & 0 & 2 \end{matrix}$

5: Sí. **6:** Sí.

2/8. **1:** Multiunívoca; tanto 1 como 8 se mudan a 9.

2/9. **1:** El que indica "No registrado", o bien "0000,00", etc.
2: *Maiden over.*

2/10. **1:** La diagonal principal está formada exclusivamente por 1, y el resto son 0. **2:** (I)no-uniforme; (II) biunívoca; (III) uniforme pero no biunívoca. **3:** a, sí; b, no. **4:** Las distribuciones son las mismas, una es el simple reflejo de la otra. **6:** 16. **7:** 4.

2/11. **1:** A^2: $\downarrow \begin{matrix} a & b & c \\ a & a & c \end{matrix}$ **2:** Igual a la transformación. **3:** *A*.

4: $n' = n + 2$ ($n = 1, 2, \ldots$). **5:** $n' = 49n$ ($n = 1, 2, \ldots$).

6: $\downarrow \begin{array}{|ccc} \hline + & 0 & 0 \\ 0 & 0 & 0 \\ 0 & + & + \end{array}$

2/12. **1:** $n'' = 9n$. **2:** $a'' = a + 16$. **3:** $a''' = 343a$. **4:** $k'' = 9k - 4$. **5:** $m'' = \log(\log m)$. **6:** $p'' = p^4$. **7:** (I) $n' = 4n + 9$; (II) $n' = n^4 + 2n^3 + 2n^2 + n$; (III) $n' = 1 + 2\log(1 + 2\log n)$. **8:** $n' = -27n - 7$. **9:** $n' = \dfrac{1+n}{2+n}, \dfrac{2+n}{3+2n}, \dfrac{3+2n}{5+3n}, \dfrac{5+3n}{8+5n}$, etc. **10:** La identidad. **12:** El límite es $(\frac{2}{5}, \frac{1}{5})$.

2/15. **1:** 2, 3, 1. **2:** $g: \downarrow \begin{matrix} 6 & 7 & 8 \\ 8 & 7 & 8 \end{matrix}$ **3:** $h: \downarrow \begin{matrix} \alpha & \beta & \gamma & \delta \\ \gamma & \delta & \beta & \alpha \end{matrix}$ **4:** 17. **5:** 0. **6:** $9n$. **7:** t.

2/16. **1:** $U^2T: \downarrow \begin{matrix} a & b & c & d \\ d & c & b & d \end{matrix}$ **2:** $UTU: \downarrow \begin{matrix} a & b & c & d \\ c & d & c & b \end{matrix}$

3: Son idénticas; esta equivalencia es la principal justificación para escribir la transformación hacia abajo, más bien que de izquierda a derecha. (Ver los Ejs. 9/6/8 y 12/8/4).

2/17. **1:** (I) 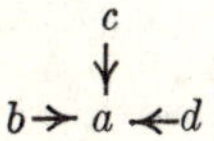 (II) $f \rightleftarrows g$ $p \rightleftarrows q$.

2: No contiene flechas, solamente puntos aislados. **3:** Cada uno está compuesto de puntos aislados y/o anillos simples, sin ramas.

4: 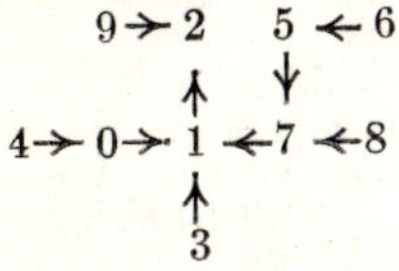 usando log de cuatro cifras.

5: 7, 1, 2, 2. **6:** No. **7:** Sí. **9:** No.

3/1. **1:** Algunas respuestas posibles: (a) huevo pasado por agua → huevo duro; (b) leño → cenizas; (c) cilindro lleno de combustible y aire → cilindro lleno de gases quemados; (d) óvulo unicelular → dos células; (e) nube cúmulus → tormenta con truenos; (f) estro → preñez; (g) precio bajo (con abastecimiento reducido) → precio alto; (h) gato que ve un ratón → gato que caza un ratón; (i) nebulosa cerrada → nebulosa dispersa.

3/4. **1:** $n' = 2n$. **2:** 2, 4, 8, 16, 32, 64 $\times 10^3$. **3:** Gráfico (II): 1000 → 2000 → 4000 → ... **4:** $n' = 0{,}8\, n$. **5:** (I) 800, 640, 510, 410, 330 $\times$ 10; (II) Cero. **6:** Se dirige al estado 3 en el cual permanece; 3 es el único estado en el cual puede detenerse. **7:** Se dirige al ciclo formado por los estados 2 y 8, entre los cuales oscila incesantemente. **8:** Cuatro: dos con un estado de equilibrio y dos con un ciclo. **9:** $n' = 0{,}9\, n + 1.000.000$. **10:** 20, 19, 18,1, 17,3 $\times 10^6$. **11:** 10.000.000. **12:** Si l es su longitud, el *cambio* de longitud en un intervalo es $l' - l$; de manera que $l' - l = 1{,}2$, y la transformación es $l' = l + 1{,}2$. **13:** El *incremento* del número (no el número siguiente) es $n' - n$; de tal modo $n' - n = 10^{-8} n(10^8 - n)$, y la transformación es $n' = n + 10^{-8} n(10^8 - n)$. **14:** 19, 34, 57, 81, 97 $\times 10^6$.

1: $\downarrow \begin{matrix} (ABC) & (BCA) & (CAB) \\ (BCA) & (CAB) & (ABC) \end{matrix}$

2: 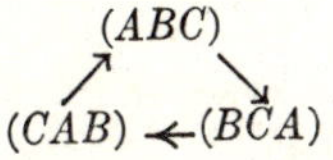

3: (1,—1), (1,1), (—1,1), (—1,—1). **4:** Un ciclo de cuatro elementos.

5: (2, 3, 5), (3, 5, 8), (5, 8, 13).

3/6. **1:** $(\frac{1}{2}, 2)$, $(2, -\frac{1}{2})$, $(-\frac{1}{2}, -2)$, $(-2, \frac{1}{2})$, $(\frac{1}{2}, 2)$, etc. **2:** (1, 2, 0, 2, 2). **3:** (2, 1, 0, 2, 2) $\rightleftarrows$ (1, 2, 0, 2, 2). **4:** Se agregarían más ciclos de dos elementos cada uno, no conectados. **5:** (8,—3,1). **6:** (8,4) se transforma en (6,6), donde el sistema permanece. **7:** Si el operando es (a,b), $a' = \frac{1}{2}a + \frac{1}{2}b$, $b' = \frac{1}{2}a + \frac{1}{2}b$. **8:** (30,34) $\rightarrow$ (28,36) $\rightarrow$ (24, 40) $\rightarrow$ (16,48) $\rightarrow$ (0,64) $\rightarrow$? Lo que sucede después no puede ser decidido hasta definir si se puede o no pedir prestado. **9:** $a' = \frac{1}{2}(3a - b)$, $b' = \frac{1}{2}(3b - a)$. **10:** El que inició el juego con más dinero. **11:** $m' = m - n$, $n' = 2n$. **12:** El vector (m, n). **13:** (150, 10) $\rightarrow$ (140, 20) $\rightarrow \ldots \rightarrow$ (0, 160), luego de lo cual los sucesos algebraicos ya no tienen paralelos zoológicos. **14:** $x = 10, 0, -5, -5, -2\frac{1}{2}, 0, 1\frac{1}{4}, 1\frac{1}{4}, \frac{5}{8}$; no. **15:** Está acentuadamente amortiguado. **16:** Si x representa los salarios e y el costo de la vida, la primera afirmación dice que $x' - x = y - 100$, y la segunda dice que $y' = x$; por lo tanto, la transformación es $x' = x + y - 100$, $y' = x$. **17:** (110, 110) $\rightarrow$ (120,110) $\rightarrow$ (130,120) $\rightarrow \ldots \rightarrow$ (1540,990). **18:** No, el sistema entra en una "espiral viciosa". **19:** (110,110) $\rightarrow$ (110,100) $\rightarrow \ldots \rightarrow$ $(100\frac{5}{16}, 100\frac{5}{16})$. **20:** Cada una converge en 100. **21:** Uno de los sistemas es estable; los otros siguen una inflación autoagravante. **22:** (80,120) $\rightarrow$ (100,80) $\rightarrow$ (90,110) $\rightarrow \ldots \rightarrow$ $(99\frac{3}{8}, 100\frac{5}{8})$. **24:** Sí. **25:** 3.

3/7. **1:** $$\frac{d^3x}{dt^3} - \frac{d^2x}{dt^2} - 2x\frac{dx}{dt} + x^2 = 0$$

2: $dx/dt = y$, $dy/dt = -ax$.

3: $$\frac{dx}{dt} = y, \frac{dy}{dt} = (1 - x^2)\frac{y}{x} - \frac{2}{x(1 + x^2)}.$$

4/1. **1:** Tres. **2:** Sí. **3:** En R_1, $c \rightarrow d \rightarrow b$; luego en R_2, $b \rightarrow a \rightarrow b$, de manera que se encuentra en b. **4:** (I) R_1 y R_2 podrían hacerlo; (II) R_1, R_3 y R_2. **5:** Se convertiría en $x' = 4$, $y' = 4 - y$; nótese que la primera ecuación se torna falsa; el fijar la variable x hace que la máquina se comporte en forma distinta. **6:** En cada columna, los estados deben ser los mismos.

4/2. **1:** (I) $g' = 2g - 2h$, $h' = 2g - 2h$; (II) $g' = g - h$, $h' = 2g$; (III) $g' = 0$, $h' = 2g + 2h$. **2:** (I) $h' = j$, $j' = e^{-h}$; (II) $h' = \log(2 + \operatorname{sen} h)$, $j' = 1 + \operatorname{sen} j$. **3:** (I) 0; (II) 2; (III) alternativamente 1 y 2. (IV) $a = 1$ para 90 pasos y luego $a = 10$. **5:** $PV = 10$; sí, aproximadamente. **6:** $n' = n + a^2$. **7:** Sí; cada salto es $n' - n$, y esto vale $3a$.

4/3. **1:**

$ab = 00$	01	10	11	20	21
$s' = s$	s	0	t	$-s$	$-s+2t$
$t' = t$	$2t$	$t-1$	$2t$	$t-2$	$2t$

2: 3. **3:** $a = 9/8$, $b = 1/8$. **4:** $a = 9/10$, $b = -1/10$. **5:** Cuatro (ab = 0, 1, 2 ó 4).

4/4. **1:** Hacer a y b siempre iguales, es decir, hacer el transductor efectivamente $p' = a(p + q)$, $q' = a(p + q)$.

4/5. **1:** El gráfico debe consistir en una única cadena que pasa a través de todos los estados. **2:** La secuencia (8,4), (6,6).

4/7. **1** y **2:** (omitiendo paréntesis) cuatro cuencas:

$$ai \rightleftarrows bk \qquad \begin{array}{c} dj \rightarrow bi \rightleftarrows ak \\ aj \rightarrow di \rightleftarrows ck \\ \quad\uparrow \\ \quad cj \end{array} \qquad bj \rightarrow ci \rightleftarrows dk$$

3: $ai \rightarrow ck \rightarrow di \rightarrow bk \rightarrow ci \rightarrow dk \rightleftarrows bi$. **4:** Sí. **5:** $n_1 n_2$. **6:** n^3. **7:** Cada parte pasa sucesivamente al estado 0. **8:** El cambio . . .0,0,1,2, 0,0,. . . se presenta sucesivamente en cada una de las partes, algo así como un impulso que recorre un nervio.

4/8. **1:**

$$\begin{array}{ccccccc} & & ce & & & & \\ & & \downarrow & & & & \\ ae & \rightarrow & df & \rightleftarrows & bf & & \\ & & \uparrow & & & & \\ af & \rightarrow & cf & \leftarrow & be & \leftarrow & de \end{array}$$

3: Igualar todos los valores de β en X.

4/9. **1:** p,q; r,s,t,u. **2:** (1,0,1,0,0).

4/11. **1:** Entre seis pares, del tipo AB, hay 6; entre cuatro grupos de tres letras del tipo ABC, tomados en cualquier dirección, hay ocho; tomando las cuatro letras, hay seis ($ABCD$, $ABDC$, $ACBD$, $ACDB$, $ADBC$, $ADCB$). **2:** $x' = y + z^2$, $y' = 2z$, $z' = x - z$. **3:** Sí; la otra transformación es $x' = y + z$, $y' = 2z$, $z' = x - 1$. **4:** Sí.

4/12. **1:** (para simplificar se omiten los recuadros): (I) $y \rightarrow x$; y domina a x. (II) $\begin{array}{ccc} & y & \\ \swarrow & & \nwarrow \\ x & \rightarrow & z \end{array}$ un sistema con realimentación;

(III) $u \rightleftarrows x$, $v \rightleftarrows y$; el "todo" consiste, en realidad, en dos partes no conectadas; (IV) $u \rightarrow x \rightarrow y \rightarrow z$; una cadena de acción;

(V) $\begin{array}{ll} & u \\ & \nearrow \\ y & \rightarrow x \\ & \searrow \\ & z \end{array}$; y domina a todas las demás;

(VI) $\begin{array}{ll} u & \\ \searrow & \\ x \rightarrow & z \\ \nearrow & \\ y & \end{array}$; z está dominada por las otras tres.

2: Cuando y es cero.

4/13. **1:** z domina a x; y es independiente de ambas.

4/14. **1:** (III) solamente.

4/15. **1:** Si las variables son: C, Canto; R, Risa; X, tocar el órgano; Y, quemar incienso, y cada una toma los valores 0 ó 1 según estén inactivas o activas respectivamente, se comprueba rápidamente que la máquina con entrada es

↓		(C,R) 00	01	10	11
	00	01	01	10	10
(X,Y)	01	00	00	11	11
	10	11	01	00	10
	11	10	00	01	11

Una forma de llegar a (0,0) es: Deje de quemar incienso durante un minuto; a continuación, no queme incienso y toque el órgano; finalmente, queme incienso de nuevo; en lo sucesivo, queme incienso permanentemente y nunca toque el órgano. **2:** Sí, pues las transiciones de R son afectadas por los valores de C. **3:** No. **4:** $X \rightarrow C \rightleftarrows R \leftarrow Y$.

4/19. **1:** Un método posible es arrojar un dado; el primer número que se obtenga es la transformada de S_1, y así sucesivamente. **2:** Un método posible es numerar seis tarjetas del 1 al 6, barajarlas, disponerlas en fila y llenar los estados en el mismo orden. **5:** Ver la S. 4/20.

4/20. **1:** Sí, no, no.

5/3. **2:** No. **3:** El único es (0,0). **4:** Todos los puntos del eje y son de equilibrio. **5:** $j = 0$, $k = -1$. **6:** Sí. **7:** No. **8:** Cada flecha vuelve a su estado de origen, de modo que el punto representativo está inmóvil. **9:** Identidad. **10:** Sí. **11:** Sí.

5/4. **1:** Tal como $\downarrow \begin{matrix} a & b & c & d & e & f & g \\ b & a & d & c & e & f & g \end{matrix}$ **3:** No. **4:** No. **5:** No.

6: Cada trayectoria es un ciclo. **7:** No.

5/5. **1:** $b + c + g$ solamente. **2:** Sí. **3:** Sí. **4:** Sí.

5/6. **1:** Sí; la secuencia $D(c)$, $TD(c)$, $T^2D(c)$, $T^3D(c)$,... es $d, a, c, c, \ldots$ **2:** No; el límite no es e. **3:** El sistema llevado fuera del conjunto vuelve siempre a él.

5/7. **1:** Un conjunto posible de transformaciones es:

↓	a	b	c	d
T	a	b	a	b
D	c	c	.	.
E	b	d	.	.

5/9. **1:** $a = (100{,}100)$; D lo convierte en $(110{,}110)$, es decir, $\delta_1 = 10$, $\delta_2 = 10$; T es dado; no es estable. **2:** a y D son como antes, pero T cambia, y el sistema es estable. **3:** Usualmente el límite es un estado distinto de a; no es estable ante tal D. **4:** Sí; las desviaciones tienden a cero, que es un estado de equilibrio. **5:** No; las desviaciones aumentan hasta cierto grado, limitado sólo por factores extraños, tal como la forma de los acoplamientos. **6:** Para que las desviaciones disminuyan, en vez de aumentar. **7:** Es autoagravante; una preocupación constante para los directores de ruta. **8:** Cualquier desplazamiento del estado de equilibrio aumentaría hasta que interviniera otro factor. **9:** Sí; para todos los desplazamientos D; si D desplaza el estado a (δ_1, δ_2), los sucesivos valores de x son $\delta_1, \frac{1}{2}\delta_2, \frac{1}{4}\delta_1, \frac{1}{8}\delta_2 \ldots$, que evidentemente convergen en cero; lo mismo vale para y.

5/13. **1:** No, porque y debería estar en equilibrio en 0, para algún valor de β; β debería satisfacer entonces $0 = 2\beta 0 + 3$, que es imposible.

6/3. **1:** Ver la *S.* 6/5.

6/5. **1:** $\begin{array}{l} g \searrow \\ \quad\; j \rightarrow f. \\ h \nearrow \end{array}$ **2:** $j \rightarrow f \rightarrow h$ (el protocolo no evidencia transiciones de g con entrada β). **3:** No; la transición de C no es uniforme. **4:** Sí; en la medida evidenciada.

5:

(x,y)	$\downarrow$ 00	01	02	10	11	12	20	21	22
(x',y')	01	00	11	11	00	21	11	20	11

6: Para cada valor de entrada deben observarse n transiciones, a través de, por lo menos, n pasos; el conjunto total de transformaciones, por lo tanto, no puede ser observado en menos de mn pasos. **7:** Seleccionar dos valores cualesquiera de x y α, y encontrar los siguientes valores de x'. Así "$\alpha = 1$, $x = 4$, y $x' = 4$" demuestra que la Caja está en I. Un ensayo más simple es fijar $\alpha = 0$ y ver si el valor de x crece o decrece.

6/7. **1:** y domina a x.

6/9. **1:** $\downarrow \begin{matrix} a & b & c & d & e \\ t & p & r & q & s \end{matrix}$ **2:** Seis.

3: Son necesarias dos variables: la lectura en la escala (v) y su régimen de cambio $(\dot{v})$; $dv/dt = \dot{v}$; $d\dot{v}/dt = k(u - v) - f\dot{v}$, donde k representa la resistencia del resorte y el momento de inercia de la masa, y f es el coeficiente de frotamiento; (II) $dy/dt = \dot{y}$, $d\dot{y}/dt = -R\dot{y}/L - y/CL + x$. Para ser isomorfas en el sentido estricto definido anteriormente, debe ser $f = R/L$, y $k = 1/CL$. Si esto sucede, puede mostrarse el isomorfismo mediante la transformación biunívoca

$$\downarrow \begin{matrix} y & \dot{y} & x \\ v & \dot{v} & ku \end{matrix}$$

4: $\downarrow \begin{matrix} u & v & w \\ z & x & y \end{matrix}$

6/10. **1:** Son idénticos: $p \rightleftarrows q \rightarrow r$. **2:** II y IV pueden cambiar; I, III y V no. **3:** Ninguna cambia.

6/11. **1:** Piense que x es el precio de la manteca e y el del azúcar; su diferencia hoy es $x - y$; la *diferencia* de mañana es $(x - y)'$, y esto es lo mismo que $x' - y'$, el precio de la manteca mañana menos el precio del azúcar mañana.

6/12. **1:** Lo es si se considera que la transformación biunívoca es simplemente un caso extremo de la multiunívoca.

6/13. **1:** Par + Par = Par; $P + I = I$; $I + P = I$; $I + I = P$. **2:** (Indiquemos mediante "$x + y$", la "fusión de x e y"). Los sistemas son: (I) $a + b$; (II) $c + d$; (III) $a + b$ y $c + d$; (IV) $b + c + d$; (V) $a + b + c + d$; (VI) (*exofficio*) el sistema original sin variables fusionadas. **3:** Los estados (x,y) y $(-x,y)$ pueden ser fusionados, pues el cambio del signo de x no altera el próximo estado (x',y'); por lo tanto, decir que el presente estado es $(\pm 4, -2)$ sin especificar el signo de x alcanza para mostrar que el estado siguiente puede ser sólo $(+2, +14)$.

6/16. **1:** No podría distinguirse el sistema del modelo. **2:** El peñón persiste y el cerebro también; ambos son isomorfos en el nivel más bajo. **3:** (I) $a,b + c + d$ es isomorfo de $p,q + r$; (II) $a + b + c + d$ es isomorfo de $p + q + r$.

7/6. **1:** $26 \times 26 \times 26$, que es 17.576. **2:** 16. **3:** 11. **4:** $2 \times 2 \times 2 \ldots$, 10 veces, es decir, 1024. **5:** 5^x no debe ser menor que 2×10^9, de manera que tomando logaritmos en una base conveniente (por ejemplo 10):

$$\begin{aligned} x \log 5 &\geqq \log 2 + 9 \log 10 \\ \therefore x &\geqq (\log 2 + 9 \log 10)/\log 5 \\ &\geqq 13{,}3. \end{aligned}$$

Por lo tanto, son necesarios 14 ensayos de este tipo como mínimo. **6:** (I) 27; (II) 21. **7:** 27. **8:** $3^3 = 27$ y $3^4 = 81$; por lo tanto, para seleccionar uno entre 52, son necesarias *cuatro* indicaciones. **9:** Ninguna; el grupo del padre debe ser necesariamente O.

7/7. **1:** 1 bit. **2:** (I) 2,32 bits; (II) 30,9 bits. **3:** 4,7 bits. **4:** $5 \times 4{,}7 = 23{,}5$ bits. **5:** (I) 1 bit; (II) 20 bits. **6:** 2^{20}, es decir, 1.048.576. **7:** El reemplazo de cada signo de interrogación tiene una variedad $\log_2 6$ bits, de modo que el conjunto tiene una variedad de $6 \log_2 6$ bits, es decir, 15,5 bits. **8:** $n \log_2 n$ bits. **9:** 12.000 bits. **10:** Una página de 5.000 palabras transmite 50.000 bits; más que el disco. **11:** Si se mantiene constante todo lo demás, la variedad debe permanecer constante. **12:** A la de "todos los posibles artículos impresos en inglés cuya lectura lleva 10 minutos". La variedad no es la del artículo, sino la del conjunto. **13:** Sí puede, por cierto; lo único que hace falta es que sea *distinto* de las otras posibilidades.

7/12. **1:** No, porque todas las combinaciones posibles de estados pre y postmatrimoniales están incluidas. **2:** Sí, pues hay cuatro posibilidades perdidas.

7/13. **1:** Tres, en la medida en que las cantidades mencionadas están implicadas. **2:** Sí, si las manecillas están cuidadosamente montadas; así, el hecho de que la manecilla horaria se encuentre a mitad de camino entre dos números indica que el minutero está en la "media hora". **3:** Uno, pues la posición del minutero está fijada por la posición de la manecilla horaria. **4:** El camaleón tiene cuatro; el hombre tiene un poco más de dos, pues puede mover los ojos con ligera independencia. **5:** Dos. **6:** Uno, pues su variedad no puede exceder la de *a*; cualquiera fuera el número de componentes que el vector tuviese, seguiría siendo 1. **7:** Antes de dar el gráfico, *y* podría tener cualquier valor a lo largo de su escala para cada valor de *x*; una vez dado el gráfico, sin embargo, cada valor de *x* determina un solo valor de *y*. **8:** Seis.

7/15. **1:** La ley postula que entre todos los posibles números racionales (infinitos en número), las proporciones de combinación siempre se encuentran en un pequeño conjunto (en número quizá de unas pocas docenas). **2:** De todas las posibles trayectorias geométricas, de todos los posibles cambios termodinámicos, etc., permite sólo unos pocos.

7/19. **1:** De las transiciones (v.g.) $a \to a$, $a \to b$, $a \to c$, etc., se excluyen todas menos una, pues la transición de *a* debe ser uniforme; lo mismo vale para *b*, etc.,

7/20. **1:** 8. **2:** 17. **3:** 12. **4:** (I) 1.048.576; (II) 21.892.

7/22. **2:** Los parásitos; evidentemente algunos huéspedes alimentan más de una especie de parásito. **3:** *V* es multiunívoca y provoca una disminución. **4:** Como falto de discriminación. **5:** (I) 6 estados; (II) 2 estados. "Que el baño está descompuesto". **6:** La probabilidad de que un estado particular S_i sea la transformada de otro estado particular S_j es $1/n$. La probabilidad de que S_i no sea la transformada de S_j es $1—1/n$. La probabilidad de que S_i no sea la transformada de S_k es también $1—1/n$. Por lo tanto, la probabilidad de que S_i no sea la transformada de ningún estado es $(1—1/n)^n$. Esto da la *fracción* de todos los operandos que desaparecen luego de la transformación. A medida que n tiende a infinito, la fracción tiende a $1/e$. La fracción que queda para dar variedad es entonces $1—1/e$.

7/24. **1:** 3 estados = 1,58 bits. **2:** En otros 1,58 bits. **3:** "*a* y *b*" se convierten sucesivamente en $5a$, $5a + 7$, $10a + 14$, $10a + b + 14$. Restando 14, queda $10a + b$. Por lo tanto, las cien combinaciones de *a* y *b* (admitiendo 0 y 0) se transforman biunívocamente, luego de restar 14, en los cien números del 0 al 99. La variedad es 100 estados, ó 6,64 bits. **4:** Todas las combinaciones de dos números que pueden sugerirse. **5:** Cero. **6:** 2 estados, 1 bit. Ya sea varios circuitos o un circuito en diversos instantes. **7:** No; todas pueden estar recorriendo el mismo ciclo. Hay que distinguir entre (I) igualdad de estados entre máquinas en un instante dado y (II) igualdad de estados de una máquina en diversos instantes.

8/3. **1:** No más del perdido en un corte.

8/4. **1:** Sí; "obtener el antilog". **2:** No; muchos valores de x dan el mismo valor de x'. **3:** La transformación idéntica. **4:** $n' = n - 7$. **5:** $x' = x - y$, $y' = -x + 2y$. **6:** 3 $\log_2 26$ bits, es decir 14,1 bits.. **7:** $26^3 = 17576$. **8:** $\log_2 8 + \log_2 7$, es decir 5,8 bits. **9:** En absoluto; la variedad sería de 5,7 bits, que es insuficiente ($\log_2 52 < \log_2 56$). **10:** 1 bit. Los mensajes son "corteja" o "no corteja", sólo dos. Las complicaciones de la molécula y del cortejo no inciden aquí para nada.

8/5. **1:** $A\ A\ C\ B\ D\ D\ B\ C\ B\ C\ C\ B$. **2:** $a\ c\ d\ b\ d\ c\ d$. **3:** $b\ d\ c\ d\ b\ a\ d$. **4:** Sí. **5:** 10,8,7,10,11,9,8. **6:** 10,8,4,3, —1, —1,3,0,1,1, —1..., **7:** x = 2,1,2, —11, 11, —2, 16,... e y = 1,4, —11,13, —24, —13, —93,... **8:** $x = \exp(-4t - \text{sen}\, t)$. **9:** $x = \frac{1}{2}(e^{-t} + te^{-t} - \cos t)$. **10:** x persigue a a, y lo sigue cada vez más cerca.

8/6. **1:** No; en la tabla de transformaciones debe haber 108 filas, y por lo tanto cada columna contiene 108 elementos; como sólo hay 100 disponibles, debe haber repeticiones. **2:** (I) 7; (II) 5^{12}. **3:** Al agregarle algún dispositivo tal como un velocímetro o un tachómetro, que emita un número proporcional a la derivada con respecto al tiempo. **4:** No, pues si la salida es estable en cero (como sucedería si parte de cero), los valores de a no pueden ser deducidos de las transiciones de x, que son $0 \rightarrow 0$ para todo a.

8/7. **1:** Porque no mantiene todas las distinciones; es imposible construir con él un retroversor perfecto.

2:

(b,B)	R	R	R
(b,C)	S	S	S
(b,D)	(no ocurrirá)		
(c,A)	S	S	S
(c,B)	R	R	R
(c,C)	(no ocurrirá)		
(c,D)	Q	Q	Q
(d,A)	(no ocurrirá)		
(d,B)	Q	Q	Q
(d,C)	R	R	R
(d,D)	S	S	S

3: Debe tener el diagrama de efectos inmediatos $u \rightarrow x \rightarrow y$, emitiendo y los valores u un paso más tarde. x puede ser de la forma

$\downarrow$	x_1	x_2	x_3 ...
u_1	x_1	x_1	x_1
u_2	x_2	x_2	x_2
u_3	x_3	x_3	x_3
...	etc.		

Si y tiene la forma

$\downarrow$	U_1	U_2	U_3 ...
x_1	U_1	U_1	U_1
x_2	U_2	U_2	U_2
x_2	U_3	U_3	U_3
...	etc.		

emite letras mayúsculas que corresponden a los valores originales de u.

Si $(x+y)$ es considerado una máquina de estados (x,y) las transformaciones deben ser

$\downarrow$	(x_1,U_1)	(x_1,U_2)	(x_1,U_3)	...	(x_2,U_1)	(x_2,U_2)	(x_2,U_3) ...
u_1	(x_1,U_1)	(x_1,U_1)	x_1U_1	...	x_1U_2	x_1U_2	x_1U_2
u_2	(x_2U_1)	x_2U_1	x_2U_1	...	x_2U_2	x_2U_2	x_2U_2
u_2	(x_3U_1)	x_3U_1	x_3U_1	...	x_3U_2	x_3U_2	x_3U_2
...	etc.			...	etc.		

En general, u_1 lleva (x_j,U_k) a (x_i,U_j), que en el siguiente paso va a $(—,U_i)$, repitiendo así el u_i original.

8/8. **1:** $p' = n$, $m' = c/d$; se unen haciendo $d = n$, $c = p$. **2:** $p' = n$, $m' = \frac{1}{2}(d—c) + 2$; se unen haciendo $d = n$, $c = p$. **3:** $p_1' = x$, $p_2' = y$, $m_1' = (c_1 + c_2)/2d_1$, $m_2' = (c_2—c_1)/2d_2$; se unen haciendo $d_1 = x$, $d_2 = y$, $c_1 = p_1$, $c_2 = p_2$. **4:** La ecuación no puede resolverse para a y b separadamente; o a y b afectan la ecuación sólo en la combinación $a + b$, o bien sus distintos efectos no pueden distinguirse en la salida, y no pueden ser rastreados; todos éstos son distintos modos de expresar la misma idea. Téngase en cuenta que la imposibilidad no se debe a la falta de dispositivos convenientes, sino al hecho de que la salida no *define* la entrada; simplemente, la información necesaria no se encuentra allí. **5:** El inversor requiere velocímetros que den $\dot{x}_1$ y $\dot{x}_2$ como salidas. Entonces, cualquier máquina que forme la función

$$a_1 = \frac{\dot{x}_1 x_2 — \dot{x}_2 — x_1}{x_1(x^2_2 — 1)} \quad \text{y} \quad a_2 = \frac{—\dot{x}_1 + \dot{x}_2 x_2 + x_1 x_2}{x^2_2 — 1}$$

emite la entrada original. Si se quiere una verdadera transformación (representando las funciones de $\dot{x}_1$, etc. anteriores mediante A_1 y A_2), las transformaciones $a'_1 = k(A_1 — a_1)$, $a_2' = k(A_2 — a_2)$ proporcionan el comportamiento requerido tan aproximadamente como se desee si se hace k positivo y suficientemente grande (Ejercicio 8/5/10). **6:** —2 no tiene particular relación con (7,3) mientras que 4 sí la tiene, como lo muestra la construcción de la tabla.

8/11. **1:** t tiene 3 estados; u tiene 2. **2:** t tiene 3 estados; u no puede tener más de 6, y en realidad tiene sólo 5. **3:** T tiene 2 estados; también los tiene U. **4:** 3 estados, que son (0,0,0,0), (0,0,1,0), y (0,1,0,1).

8/13. **1:** 1 bit por paso, pues r tiene sólo 2 estados. **2:** Los números de estados distintos ocupados sucesivamente son: Q: 9,4,3,3,3; R: 1,2,2,2,2; S: 1,1,2,3,5. **3:** Porque el salto de 1 a 4 implica una ganancia de variedad de 3, mientras que R puede suministrar sólo 2 a lo sumo.

8/14. **2:** El número de pesadas no puede, por ningún método, ser menor de tres, pues la variedad a transmitirse es $\log_2 27$ bits, y el transmisor conduce sólo $\log_2 3$ bits por paso.

8/15. **1:** Cuatro; la variedad en A es la que más lleva. **2:** Cuatro pasos (la respuesta *debe* ser la misma que para el Ej. 1, pues ambos preguntan en realidad lo mismo). **3:** Tres; la de y es la que más lleva. **4:** Dos pasos.

8/17. **1:** A estaba en (3,2) (Sugestión: A'' estaba en (—1,0) y B'' estaba en (1,0). **2:** Sí; la salida permite deducir la sucesión de vectores-entrada, de la cual la sucesión de primeras componentes es el mensaje-α. **3:** No; los movimientos de Y son simplemente los de A, con la mitad de la amplitud. **4:** Si las letras a, b, etc. indican los movimientos de A, B, etc. a la izquierda y derecha de ceros convenientes, en una escala común, se comprueba que $l = \frac{1}{2}(a-b)$, $n = \frac{1}{2}(a+b)$, $y = \frac{1}{2}(l+n)$, y $z = \frac{1}{2}(-l+n)$, en las cuales se pueden eliminar fácilmente l y n. "Decodificar" significa simplemente resolver estas ecuaciones simultáneas despejando las incógnitas a y b, en función de los términos conocidos y y z.

9/2. **1:** La transformación así obtenida es determinada; la forma en que se obtiene no tiene nada que ver. **2:** Dado que cada estado debe ir a *algún* otro estado, los números en cada columna deben sumar 1. **3:** No. **4:** 2^{10}, es decir, 1024. **5:** En las estocásticas, más de una flecha podrá salir de cada punto.

9/4. **1:** Las verdaderas frecuencias de transición son

↓	A	B
A	6	17
B	17	10

Como las probabilidades de cada columna deben sumar 1, la primera columna debe dividirse por 23, y la segunda por 27. Las probabilidades calculadas son, entonces:

↓	A	B
A	0,26	0,63
B	0,74	0,37

4:

↓	A	B
A	0,2	0,5
B	0,8	0,5

(Este sistema se utilizó para generar la trayectoria del Ej. 1).

9/5. **1:** Una vez llegado a un guijarro, se quedará allí. **2:** B debe ser el papel (donde se queda para siempre) y D el horno (donde nunca se detiene). **3:** De protocolo a matriz; el protocolo da una única matriz, pero la matriz da un conjunto de protocolos. En otra forma: si se pierde la matriz, ésta puede recuperarse a partir del protocolo; pero si se pierde el protocolo no es posible recuperarlo a partir de la matriz.

9/6. **1:** (100,0,0), (25,75,0), (62,19,19), (32,61,7), etc., redondeando al entero más próximo. **3:** La cara 3 tiende a salir; la cara 4 tiende a no salir; por lo tanto, $x = 4$. **4:** Prescindiendo de las B, consideremos 100 moléculas A; cada una tiene dos estados posibles, disociada o no, y en cada intervalo las probabilidades de permanecer en su estados o cambiar son:

↓	Disociadas	No disociadas
Disociadas	0,999	0,01
No disociadas	0,001	0,99

5: Si x e y son respectivamente los números de moléculas disociadas y no disociadas, se tendrá en equilibrio:

$$x = 0{,}999\,x + 0{,}01y.$$
$$100 = x + y$$

Por lo tanto $x = 90\frac{10}{11}$. **7:** 3; si hay n insectos, el número de grupos distintos es $\frac{1}{2}(n+2)(n+1)$.

9/7. **1:**

↓	C	D
Luego C	0	5
de C: D	11	6

↓	C	D
Luego C	11	7
de D: D	0	5

Por lo tanto, las transiciones de C están acentuadamente afectadas por lo que le precede.

9/10. **1:** $t_i' = \frac{x}{i}t_i$. **2:** No. **3:** Sí

9/11. **1:** Las probabilidades son (de acuerdo con la evidencia) 0,175 y 0,825; la entropía, por lo tanto, es 0,67 bits. **2:** Las probabilidades son $\frac{1}{52}$, $\frac{1}{4}$, $\frac{19}{26}$; por lo tanto, la entropía es 0,94 bits. **3:** 2,6 bits. **4:** 5,2 bits. **5:** 2,6 $\times$ n bits. **6:** 0.

9/12. **2:** Siempre desciende por debajo de 1 bit.

9/13. **1:** El equilibrio terminal se realiza con todas en B, y cualquier sucesión debe terminar, por lo tanto, $\ldots B\,B\,B\,B \ldots$ Como esto no tiene variedad, la entropía debe ser cero. **2:** La entropía se calcula cuando el todo está en equilibrio terminal, y este caso no permite la suposición "cuando está en A".

9/16. **1:** Sí, pues 62 es menos que 3^{14}; 3^4 es 81, de manera que bastan cuatro azúcares convenientemente elegidos. **2:** Todos sus números son iguales. Ejemplo: la matriz al final de la S. 9/10.

9/17. **2:** Si las suposiciones son correctas, debe tener por lo menos 2000 bits por minuto. **3:** Cada dedo tiene una variedad de $\log_2 3$ en $\frac{1}{300}$ de minuto, y 300 $\log_2 3$ en 1 minuto; por lo tanto, los 10 dedos, por ser independientes, tendrán 3000 $\log_2 3$ bits en 1 minuto; el límite, por lo tanto, es 4800 bits/min. **4:** 5540 símbolos/hora.

9/18. **1:** b puede seguir a a o a b, pero no a d; Xb, por lo tanto, debe ser ab; en forma similar, Xc debe ser ac, y XX debe ser dX.

9/19. **1:** (I) $\downarrow\begin{matrix} A & B & C \\ 4 & 9 & 7 \end{matrix}$ (II) $\downarrow\begin{matrix} A & B & C \\ 2 & 1 & 5 \end{matrix}$

2: Sólo si las combinaciones de α y β están restringidas a 3 de las 4 posibles.

9/20. **1:** Una distorsión, pues la segunda retroversión restaura el original sin pérdida. **2:** Una distorsión si cada tensión provoca una frecuencia distinta. **3:** Una alteración, pues varias tensiones producen la misma (cero) respuesta.

9/21. **1:** H_1 es $\log_2 9$. H_2 se encuentra a partir de:

Símbolo recibido:	1	2	3	4	5	6	7	8	9
Probabilidad:	$\frac{1}{9}$	$\frac{2}{9}$	$\frac{1}{9}$	$\frac{1}{9}$	$\frac{1}{9}$	$\frac{1}{9}$	$\frac{1}{9}$	0	$\frac{1}{9}$

y es 2,948; la equivocación, por lo tanto, es 0,222 bits por símbolo. **2:** Equivocación = 0; sí, los nuevos mensajes se transmiten sin ambigüedad. **4:** 0,00299. **5:** La tabla de acontecimientos y probabilidades es:

Célula verdadera:	*L*	*L*	*M*	*M*
Diagnóstico:	*L*	*M*	*L*	*M*
Probabilidad:	0,9405	0,0095	0,00025	0,04975

(Las probabilidades se encuentran más simplemente agrupando primero las 20.000 células en 19.000 y 1.000, clasificando éstas en bien y mal diagnosticadas y dividiendo por fin por 20.000.) H_1 = 0,365 bits/célula; H_2 = 0,324 bits/célula. La equivocación es, por lo tanto, de 0,041 bits/célula.

10/4. **1:** Al gato que actúa sobre un ratón muerto, o que quizá juega con él. **2:** Si tal cosa fuera posible, equivaldría a que le hiciera algo para resucitar al ratón. **3:** G es **letal** para R si ninguno de los $G(R_1), \ldots, G(R_k)$, está en $R_1, \ldots, R_k$.

10/5. **1:** (I) Temperatura y humedad; (II) el oxígeno en la sangre del escalador, y todo depende de eso; (III) las direcciones de los rayos de luz que atraviesan el parabrisas; (IV) la iluminación de los objetos que de otra manera serían invisibles luego de la puesta del sol; (V) la temperatura de los alimentos y en consecuencia su grado de contaminación bacteriana; (VI) la intensidad de iluminación en las hojas de la planta; (VII) la intensidad de iluminación en la retina; (VIII) la presión (intensidades altas) en la planta del pie; (IX) la presión de contacto, que se mantiene en cero; (X) la distancia entre proyectil y blanco, que se mantiene en cero o en la mínima.

11/3. **1:** $\downarrow\begin{matrix} 1 & 2 & 3 \\ \gamma & \beta & \alpha \end{matrix}$ **2:** Siendo D dado, R debe tomar el valor que satisfaga $37 = R - 2D$, o sea $R = 37 + 2D$. **3:** La diagonal principal (S. 2/10) tiene el resultado "patinazo corregido"; las otras dos celdas, el resultado "patinazo aumentado". **4:** Cero; serán todos c, cualquiera sea la variedad en la selección de D. **5:** Sí.

11/4. **1:** Sí. **2:**

↓	1	2	3	4	5
	β	β o δ	α	α	α o δ

3: R juega siempre γ, sin relación con la jugada de D. **4:** Sí, y debería usar la transformación:

↓	Sr. A	Sra. B	Sr. C
	Jerez	Gin	Jerez

11/11. **1:** Sí; D tiene una variedad de 10 bits/seg, y el nervio óptico puede transmitir 200 veces esta cantidad. **2:** La capacidad disponible para la regulación es de 0,63 bits/seg por telégrafo y 5,64 mediante la rueda. Evidentemente, D no emite por lo general más de 6,3 bits/seg. **3:** No; es muy insuficiente. D provee 10^7 bits por día, y la variedad transmitida al general es a lo sumo la diecisieteava parte de esto. **4:** No; puede emitir a lo sumo $3{,}6 \times 10^5$ bits por día.

11/14. **1:**

↓	1	2	3
a	β	α	γ
b	α	γ	β
c	γ	β	α

2: D está a punto de transmitir a E 2 bits/seg. Para reducir esto, el canal $D \rightarrow R$ debe transmitir a un régimen no menor. **3:** $C \rightarrow E$ debe transmitir 20 bits/seg, por lo tanto $C \rightarrow R$ debe transmitir por lo menos esa cantidad. **4:** $R \rightarrow T$ debe llevar 2 bits/seg para neutralizar D (del Ej. 2) y 20 bits/seg desde C; como ambos son independientes (los valores de D y C no están correlacionados), la capacidad debe ser por lo menos 22 bits/seg

12/8. **1:**

↓	L	R
L	0	0,99
R	1	0,01

2: Los sistemas son casi isomorfos; β sin embargo salta ocasionalmente desde A directamente a D o se detiene en C, durante 1 paso. **3:** Las probabilidades sucesivas de a en cada paso son: 0, $\frac{3}{4}$, $\frac{7}{16}$ y $\frac{25}{32}$; las probabilidades de b son el resto. **4:** La respuesta puede hallarse premultiplicando el vector columna $\begin{bmatrix} 0 \\ 1 \end{bmatrix}$ por la matriz producto prq; comparar con los Ej. 2/16/3 y 12/8/4. **5:** El nuevo sistema debe tener estados acoplados, *v. g.* (b,e), de modo que tenga seis estados. Determinemos ahora las probabilidades de transición. Por ejemplo, ¿cuánto vale la probabilidad para la transición $(b,e) \rightarrow (a,f)$? Para que esto ocurra, b debe pasar a a, y debe hacerlo mientras la otra componente está en e, es decir, β. Con entrada β la probabilidad de $b \rightarrow a$ es 0,9. En forma similar, para b (es decir, δ) la probabilidad de $e \rightarrow f$ es 0,3; la probabilidad de toda la transición (para la cual deben ocurrir ambos acontecimientos independientes) es 0,27. Las otras probabilidades pueden encontrarse en forma análoga, y la matriz resulta (omitiendo los paréntesis por razones de brevedad):

↓	*ae*	*be*	*ce*	*af*	*bf*	*cf*
ae	0,06	0,63	0,25	0,14	0,15	0,12
be	0,12	0,07	0,25	·	0,35	0,08
ce	0,02	·	·	0,56	·	0,20
af	0,24	0,27	0,25	0,06	0,15	0,18
bf	0,48	0,03	0,25	·	0,35	0,12
cf	0,08	·	·	0,24	·	0,30

6: Sí.

12/10. **1:** Una matriz posible es:

↓	1	2	3	4	5	6	7	8	*G*
1	.	$\frac{1}{3}$	.	.	.	.	.	.	.
2	1	.	$\frac{1}{2}$	.	.	.	.	.	.
3	.	$\frac{1}{3}$	.	.	.	$\frac{1}{2}$	.	.	.
4	.	.	.	.	.	.	1	.	.
5	.	$\frac{1}{3}$	.	1	.	.	.	.	.
6	.	.	$\frac{1}{2}$	.	.	.	.	.	.
7	.	.	.	.	.	.	.	.	.
8	.	.	.	.	1	.	.	.	.
G	.	.	.	.	.	$\frac{1}{2}$	.	1	1

12/11. **1:** *G* solamente. **2:** "Cuando está en *a* o en *b* parece no saber dónde se halla y vaga al azar; *c* es el único compartimiento accesible desde *a* o *b*; al llegar a *c* parece reconocer dónde se halla, pues sin vacilación se dirige hacia *f* a través de *d* y *e*; allí se detiene; quizás es en *f* donde siempre encuentra alimento".

12/12. **1:** (I) Sí. (II)

↓	*V*	*M*
V	—	$\frac{1}{2}$
M	—	$\frac{1}{2}$

No hay transiciones luego de *V*.

2: Sí. ¡Para *mis* variables esenciales!

12/14. **1:** γ será la identidad; β no debe tener 1 en su diagonal principal.

12/17. **1:** (I) 26; (II) 52 (ver *Design for a Brain*, S. 23/2; aquí $p = \frac{1}{52}$).

12/21. **1:** 2; la posición de *G* queda completamente determinada por *P*, que tiene una; el ángulo de rotación de *J* da el segundo. **2:** Un camino sería mover *V* a mitad de distancia entre *L* y *K*. **3:** Un modo sería cambiar la dirección del tubo de aire en forma de que llegue a *V* dirigiéndose hacia abajo en vez de hacerlo hacia arriba.

13/15. **1:** 3 $\log_2 7$, es decir 8,42 bits. **2:** 3 $\log_2 91$, es decir 19,52 bits. **3:** 3,3 bits es el mínimo, pues sólo 10 combinaciones son *distintas*. **4:** 1 bit; el número de estados y otros detalles nada aclaran en este caso. Que la respuesta *debe* ser 1 bit se ve fácilmente si imaginamos que éstas son las dos únicas máquinas posibles (como se plantea), y que el proyectista debe enviar sus instrucciones por telégrafo;

se advierte que no tiene que pagar mucho, pues una simple distinción de 1 bit es suficiente para el receptor. **5:** (I) 49.800 bits; (II) 1,6 bits. No puede esperarse acuerdo, pues los valores no se refieren a una estampilla, sino a dos conjuntos distintos de posibilidades. **6:** $n \log_2 n$ bits. **7:** $in \log_2 n$ bits.

13/17. **1:** Se quitan 19. **2:** Se quitan 26. **3:** 4,75 bits disminuyen a 3,00, de manera que se quita 1,75 bits. **4:** Como tanto a_1 como a_2 pueden pasar a una cualquiera de $n-1$ formas, el nuevo número de transformaciones es

$$(n-1)(n-1)\ldots(n-1) \quad (n \text{ términos}),$$

es decir $(n-1)^n$. Logarítmicamente, la variedad era $n \log_2 n$, mientras que ahora es $n \log_2(n-1)$, de modo que la variedad quitada resulta

$$n \log_2 n - n \log_2(n-1).$$

5: 1,4 bits; más exactamente es $(1 + \frac{1}{2n} + \ldots)\log_2 e$. **6:** La inspección del k-ésimo naipe del mazo de n, da información, o tiene entropía

$$-\frac{1}{n-k+1} \log \frac{1}{n-k+1} - \frac{n-k}{n-k+1} \log \frac{n-k}{n-k+1}$$

si debemos extraer el naipe. (En caso de haber tenido éxito con anterioridad, la entropía sería 0.) Estos dos acontecimientos (y sus entropías) tienen probabilidades $(n-k+1)/n$, y $(k-1)/n$. La entropía con peso es entonces

$$-\frac{1}{n}\left(\log \frac{1}{n-k+1} + (n-k) \log \frac{n-k}{n-k+1}\right)$$

que vale $\frac{1}{n}\Big[(n-k+1) \log (n-k+1) - (n-k) \log (n-k)\Big]$.

7: Cada vez que se extrae un naipe, la entropía es la misma: la de las probabilidades $\frac{1}{n}$ y $\frac{n-1}{n}$, y la información promedio

$$\frac{1}{n}\Big[n \log n - (n-1)\log (n-1)\Big].$$

14/1. **1:** Se necesita, por supuesto, una fuente adicional de agua. La salida proviene de dicha fuente, pero la válvula está controlada por la entrada. Un método posible es usar un pistón o un fuelle que abran la válvula cuando reciben presión de una cantidad pequeña de agua (0, 1 ó 2 ml/seg) por un estrecho orificio.

Indice

Este libro se terminó de imprimir en la Imprenta López, Perú 666, Buenos Aires, el 29 de agosto de 1960.